BELIN sup
Histoire

La Première Guerre mondiale

Jean-Jacques Becker

BELIN
8, rue Férou 75278 Paris Cedex 06
www.editions-belin.com

DU MÊME AUTEUR

Sur la Grande Guerre :

1914, la guerre et le mouvement ouvrier français, (en collaboration avec Annie Kriegel), coll. «Kiosque», Armand Colin, 1964.

Le carnet B, les pouvoirs publics et l'antimilitarisme avant la guerre de 1914, Klincksieck, 1973.

1914, comment les Français sont entrés dans la guerre, Presses de la Fondation nationale des Sciences politiques, 1977.

Les Français dans la Grande Guerre, Robert Laffont, 1980.

La Première Guerre mondiale, M. A. éditions, 1985.

La France en guerre. La grande mutation, Éditions Complexe, Bruxelles, 1988.

Victoire et frustrations (1914-1929), tome 12 de la *Nouvelle histoire de la France contemporaine,* (en collaboration avec Serge Berstein), Seuil, 1990.

Présentation d'Agathon (Henri Massis et Alfred de Tarde), *Les jeunes gens d'aujourd'hui,* coll. «Acteurs de l'Histoire», Imprimerie nationale, 1995.

La France, la nation, la guerre : 1850-1920, (en collaboration avec Stéphane Audoin-Rouzeau), SEDES, 1995.

1917 en Europe, l'année impossible, Éditions Complexe, Bruxelles, 1997.

Clemenceau, l'intraitable, Liana Lévi, 1998.

Clemenceau en trente questions, Geste Éditions, 2001.

Encyclopédie critique de la Grande Guerre, (sous la direction de Stéphane Audoin-Rouzeau et de Jean-Jacques Becker), Bayard Presse, à paraître 2004.

Sur d'autres sujets :

Le Parti communiste veut-il prendre le pouvoir ? (la stratégie du Parti communiste de 1930 à nos jours), Seuil, 1981.

Histoire de l'anticommunisme en France, (tome 1, 1917-1940) (en collaboration avec Serge Berstein), Olivier Orban, 1987.

Histoire politique de la France depuis 1945, coll. «Cursus», Armand Colin, 1988, (8e édition, 2003).

Crises et alternances (1974-1995), (avec la collaboration de Pascal Ory), « Nouvelle histoire de la France contemporaine », tome 19, Éditions du Seuil, 1re édition, 1998, nouvelle édition *(1974-2000),* 2002.

En couverture : Soldats français dans une tranchée, avril 1916, © SIRPA/ECPA France
Cartographie : Françoise Pierron-Boisard ; adaptaion : Coredoc

ISSN 1158-3762 ISBN 2-7011-3699-7

Introduction

Les écrits sur la Grande Guerre rempliraient des bibliothèques entières. De nombreux ouvrages portent ce titre, mais sont le plus souvent des histoires « nationales » de la Grande Guerre. Quant aux histoires globales, elles n'ont pas pour objectif d'embrasser l'ensemble de la vie des États belligérants. Il nous a semblé que le moment était venu d'essayer de saisir ce que fut l'Europe dans la guerre. L'Europe dans la guerre, ce n'est pas seulement le récit des opérations militaires, même s'il reste indispensable, c'est aussi, autant que faire se peut, l'analyse du comportement des peuples face à la guerre, des combattants et des populations civiles, les effets sur l'activité économique et sur les sociétés, sur les techniques… L'Europe dans la guerre, c'est la façon dont les populations souffrent et meurent, c'est le bouleversement de la vie des adultes, de celle des enfants, de l'enseignement qui leur est donné. C'est la « communication » en période de guerre, la censure, ce qu'on disait et ce qu'on ne disait pas, et la façon dont on le disait. L'ensemble des peuples belligérants ont été immergés totalement dans la guerre : en ce sens, la guerre a été totale. L'histoire en doit donc être totale. Elle doit être celle des mentalités des peuples en guerre, des « cultures » que la guerre a créées.

Est-il possible d'écrire une histoire européenne alors que l'Europe n'existait pas ? Cette histoire européenne n'est-elle que la coïncidence d'histoires parallèles, n'est-elle qu'une histoire comparée d'histoires nationales, comme s'interrogeait encore récemment un historien, même s'il n'appliquait pas son raisonnement aux périodes de guerre[1] ? En temps ordinaire, ces questions peuvent être pertinentes. Il n'en est pas de même dans le cadre d'un conflit qui a bouleversé l'ensemble du continent européen. Les peuples européens, même s'ils n'avaient pas conscience d'appartenir à une Europe, ont eu, par la force des choses, une histoire commune, quoique vécue différemment. Plus encore, il est fallacieux dans bien des cas d'analyser l'histoire d'un peuple sans tenir compte des effets de l'histoire des autres. L'histoire de l'Europe en guerre est une forme d'histoire intégrée, même si les spécificités nationales de chaque peuple continuent à avoir leur importance et leurs effets.

Cette histoire intégrée est l'objectif de ce livre qui ne sera pas totalement atteint parce que, si l'histoire de la Grande Guerre est en plein renouvellement, tout n'a pas encore été étudié dans tous les pays. Il peut arriver aussi que certaines études aient été menées dans une langue difficilement abordable. Cette histoire de l'Europe en guerre favorise encore l'étude de la France.

Un dernier mot : il a été choisi d'être aussi proche que possible du déroulement des événements ; en effet, il apparaît de plus en plus que l'histoire qui néglige l'événement peut être séduisante et a été, un temps, une réaction saine contre une histoire pointilliste et sans âme, mais elle a beaucoup de mal à rendre compte de ce que fut la réalité historique, lorsqu'il s'agit d'une période dense et brève.

Chapitre 1

L'Europe en 1914

L'Europe en 1914 n'existe pas. Ce n'est qu'une **expression géographique.** Mais il y a des **pays européens,** dont la place et le rôle sur la planète sont primordiaux. Les populations des autres continents ne s'y trompent d'ailleurs pas : pour elles, les Européens existent bien.

I. Un univers européen

1 L'expansion européenne

Depuis quatre siècles, des millions d'Européens se sont répandus dans le monde.

Le continent américain est tout entier européen, soit sous forme d'États d'origine européenne pour la plus grande part, soit sous forme de territoires dépendants des États européens, le dominion du Canada, les îles des Caraïbes, les Guyanes… Quant aux autres continents, ils sont pour leur presque totalité formés de colonies des États européens.

La Russie s'est donné un immense empire colonial de l'Oural au Pacifique, englobant, vers le sud, les pays du Caucase et de l'Asie centrale jusqu'aux limites de l'Afghanistan et de la Perse. L'originalité de cet empire colonial est d'être contigu à la métropole.

L'Angleterre et la France sont maîtresses de la plus grande part du continent africain. Les possessions françaises s'étendent de façon continue depuis le Maghreb (Algérie, Tunisie et Maroc en voie de conquête) jusqu'au-delà du Sahara, avec l'Afrique occidentale française (AOF) et l'Afrique équatoriale française (AEF), auxquelles s'ajoutent Djibouti au sortir de la mer Rouge et la grande île de Madagascar. L'Angleterre n'a pas tout à fait réalisé son rêve d'une Afrique anglaise depuis Le Caire jusqu'au Cap, mais sa domination n'est interrompue que par une colonie allemande, le Tanganyika (Afrique orientale

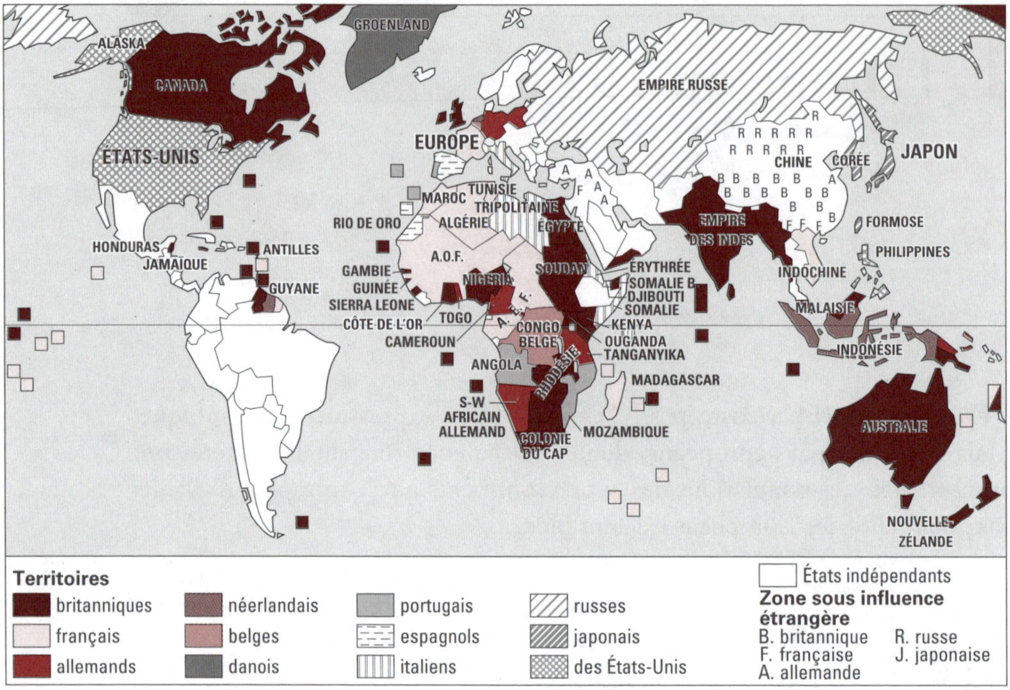

L'expansion européenne dans le monde

allemande). En dehors de la Belgique, propriétaire de l'immense Congo, les autres pays européens se partagent ce qui reste : l'Italie, qui vient de s'emparer de la Tripolitaine (1912) et qui possède aussi une partie de la Somalie et l'Érythrée ; l'Allemagne qui s'est installée dans le désert du Kalahari, rebaptisé Sud-Ouest africain allemand, au Togo et au Cameroun ; le Portugal, qui contrôle principalement les vastes territoires de l'Angola et du Mozambique. Quant à l'Espagne, elle possède un grand territoire désertique le long de l'Atlantique, le Rio de Oro, ainsi que la région du Rif située au nord du Maroc. Seule de tout le continent africain, l'Éthiopie, qui a infligé une rude défaite aux soldats italiens à Adoua en 1896, a conservé son indépendance.

L'Océanie est tout entière britannique, avec les dominions d'Australie et de la Nouvelle-Zélande.

Quant à l'Asie, si le Nord est russe, le Sud, avec l'immense Empire indien, est britannique, des frontières de l'Afghanistan à celles du Siam. L'Indonésie avec Java, Sumatra, Bornéo… est possession des Pays-Bas, la presqu'île indochinoise, pour sa plus grande part, de la France. Les Philippines ont été enlevées à l'Espagne par les États-Unis. L'immense Chine est en principe indépendante, mais les Européens y sont solidement installés, par le truchement de territoires à bail, de zones d'influence, de concessions de voies ferrées et de quartiers européens dans les villes. Le fait original, c'est qu'une puissance nouvelle et asiatique, en a pris sa part : le Japon est maître de la grande île de Formose, de la péninsule de Corée et son influence a remplacé en Mandchourie celle de la Russie.

Au total, en dehors de la Chine, de l'Éthiopie et de la Perse dont l'indépendance est fort réduite par le condominium que Russes et Anglais y ont établi en 1907 (le Nord aux Russes, le Sud aux Anglais), les seuls États non-européens indépendants de la planète sont le Japon et l'Empire ottoman. Ce dernier est en même temps puissance coloniale – il a conservé le contrôle des pays arabes jusqu'à la Mer rouge et au Golfe persique – et État dépendant – la présence européenne y est forte. Au début du siècle, la plupart des rares entreprises économiques sont entre les mains d'étrangers.

2 Pourquoi cette expansion ?

Comment, pour la première fois dans l'histoire humaine, un continent s'est-il assuré le contrôle du reste du monde ?

Depuis le XVIe siècle, l'expansion européenne a eu, selon les moments et les pays, les causes les plus diverses : trop-plein de population ou souhait de se débarrasser d'indésirables, motifs économiques, recherche des produits exotiques ou des matières premières, vente des produits fabriqués en Europe, volonté de propager la foi chrétienne, manifestations de la puissance et tout simplement curiosité pour des mondes inconnus et goût de l'aventure.

À la fin du XIXe siècle, que ce soit pour l'approuver ou le regretter, l'idée dominante était que les politiques coloniales répondaient d'abord à des facteurs économiques. En France, Jules Ferry avait déclaré en une formule qui devait rester célèbre, « la politique coloniale est fille de la politique industrielle »•, et après avoir évoqué Paul Leroy-Beaulieu•, il se référait à l'économiste anglais John Stuart Mill• : « La fondation des colonies est la meilleure affaire dans laquelle on puisse engager les capitaux d'un vieux et

• **Discours de Jules Ferry** : à la Chambre des députés, le 28 juillet 1885 (*Journal Officiel* du 29 juillet 1885).

• **Paul Leroy-Beaulieu** (1843-1916). L'un des plus célèbres économistes français du XIXe siècle. Professeur au Collège de France, il fut l'un des tenants du libéralisme économique et le théoricien français de l'expansionnisme, encore qu'il ait eu cette phrase prophétique : « Le XIXe siècle a été l'âge héroïque de la colonisation, il se pourrait que le XXe en fut l'âge critique ».

• **John Stuart Mill** (1806-1873). Philosophe, économiste et homme politique anglais, il est l'un des grands noms du libéralisme économique (*Principes d'économie politique,* 1848), mais il s'est particulièrement attaché à concilier la liberté économique avec le progrès social et la recherche du bonheur. Pour lui, le libéralisme n'était pas contradictoire avec l'intervention de l'État, en particulier au profit des faibles.

riche pays. » Cette combinaison d'intérêts économiques et financiers et d'expansion territoriale fut baptisée **impérialisme.** Une des premières analyses en fut donnée par l'économiste anglais John Atkinson Hobson dans son ouvrage de 1902, *L'Impérialisme,* repris ensuite par Lénine dans une brochure d'une centaine de pages écrite pendant la guerre, en Suisse, et publiée en 1916, *L'Impérialisme, stade suprême du capitalisme.* L'objectif de Lénine• était principalement de démontrer que la guerre était la conséquence des contradictions impérialistes, ce qu'il ne faisait d'ailleurs pas. Au surplus, il entendait affirmer que le capitalisme était de plus en plus dominé par les monopoles qui voulaient se partager le marché mondial. Une démonstration qui ne tenait guère compte du fait que l'Allemagne et les États-Unis, où la concentration était la plus forte, étaient ceux qui possédaient les empires coloniaux les plus faibles, et que, parmi les trois principales puissances coloniales, le capitalisme de la Russie était encore faible et l'économie française peu concentrée. À vrai dire, Lénine lui-même était conscient que considérer la question coloniale uniquement sous l'angle économique était pour le moins réducteur, puisqu'il écrivait : « Nous ne nous arrêterons pas au côté non économique de la question comme il le mériterait. »[1]

L'historiographie moderne a progressivement mis à mal les théories formulées au début du siècle et a considérablement minoré, sinon les motivations économiques, du moins l'intérêt économique de la colonisation. Dans un pays comme la France, l'expansion coloniale a été une bonne affaire pour quelques-uns seulement. Certes, elle a favorisé l'expansion commerciale, encore que, comme l'a montré Jacques Marseille[2], son Empire, malgré son immensité, n'est en 1913 que le troisième partenaire commercial de la France après l'Allemagne et le Royaume-Uni, et que, colonisation ou pas, ces liens commerciaux auraient existé, au moins en partie. D'après Henri Brunschwig, « l'impérialisme colonial s'inscrit dans le vaste mouvement d'occidentalisation du globe qui, depuis le XVe siècle, pousse les peuples européens, maîtres des techniques de plus en plus perfectionnées, à modeler le monde à leur image. »[3] Quant à la poussée coloniale très forte qui marque la fin du XIXe siècle, cette mêlée « impérialiste » qui entraîne les États européens à s'emparer de tout ce qui est encore vacant (c'est-à-dire non gouverné par les Européens), elle est très majoritairement d'origine politique : elle traduit la recherche du prestige et de la puissance, la volonté de ne pas laisser à d'autres ce que l'on peut prendre. La corrélation est étroite entre la constitution des États-nations et la volonté de se doter d'empires coloniaux. Elle n'est que le prolongement de l'idée nationale.

À la bonne conscience nationale s'ajoutait la bonne conscience humanitaire des colonisateurs : « En Angleterre, en France, aux États-Unis, en Allemagne, partout la même foi se retrouve en la mission du peuple civilisé, de la race supérieure envers les populations qu'il fallait, pour leur bien, coloniser », dit encore Henri Brunschwig[4]. C'était « le fardeau de l'homme blanc », selon Rudyard Kipling•.

Néanmoins, la constitution de cet **univers européen** n'avait été possible que parce que l'Europe avait les hommes et les moyens matériels, face au reste du monde qui en était dépourvu.

3 Dynamisme démographique et domination économique

La population européenne est passée de 190 millions d'habitants en 1815 à 423 millions en 1900, puis 460 millions en 1914. Elle représentait 20 % de la population mondiale en 1815, et 27 % en 1914. Comme le souligne Gilbert Garrier[5], c'est bien autour de 1900 que se situe le poids démographique maximum de l'ensemble européen. Le monde « blanc », en ajoutant à l'Europe les zones d'extension de peuplement européen, rassemble le tiers de la population mondiale, contre un cinquième seulement en 1800.

Plus encore que par son poids démographique – car il existe d'autres régions du globe fortement peuplées (la Chine, l'Inde…) – la supériorité de l'Europe est écrasante dans le domaine matériel.

En 1913, l'Europe et les États-Unis assurent 85 % de la production industrielle du monde et ont le monopole de la fabrication de l'acier. L'Europe à elle seule dispose de 80 % de la flotte de commerce mondiale et de 88 % des capitaux investis dans le monde, de préférence d'ailleurs dans des pays de peuplement européen, 27 % en Europe, en particulier en Russie, 24 % en Amérique du Nord, 19 % en Amérique latine et seulement 16 % en Asie, 9 % en Afrique…

Au début du XXe siècle, c'est bien l'apogée de l'Europe, mais cette Europe dominante et triomphante est loin de former un ensemble homogène.

• **Lénine (Vladimir Ilitch Oulianov)** (1870-1924). Avocat, acquis très tôt aux idées marxistes, arrêté en 1895, déporté en Sibérie, libéré en 1900. À partir de ce moment, Lénine vécut à peu près toujours en exil, sauf quelques mois en 1905. Principal dirigeant de la fraction bolchevique du Parti social-démocrate russe, interné d'abord par les autorités autrichiennes comme sujet ennemi au début de la guerre, il fut bientôt expulsé vers la Suisse où il séjourne jusqu'en mars 1917.

• **Rudyard Kipling** (1865-1936). Il est considéré comme le chantre de l'impérialisme et très particulièrement de l'impérialisme britannique. Il justifie l'impérialisme par la supériorité de la civilisation occidentale et par le devoir de civiliser les peuples attardés. D'où une image célèbre, cette mission civilisatrice, c'est « le fardeau de l'homme blanc ». Cette mission qu'il donnait à la colonisation explique que, même si ce fut peu ressenti, il ait pris ses distances, dès la fin du XIXe siècle, avec un impérialisme qu'il jugeait bien davantage inspiré par l'âpreté au gain que par sa mission civilisatrice. Son œuvre immense d'écrivain qui l'a rendu très tôt célèbre – il reçoit le prix Nobel de littérature en 1907 à 42 ans – donne une place particulière à l'Inde (lui-même est né à Bombay) avec son chef-d'œuvre, les premier et second *Livres de la Jungle* (1894 et 1895). Son fils fut tué à la guerre en 1915.

II. La diversité de l'Europe

L'absence d'homogénéité se traduit d'abord dans le domaine des hommes.

1 Europe « pleine » et Europe « creuse »

L'Europe appartient au « monde plein », par rapport au « monde creux », voire « vide », que constitue le reste du monde. En 1914, la densité moyenne est d'environ 11 habitants par km^2 dans le monde, tandis qu'en Europe, elle est de 46. Toutefois, à une Europe du Nord-Ouest très peuplée – Royaume-Uni (145 hab./km^2), Allemagne (119), Belgique, Pays-Bas, France (73) –, qui se prolonge vers l'Europe centrale par l'Empire austro-hongrois (76) et vers la Méditerranée par l'Italie (121), s'opposent les faibles densités de l'Europe méditerranéenne, orientale et balkanique : Espagne (39 hab./km^2), Grèce (41), Russie d'Europe (19)…

2 Europe industrielle et Europe rurale

Les plus hautes densités traduisent les fortes poussées urbaines liées à l'industrialisation. Il n'y a plus que 12 % de ruraux dans le Royaume-Uni en 1910, 18 % en Belgique, 38 % en Allemagne. Néanmoins, la France – pourtant cinquième puissance industrielle mondiale – est majoritairement rurale, avec 56 % de sa population vivant dans les campagnes en 1910. En revanche, l'Europe méridionale, balkanique et orientale reste principalement rurale. Avec 75 % de ruraux parmi ses 166 millions d'habitants, l'Empire russe est une immense paysannerie. La baisse de la population rurale en pourcentage ne signifie pourtant pas toujours sa diminution en chiffres absolus. En Allemagne, la population active agricole n'a pas diminué : c'est l'ensemble de la population qui a augmenté de 30 millions depuis le milieu du XIXe siècle. Au total, mise à part l'Angleterre, les populations rurales forment encore des masses compactes dans l'Europe de 1914, et c'est l'accroissement naturel de la population qui est surtout venu grossir les villes et a donné ses ouvriers à l'industrie.

Une Europe industrielle s'oppose tout de même à une Europe rurale. L'Europe du Nord-Ouest est très industrialisée (Allemagne : 15,7 % de la production industrielle mondiale, Royaume-Uni : 14 %), la France pourtant au troisième rang européen, mais industrialisée surtout dans sa partie septentrionale, n'assure que 6,4 % de la production mondiale. En revanche, certains pays, dont la production globale est encore faible, connaissent un très rapide développement industriel : c'est le cas de la Russie qui est au cinquième rang mondial avec 5 %, de l'Italie et de certaines parties de l'Empire austro-hongrois, en particulier la Bohême et la Moravie. L'Europe méditerranéenne (à l'exception de l'Italie du Nord) et balkanique reste misérable et stagnante. Le produit par tête en Serbie est presque trois fois inférieur à celui de la Belgique.

Au fur et à mesure que l'on se dirige vers le Sud et vers l'Est, l'Europe donne l'impression de passer de la modernité à l'archaïsme.

3 Europe libérale et Europe autoritaire

L'impression laissée par les systèmes politiques est la même. Des régimes constitutionnels existent à peu près partout, mais leur fonctionnement reflète une grande diversité de pratiques.

L'Europe de 1914 est encore monarchique, seules la France parmi les grands États et la Suisse parmi les petits font exception•. Les monarques, même si, comme en Angleterre ou en Belgique, ils n'ont gardé que peu de pouvoirs, restent une référence très forte au principe de légitimité et à celui de la loyauté nécessaire et personnelle envers la dynastie. Référence qui s'affaiblit dans la vie civile mais qui est encore très sensible dans les armées. Sauf en France et de moins en moins en Angleterre, les grandes familles aristocratiques continuent à jouer un rôle majeur. La France est, sans aucun doute, le pays où la tradition aristocratique, y compris dans l'armée, est devenue la plus faible.

Dans les systèmes de gouvernement de la plupart des pays d'Europe, le principe unitaire et centralisateur ne cesse de s'affirmer, traduisant ainsi les progrès de leur caractère national. L'Empire allemand, fédération de vingt-cinq États dont quatre royaumes – la Prusse, le Wurtemberg, la Bavière et la Saxe – dont trois (la Bavière, la Saxe et le Wurtemberg) conservaient même leur propre armée, pourrait sembler la manifestation du contraire, mais, en réalité, le principe unitaire l'emportait car l'Allemagne apparaissait comme un prolongement de la Prusse : son roi était obligatoirement empereur et son Premier ministre, chancelier de l'empire.

La plupart des pays d'Europe ont également adopté, de façon plus ou moins récente, de façon plus ou moins restrictive, le principe de la **participation de leur population à la vie politique.** C'est en France, où le suffrage universel est pratiqué depuis 1848, qu'il est le plus ancien. Toutefois il est uniquement masculin et le système du scrutin d'arrondissement est contesté par les partisans de la représentation proportionnelle. Au Royaume-Uni, le suffrage universel existe depuis les réformes de 1884-1885, mais il exclut deux millions d'ouvriers et de domestiques logés chez leurs patrons et de fils

• **Le Portugal** est devenu une République à la suite de la Révolution de 1910.

majeurs qui habitent chez leurs parents. En outre, le mouvement des *suffragettes,* des femmes qui protestent contre leur exclusion du droit de vote, provoque une vive agitation. En Allemagne, le *Reichstag* est élu au suffrage universel depuis 1871, mais dans le cadre des États, les systèmes électoraux sont beaucoup plus restrictifs. En Prusse, les électeurs sont répartis en trois classes suivant leur fortune, chaque classe ayant le même nombre de représentants, ce qui assure la primauté aux plus riches. Dans l'Empire austro-hongrois•, le suffrage universel a été établi dans la partie autrichienne en 1906, dans l'espoir de donner une conscience nationale à des populations très diverses, mais la Hongrie a conservé un scrutin censitaire permettant à la noblesse magyare de maintenir sa prééminence. En 1913, une réforme électorale élargit sensiblement le corps électoral le faisant passer d'1 million à 1,9 million d'électeurs. En Italie, après l'introduction du suffrage universel en 1912, seuls les illettrés de moins de trente ans étaient exclus du droit de vote. En Russie, à peu près tous les habitants de l'empire, de sexe masculin, de plus de 25 ans, sont électeurs, mais ils sont représentés, suivant leur appartenance sociale, de façon très inégale, surtout après que le statut électoral• de 1906 a été réformé en 1907 afin d'assurer la prééminence aux représentants des propriétaires fonciers au détriment de l'énorme masse paysanne.

Il n'était pourtant pas négligeable que le principe du suffrage soit partout au moins admis, même si de grandes divergences subsistaient quant à la place réelle qui lui était accordée. Que les gouvernements soient l'émanation d'une représentation populaire était en effet encore loin d'être considéré comme normal dans l'ensemble de l'Europe.

Le régime parlementaire était le régime britannique par excellence. Les pouvoirs réels du souverain étaient très réduits, même s'il pouvait disposer encore d'une certaine influence personnelle. Le pouvoir appartenaient au Cabinet et au Premier ministre qui était obligatoirement le *leader* du parti majoritaire à la Chambre des Communes. Le système fonctionne d'autant mieux qu'il n'y a que deux partis, le **parti conservateur** et le **parti libéral** au pouvoir en 1914, en dehors d'un parti socialiste, le **parti travailliste,** qui commençait à prendre de l'importance. En 1912, le *Parliament Act* avait enlevé pratiquement tout pouvoir à la ***Chambre des Lords,*** sauf la possibilité de différer une loi de deux ans, et avait fait disparaître la dernière entrave au bon fonctionnement du régime parlementaire.

En France, le gouvernement est également totalement **responsable devant le Parlement,** et le président de la République n'a guère d'autre influence que celle qu'il peut tirer, en particulier en politique internationale, de son expérience, de la durée de ses fonctions – sept ans –, de sa personnalité – ce fut le cas de Raymond Poincaré•, président de la République depuis

1913. Néanmoins, la multiplicité des forces politiques, les pouvoirs équivalents d'une Chambre des députés et d'un Sénat de composition assez différente – le Sénat est élu au suffrage restreint – empêchent la formation de majorités stables. Dans ces conditions, le gouvernement est en général hétérogène et a tendance à se désagréger rapidement. **L'instabilité ministérielle** est le point faible du régime.

En Italie, le régime est parlementaire, mais de façon assez superficielle. Victor-Emmanuel III, devenu roi après l'assassinat de son père Humbert Ier en 1900, a renoncé à s'immiscer dans la vie politique. Toutefois la plupart des groupes politiques n'ont guère de consistance et un homme politique habile, comme Giovanni Giolitti•, en s'assurant des amitiés dans les différents partis, parvient à se maintenir longtemps au pouvoir. Directement ou indirectement, il gouverne l'Italie à peu près sans discontinuer de 1900 à 1914.

L'Europe centrale en revanche ne pratique guère le parlementarisme. C'est le cas en Allemagne où le vote des lois et du budget appartiennent au *Reichstag*, mais ses décisions peuvent être arrêtées par une assemblée formée des délégués des États, le *Bundesrat*. Quant au pouvoir exécutif, il revient à

• **L'Empire austro-hongrois** était divisé en deux parties. La Cisleithanie réunit les Allemands d'Autriche et de Bohême, les Tchèques de Bohême et de Moravie, les Polonais de Galicie, les Ruthènes et au Sud les Slovènes. La Transleithanie rassemble les Hongrois, les Slovaques, les Roumains de Transylvanie, les Croates. La Bosnie-Herzégovine, administrée par l'Autriche-Hongrie depuis 1878, annexée en 1908, n'a été rattachée ni à la Cisleithanie, ni à la Transleithanie et dépend directement de la Couronne.

• **Statut électoral en Russie.** Dans la pratique, la voix d'un propriétaire foncier équivalait à 7 voix citadines, 30 voix paysannes et 60 voix ouvrières. Voir Nicolas Werth, *Histoire de l'Union soviétique*, PUF, « Thémis », 1990, p. 56.

• **Raymond Poincaré** (1860-1934). Né à Bar-le-Duc en Lorraine, élu député de la Meuse en 1887, à 26 ans, patriote, républicain, laïque, homme du centre, ses deux principaux traits en politique furent la modération et la rigueur. Ministre pour la première fois en 1893, à 32 ans (Instruction publique), il devient ministre des Finances en 1894. Dreyfusard avec modération, il se tient à l'écart des violentes luttes de cette période, comme lors de la période radicale du début du siècle. Il se consacre à son métier d'avocat, entre à l'Académie française (1909). Depuis 1903, il était sénateur. Il commence sa grande carrière politique à partir de 1912 où il devient président du Conseil, avant d'être élu président de la République en 1913 (contre le candidat des gauches, pour la première fois dans l'histoire de la République). En raison de sa forte personnalité, Poincaré joue un rôle plus important que ses prédécesseurs, notamment en politique étrangère : sans être belliciste, il se veut l'homme de la fermeté face à l'Allemagne et s'emploie à resserrer les liens avec la Russie et avec le Royaume-Uni.

• **Giovanni Giolitti** (1842-1928). Il a dominé la vie politique italienne pendant tout le début du XXe siècle. Après avoir été chef du gouvernement en 1892, puis écarté des affaires à la suite d'un scandale, il redevient ministre de l'Intérieur en 1901, président du Conseil de 1903 à 1905, de 1906 à 1909, de 1911 à mars 1914. Il inspire la politique italienne quand il n'est pas lui-même au pouvoir. Fils de petits agriculteurs, juriste, Giolitti, même s'il est inscrit au groupe de la *Gauche constitutionnelle*, est peu soucieux des étiquettes. Par une politique de clientélisme, il s'assure une majorité parlementaire puisée dans les différents courants politiques et il entend pratiquer une politique très exactement au centre, rejetant aussi bien la réaction que la révolution. (Voir Pierre Milza et Serge Berstein, *L'Italie, la Papauté (1870-1970)*, Masson, 1970).

l'empereur qui nomme le **chancelier** responsable uniquement devant lui. Le *Reichstag* dispose d'un pouvoir de contrôle sur l'action du chancelier puisqu'il peut **l'interpeller,** mais il ne possède pas le droit de le renverser. Il est toutefois difficile pour le chancelier de gouverner sans majorité au *Reichstag* qui est maître du budget.

Le système politique est assez différent dans les deux parties de l'Empire austro-hongrois. Dans la partie autrichienne, le régime est en principe parlementaire, mais malgré l'établissement du suffrage universel, en 1906, aucune majorité ne peut se dégager dans la pratique en raison de l'émiettement des partis provoqué par les diversités nationales. Appuyé sur l'armée et sur la bureaucratie, l'empereur François-Joseph peut gouverner à peu près sans contrôle. Le régime est parlementaire dans la partie hongroise, où le ministère est responsable devant une **Chambre des Magnats,** mais le mode d'élection très restrictif de cette assemblée ne le rend guère démocratique.

Après les événements de 1905, la Russie est entrée à son tour dans la **voie constitutionnelle** et le tsar Nicolas II a dû renoncer à son **pouvoir autocratique.** Le système est en apparence assez proche de celui de l'Allemagne – pouvoir exécutif entre les mains de l'empereur et du gouvernement qu'il nomme et qui est responsable seulement devant lui, pouvoir législatif et budgétaire à l'assemblée élue, la *Douma* – mais à la différence de l'Allemagne, outre le caractère peu démocratique du système électoral, les pouvoirs de la *Douma* dans le domaine législatif et budgétaire étaient très réduits. Le régime constitutionnel russe pouvait apparaître comme une caricature, en réalité il représentait les tout premiers pas d'un régime représentatif.

Par comparaison avec la situation existant un demi-siècle plus tôt, les principes libéraux l'ont emporté ou sont en train de l'emporter dans toute l'Europe, mais entre l'Ouest et l'Est, les différences sont encore considérables.

Il n'y a d'ailleurs pas de parallélisme entre le progrès économique et l'évolution politique. Des régimes à prédominance autoritaire coexistent avec des situations économiques brillantes. C'est le cas de l'Allemagne et aussi de l'Autriche-Hongrie. Comme le souligne Jean Bérenger6, l'Autriche-Hongrie en 1913 est la quatrième puissance industrielle européenne, dépassant légèrement la Russie.

En fait, l'Europe centrale fait transition, juxtaposant des régions occidentales d'économie moderne à des régions orientales où l'économie est à large prépondérance agricole. C'est vrai en Allemagne, mais encore davantage en Autriche-Hongrie. Même si l'industrie se développe très vite autour de Budapest, la Transleithanie est très majoritairement agricole. L'agriculture est moderne et brillante dans la plaine hongroise, mais beaucoup plus archaïque en Galicie, en Bukovine, ou en Bosnie-Herzégovine par exemple.

La révolution de 1905

Le décalage considérable entre un système politique autoritaire et archaïque et l'état économique et social du pays en pleine transformation explique les événements de 1905 qui avaient gravement secoué l'Empire russe. La désastreuse guerre de Mandchourie (cf. page 20) sert de toile de fond au mouvement révolutionnaire. Le détonateur en est la manifestation dite du *dimanche rouge*, le 22 janvier 1905, à Saint-Pétersbourg qui est durement réprimée. Pendant plus d'un an, l'agitation est générale en Russie, dans les universités, dans les usines, chez les paysans, dans les classes moyennes, chez les peuples *allogènes*, même dans l'armée et la marine. Les différents courants socialistes créent les premiers *Soviets* (Conseils ouvriers). L'empereur Nicolas II est obligé par le *Manifeste d'octobre* (30 octobre 1905) de promettre l'établissement des principales libertés et l'élection d'une assemblée (*Douma*) au suffrage universel. Quand le mouvement décline, une répression sévère permet au tsar de reprendre la situation en mains.

Quant à la Russie, ses régions industrielles sont concentrées autour de Saint-Pétersbourg, de Moscou ou dans le Donetz, au milieu d'immensités rurales où s'agrandissent les taches de progrès agricole.

L'Europe est donc très diverse – il n'est pas exagéré d'opposer une Europe occidentale parlementaire et industrielle à une Europe orientale autoritaire et agricole, en passant par tout un dégradé en Europe centrale – mais ces différences tendent progressivement à se gommer. L'Europe devient plus homogène, une homogénéité qui ne se traduit pas encore par un sentiment d'appartenance à un même ensemble. Dans l'immédiat, la supériorité globale de l'Europe et sa marche générale et progressive vers la modernité n'empêchent pas l'existence de fortes oppositions entre pays européens.

III. Les divisions de l'Europe

La carte de l'Europe est assez simple.

À l'Ouest, deux **grands États** (le **Royaume-Uni,** qui réunit la Grande-Bretagne et l'Irlande, et la **France**) et trois petits pays (la Belgique, les Pays-Bas et le Luxembourg). La péninsule ibérique est partagée entre l'Espagne et le Portugal dont la grandeur appartient au passé.

Au centre, l'Empire allemand du Nord de la Lorraine à la Prusse orientale, l'Italie et l'empire d'Autriche-Hongrie.

L'Empire austro-hongrois est la construction politique la plus originale de l'Europe : à la suite du **compromis de 1867** et de l'établissement du **dualisme**, la Cisleithanie à l'Ouest et la **Transleithanie** à l'Est, ont été

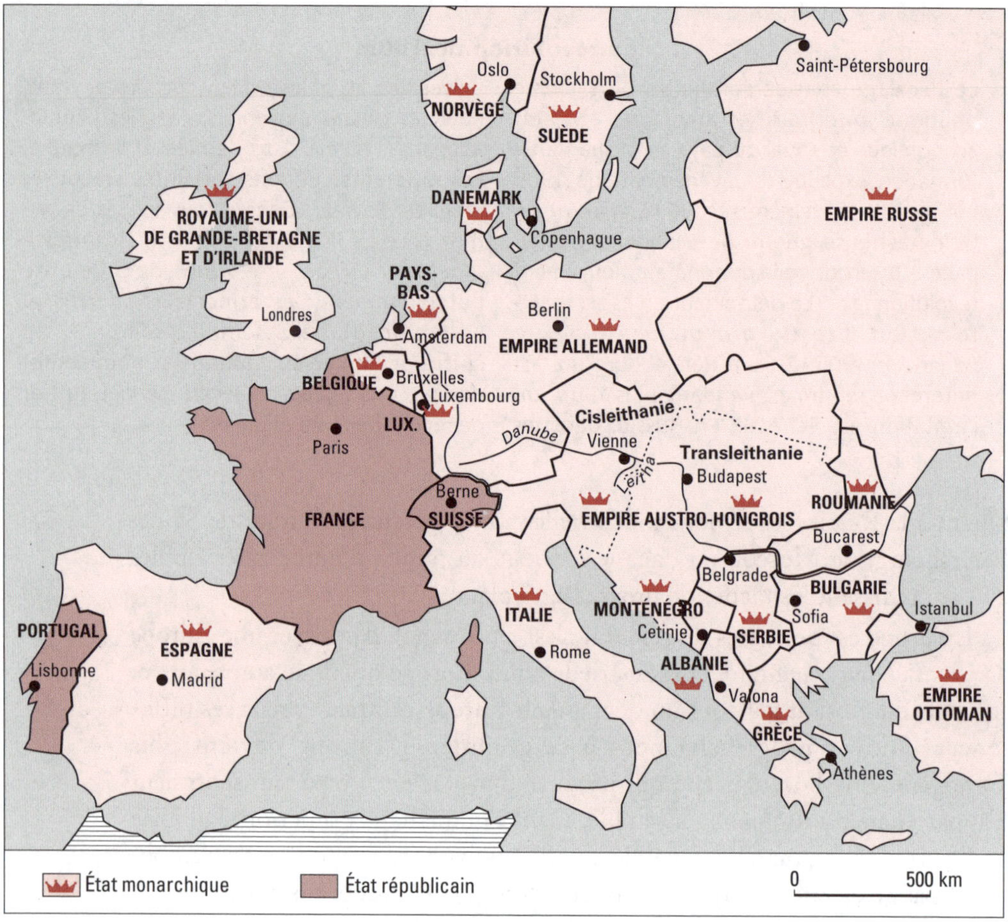

Les pays européens en 1914

constituées de part et d'autre d'un petit affluent du Danube, la Leitha. L'Autriche-Hongrie est le type même de l'État **multinational,** puisque les deux nationalités dominantes, les Allemands et les Hongrois, ne représentent respectivement que 24 % et 20 % de la population totale alors que, réunies, les nationalités slaves en représentent plus de 47 % (Tchèques, Slovaques, Polonais, Ruthènes, Slovènes, Croates, Serbes…) !

À l'Est, l'Empire russe. Comme l'Empire austro-hongrois, il comprend différentes nationalités. Sans tenir compte de ses colonies asiatiques, il rassemble des Finlandais, des Baltes, des Polonais, des Roumains en Bessarabie… mais le groupe central des Slaves de Russie, d'Ukraine et de Biélorussie forme environ les deux tiers de la population. En outre une partie des Baltes (les Lituaniens), les Polonais et une fraction des Bessarabiens sont aussi des Slaves.

L'Europe comprenait encore les trois États scandinaves au Nord, les États balkaniques et ce qui restait de l'Empire ottoman au Sud.

Au total seulement dix-huit États pour l'ensemble de l'Europe – il y en aura vingt-cinq dans l'entre-deux-guerres – mais cette relative simplicité cache de redoutables problèmes.

1 Les problèmes nationaux

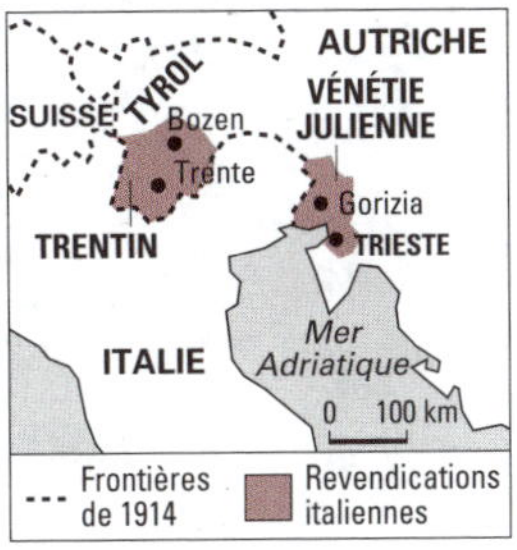

Les terres « irrédentes »

Dans le prolongement des idées de la Révolution française, le XIXe siècle en Europe n'avait pas été seulement celui des idées libérales, mais, aussi et davantage, celui des idées nationales. À l'instar de la France et du Royaume-Uni déjà rassemblés dans un cadre national, les peuples européens se sont efforcés de constituer des États-nations en obtenant leur indépendance quand ils ne l'avaient pas ou en se rassemblant quand ils étaient dispersés. La constitution de l'Empire allemand en 1871 et l'achèvement du royaume d'Italie par la conquête de sa capitale, Rome, en 1870, en furent les plus remarquables réussites. Néanmoins, la réalisation de ces deux unités nationales laissa de graves séquelles pour la tranquillité de l'Europe.

En 1871, la nouvelle Allemagne triomphante a voulu reprendre à la France des régions acquises par elle depuis le XVIIe et le XVIIIe siècle, l'Alsace et le Nord de la Lorraine dont les habitants parlaient un dialecte germanique. Elle a ainsi créé la **question d'Alsace-Lorraine.** En 1914, peu de Français rêvaient de revenir par la force sur cette situation, en revanche le souvenir des « provinces perdues » restait assez vigoureux pour rendre impossible une véritable réconciliation entre la France et l'Allemagne.

Le congrès de Berlin et les Balkans (1878)

En 1876, une insurrection éclate en Bulgarie qui faisait partie de l'Empire ottoman. Les « horreurs bulgares » commises par les Turcs provoquent l'intervention de la Russie. Les Russes victorieux dans cette guerre (1877-1878) et arrivés aux portes de Constantinople imposent le traité de San Stefano qui créait, sous leur protection, une principauté bulgare autonome extrêmement vaste. À la suite de la protestation des autres pays européens, et en particulier de l'Angleterre, contre cette mainmise russe sur une partie des Balkans, un Congrès se réunit à Berlin (juin-juillet 1878), sous la présidence de Bismarck. La Russie doit accepter un compromis : la *Grande Bulgarie* est divisée en deux territoires, au Nord une principauté autonome de Bulgarie, au Sud la Roumélie qui reste sous suzeraineté turque. L'Autriche-Hongrie reçoit **à titre provisoire** l'administration de la Bosnie-Herzégovine. L'indépendance de la Serbie et du Montenegro sont reconnues.

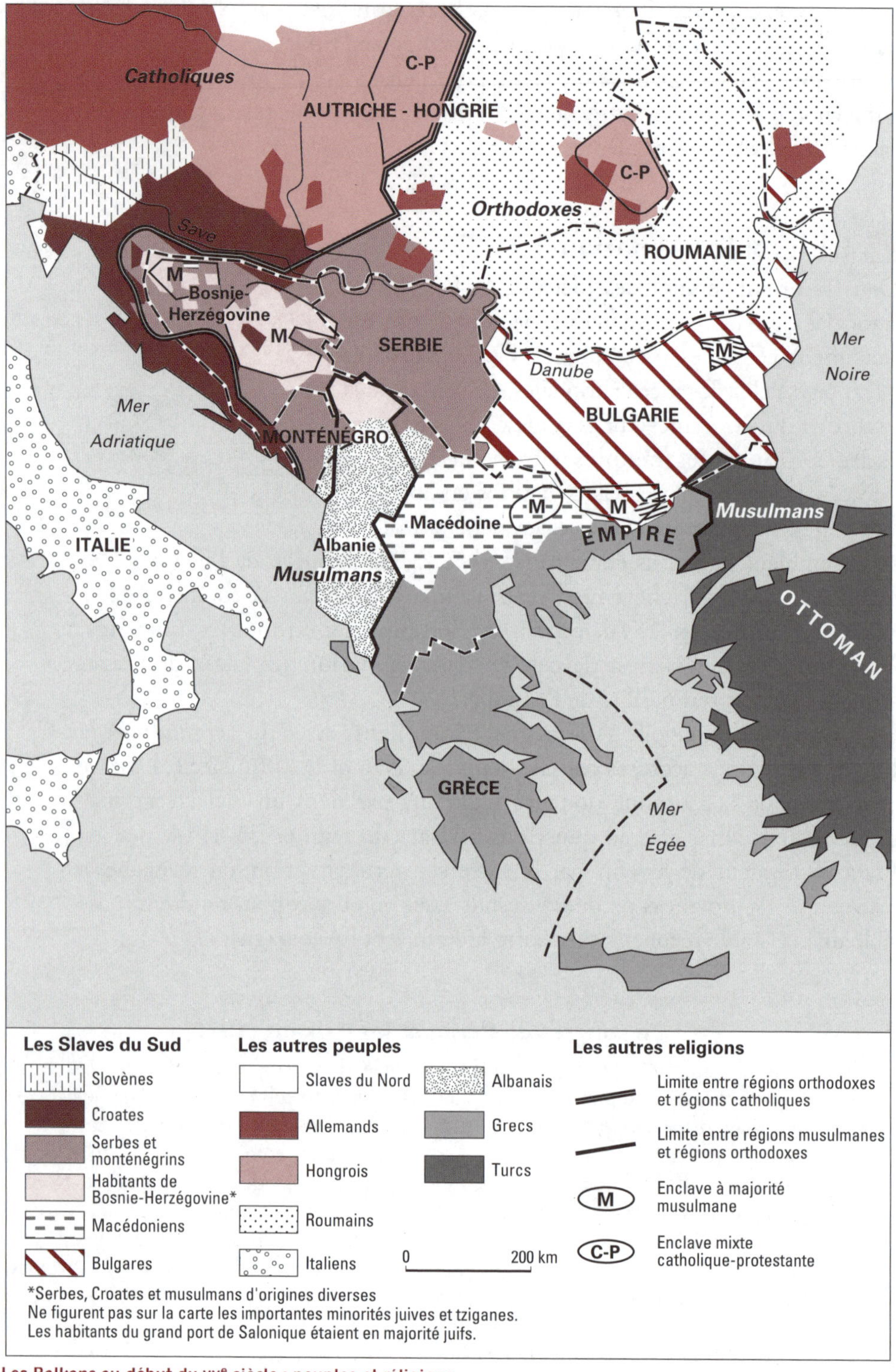

Les Balkans au début du XXe siècle : peuples et réligions

Karageorgevic et Obrenovic

Tout au long du XIXe siècle, la lutte pour l'indépendance et pour le pouvoir en Serbie a opposé les Karageorgevic et les Obrenovic, deux familles enrichies dans l'élevage et le commerce des porcs, une des principales activités économiques serbes. Après avoir fait assassiner le premier Karageorgevic en 1817, les Obrenovic conservent le pouvoir jusqu'en 1842. De 1842 à 1858, les Karageorgevic le reprennent, puis de nouveau les Obrénovic de 1858 à 1903. L'assassinat était le mode de passation du pouvoir le plus habituellement utilisé entre et à l'intérieur des deux familles. En 1903, après l'assassinat dans des circonstances particulièrement horribles du roi Alexandre Obrenovic, les Karageorgevic reviennent au pouvoir avec le roi Pierre Ier qui règne de 1903 à 1921, sans être assassiné ! Alors qu'Alexandre Obrenovic était sous l'influence autrichienne, Pierre Ier (1844-1921), qui avait été officier dans l'armée française, incarnait un nationalisme serbe très opposé à l'Autriche.

Pour l'Italie, le problème était inverse : l'unité n'a pas été réalisée complètement. Un certain nombre de régions n'ont pas été « recouvrées ». Le sort des provinces « irrédentes », Trentin, Vénétie Julienne, Trieste, restait une cause de friction, revivifiée suivant les circonstances, entre l'Italie et l'Autriche-Hongrie.

À la fin du XIXe siècle et au début du XXe, le foyer d'agitation nationale était au premier chef les Balkans. Au cours du XIXe siècle, plusieurs États balkaniques avaient conquis leur indépendance au détriment de l'Empire ottoman – la Grèce (1830), la Roumanie (1880), la Bulgarie (1908), la Serbie (1878), le Montenegro (1878), l'Albanie (1913) – de sorte qu'au début du XXe siècle, l'Empire turc n'est plus maître que de trois régions, en théorie la Bosnie-Herzégovine et en pratique la Macédoine et la Thrace. Cette expulsion progressive des Turcs n'avait pourtant pu se faire sans que les grands États européens ne portent un intérêt grandissant aux Balkans. Pour l'Empire russe, les peuples balkaniques étaient des frères de race ou de religion, des Slaves ou des orthodoxes, et, pour la majorité d'entre eux, les deux. En outre, au-delà des Balkans, c'était pour lui la possibilité d'atteindre la Méditerranée, en particulier en mettant la main sur les détroits, objectif permanent de sa politique dans cette partie du monde. Pour l'Empire austro-hongrois – seule puissance importante en Europe à n'avoir jamais éprouvé le besoin de se lancer dans l'expansion coloniale – les Balkans apparaissaient comme un prolongement naturel.

La rivalité austro-russe et bien davantage encore les aspirations nationales des peuples balkaniques furent à l'origine de la tension qui se développa progressivement dans cette partie de l'Europe.

À la suite du Congrès de Berlin en 1878, la Russie avait pu étendre son influence à l'Est des Balkans en faisant de la nouvelle Bulgarie une sorte de protectorat ; l'Autriche-Hongrie avait, elle, reçu, à l'Ouest des Balkans,

La guerre de Mandchourie

La guerre dite de Mandchourie se déroula du 8 février 1904 au 5 septembre 1905. Alors que les Russes maîtres de la Mandchourie entendent s'étendre sur la Corée, les Japonais ont les mêmes ambitions. Après l'échec de négociations, les Japonais attaquent par surprise. Malgré les apparences, les forces sont disproportionnées. Le Japon dispose d'une armée et d'une flotte nombreuses et modernes, tandis que les troupes russes doivent attendre des renforts venant de 7000 km, par le chemin de fer du Transsibérien à voie unique et inachevé... Les Japonais commencent par détruire la flotte russe de Vladivostok (10 août 1904), s'emparent de la grande base russe de Port-Arthur après un long siège (mai 1904-janvier 1905), puis, malgré l'arrivée des renforts russes, remportent la bataille de Moukden (février-mars 1905). Le dernier espoir russe résidait dans l'arrivée de la flotte de la Baltique. Après un tour du monde de sept mois, cette flotte est écrasée en quelques heures dans le détroit de Tsoushima entre le Japon et la Corée (27 mai 1905). Il ne reste plus à la Russie d'autre issue que de traiter. Sous la médiation des États-Unis, le traité est signé à Portsmouth (E.-U.), le 5 septembre 1905. La Russie cédait au Japon la moitié Sud de l'île de Sakhaline, la presqu'île du Liao-Toung avec Port-Arthur, ses droits sur le chemin de fer du Sud-manchourien et accordait toute liberté d'action au Japon en Corée. Le Japon y proclamait immédiatement son protectorat avant de l'annexer en 1910.

l'administration de la Bosnie-Herzégovine. Cette situation d'équilibre fut modifiée par la perte d'influence de la Russie en Bulgarie où l'influence autrichienne tendit à partir de 1885 à supplanter l'influence russe. La Russie se désintéressait d'ailleurs momentanément des Balkans pour tourner son attention vers l'Extrême-Orient, où elle développait vigoureusement son influence en Mandchourie et visait la Corée. En revanche, l'Autriche-Hongrie avait perdu son influence sur la Serbie à la suite de l'assassinat en 1903 de son roi, Alexandre Obrenovic, remplacé par Pierre Ier Karageorgevic, plus proche de la Russie et plus sensible au **nationalisme grand-serbe** dont l'objectif était de rassembler dans une **Grande Serbie** non seulement tous les Serbes, mais aussi tous les Slaves du Sud.

Une telle aspiration mettait en cause directement l'Empire austro-hongrois qui comprenait un grand nombre de Slaves du Sud : les Slovènes, les Croates et les habitants de la Bosnie-Herzégovine qui étaient des Serbes ou des Croates, outre des populations converties dans le passé à la religion musulmane. Profitant de l'affaiblissement de la Russie à la suite de sa défaite devant le Japon dans la guerre de Mandchourie et des événements révolutionnaires de 1905, l'Autriche-Hongrie annexait en 1908 la Bosnie-Herzégovine, prétendant ainsi mettre un point final aux espoirs d'une Grande Serbie.

La Russie, après avoir été pratiquement exclue des Balkans, par un retour du balancier, s'y intéressait de nouveau après ses déconvenues extrême-orientales. Elle ne pouvait que chercher à faire pièce aux prétentions autri-

Les Balkans avant et pendant la première guerre balkanique

chiennes. Elle en trouva l'occasion dans la volonté des États balkaniques d'enlever à la Turquie ses derniers territoires européens, la Macédoine et la Thrace. Sous l'égide de la Russie, une alliance était conclue entre la Serbie et la Bulgarie, auxquelles vinrent se joindre la Grèce et le Montenegro. Les coalisés attaquèrent la Turquie le 18 octobre 1912 et furent vainqueurs sur toute la ligne. Mais, pendant que les Bulgares jouaient le rôle principal en battant les Turcs, les Serbes et les Grecs s'emparaient de la Macédoine dont les Bulgares réclamaient leur part. Les difficultés du partage des terres conquises entraînaient une deuxième guerre balkanique. En juin 1913, les Bulgares attaquèrent leurs anciens alliés, mais furent accablés par une coalition des Serbes, des Grecs, des Roumains et des Turcs. Lors du traité de Bucarest (août 1913), la Macédoine est partagée entre la Serbie qui conserve

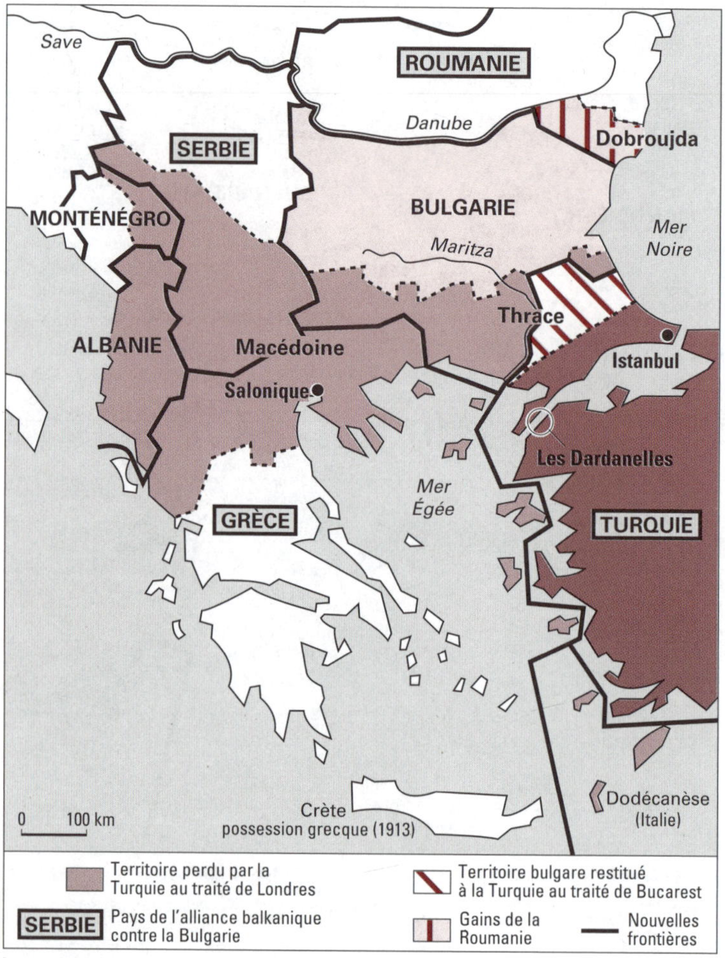

Les Balkans après la seconde guerre balkanique

la Macédoine intérieure et la Grèce qui reçoit la Macédoine maritime autour de Salonique. La Bulgarie obtient un accès à la Méditerranée avec la Thrace occidentale, mais elle doit rendre à la Turquie Andrinople et la Thrace orientale et céder la Dobroudja à la Roumanie. Cette guerre laisse donc beaucoup d'amertume du côté de la Bulgarie, qui estime que la Macédoine est bulgare, et du côté de l'Empire ottoman, dépouillé de presque tous ses territoires européens. Au surplus, les guerres balkaniques ont failli déclencher un conflit européen. Les Serbes souhaitaient obtenir un débouché sur la mer Adriatique. L'Autriche-Hongrie et l'Italie s'y opposent catégoriquement. La question est réglée par la création d'une principauté indépendante en Albanie qui ferme aux Serbes la route de la mer.

Les guerres balkaniques de 1912-1913 n'ont pas apaisé la tension dans la région. Personne n'est satisfait. Pour la Russie, dont les protégés ont été victorieux, reste l'amertume d'avoir dû consentir à ce que la Serbie soit freinée dans ses projets de Grande Serbie. Pour l'Autriche-Hongrie, la défaite bulgare a été un grave échec, même s'il a été compensé par le coup d'arrêt donné à la Serbie. Elle aurait surtout souhaité profiter des circonstances pour « mater » la Serbie, mais le gouvernement allemand l'en a empêché, considérant que ce n'était pas, malgré tout, une question vitale pour elle. Quant à la Turquie, humiliée, elle trouve du côté de l'Allemagne qui s'intéresse à l'Empire ottoman depuis une quinzaine d'années, l'aide nécessaire à la reconstitution de sa force militaire. En novembre 1913, une mission de nombreux officiers allemands, commandée par le général Liman von Sanders• avec le titre d'Inspecteur général de l'armée turque, arrive en Turquie.

Les intérêts de la Russie, de l'Autriche-Hongrie, les aspirations nationales de la Serbie et de la Bulgarie, font des Balkans un véritable « tonneau de poudre ». Une situation d'autant plus périlleuse que, par le jeu des alliances, tous les grands États européens sont concernés.

2 Les systèmes d'alliances

Depuis la fin du XIXe siècle, deux systèmes d'alliance, baptisés Triple-Alliance et Triple-Entente, se sont mis en place en Europe. Le premier réunit l'Allemagne, l'Autriche-Hongrie et l'Italie, le second, la Russie, la France et le Royaume-Uni.

Cette situation avait des causes complexes et ne répondait pas à une logique particulière. Ainsi, le formidable dynamisme économique, en particulier commercial, de l'Allemagne avait sans doute provoqué des inquiétudes dans les milieux d'affaires britanniques, mais ce ne fut pas la raison du rapprochement entre le Royaume-Uni et la France.

Depuis la guerre de 1870-1871, Bismarck avait institué un système assurant, en même temps, la prééminence de l'Allemagne en Europe continen-

• **Otto Liman von Sanders** (1855-1929). Fils d'un propriétaire poméranien et petit-fils d'un banquier juif converti, il fut anobli en 1913 et ajouta à son nom celui de sa femme écossaise, Sanders. Entré dans l'armée en 1874, général en 1906, à partir de 1913, sa carrière se déroule en Turquie. Ayant, en théorie, quitté l'armée allemande, il reçut le titre de maréchal de l'armée turque. Lorsque la Turquie entra dans la guerre, il prit d'abord le commandement du front du Caucase contre les Russes, mais il fut surtout le vainqueur de la bataille des Dardanelles, à la tête de la Ve armée turque. Par la suite, il commanda le groupe d'armées turques chargé de défendre la Palestine. Son front fut rompu par l'offensive britannique du général Allenby en septembre 1918. Considéré comme le plus compétent des généraux « turcs », il tenta en vain de s'opposer au massacre des Arméniens.

L'empereur Guillaume II

« L'Empereur a peu changé après quatorze années de règne. Il montre aujourd'hui encore la même ardeur juvénile, la même rapidité de conception, le même courage personnel, la même foi dans la sûreté de son jugement et dans ses capacités. Mais ces qualités, en elles-mêmes précieuses pour un monarque, sont malheureusement toujours en grande partie paralysées par une répugnance à se concentrer et à approfondir les choses, par un besoin presque maladif de décider de tout immédiatement sans écouter les conseils des gens expérimentés, par le manque de coup d'œil et d'esprit politique. Que l'Empereur désire bien faire, cela est hors de doute. À cause de sa vive intelligence il est également accessible aux raisons justifiées. Mais ces raisons ont rarement le temps d'agir sur lui, car sa décision a suivi sa première impression. Tout en ayant une haute idée de sa personne, l'Empereur ne fait pas assez attention aux exigences de sa position ; sinon, il ne se mettrait pas si légèrement dans des situations qui suscitent la critique. On dit souvent de S. M. qu'elle est trop moderne, eu égard à sa position. Mais c'est justement son dédain pour les vieilles traditions, l'intrépidité de son jugement, le caractère universel de sa curiosité d'esprit qui expliquent l'intérêt que l'Empereur suscite dans de nombreux milieux, en Allemagne comme à l'étranger. Il y a là, assurément, une force qui pourrait faire de grandes choses si elle agissait avec justesse. Malheureusement ce n'est pas le cas habituellement. »

Berlin, 28 mars 1903, *Rapport* du comte Lerchenfeld, ministre de Bavière à Berlin. Cité par Pierre Guillen, *L'Empire allemand* (1871-1918), Hatier, 1970.

tale et l'isolement de la France dont il redoutait une volonté de revanche. Quant au Royaume-Uni, il se contentait, suivant la tradition, de veiller à ce que l'équilibre des puissances sur le continent ne soit pas compromis au point de mettre sa sécurité en danger. Cette situation fut modifiée à la suite du renvoi de Bismarck en 1890 par le jeune Guillaume II•, qui ne supportait pas d'être réduit par le vieux chancelier au rôle de potiche. Volontiers mégalomane, le nouvel empereur était sensible à l'idée d'une politique de plus grande ampleur dont le cadre serait le monde et plus seulement l'Europe, la *Weltpolitik*, « la politique mondiale ». Guillaume II n'aspirait pas à une hégémonie mondiale, mais il voulait que l'Allemagne, jusqu'à présent puissance continentale, prenne sa place dans l'ensemble du monde. La traduction en fut, en 1899, sa célèbre phrase « notre avenir est sur l'eau » (discours de Guillaume II à Stettin) et sa conséquence, la construction d'une grande flotte de guerre, œuvre de l'amiral von Tirpitz•, ministre de la Marine depuis 1897. Une telle politique exigeait des bases navales réparties dans le monde, des stations charbonnières sur les routes maritimes et ne pouvait manquer de provoquer l'inquiétude britannique.

En 1889, en fonction des intérêts mondiaux de l'Angleterre, le Parlement avait voté la loi navale, dite du *Two Powers Standard*. La flotte britannique devait être supérieure de 10 % aux deux autres flottes les plus puissantes du monde. Cette loi ne visait pas du tout l'Allemagne qui n'était, alors, aucunement une puissance maritime, mais face à la montée en puissance de la flotte

Les deux crises marocaines

À la suite du rapprochement avec l'Angleterre qui aboutit à l'*Entente cordiale* en 1904, la France a obtenu d'avoir les mains libres au Maroc et le ministre français des Affaires étrangères, Théophile Delcassé, envisage l'établissement d'un protectorat sur ce territoire. Dans la préparation diplomatique de cette entreprise, il ignore l'Allemagne qui réagit par un voyage de l'Empereur Guillaume II à Tanger où il manifeste l'intention de défendre l'indépendance du Maroc. Une grave crise – *la première crise marocaine* – éclate entre la France et l'Allemagne pour la première fois depuis bientôt 20 ans, depuis l'affaire Schnaebelé en 1886. Une conférence internationale se tient à Algésiras en 1906 qui se termine par un succès français grâce au soutien de l'Angleterre. La France est autorisée à superviser les actes du gouvernement marocain. Dans la période suivante, l'agitation est à peu près continue au Maroc et, en 1911, le sultan est assiégé dans Fez par des tribus rebelles. Des troupes françaises sont envoyées pour aider le Sultan. L'Allemagne réagit à ce qui lui apparaît comme une occupation déguisée. Un navire de guerre, *Panther*, est envoyé devant le port marocain d'Agadir (1er juillet 1911). C'est la *deuxième crise marocaine* entre la France et l'Allemagne. Après de longues négociations, par l'accord du 9 novembre 1911, l'Allemagne accepte les prétentions françaises sur le Maroc en échange de la cession de territoires français dans la région du Congo. La crise de 1911 a mécontenté l'opinion des deux pays et y a provoqué de vives poussées nationalistes.

• **Guillaume II** (1859-1941). Petit-fils à la fois de Guillaume Ier, roi de Prusse, proclamé Empereur Allemand à Versailles pendant le siège de Paris le 18 janvier 1871, et de la reine d'Angleterre, Victoria, il est appelé au trône à 29 ans, en 1888, à la suite du très bref règne de son père, Frédéric III, qui, atteint d'un cancer du larynx, ne règne que 99 jours (mars-juin 1888).

• **Amiral Alfred von Tirpitz** (1849-1930). Entré à l'École des Cadets de la flotte prussienne en 1865, il est chef d'État-Major de la flotte allemande en 1892. Guillaume II le choisit comme secrétaire d'État (1896), puis ministre de la Marine (1897), poste qu'il occupa jusqu'en 1916. Encouragé par l'Empereur, il fut le créateur de la flotte de haute mer allemande et fit passer la puissance navale allemande du sixième rang au deuxième rang après l'Angleterre, grâce aux lois navales votées en 1898, 1900, 1906 et 1908. L'objectif de Tirpitz n'était pas de préparer une guerre navale contre l'Angleterre, mais de construire un instrument capable, si nécessaire, d'affronter la flotte britannique, afin de convaincre l'Angleterre qu'elle devait compter avec l'Allemagne dans le partage du monde. Engager de grandes dépenses pour construire une flotte de guerre n'était pas très populaire en Allemagne. Pour convaincre l'opinion, une propagande intensive fut engagée par l'intermédiaire d'une organisation, la *ligue navale (Flottenverein)*, qui comptait plus d'un million d'adhérents en 1913. Pendant la guerre, empêché d'engager véritablement la flotte, puis freiné dans sa volonté d'une guerre sous-marine à outrance, Tirpitz démissionne en 1916. Il crée alors le *Parti allemand de la patrie* (1917) qui pousse à la guerre jusqu'au bout. Il fut député national-allemand de 1924 à 1928 et soutint l'élection du maréchal Hindenburg à la présidence de la République en 1925.

de guerre allemande, les gouvernements britanniques furent conduits à en réaffirmer le principe, devenu un véritable dogme. Par une loi navale de 1905, l'Angleterre, sous l'impulsion de l'amiral Fisher•, se lança dans la construction de navires du type *dreadnought*• qui, par leur puissance, rendaient obsolètes tous les autres navires. Mais, par un effet paradoxal, si les Allemands concentraient, à leur tour, leurs efforts sur la construction de ce nouveau type de bâtiments, ils pouvaient obtenir la supériorité sur la flotte britannique. Aussi, quand par la loi navale de 1908, les Allemands annoncèrent la construction de quatre nouveaux grands cuirassés du type *dreadnought,* ils provoquèrent sur le moment une véritable « panique navale » à Londres. Panique injustifiée parce l'Allemagne n'avait pas les moyens de construire rapidement ces nouveaux navires. Néanmoins, les différentes négociations menées pour obtenir de l'Allemagne un ralentissement de ses constructions navales échouèrent et la politique navale allemande fut la principale cause de l'hostilité qui se développa dans les premières années du XXe siècle entre l'Allemagne et l'Angleterre, hostilité qui n'existait pas auparavant.

Deuxième conséquence de la politique mondiale voulue par Guillaume II, l'Allemagne entendait prendre sa part dans l'expansion coloniale. Bismarck n'avait pas été opposé à soutenir les expériences de compagnies commerciales qui réussissaient, mais il n'avait pas voulu avoir une politique volontariste dans le domaine colonial. Il en va maintenant différemment alors que les terres vacantes deviennent de plus en plus rares, d'où les deux crises dans les relations franco-allemandes en 1905 et 1911 provoquées par la volonté française de s'installer au Maroc.

La rivalité qui opposait l'Allemagne à l'Angleterre, sur mer, et à la France, aux colonies, conduisit ces deux derniers États à se rapprocher. Ce n'était pas dans la logique des choses, car l'Angleterre et la France avaient été au bord de la guerre, en 1898, lors de l'affaire de Fachoda•. Pourtant un accord sur différentes questions coloniales, réalisé en 1904, avait marqué le début de l'**Entente cordiale** entre les deux pays.

De même, entre la Russie autocratique et la France républicaine, il n'y avait guère de sympathies. Toutefois après le départ de Bismarck, le gouvernement allemand négligea d'entretenir l'amitié avec la Russie. La Russie et la France isolées l'une et l'autre en Europe, tendirent naturellement à se rapprocher et conclurent l'alliance franco-russe en 1894. De même, après que l'Angleterre et la Russie eurent connu de très fortes périodes de tension, – en particulier la guerre avait menacé entre les deux pays lorsque, en 1885, les Russes avaient atteint les limites de l'Afghanistan – ils conclurent un accord en 1907 qui réglait un certain nombre de litiges coloniaux. D'où cette

Triple-Entente, à vrai dire assez floue, puisqu'il n'y avait de véritable alliance, ni entre l'Angleterre et la France, ni entre l'Angleterre et la Russie.

L'Allemagne avait, dans une certaine mesure, sacrifié l'alliance russe au profit d'une solide alliance entre pays germaniques, Allemagne et Autriche-Hongrie. La Duplice avait été conclue dès 1879 et l'Italie s'y était jointe en 1882, par dépit face à l'établissement de la France en Tunisie, et mettant, de ce fait, en veilleuse ses revendications sur les terres « irrédentes ». Ainsi s'était établie la Triple-Alliance qui, de renouvellement en renouvellement, avait fêté en 1912 son trentième anniversaire.

Ces deux systèmes d'alliances n'étaient pas d'une solidité à toute épreuve. Du côté de la Triple-Alliance, l'attitude de l'Italie était très incertaine. Depuis un accord en 1902•, l'Italie avait marqué un très net rapprochement avec la France qui lui offrait une compensation pour la Tunisie en ne s'opposant pas à ce qu'elle s'empare de la Tripolitaine. Du côté de la Triple-Entente, il n'existait même pas un noyau stable comme l'alliance austro-

---

• **John Fisher** (1841-1920). L'amiral Fisher, après une longue carrière dans la marine, devient en 1904 « Premier Lord de l'Amirauté », c'est-à-dire ministre de la Marine et il le reste jusqu'en 1910. Il accomplit dans ce domaine une œuvre considérable de réorganisation et de modernisation de la flotte britannique. Il fut le père des *dreadnoughts*. En octobre 1914, il fut rappelé à l'activité – il a alors 73 ans – comme « Premier Lord de la mer » (chef d'État-Major de la Marine) et les mesures qu'il prit permirent de remporter la victoire des Falklands (8 décembre 1914) où l'escadre de l'amiral allemand Graf von Spee arrivant du Pacifique – après avoir battu une escadre britannique à la bataille dite du Coronel sur la côte chilienne (1er novembre) – fut écrasée. Fisher qui voulait mener conjointement avec les Russes des opérations en Baltique entra en conflit avec Churchill (ministre de la Marine) qui, lui, voulait réaliser l'opération des Dardanelles. En mai 1915, il démissionnait.

• **Dreadnought.** Sous ce nom, abréviation de *Which dreads nought* (« qui ne redoute rien »), fut lancé, en 1907, à l'initiative de l'amiral Fisher, un cuirassé qui, dépassait tous les navires de guerre construits jusqu'alors. Toutes les marines s'inspirèrent de l'exemple britannique : au début de la guerre, l'Angleterre disposait de 31 *dreadnoughts,* la France de 7, l'Allemagne de 20, l'Autriche-Hongrie de 4. Ces cuirassés devinrent de plus en plus gros jusqu'à la Seconde Guerre mondiale où la guerre aéronavale leur fit perdre de leur importance.

• **L'affaire de Fachoda** marque le sommet de la rivalité coloniale entre la France et l'Angleterre. Alors que les Britanniques cherchaient à étendre leur domination en Afrique du Cap au Caire, la France souhaitait relier Dakar à Djibouti, ce qui nécessitait, pour chacun des deux pays, de placer le Soudan sous son influence. En 1896, une expédition conduite par le capitaine Marchand part du Gabon, atteint la région du Haut-Nil et s'installe à Fachoda en juillet 1898. Une forte armée anglo-égyptienne qui remontait le Haut-Nil atteint à son tour Fachoda (18 septembre 1898). À la fin octobre, une guerre semble inévitable entre la France et l'Angleterre, mais incapable de soutenir un conflit maritime, la France fait marche arrière. Au mois de novembre, Marchand reçoit l'ordre d'évacuer Fachoda. Les opinions publiques des deux pays se sont violemment dressées l'une contre l'autre et les effets de Fachoda furent longs à se dissiper.

• **En juin 1902, un accord secret** sous forme d'un échange de lettres eut lieu entre la France et l'Italie. L'Italie s'engageait à une stricte neutralité en cas de guerre franco-allemande, non seulement si l'Allemagne était l'agresseur, mais même si la France était obligée de prendre l'initiative à la suite d'une provocation indirecte.

Les trois ans

Porter le service militaire de deux à trois années fut proposé le 4 mars 1913 au Conseil supérieur de la Guerre. Le 6 mars, le gouvernement Briand• déposait un projet de loi en ce sens et le gouvernement Barthou* qui lui succédait le faisait adopter par la Chambre des députés (19 juillet) et par le Sénat (5 août). Le vote de cette loi entraîna des débats passionnés dans la presse et au Parlement. Les socialistes et une partie des radicaux étaient contre le projet, les nationalistes étaient pour et une vaste fraction de l'opinion du centre-gauche à la droite était pour, sans pour autant l'assortir de considérations agressives. Le débat ne porta d'ailleurs pas sur la nécessité d'assurer la défense nationale, ce que pratiquement personne ne mettait en doute. L'opposition de gauche estimait qu'il valait mieux fonder la défense nationale sur la notion de « nation armée », et donc sur l'utilisation des réserves, que sur une augmentation du nombre de soldats faisant leur service actif.

* P. 160

allemande, car les rapports entre la France et la Russie avaient été soumis à de fréquentes anicroches. La France ne souhaitait pas être entraînée dans les entreprises balkaniques de la Russie, même si elle manifestait de fortes sympathies pour la Serbie ; la Russie ne voulait pas être engagée par les entreprises coloniales françaises, en particulier au Maroc. Une alliance, donc, faite de hauts et de bas. Après la défaite de la Russie dans la guerre de Mandchourie, on pouvait douter du côté français que la Russie dispose des moyens nécessaires pour remplir ses devoirs d'alliée. Malgré tout, sans que cela ait été essentiel au départ, la Russie restait liée à la France par l'importance des emprunts qui lui avaient été consentis et des investissements de capitaux français qui y avaient été faits.

Même incertaines, ces alliances représentaient un danger pour la paix de l'Europe. Certes la Triplice, depuis plus de trente années, n'avait pas été responsable d'un conflit et Bismarck l'avait plutôt conçue comme un facteur de paix. Mais la répartition géographique des pays de la Triple-Entente était ressentie en Allemagne comme une menace d'encerclement – certains des concepteurs de l'entente comme Delcassé• n'avaient rien fait pour l'en dissuader. Elle avait également été ressentie comme une manifestation de la volonté de l'empêcher d'obtenir la part de territoires coloniaux que son importance justifiait. La conséquence en fut un incontestable raidissement des relations intereuropéennes au début du siècle. Aucun pays ne souhaitait la guerre et n'avait de raison fondamentale de la faire, mais chacun prenait des précautions. Malgré la possibilité d'une guerre éventuelle sur deux fronts, l'armée allemande d'active et les réserves instruites étaient en 1911 en nombre légèrement inférieur à celles de la France presque deux fois moins peuplée ! D'où, à la suite d'une loi de 1913, une augmentation des effectifs de 117000 hommes, destinée à répondre à l'augmentation des forces russes en pleine réorganisation et justifiée par la situation dans les Balkans. Augmentation des effectifs qui, à son tour, provoque en France, malgré l'opposition socialiste et radicale, le rétablissement du service militaire de trois ans (août 1913).

Les alliances étaient surtout à l'origine d'un autre danger que les guerres balkaniques avaient particulièrement mis en valeur, le risque d'être entraîné dans une guerre pour ne pas perdre un allié jugé indispensable. Contrairement à ce qui a été souvent dit, l'Empire austro-hongrois n'était pas à la veille de disparaître. C'était un État puissant, à la prospérité croissante, peuplé – avec plus de 51 millions d'habitants en 1910, il dépassait largement la population française – dont l'économie et la force militaire étaient imposantes. Ce n'est qu'après la disparition de l'Empire austro-hongrois qu'on affirma que, dès avant 1914, il était menacé dans son existence, confondant de réelles difficultés à régler ses problèmes nationaux avec une maladie mortelle. Personne n'aurait pensé cela au début du siècle. Il n'empêche que la diversité de ses groupes ethno-linguistiques, notion préférable à celle de nationalité, comme le souligne Jean Bérenger, qui, pour certains, admettaient mal la domination allemande d'un côté, hongroise de l'autre, était un sujet de préoccupation sérieuse. Le problème des Slaves du Sud était sans aucun doute inquiétant. Lors des guerres balkaniques, l'Allemagne avait retenu l'Autriche-Hongrie d'intervenir directement, mais le gouvernement allemand depuis le regrettait. Il était peu vraisemblable qu'il le fît une seconde fois. Il considérait comme primordial pour la sûreté de l'Allemagne que l'Autriche-Hongrie ne soit pas affaiblie. Or,

• **Aristide Briand** (1862-1932). Une des principales personnalités de la IIIe République. Président du Conseil pour la première fois en 1909, pour la onzième fois en 1929, il a occupé entre-temps un très grand nombre de postes ministériels, inamovible ministre des Affaires étrangères, par exemple de 1925 à 1932. Avant la guerre, après avoir débuté à l'extrême-gauche socialiste, partisan ardent de la grève générale, il évolua rapidement vers des positions plus modérées, après son élection comme député de la Loire en 1902. À la veille de la guerre, il fut un partisan actif des trois ans de service militaire et appartient à ce groupe de « nationalistes de gauche » dont fait partie également Alexandre Millerand. Il entra le 26 août 1914 dans le cabinet d'union sacrée de René Viviani comme ministre de la Justice. Il fut ensuite président du Conseil du 29 octobre 1915 au 18 mars 1917.

• **Théophile Delcassé** (1852-1923). Entré en politique sous l'égide de Gambetta, élu député radical del'Ariège en 1899, il s'intéressa tout particulièrement aux questions coloniales et à la politique extérieure. Ministre des Affaires étrangères de façon continue de juin 1898 à juin 1905, c'est pendant cette période qu'après un moment de très vive tension eut lieu le rapprochement, puis l'entente cordiale avec l'Angleterre. C'était pour Delcassé la possibilité d'engager une politique active de main mise sur le Maroc sans trop se soucier de l'Allemagne. D'où la première crise marocaine de 1905 et la démission de Delcassé sous la pression de l'Allemagne, d'autant que le président du Conseil Maurice Rouvier jugeait sa politique dangereuse. Sa grande carrière était brisée et il en conçut une aversion profonde pour l'Allemagne. Il fut par la suite ministre de la Marine de 1911 à 1914, ambassadeur de France à Saint-Pétersbourg en 1913 et 1914 et fut rappelé au ministère des Affaires étrangères une fois la guerre commencée. Malgré des efforts désordonnés, il ne parvient pas à empêcher la Bulgarie d'entrer en guerre aux côtés des Puissances centrales et il dut démissionner en octobe 1915. Malade, très éprouvé par la mot de son fils à la guerre, il ne joua plus de rôle politique important par la suite.

les guerres balkaniques s'étaient, en définitive, traduites par un affaiblissement des positions germaniques dans les Balkans.

Parallèlement, pour Raymond Poincaré, président du Conseil français de 1912, devenu président de la République en 1913, il était indispensable d'être ferme envers l'Allemagne et cela signifiait pouvoir compter sur la Russie. La visite faite par Poincaré à Saint-Pétersbourg en août 1912 est tout à fait éclairante. Lors de son entrevue avec le ministre des Affaires étrangères russe, Sazonov•, Poincaré obtint communication des conventions serbo-bulgare et gréco-bulgare qui venaient d'être signées sous l'égide de la Russie et, contrairement à ce qui lui avait été dit, il constata qu'il s'agissait de conventions de guerre et non pas du maintien du *statu quo*. Malgré les affirmations du ministre russe qu'il disposait des moyens d'empêcher l'éclatement d'une guerre, Poincaré témoigna de son irritation. Il protesta contre les initiatives des pays balkaniques soutenues par la Russie, mais il ne put empêcher ce qui se préparait, parce qu'en s'y opposant trop vigoureusement, il aurait pris le risque de l'éclatement de l'alliance franco-russe. Or, au même moment, Poincaré faisait tous ses efforts pour que les Russes accélèrent leur effort de construction et de développement de voies ferrées en direction de la frontière allemande afin de pouvoir transporter plus rapidement leurs troupes en cas de conflit. D'un côté comme de l'autre, le souci de la sauvegarde des alliances était devenu prioritaire.

3 Les nationalismes

Cette situation était d'autant plus dangereuse que, dans la plupart des pays européens, l'idée nationale s'était exacerbée en donnant naissance à des mouvements nationalistes. Le nationalisme a été ou est présent dans pratiquement tous les pays européens, mais sous des formes et avec des objectifs très variés.

Le Royaume-Uni a connu une forte poussée nationaliste à la fin du XIXe siècle avec le mouvement **jingoïste**•, mais il est rapidement retombé après les mécomptes de la **guerre des Boers**•. Il visait uniquement des objectifs coloniaux et exaltait la race anglaise, race « **gouvernante** » par excellence. Le Royaume-Uni n'est pas pour autant à l'abri, à domicile, des effets des questions nationales, avec la question d'Irlande•. La loi accordant l'autonomie à l'Irlande, le *Home rule,* devait entrer en vigueur en 1914. Mais elle est rejetée à la fois par les nationalistes irlandais qui la considéraient comme insuffisante et par les protestants de l'Ulster qui entendaient rester totalement britanniques. La guerre civile menace et l'armée britannique n'était pas prête à imposer le respect de la loi aux protestants de l'Ulster. Affaire sans conséquence directe sur les relations internationales en Europe, elle fut pourtant de toute première importance en détournant l'attention de la Grande-Bretagne des problèmes continentaux.

Le premier trait du nationalisme russe est d'affirmer le caractère **russe** de l'Empire, d'où une politique de **russification à outrance** des populations **allogènes.** À la fin du XIXe siècle, la russification est particulièrement active dans les provinces frontières occidentales, la Finlande et la Pologne. La Finlande, considérée jusque-là comme un État uni à la Russie, est soumise à une très active russification pendant le règne de Nicolas II. L'opinion finlandaise, traditionnellement très loyaliste envers la personne du tsar, se dresse progressivement contre lui. En 1914, l'hostilité à la présence russe est générale.

En Pologne, depuis l'insurrection de 1863, toute trace d'autonomie a disparu, le polonais a été pourchassé au profit du russe, l'église catholique persécutée au bénéfice de l'église orthodoxe, la dénomination de Royaume de Pologne a été remplacée par celle de « Pays de la Vistule », mais progressivement la pression

---

• **Sergueï Dimitrievitch Sazonov** (1860-1927). Il succédait en 1910 à Alexandre Isvolski, comme ministre des Affaires étrangères de la Russie et il conserva ce poste jusqu'en 1916. Parent et homme de confiance de Stolypine, effacé, de santé médiocre, ne manquant pas de bonne volonté, mais disposant de peu d'autorité, il est dominé par ses services. Partisan d'une politique assez active dans les Balkans, ce sont néanmoins les ministres russes à Belgrade et à Sofia qui lui imposent l'organisation de la *Ligue balkanique* et, malgré les assurances qu'il donne à Poincaré, il ne peut empêcher les guerres balkaniques en 1912-1923. Il n'était pas favorable à une guerre avec l'Allemagne, mais, lors de la crise de juillet 1914, il montre de la fermeté envers elle. Partisan d'une mobilisation partielle, il se rallie à la mobilisation générale quand l'État-major fait savoir qu'une mobilisation partielle n'était pas possible. Il s'emploie avec succès à convaincre l'Empereur de lancer l'ordre de mobilisation générale après qu'il l'ait une première fois retiré. En 1916, il essaya de s'opposer aux négociations en vue d'une paix séparée avec l'Allemagne qu'avait entreprises le clan germanophile de la cour autour de Raspoutine. Il fut alors renvoyé de son poste de ministre des Affaires étrangères (juillet 1916). Après la Révolution, il se réfugia en France et devait mourir à Nice.

• **Jingoïsme.** Plus qu'un nationalisme à proprement parler, le *jingoïsme* est plutôt une poussée chauvine que connaît le Royaume-Uni au moment de la guerre en Afrique du Sud. L'origine s'en trouve dans une chanson populaire apparue lors de la tension qui s'était manifestée entre l'Angleterre et la Russie en 1877 : « Par Jingo, s'il le faut, nous ferons la guerre ». Quant au terme de Jingo, son sens et son origine sont incertaines.

• **La guerre des Boers** ou guerre du Transvaal (1899-1902). Les Boers étaient des colons protestants, en général d'origine néerlandaise, quelquefois d'origine française ou allemande, qui refusaient de soumettre les deux républiques qu'ils avaient créées dans le Sud de l'Afrique, l'Orange et le Transvaal, à la domination britannique. La guerre fut très difficile pour les Anglais qui, avant de l'emporter, subirent de graves défaites.

• **La question d'Irlande.** L'Irlande est devenue une colonie de l'Angleterre à la fin du XIIe siècle. Tout au long du XIXe siècle, un certain nombre des problèmes qui opposaient les Irlandais aux Anglais (question religieuse, question de la terre) avaient été réglées. Restait la question nationale. Par deux fois en 1886 et en 1893, des projets de *Home Rule* avaient été repoussés, mais un troisième projet avait été voté en 1912, applicable en 1914. Les protestants majoritaires dans le Nord-Ouest de l'île, en Ulster, le repoussent. En 1914, entre nationalistes irlandais et unionistes de l'Ulster (partisans de l'Union avec l'Angleterre), on est très proche de la guerre civile.

avait baissé. Elle reprend après les mouvements nationaux de 1905 : on ferme les écoles de langue polonaise. Les provinces baltiques sont touchées à leur tour : dans ces régions traditionnellement dirigées par une aristocratie allemande, les « Barons baltes », le russe devient obligatoire dans l'administration et l'enseignement, les luthériens sont pressés de se convertir à l'orthodoxie.

À un degré moindre, Arméniens et musulmans sont également concernés par la politique de russification.

Les Juifs furent les grandes victimes de cette politique : au nombre d'environ 5 millions, ils sont l'objet de toute une série de restrictions – interdiction de posséder des terres, *numerus clausus* dans les lycées et les universités – et subissent de violentes persécutions. Les *pogroms* qui trouvent un aliment dans l'antisémitisme populaire sont, en fait, organisés par les autorités. À la fin du XIXe et au début du XXe siècle, environ un million de Juifs quittent la Russie et vont constituer la communauté juive des États-Unis.

Cette poussée de nationalisme et de russification n'épargne pas les populations les plus proches des Russes comme les Ukrainiens. Depuis le milieu du XIXe siècle, une « intelligentsia » s'est développée et manifeste un vif esprit national. Conséquence, les écrivains de langue ukrainienne sont persécutés.

Il existe donc une claire volonté de la Russie de constituer, à l'image des autres États d'Europe, un « État national », autour des seuls Grands Russiens qui ne représentent qu'environ 43 % de la population.

Le dernier grand homme d'État de la Russie tsariste, Stolypine•, Premier ministre de 1906 à 1911, est ouvertement nationaliste. Il proclame à la *Douma* que « le bonheur suprême était d'être sujet russe ».

La deuxième forme de nationalisme, le **panslavisme,** est plus directement tournée vers l'extérieur. Mouvement déjà ancien, datant des années 1870, il donne à la nation russe le dessein particulier de libérer spirituellement les Slaves et même de les fédérer dans un empire dirigé par la Russie. Le panslavisme a trouvé des échos dans certains milieux intellectuels – Dostoïevski en est un exemple – et il a eu des théoriciens comme Nicolas Danilevski qui, en 1869, avait publié *La Russie et l'Europe.* Il n'a eu que peu de réalité politique, sauf à la fin du règne d'Alexandre II. Par la suite, au moment des crises balkaniques, beaucoup de Russes ont éprouvé une sympathie naturelle pour les Slaves des Balkans, encore qu'il leur fut difficile de choisir entre Serbes et Bulgares• très opposés les uns aux autres. Le panslavisme est toutefois resté davantage un argument – assez flou – pour les ministres ou les diplomates russes que le support d'une politique agressive dans les Balkans ou d'une politique nationale vigoureuse.

Conséquence, d'ailleurs mineure, du panslavisme sur les relations internationales, pour faire pièce aux Russes qui attisaient les aspirations nationales des peuples slaves de l'Empire austro-hongrois, la double monarchie avait accueilli en Galicie une « Union de libération de l'Ukraine ». D'un autre côté, l'Empire ottoman faisait écho aux revendications nationales des populations de l'Azerbaïdjan russe, les Azeris, dont la langue était très proche du turc.

Le plus grave néanmoins pour l'Empire russe était que la politique de russification était une source d'affaiblissement en lui aliénant les populations allogènes. Le nationalisme russe était en fait essentiellement à usage interne : un homme aussi nationaliste que Stolypine était fort hostile à toute aventure extérieure. Après son assassinat en 1911, le ministre des Affaires étrangères, Sazonov, est plus indécis, mais la place du nationalisme semble au total bien faible dans la politique étrangère russe, même si une certaine reprise du panslavisme s'est fait sentir à partir de 1908.

Malgré les apparences, le nationalisme français est également tourné principalement vers les problèmes intérieurs. Pour ses deux maîtres à penser, Charles Maurras• et Maurice Barrès•, la décadence française a été le point

---

• **Piotr Arkadievitch Stolypine** (1862-1911). Nommé ministre de l'Intérieur en 1904, puis Premier ministre en 1906. Intelligent et énergique, il se livre à une répression extrêmement violente contre les révolutionnaires et le mouvement terroriste qui s'est développé après la révolution de 1905. Il refuse de s'engager dans un véritable régime parlementaire. Il modifie les conditions d'élection à la Douma pour assurer la prééminence des propriétaires terriens, mais, en même temps, il engage de grandes réformes pour transformer la société russe. L'émancipation totale des paysans permet de construire une classe moyenne rurale, la colonisation de la Sibérie est développée, l'élan économique est considérable. Détesté de la gauche à cause de la répression, de la droite, et en particulier de la cour, à cause de ses réformes, il est assassiné le 5 septembre 1911 au théâtre de Kiev, dans des conditions mal éclaircies, par un agent double, à la fois révolutionnaire et agent de la police politique. Le tsar ne manifeste pas une émotion excessive à la mort du dernier homme d'État que la Russie ait possédé avant la Révolution.

• **Les Bulgares** ne sont pas à l'origine des Slaves, mais ils se sont très vite mélangés avec des populations slaves et parlent une langue slave.

• **Charles Maurras** (1868-1952). Il est né à Martigues (Bouches-du-Rhône). Journaliste, critique littéraire, il s'engage dans la vie politique avec l'affaire Dreyfus. Non content d'être une des têtes de file de l'antidreyfusisme, il jette les bases d'une construction doctrinale (*Enquête sur la Monarchie*, 1900), condamnant la démocratie et prônant la restauration de la monarchie. Il établit une liaison fondamentale entre le nationalisme et le traditionalisme. Il est le principal animateur de la *Ligue de l'Action française* créée en 1905 et surtout du journal quotidien, à partir du 21 mars 1908, *l'Action française*. Violemment anti-allemand, il se consacre surtout à dénoncer les ennemis de l'intérieur, les Juifs, les Francs-Maçons, les métèques, les protestants... Son influence est grandissante chez les étudiants et dans les milieux intellectuels.

• **Maurice Barrès** (1862-1923). Né en Lorraine, écrivain célèbre à moins de trente ans avec les trois romans qui constituent le « culte du moi » (1888-1891), député boulangiste de Nancy en 1889, il évolue vers un nationalisme agressif, antisémite et xénophobe au moment de l'affaire Dreyfus. Il fut un des fondateurs de la *Ligue de la Patrie française* en 1898. Il publie en 1902 *Scènes et doctrines du nationalisme*. Il fut élu député de Paris en 1906. Dans son œuvre littéraire, il se consacre à l'exaltation des provinces perdues, en particulier avec *Colette Baudoche* (1909).

de départ de leur réflexion. Pour Barrès, les solutions sont d'ordre éthique. Il faut faire revivre les valeurs que symbolisent « la Terre et les Morts », valeurs d'enracinement, de continuité, de fidélité au passé. Pour Maurras, elles sont d'ordre politique, rejet de la démocratie, du parlementarisme, de la République, des principes de 1789 et retour à la monarchie. La **Ligue des Patriotes,** dont Barrès est devenu le président à la mort de Paul Déroulède• (1914), a toujours comme programme la revanche et la reconquête de l'Alsace-Lorraine, mais c'est un groupement en déclin. Le mouvement nationaliste le plus important, le plus dynamique, l'**Action française,** professe, certes, un antigermanisme d'une extrême violence verbale mais son objectif véritable est de renverser la République, d'« étrangler la gueuse ». Numériquement faible, l'**Action française** dispose d'une influence intellectuelle notable sur l'ensemble de la droite et sur certaines fractions de la jeunesse étudiante. Les élections d'avril-mai 1914 montrèrent cependant les limites du nationalisme en France puisque la droite ne marqua aucun progrès et que le seul parti qui gagna de nombreux sièges fut le parti socialiste, adversaire déterminé du nationalisme.

L'Allemagne est, parmi les grands États, le seul à manifester un nationalisme clairement expansionniste. Les origines de ce nationalisme sont complexes et assez récentes, comme la réalisation de l'État national. Succès militaires et succès économiques, succès culturels (la musique allemande avec Wagner, la philosophie allemande) ont eu leur rôle dans la naissance de l'idée que les Allemands formaient le « peuple élu », mais la notion de peuple, de *Volk,* l'idéologie *völkisch*[7] y ont aussi une très grande place. Le peuple allemand plonge ses racines dans un lointain passé, un Moyen Age mythique qui met en valeur les qualités intrinsèques du Germain. Dès le début du XIXe siècle, des philosophes comme Fichte et Hegel, des économistes comme Friedrich List, plus tard des historiens comme Mommsen, font du peuple allemand le successeur des Grecs et des Romains et collaborent au développement intellectuel du nationalisme allemand. Nationalisme de succès et non de défaite comme le nationalisme français, il glisse facilement vers le racisme en proclamant la supériorité de la race allemande. Race supérieure, qui, en raison de ses qualités mêmes, doit être protégée contre les éléments hétérogènes, d'où l'importance de l'antisémitisme qui trouve ici une base raciale, à la différence de celui assez largement développé dans d'autres pays européens et en particulier en France.

Au surplus, une race supérieure a des droits sur des races inférieures. Le nationalisme allemand est donc tourné vers l'extérieur. La **Ligue pangermaniste,** fondée par un colonial, Carl Peters• en 1891, veut être le moteur de l'expansion outre-mer. Le pangermanisme est un impérialisme, mais un impérialisme qui se subdivise en deux branches, un impérialisme économique dont la traduction est le concept de *Weltpolitik* et un impérialisme territorial, le *Lebensraum*, l'**espace vital,** acquérir en Europe même la place nécessaire aux Allemands. La notion de la *Mitteleuropa* sous domination allemande en est la traduction. La première branche se soucie du développement de l'industrie, la seconde s'intéresse davantage à la « germanité »•. On en retrouve les différents aspects dans le programme de la **Ligue pangermaniste** ainsi résumé par Pierre Guillen[8] : rassemblement de tous les Allemands épars dans le monde par la constitution, en Europe, d'un vaste espace économique englobant les pays germaniques et l'expansion territoriale aux dépens des Slaves, et hors d'Europe par la formation de zones d'influence appuyées sur les colonies d'émigrants et par l'élargissement du domaine colonial…

Quelle fut l'influence réelle du courant pangermaniste ? La **Ligue pangermaniste** ne fut jamais très nombreuse, mais beaucoup de ses adhérents appartenaient aux milieux d'affaires, politiques ou universitaires et disposaient d'une influence importante dans les classes dirigeantes. Elle entraînait d'autres groupements, comme la **Société coloniale,** la **Ligue navale,** la **Ligue militaire** qui comptaient des centaines de milliers d'adhérents. Néanmoins, Marlis Steinert[9] le souligne avec force, en s'appuyant sur les études les plus récentes, la thèse d'une alliance entre élites gouvernementales et « Associations nationales », comme celles qui viennent d'être énumérées, ne semble pas démontrée. Ces associations « se trouvaient plus souvent en désaccord qu'en accord avec la politique gouvernementale ». En réalité, le pangermanisme devait bien davantage inspirer la politique d'Hitler que celle de Guillaume II.

On en trouva d'ailleurs le prolongement en Autriche, où un courant pangermaniste s'était développé dont les maîtres à penser furent Georg von Schönerer et Karl Lueger qui devint maire de Vienne. Ils étaient les adversaires de la monarchie des Habsbourg qu'ils accusaient de prendre le risque de

• **Paul Déroulède** (1846-1914). Se consacrant très tôt à une carrière littéraire, il s'engage dès les débuts de la guerre de 1870. Prisonnier, évadé, reprenant le combat dans l'armée Bourbaki, blessé dans les rangs de l'armée versaillaise en combattant la Commune, il devient célèbre en publiant, en 1872, les *Chants du soldat,* suivis par toute une série d'œuvres de la même inspiration, tels en 1875 les *Nouveaux chants du soldat*… Il est proche de Gambetta et chantre d'un nationalisme républicain. Dans cet esprit, il fonde en 1882 la *Ligue des Patriotes.* Mais il s'engage dans l'aventure boulangiste, est élu député d'Angoulême en 1889, devient ensuite une des têtes du mouvement antidreyfusard et tente un coup d'État en 1899. Condamné à 10 ans de bannissement en 1900, il peut rentrer en France en 1905 et se consacre à la propagande patriotique. Il meurt en janvier 1914… sans avoir vu la guerre qu'il avait tant appelée de ses vœux !

• **Carl Peters** (1856-1918). Il créa en 1884 la *Société allemande de colonisation,* l'année suivante, la *Société de l'Afrique orientale allemande* et il fut le fondateur de la colonie allemande d'Afrique orientale, à la suite de plusieurs voyages dans cette région.

• Il était considéré que la **« germanité »** n'avait pas une place suffisante pour s'épanouir et qu'elle devait l'acquérir en repoussant les Slaves vers l'Est.

L'esprit de revanche français vu d'Allemagne

Dans une étude sur « Guillaume II et le roi Albert à Postdam en novembre 1913 », le grand historien belge, Jean Stengers écrivait : « Lors de cette entrevue, Guillaume II tient au roi des Belges les propos suivants tels qu'ils ont été reconstitués : « La guerre avec la France me paraît *inévitable et prochaine*. La France elle-même en effet veut la guerre et elle s'arme dans cette intention, comme l'indique le vote de la loi sur le service militaire de trois ans. Le langage de la presse française montre d'ailleurs une hostilité croissante à notre égard. L'esprit de revanche du peuple français se manifeste d'une manière de plus en plus agressive. » (*Bulletin de la classe des lettres et des sciences morales et politiques, Académie royale de Belgique*, 7.12.1993).

Dans les milieux diplomatiques français, on ne retint pas l'inquiétude allemande pour n'y voir que la menace, ce qui aboutit à la publication d'un texte tronqué, c'est-à-dire falsifié, dans *Le Livre jaune* édité en décembre 1914 après les débuts de la guerre.

dissoudre la nationalité allemande au milieu des autres nationalités de l'Empire. Ils étaient partisans, sous des formes différentes, d'un rapprochement ou d'une intégration à l'Allemagne pour constituer un bloc germanique au centre de l'Europe. Ils manifestaient un antisémitisme d'une violence extrême, d'autant que les Juifs autrichiens apparaissaient comme les défenseurs les plus convaincus de la monarchie des Habsbourg. Ce pangermanisme avait peu d'influence, cela se comprend facilement, sur les milieux dirigeants de l'Empire, mais Hitler y trouva également une partie de son inspiration.

Dernier des grands pays à être très marqué par le développement d'un courant nationaliste, l'Italie. Son nationalisme dépasse la simple revendication des terres irrédentes ou d'une place plus grande dans les Balkans, en particulier sur la côte adriatique, où l'Italie s'intéresse à l'Albanie, ce qui explique son opposition aux velléités serbes dans cette région. Le plus important des maîtres à penser du nationalisme italien est Enrico Corradini•. Pour lui, la mission de l'Italie est de transmettre à l'Afrique la civilisation et elle doit profiter de sa puissance démographique, de son trop-plein de population qui émigrait jusque-là vers les États-Unis, pour installer en Afrique des colonies de peuplement. Une politique de conquêtes est donc nécessaire. D'autres courants nationalistes se veulent moins économiques ou politiques, avec Giovanni Papini• et Giuseppe Prezzolini• qui exaltent principalement les forces spirituelles de l'Italie, ou comme les **futuristes** autour d'un poète, Marinetti•, qui célèbrent l'amour du danger, de la violence, le culte de la patrie et de la guerre… Le poète Gabriele D'Annunzio• est aussi une des figures du nationalisme italien.

En 1910, l'**Association nationale italienne** est créée, rassemblant les nationalistes autour de Corradini. Elle publie un journal l'*Idea nazionale* et elle a des liens avec des groupes industriels importants. Son influence n'est pas négligeable dans les milieux intellectuels et dans certains secteurs des classes moyennes, sans pour autant dominer les milieux politiques dirigeants[10].

En définitive, on peut reprendre au niveau européen une formule que nous avions utilisée pour caractériser le nationalisme français, « le renouveau nationaliste en France dans les années qui précèdent la guerre, est [...] un phénomène indéniable, complexe, difficile à situer dans le temps et limité »[11]. Il a pris partout une teinte conservatrice, qui vise à défendre l'ordre établi, il s'oppose aux tendances internationalistes d'un mouvement ouvrier en expansion dans les pays évolués économiquement, il entend abandonner le rationalisme et le positivisme qui avaient marqué la période précédente en faveur de

• **Enrico Corradini** (1865-1931). Fils de propriétaires terriens, il fut le principal théoricien et dirigeant du mouvement nationaliste italien. Il se consacra d'abord à la littérature avant de se convertir au nationalisme. Partisan de l'expansion coloniale, il défendait également l'idée d'un pouvoir autoritaire et, au plan idéologique, il fut très souvent l'inspirateur de thèmes que reprit le fascisme par la suite. Il fonda en 1910 l'*Association nationaliste italienne* dont l'organe fut l'*Idea nazionale*. Partisan convaincu de l'intervention italienne dans la guerre, il soutint après la fin du conflit, d'abord d'Annunzio, puis Mussolini. Il fut un des dignitaires du fascisme (cf. Pierre Milza, *Le fascisme*, MA éditions, 1986).

• **Papini Giovanni** (1881-1956). Écrivain, il fut également une des têtes du mouvement nationaliste. Adversaire convaincu de la démocratie, partisan du « darwinisme social », le caractère insuffisamment spirituel de ses théories l'éloigna de Corradini. Partisan également de l'entrée de l'Italie dans la guerre, il s'écarta ensuite de l'activité politique pour se consacrer au catholicisme auquel il s'était converti. Ce ne fut qu'à la fin des années trente qu'il se rallia avec enthousiasme au fascisme auquel il avait reproché au début des aspects socialistes.

• **Giuseppe Prezzolini** (1882-1982). Écrivain et critique littéraire, il a exercé une très grande influence sur l'activité littéraire de son temps. Nationaliste, la revue qu'il créa en 1908 avec Papini, *La Voce*, était un organe au croisement de la politique et de la littérature. Par la suite, il se rallia au fascisme.

• **Filippo Tommaso Marinetti** (1876-1944). Issu d'une riche famille milanaise, écrivain et poète, un des intellectuels les plus prestigieux de l'Italie au XXe siècle, tête de file du nationalisme italien, c'est pourtant de Paris où il résida longtemps qu'il lançait le 20 février 1909 le premier *Manifeste du futurisme*. Il y exaltait le danger, l'énergie, la témérité, le mouvement agressif, le « poing », il y glorifiait la guerre, « seule hygiène du monde », le militarisme, le patriotisme. Le mouvement futuriste gagna les autres secteurs intellectuels, en particulier la peinture. Marinetti fut un ardent partisan de l'intervention italienne dans la guerre en 1915. Il fut un des fondateurs du fascisme. Par la suite, même s'il y eut de plus en plus divergence intellectuelle entre futurisme et fascisme – le futurisme volontiers anarchiste admettait mal le côté conservteur du régime, de même que le glissement pro-nazi – Marinetti resta fidèle à Mussolini. Toujours excessif, à 66 ans, il combattait en 1942 sur le front de l'Est...

• **Gabriele D'Annunzio** (1863-1938). Romancier, poète, le plus célèbre des écrivains italiens de la fin du XIXe siècle. D'abord esthète raffiné, il introduit dans son œuvre, après lecture de Nietzsche, la notion de surhomme. Il s'engage dans l'action nationaliste au moment de la guerre de Libye (1911), fut un acteur décisif de l'intervention italienne en 1915. Engagé volontaire à 52 ans, il participa avec héroïsme à la guerre, principalement dans l'aviation. Après la guerre, il occupe Fiume (1919-1920) que la Conférence de la Paix n'avait pas attribuée à l'Italie. Il est en concurrence avec Mussolini pour s'emparer du pouvoir en Italie, mais Mussolini l'emporte et d'Annunzio se rallie à lui. Jusqu'à sa mort, il devait être comblé d'honneurs par le régime.

l'instinct, de la force, de l'élan vital ; il se méfie de la démocratie directement engendrée par le rationalisme. Sur ces bases communes, suivant les pays, un nationalisme, agressif ou non, s'est développé.

Un caractère, commun aux nationalismes européens, est leur influence souvent forte dans les milieux intellectuels, mais assez réduite sur les gouvernements. Néanmoins, comme l'avait fait justement remarquer René Girault[12], des manifestations tapageuses du nationalisme, même si elles sont superficielles et de peu d'importance, sont prises au sérieux dans les autres pays : l'Allemand est frappé par le chauvinisme français, le Français croit que le pangermanisme est le fait de tous les Allemands...

En 1914, l'Europe n'a plus connu de guerre générale depuis un siècle, même si les conflits régionaux ont été nombreux et quelquefois d'importance comme la guerre de 1870-1871 entre la France et l'Allemagne. Il n'y a pas de raison majeure de conflit entre les grands États. Pourtant, depuis dix à quinze ans, la tension a incontestablement augmenté, créant une situation qui comporte des risques. Il n'existe pas de volonté belliqueuse dans les gouvernements, mais il n'y existe pas non plus une volonté générale de trouver des solutions aux problèmes existants. Au niveau des gouvernements, la fermeté, la conscience d'avoir d'abord à défendre des droits nationaux, sont infiniment plus à l'honneur que la conciliation. C'est ainsi qu'un sentiment redoutable, comme celui qui grandit en Allemagne, que le pays est menacé dans son existence par l'encerclement dont elle s'estime victime, même si la conscience allemande en exagère considérablement les dangers, n'est pris en considération par aucun de ses partenaires européens.

L'Europe est au sommet de sa puissance, malgré la concurrence des États-Unis ou du Japon, mais comme l'a écrit Pierre Renouvin « [sa] force de rayonnement [...] est bien plus compromise par les menaces de conflits entre les États européens »[13].

Chapitre 2

L'entrée dans la guerre

Après les crises marocaines de 1905 et de 1911, après les guerres balkaniques de 1912 et de 1913, après les controverses que l'allongement du service militaire à trois ans avaient suscitées en France en 1913, après les divers contacts que les états-majors français, anglais, russe d'un côté, allemand, autrichien, italien de l'autre... avaient eu en 1912 et 1913, en 1914, la situation internationale paraissait s'être calmée. Winston Churchill écrivit plus tard : « Le printemps et l'été 1914 furent marqués en Europe par une tranquillité exceptionnelle. »[1] Il ajoutait : « Jamais depuis Agadir, la politique de l'Allemagne envers la Grande-Bretagne n'avait été seulement correcte, mais prévenante... Les personnalités qui exprimaient la politique étrangère de

« Jeunes bosniaques » et « Main noire »

Les **Jeunes bosniaques.** Plus qu'une organisation secrète hiérarchisée et centralisés, c'était un ensemble de groupes, composés principalement de lycéens ou d'étudiants serbes d'origine paysanne. Leur objectif était de détruire l'empire austro-hongrois pour libérer la Bosnie et contribuer à l'édification de la Grande Serbie. Des tendances « yougoslaves » se développaient aussi parmi eux et beaucoup avaient, à côté de leurs objectifs politiques, d'importantes préoccupations intellectuelles, littéraires ou artistiques. Parmi ces jeunes gens volontiers romantiques, l'idée du martyre était très présente et un de leurs chefs, Bogdan Zarajic, qui s'était suicidé après un attentat manqué, avait développé chez eux le goût de l'attentat individuel. Dans les années précédant 1914, des *Jeunes Bosniaques* avaient fomenté divers complots.

La **Main noire,** dont le nom véritable était *l'Union ou la mort,* était une des organisations nationalistes serbes. Principalement composée de militaires, sa création fut la conséquence directe de l'annexion de la Bosnie-Herzégovine par l'Autriche en 1908. Constituée en 1911, elle était à la fois clandestine et publique. Elle entendait lutter contre l'Autriche-Hongrie, mais elle visait aussi les dirigeants serbes qui auraient montré de la souplesse envers le puissant voisin en donnant des gages de bon voisinage. Son objectif était de constituer une Grande Serbie avec les Serbes du royaume et du dehors. C'est la *Main noire* qui a fourni les armes destinées aux conjurés de Sarajevo (voir page 41), ce qui lui a valu par la suite d'être taxée d'une responsabilité directe dans l'éclatement d'une guerre qui provoqua de grands malheurs pour la Serbie.

l'Allemagne semblaient pour la première fois être des hommes avec qui nous pouvions causer et avec qui une action commune était possible. La solution pacifique des difficultés balkaniques offrait la justification d'un sentiment de confiance... » D'ailleurs le 20 janvier 1914 – cela ne s'était jamais produit depuis 1871 – un président de la République, en l'occurrence Raymond Poincaré*, avait accepté de se rendre à une réception à l'ambassade d'Allemagne.

* P. 13

La guerre était pourtant proche.

I. L'éclatement de la guerre

1 L'attentat de Sarajevo

Le 28 juin 1914, l'archiduc François-Ferdinand•, héritier du trône d'Autriche-Hongrie et son épouse étaient assassinés à Sarajevo[2], capitale de la Bosnie, par Gavrilo Princip•, un Serbe de Bosnie qui appartenait à un groupe de **Jeunes Bosniaques** composé d'intellectuels et d'étudiants hostiles à l'occupation autrichienne. L'enquête montra que certains membres du groupe de terroristes, bien que composé de sujets autrichiens, venaient de Belgrade et qu'il avait reçu son armement en Serbie. *La Main noire,* une organisation terroriste qui voulait constituer un État yougoslave en enlevant à l'Autriche-Hongrie ses territoires habités par des Slaves du Sud, sans être l'inspiratrice de l'attentat, voulu par de jeunes Serbes bosniaques exaltés, avait accepté de fournir l'armement nécessaire. Le président du Conseil serbe

• **François-Ferdinand** (1863-1914). Né à Graz, il a 51 ans en 1914. Fils de Charles-Louis, un des frères de l'empereur François-Joseph, il est devenu héritier du trône à la suite du suicide de son cousin Rodolphe en 1889 à Mayerling et après la mort de son père en 1896. Son mariage avec Sophie Chotek qui appartenait à la petite noblesse tchèque fut considéré comme « morganatique » car un règlement de 1839 interdisait à un héritier du trône un mariage qui ne soit pas dans une famille souveraine. L'épouse de l'archiduc, qui fut tuée à ses côtés, n'avait pas droit au titre d'archiduchesse et leurs enfants celui d'accéder au trône. Les idées de François-Ferdinand étaient importantes puisqu'il pouvait bientôt être appelé à régner. Conservateur (contrairement à son cousin Rodolphe, considéré comme libéral), profondément clérical, il détestait les Hongrois et pensait à rompre l'union austro-hongroise, mais il était, autant qu'on le sache, très incertain sur une nouvelle formule. Il n'est pas sûr qu'il ait été partisan d'un trialisme dont le troisième pôle aurait été fondé sur les Slaves du Sud, plus probablement d'une solution fédérale sans que l'on sache laquelle. Assez brutal dans ses propos et autoritaire, militaire dans l'âme – très attaché à l'unité de l'armée dont il était l'inspecteur général – il passait pour un tenant du parti de la guerre, alors que c'était tout le contraire. Il était irrité par le bellicisme du chef d'état-major de l'armée, le général Conrad von Hötzendorf, qui avait longtemps été de ses amis très proches. En fait cet indécis était plutôt partisan de desserrer les liens avec l'Allemagne et de se rapprocher de la Russie.

Nikola Pasic• n'était pour rien dans l'affaire. Ayant eu vent que quelque chose se préparait, il ne semble pas avoir fait prévenir le gouvernement austro-hongrois de prendre des précautions, comme on l'a quelquefois dit, mais il avait pris des mesures – inefficaces – pour empêcher les jeunes terroristes de passer de Serbie en Bosnie. De son côté, le colonel Dimitrievic•, chef du service de renseignements de l'état-major serbe, bien qu'hostile à la politique du gouvernement trop faible, estimait-il, envers l'Autriche, avait fait avertir les conspirateurs qu'ils devaient renoncer à un projet éventé.

• **Gavrilo Princip** (1863-1918). Fils de petits paysans des montagnes bosniaques, bon élève, il put, grâce à un frère plus âgé qui subvenait à ses besoins, faire d'abord des études de commerce, puis des études secondaires classiques à Sarajevo. En 1912, il était parti continuer ses études à Belgrade. Membre d'un groupe de *Jeunes Bosniaques*, décidé à faire quelque chose pour lutter contre la domination autrichienne en Bosnie-Herzégovine, l'annonce dans les journaux de la visite à Sarajevo de l'archiduc François-Ferdinand le décide à passer à l'action. Chef du groupe des jeunes « terroristes », le hasard voulut que ce soit pratiquement en face de lui que la voiture où avaient pris place l'archiduc et sa femme soit obligée de s'arrêter. Arrêté et jugé avec ses complices, Princip ne fut pas condamné à mort parce que la loi autrichienne interdisait que cette peine soit requise contre un accusé âgé de moins de vingt ans. Soumis à une détention très dure dans la forteresse de Theresienstadt, turberculeux, il y mourut peu avant la fin de la guerre.

• **Nikola Pasic** (1845-1926). Une des principales personnalités serbes de cette période. Ingénieur de formation, il fonda en 1881 le Parti radical, libéral et nationaliste. Adversaire de la dynastie des Obrenovic dont il combattait les tendances austrophiles, il occupe cependant des fonctions importantes : il préside le gouvernement en 1891-1892 et est ambassadeur en Russie en 1893-1894. Néanmoins, son grand rôle débute après l'assassinat du roi Alexandre Obrenovic en 1903 et le retour des rois Karageorgevic, Pierre Ier, puis Alexandre Ier. Ministre des Affaires étrangères ou président du Conseil de façon à peu près permanente, il substitue à la politique de soumission à l'Autriche une politique anti-autrichienne et pro-russe. Il anime ou soutient la propagande nationaliste visant à la réalisation de la Grande Serbie, voire de la réunion des Slaves du Sud sous la direction de la Serbie, une politique qui conduisait au conflit avec l'Autriche en s'appuyant sur la Russie. Après les guerres balkaniques de 1912 et 1913 qui permirent à la Serbie d'acquérir une grande partie de la Macédoine, Pasic manifeste une certaine prudence. Ayant eu vent de l'attentat qui se préparait à Sarajevo, il tente en vain de l'empêcher. Après la guerre, Premier ministre en 1921 du nouvel État rassemblant les Slovènes, les Croates et les Serbes, (la future Yougoslavie), il fait voter une Constitution qui assure aux Serbes une place prépondérante. Il abandonne le pouvoir peu avant de mourir en 1926. Au fur et à mesure des années, le Parti radical dont il était l'émanation avait abandonné ses préoccupations libérales et sociales au profit uniquement du nationalisme serbe.

• **Dragutin Dimitrievic** (1876-1917). Officier serbe, il fut un des chefs de la conspiration qui conduisit à l'assassinat d'Alexandre Ier Obrenovic en 1903. Devenu une des principales personnalités de l'armée, le colonel Dimitrievic, connu également sous le pseudonyme d'*Apis*, est, en 1913, le chef du service des renseignements de l'état-major. En 1911, il a fondé l'organisation nationaliste la *Main noire*. C'est son adjoint le major Tankevic qui, avec son accord, fournit des armes au groupe de Gavrilo Princip. Spécialiste des manœuvres tortueuses, le colonel Dimitrievic souhaitait moins la réussite d'un attentat à laquelle il ne croyait guère, que de faire pression sur le président du Conseil Pasic dont la politique envers l'Autriche était trop molle à ses yeux. Après le déclenchement de la guerre, la *Main noire* fut de plus en plus contestée. En 1917, Dimitrievic fut arrêté à Salonique, accusé d'un complot probablement imaginaire contre le prince-régent Alexandre et exécuté. En 1953, le maréchal Tito fit casser le jugement contre Dimitrievic.

Poincaré est reçu à l'ambassade d'Allemagne : deux témoignages

Mardi 20 janvier

« Rompant avec la tradition de mes prédécesseurs à la présidence, je dîne ce soir à l'ambassade d'Allemagne. Jusqu'ici, les ambassadeurs étaient invités à l'Élysée, mais le président de la République, n'acceptait pas leurs invitations, pour n'être pas exposé, par la fiction de l'exterritorialité, à se rendre en terre étrangère et surtout en pays allemand. Je ne vois aucune bonne raison de maintenir un usage qui ressemble à une bouderie…

Je n'échange avec les invités, et avec M. de Schœn lui-même, que d'agréables propos de salon. Mais ma seule présence, annoncée par la presse, et prolongée volontairement assez tard dans la soirée, a une signification politique. Elle marque nettement que la France n'a, dans sa manière de comprendre la paix, ni réticence ni arrière-pensée. »

R. Poincaré, *Au service de la France*, Tome IV, in L'Union sacrée 1914, Paris, Plon, 1927.

« En février 1914, dans cette atmosphère peu amicale, j'invitais le président Poincaré à une fête à l'ambassade. C'était la première fois, depuis la Troisième République, que le Président était l'hôte d'un ambassadeur allemand, événement historique. Beaucoup croyaient y voir un signe d'amélioration dans les relations des deux pays. Pour moi, il me semblait qu'il s'agissait simplement d'un acte de politesse qui s'élevait au-dessus des difficultés politiques, et je n'étais pas de l'opinion des gens disposés à conclure de là à une manifestation de haute politique. Le président Poincaré s'était dépouillé de la réserve de ses prédécesseurs. Il s'était décidé en principe à accepter toutes les invitations, et surtout celles des ambassadeurs étrangers. Il ne pouvait se dérober à la mienne, comme de mon côté je n'aurais pu refuser de lui rendre la pareille. D'ailleurs, l'Empereur, à Berlin, avait aussi rompu la glace en acceptant de se rendre à l'ambassade française après la conclusion du traité pour le Maroc et le Congo. »

Mémoires du baron de Schoen, Paris, Plon, 1922.

Quant à la cible de l'attentat, l'archiduc François-Ferdinand, qui, vu l'âge de son oncle – 84 ans – pouvait être bientôt amené à lui succéder, l'annonce par les journaux, quelques mois avant l'attentat, de sa visite à Sarajevo, avait fait mûrir chez les conspirateurs l'idée de passer à l'action. D'autant qu'on lui prêtait (parmi d'autres projets) celui de vouloir réformer l'organisation de l'Empire en substituant au dualisme un **trialisme** fondé sur les Allemands, les Hongrois (qu'il détestait) et les Slaves du Sud. Un tel projet risquait de bouleverser profondément la situation en créant une Yougoslavie au profit de la monarchie des Habsbourg et de réduire à néant les espoirs des nationalistes serbes.

L'attentat ne provoqua pas une émotion excessive en Europe, la presse internationale ne marqua que rarement de l'inquiétude. L'été poursuivit son cours sans en être particulièrement troublé.

2 Le conflit austro-serbe

Néanmoins il sembla à un certain nombre de dirigeants autrichiens, le chef de l'état-major général, Conrad von Hötzendorf•, par ailleurs ami intime de l'archiduc assassiné, le ministre des Affaires étrangères Berchtold•, que l'occasion était bonne de « mater » la Serbie, considérée comme responsable du crime, et ainsi d'en finir avec la pression qu'elle faisait peser sur les provinces méridionales de l'Empire. En fait, de même que du côté des nationalistes serbes enfermés dans leur logique, on n'avait pas évalué les conséquences pourtant imaginables de l'attentat, ou bien on s'était refusé à les envisager, de même les dirigeants autrichiens, enfermés dans leur propre logique de sauvegarde de l'Empire, se refusaient à prendre en compte les conséquences que pourraient avoir des représailles contre la Serbie.

Tout dépendait de l'Allemagne sans l'accord de qui l'Autriche-Hongrie ne pouvait envisager d'agir. Or le gouvernement allemand n'eut pas la même attitude qu'en 1913 : il acquiesça aux propositions autrichiennes, il encouragea même le gouvernement autrichien à agir vite. Les gouvernements autrichien et allemand ne souhaitaient pas une extension du conflit qui se préparait, mais, comme l'a souligné Pierre Renouvin[3], ils ne pouvaient ignorer qu'une guerre générale risquait de sortir d'un conflit localisé. Il estime même qu'ils considéraient une extension du conflit, non seulement comme possible, mais comme probable. Henry Barnes[4], un des historiens américains qui s'est penché sur les origines de la guerre et qui a consacré son œuvre – avec souvent beaucoup de mauvaise foi – à démontrer les responsabilités de l'Entente, dit, à propos du changement d'attitude de l'Allemagne, que « ce renversement de la politique, jusqu'alors restrictive, de l'Allemagne, ait été fou ou mal inspiré, on ne peut le nier ». À vrai dire, il semble bien que le gouvernement allemand (sans évidemment exclure la possibilité d'une

---

• **Franz Conrad von Hötzendorf** (1852-1925). Chef d'état-major général de l'armée austro-hongroise en 1914, le maréchal Conrad von Hötzendorf avait atteint les plus hauts postes grâce à la protection et à l'amitié de l'archiduc héritier François-Ferdinand. Il manifestait depuis longtemps des sentiments belliqueux envers les voisins de l'Autriche, Italie et Serbie, ce qui n'était d'ailleurs pas le cas de l'archiduc. Actif réorganisateur et modernisateur de l'armée, son bellicisme le fit priver de son poste en 1911, mais il y fut rappelé l'année suivante lors des guerres balkaniques. L'attentat de Sarajevo le conduit à accroître ses pressions en faveur de la guerre contre la Serbie. Il était persuadé que la guerre resterait limitée à la Serbie et en convainquit l'empereur François-Joseph qui pourtant se méfiait de lui. Pendant la guerre, il commanda l'armée austro-hongroise jusqu'en 1917, en fréquent désaccord avec le commandement allemand, car il aurait voulu que le front russe soit privilégié. Lors de son accession au trône, le nouvel empereur, Charles, le renvoya pour prendre lui-même le commandement de l'armée et lui confia le commandement d'un groupe d'armées sur le front italien.

• **Berchtold Léopold von und zu Ungarschitz Fratting und Pullitz (comte)** (1863-1942). Très grand propriétaire en Moravie et en Hongrie, il s'engage dans la carrière diplomatique. Ambassadeur en Russie de 1907 à 1911, ministre des Affaires étrangères de 1911 à 1915, manquant d'expérience et de caractère, il envisageait la guerre depuis longtemps d'un cœur léger. Il était d'une « légèreté inquiétante » (Pierre Renouvin, *Histoire des Relations internationales*, tome VI, p. 378). Sous la pression de Conrad von Hötzendorf et de Tisza, il dut quitter son poste dès janvier 1915, fut remplacé par le comte Istvan Burian et se retira sur ses terres en Hongrie.

généralisation du conflit) ait cru qu'il y avait de bonnes chances que la Russie n'intervienne pas, partant de l'analyse qu'elle n'était pas prête à le faire. Quant à une intervention du Royaume-Uni, cela lui paraissait tout à fait exclu. Double erreur d'appréciation aux conséquences incalculables.

Un diplomate autrichien, arrivé à Berlin le 5 juillet, le comte Hoyos, avait * P. 25 reçu le plein appui de l'empereur Guillaume II* (qui avait, semble-t-il, été réticent dans un premier temps) et du chancelier allemand, Bethmann Hollweg•. À partir de ce moment, l'Allemagne, qui aurait voulu une action immédiate, s'impatiente des atermoiements autrichiens. En fait le président du conseil hongrois, le comte Tisza•, était hostile à cette entreprise et il ne se rallia au point de vue de Berchtold que le 14 juillet. Les décisions autrichiennes furent définitivement mises au point le 19 juillet.

Les événements qui avaient cheminé souterrainement jusqu'alors prennent un tour public quand, le 23 juillet, l'Autriche-Hongrie adresse un ultimatum à la Serbie. Minutieusement rédigé de façon à ce qu'il ne puisse être accepté, il exigeait en particulier que toute propagande anti-autrichienne soit interdite en Serbie, que les associations qui s'y adonnaient soient dissoutes, et, condition supplémentaire, que des fonctionnaires austro-hongrois participent à la répression du mouvement « subversif ». En d'autres termes, l'Autriche-Hongrie entendait faire de la Serbie une sorte de protectorat. La Serbie avait quarante-huit heures pour donner sa réponse. Elle le fit avec beaucoup de modération, acceptant toutes les conditions autrichiennes, sauf la présence sur son territoire de fonctionnaires austro-hongrois. Malgré les tentatives de médiation d'autres puissances européennes, comme l'Angleterre, le 28 juillet, l'Autriche, déclarait la guerre à la Serbie. La capitale, Belgrade, était immédiatement bombardée par l'artillerie autrichienne depuis l'autre rive du Danube.

3 La crise de juillet 1914

De ce qui n'était encore qu'un conflit austro-serbe, l'intervention russe pouvait faire un conflit européen.

Depuis janvier 1914, la Russie avait un nouveau gouvernement. Le * P. 33 successeur de Stolypine*, Kokovtsov•, jugé trop réceptif aux idées nouvelles avait été remplacé par un revenant, de surcroît sénile, Goremykine•, flanqué d'un ministre de l'Intérieur, Nicolas Maklakov•, une des têtes de l'extrême-droite nationaliste et violemment antisémite. En fait, c'est un gouvernement représentant une droite sans nuances, agressive et belliciste. Bien qu'hostile à * P. 31 une guerre avec l'Allemagne, Sazonov*, ministre des Affaires étrangères depuis 1910, se montre néanmoins d'une grande fermeté dans la volonté de soutenir la Serbie.

La position russe est définie dès le 24 juillet. Si la Russie peut comprendre les réactions autrichiennes à l'assassinat de l'héritier du trône, elle ne peut admettre de laisser la Serbie accablée par l'Autriche. Tous ses intérêts dans les Balkans seraient compromis. Sans que l'affaire soit « vitale » pour la Russie, c'est accepter d'abandonner toute l'Europe du Sud-Est à l'influence germanique. Tous les gains des guerres balkaniques se seraient trouvés annulés. Quels que soient les risques, la Russie n'abandonnera pas la Serbie. Même si l'armée russe n'est pas encore complètement réorganisée, elle est en état de prendre les risques d'une guerre.

Qu'allait faire la France ? La crise de juillet 1914 surprenait la France dans une position originale : elle était privée à la fois de son président de la République, Raymond Poincaré et de son président du Conseil, ministre des

---

• **Theobald von Bethmann Hollweg** (1856-1921). D'une famille de banquiers de Francfort et d'universitaires berlinois, lié à la noblesse terrienne du Brandebourg, il doit sa rapide carrière administrative à l'amitié de l'empereur Guillaume II, avec qui il a fait ses études. Conservateur, sans être fermé aux idées démocratiques, « haut fonctionnaire, consciencieux et travailleur, homme froid et pondéré mais lent à se décider, rempli de bonnes intentions, mais sans envergure » (Pierre Guillen, *L'Empire allemand,* Hatier, 1970, p. 137), il fut un très bon administrateur. Chancelier du *Reich* (1909-1917), modéré, il tenta de freiner la guerre, mais fut dépassé par la crise de 1914.

• **Istvan Tisza (comte)** (1861-1918). Premier ministre de la Hongrie de 1913 à 1917, esprit vigoureux, caractère ferme, une grande autorité personnelle, il fut un des rares dirigeants de l'Empire à s'opposer à la guerre en 1914. Il était tout à fait hostile à l'idée du général Conrad d'attaquer immédiatement la Serbie et même réticent lorsque l'Allemagne soutint une intervention. Son opposition explique la lenteur de la réaction autrichienne et de la rédaction de l'ultimatum et certains historiens (Jean-Paul Bled) considèrent que cette perte de temps a favorisé la transformation d'un conflit local en un conflit européen. Gouvernant la Hongrie pendant la guerre de façon presque dictatoriale jusqu'au moment où il fut contraint à la démission par l'empereur Charles parce qu'opposé à une démocratisation des institutions magyares, il fut assassiné en 1918 par des soldats révolutionnaires qui l'accusaient d'être responsable de la guerre.

• **Vladimir Kokovtsov (comte)** (1853-1943). Ministre des Finances de 1904 à 1905, puis de 1906 à 1914, il devient président du Conseil des ministres à partir de 1911, à la suite de l'assassinat de Stolypine. Intelligent et capable, il n'avait pas la détermination de son prédécesseur, ni son influence sur les autres ministres. En réalité, contrairement à Stolypine, il n'avait guère de programme autre que le *statu quo.* (Nicholas Riasanovsky, *Histoire de la Russie : des origines à 1984,* traduit de l'américain, éd. française, Robert Laffont, 1987, p. 449).

• **Ivan Goremykine** (1840-1917). Une première fois Premier ministre en avril-juin 1906 pour succéder à Serge Witte, tenant d'une politique de réaction, il est rappelé en janvier 1914 à la tête du gouvernement. Personnage faible et de surcroît fort âgé, il doit affronter l'entrée en guerre, puis la guerre, sans manifester une grande activité. Il fut renvoyé en 1916 et tué par les bolcheviks en 1917. « C'est un vieillard discret, courtois, effacé [...] mais qui n'a certainement ni la valeur, ni l'autorité de son prédécesseur. Il s'est lui-même défini, paraît-il, "une vieille pelisse dont on s'est souvenu un jour où l'on avait froid". » (Raymond Poincaré, *Au service de la France,* tome IV, Plon, 1927, p. 257).

• **Nicolas Maklakov** (1871-1918). Ministre de l'Intérieur adjoint de 1911 à 1912, puis titulaire de 1912 à 1915. Arrêté en 1917 et fusillé par les bolcheviks en 1918.

Allocution prononcée par Raymond Poincaré lors de son départ de Saint-Pétersbourg (23 juillet)

« Mon pays verra dans les marques d'attention qui m'ont été prodiguées et dans le chaleureux accueil que j'ai reçu du peuple russe, un nouveau gage des sentiments que Votre Majesté a toujours manifestés envers la France et une éclatante consécration de l'indissoluble alliance qui unit les deux nations. Sur toutes les questions qui se posent chaque jour devant leurs gouvernements et qui sollicitent l'activité concertée de leur diplomatie, l'accord s'est toujours établi et ne cessera de s'établir avec d'autant plus de facilité que les deux pays ont maintes fois éprouvé les avantages procurés à chacun d'eux par cette collaboration régulière et qu'ils ont, l'un et l'autre, le même idéal de paix dans la force, l'honneur et la dignité. »

Au service de la France, *tome IV, op. cit.*, p. 278.

Affaires étrangères, René Viviani•. Ils étaient en mer, de retour d'un voyage en Russie. Cette visite officielle, suivie d'une tournée des capitales scandinaves, n'était qu'un voyage de routine quand il avait été décidé. Il avait débuté le 15 juillet au départ de Dunkerque. Le séjour en Russie même dura du 21 au 23 juillet. Les deux présidents français avaient repris la mer quand la nouvelle de l'ultimatum autrichien fut connue – ce n'était pas par hasard. Pendant leur voyage de retour, abrégé en raison des circonstances, Poincaré et Viviani furent à la merci de communications radiotélégraphiques souvent tronquées. Ils débarquaient à Dunkerque le 29 juillet.

Assez curieusement, on est moins bien renseigné sur les rapports franco-russes pendant la crise que sur les rapports germano-autrichiens et, en particulier, on ignore le contenu des conversations tenues à Saint-Pétersbourg. Certes, le texte de l'ultimatum était alors ignoré, mais il avait filtré qu'il se préparait quelque chose[5]. Les conversations avaient été assez générales, mais Poincaré avait assuré les Russes de sa fidélité à l'alliance, en évoquant *l'indissoluble alliance* entre les deux pays. D'ailleurs l'avertissement du président de la République à l'ambassadeur d'Autriche lors d'une entrevue avait été clair : « La Serbie a, en Russie, des amis » et d'autres pays d'Europe étaient « des amis de la Russie »[6]. Le président français voulait ainsi faire savoir à l'Autriche que c'était un leurre de croire qu'un conflit pourrait rester localisé. Tout en souhaitant que la Russie reste prudente, Poincaré était dans le même esprit que pendant les guerres balkaniques, l'essentiel était de maintenir l'alliance franco-russe.

Ainsi les conditions d'une application mécanique des alliances avaient été mises en place, sauf en ce qui concerne la Grande-Bretagne et l'Italie.

Dès le début de la crise, le gouvernement britannique avait adopté une attitude de grande prudence. Le libéral Herbert Asquith•, soutenu par une City résolument pacifiste, se montre très réservé. Il cherche à obtenir un apaisement par la voie diplomatique et il fait plusieurs tentatives de médiation. Le 1er août encore, il refuse d'assurer la France de son soutien en cas de conflit. Pour le gouvernement britannique, un conflit limité aux Balkans ne supposait pas l'intervention anglaise, en revanche la remise en cause de l'équilibre européen au profit de l'Allemagne serait inacceptable.

Pour l'Italie, comme le souligne Brunello Vigezzi[7], la décision de rompre son alliance avec l'Allemagne et l'Autriche et de ne pas soutenir ses alliés ne fut pas facile à prendre, contrairement à ce qui est dit habituellement. Les « partis d'ordre » (libéraux, catholiques, nationalistes) souhaitent que les termes de l'alliance soient respectés d'autant qu'ils redoutent une avancée des Slaves dans les Balkans et particulièrement en direction de la côte adriatique. Les partis populaires (socialistes, radicaux, républicains) sont plutôt pour la neutralité. Écarté de la présidence du Conseil depuis quelques mois, Giolitti*, très hésitant, finit par se rallier à la neutralité. Il en est de même de Salandra•, tête de file des libéraux-conservateurs, qui lui a succédé en mars 1914. Tirant argument de ce que ses alliés ne l'avaient pas mis au courant de ce qu'ils préparaient et l'avaient ainsi libéré de ses devoirs, le gouvernement italien décide de ne pas s'engager. * P. 13

Le fonctionnement automatique des alliances ne fut donc pas total, mais la décision de l'Allemagne de soutenir, voire d'encourager l'Autriche à agir et à refuser tout compromis, la décision opposée de la Russie de ne pas laisser abattre la Serbie, rendaient la guerre inévitable.

Tout en déclarant la guerre à la Serbie le 28 juillet, l'Autriche-Hongrie n'en avait pas pour autant procédé à sa mobilisation générale. L'acte décisif fut accompli par la Russie, qui, après tergiversations et pressée par la lenteur inévitable de sa mobilisation due à l'immensité de son territoire, lançait

• **René Viviani** (1862-1925). Avocat, il fut député de la Seine de 1893 à 1902, puis de 1906 à 1910, député de la Creuse de 1910 à 1922, sénateur de ce même département de 1922 à 1925. D'abord socialiste, il n'adhéra pas au Parti socialiste unifié lorsqu'il fut créé en 1905 et appartient à la petite formation des républicains socialistes située entre le Parti socialiste et le Parti radical. Premier titulaire du ministère du Travail de 1906 à 1910 dans le gouvernement Clemenceau, il fut également ministre de l'Instruction publique en 1913-1914. Président du Conseil le 13 juin 1914 et ministre des Affaires étrangères pour lesquelles il n'avait que peu de compétence, il se trouva à ce poste quand la guerre éclata et y resta pendant plus d'un an encore. Remarquable orateur, il n'a pas laissé le souvenir d'un grand homme d'État et sa prise sur les événements fut faible. Il occupa encore différents postes ministériels d'octobre 1915 à septembre 1917, mais son rôle politique important était terminé. Au propre – il fut malade – et au figuré, le voyage en Russie en 1914 l'avait mécontenté. Une note du 20 juillet 1914 de l'ambassadeur français en Russie, Maurice Paléologue, rapporte ses propos : « Qu'est-ce que nous sommes venus foutre *(sic)* ici ? » (Gerd Krumeich, « Poincaré de retour de Russie », in *14-18, la très grande guerre,* Le Monde-Éditions, 1994).

• **Herbert Asquith** (1852-1928). Il était devenu Premier ministre en 1908 et le resta jusqu'en 1916.

• **Antonio Salandra** (1853-1931). Conservateur, il a remplacé Giolitti à la tête du gouvernement italien en mai 1914. Partisan à l'origine de la neutralité, il prépara en fait l'intervention italienne aux côtés des Alliés.

l'ordre de mobilisation générale• le 30 juillet dans l'après-midi, sans d'ailleurs en avertir la France. De son côté, l'ambassadeur de France en Russie, Maurice Paléologue•, renseigna faussement son gouvernement, puisque, par une dépêche du 31 juillet, il prétend que l'ordre de mobilisation générale en Russie a été postérieur à l'ordre autrichien. En réalité ce fut seulement dans la nuit du 30 au 31 juillet que la mobilisation générale autrichienne avait été annoncée. L'Allemagne avait sommé la Russie d'arrêter sa mobilisation et, devant sa réponse négative, décrétait sa mobilisation générale le 1er août vers 16h30 et déclarait la guerre à la Russie le même jour vers 19 heures.

Le gouvernement français de son côté avait lancé l'ordre de mobilisation générale exactement au même moment que l'Allemagne. Le 2 août, l'Allemagne sommait la Belgique de laisser le libre passage à ses troupes et le lendemain 3 août déclarait la guerre à la France. L'invasion de la Belgique persuadait l'Angleterre que le conflit n'était plus cantonné aux Balkans, mais mettait en jeu tout l'équilibre de l'Europe. Le 4 août, le Royaume-Uni déclarait la guerre à l'Allemagne. Assez curieusement, ce fut seulement le 11 août que la France et l'Angleterre en faisaient de même à l'égard de l'Autriche-Hongrie.

La crise de la fin de juillet 1914 et son brutal dénouement soulève deux grandes interrogations.

Pourquoi, alors que, dans des circonstances qui n'étaient pas si différentes, des négociations avaient permis de maintenir la paix, il n'en a alors rien été, alors que la plupart des responsables n'étaient pas bellicistes ? Pourquoi un conflit austro-serbe a-t-il dégénéré si rapidement en un conflit germano-russe, et plus encore en un conflit anglo-franco-allemand, au point que l'origine des événements s'est estompée si rapidement qu'en France, en particulier, on fut presqu'immédiatement convaincu d'être victime d'une agression délibérée de l'Allemagne ?

Pour l'historien allemand Wolfgang J. Mommsen[8], l'explication est simple : « parce que l'idée de la guerre inévitable s'était répandue en Allemagne », ce qui le conduit à reprendre la formule de l'historien britannique James Joll : « Encore et encore dans la crise de juillet 1914, on est confronté avec des hommes qui se sentirent soudain pris au piège et en appelèrent à un destin qu'ils étaient incapables de contrôler. »[9] Pour Mommsen, s'inspirant de Max Weber[10], les systèmes semi-constitutionnels, comme le système allemand, étaient beaucoup plus sensibles aux pressions de l'opinion publique que les systèmes parlementaires. Or, au début du siècle, l'opinion allemande avait progressivement été saisie par « une résignation fataliste à la guerre mondiale ». Depuis longtemps les conservateurs, liés aux militaires dont la place était si importante en Allemagne, croyaient aux vertus rédemptrices de la guerre, qui de plus permettrait de mettre au pas la social-démocratie, mais la propagande conservatrice en faveur d'une politique extérieure agressive rencontrait peu d'écho. En revanche, une large fraction des classes moyennes, voire des classes populaires, fut gagnée au début du XXe siècle, mais surtout à partir de 1910, à l'idée de la nécessité de défendre les intérêts allemands. L'issue de la crise de 1911 avait montré que jamais les Français et les Anglais n'admettraient de faire droit aux justes intérêts allemands. Au surplus, l'alliance des Français et des Anglais avec les Russes effrayait : l'idée que dans quelques années le réarmement russe serait achevé, que les lignes stratégiques à destination de la frontière allemande assurant à l'armée russe une plus grande mobilité seraient réalisées, donnait une grande consistance à la notion un peu abstraite d'encerclement. La sauvegarde de l'Allemagne reposait sur la lenteur et la faiblesse de l'armée russe. Ces données risquaient de devenir un mythe dans quelques années. Par un effet de boomerang, d'après Mommsen, la crainte qu'une grande partie de l'opinion avait des Russes avait gagné les milieux dirigeants et militaires. D'où l'idée d'une guerre préventive. Le livre publié en 1912 par le général von Bernhardi, *L'Allemagne et la prochaine guerre,* où étaient développés l'idée et le rôle de « la grande guerre inévitable », rencontra un succès qui ne se limita pas à la presse de droite. Le chancelier Bethmann Hollweg essaya de lutter contre ce dérapage de l'opinion, mais finalement il s'avoua vaincu : « Une fatalité plus forte que la puissance de l'homme plane sur l'Europe et le peuple allemand », déclara-t-il le 27 juillet 1914[11].

Si le syndrome de la guerre inévitable fut particulièrement fort en Allemagne, il n'épargna pas – d'après Wolfgang Mommsen – d'autres pays. Il gagna, suivant des modalités différentes, la France, au moins au niveau des dirigeants, qui apparurent comme tétanisés lorsque la crise éclata et se montrèrent incapables de réagir. Cela est vrai en particulier d'un homme comme

• **La mobilisation russe.** Le 29 juillet, le ministre des Affaires étrangères Sazonov et l'empereur Nicolas II sont partisans d'une mobilisation partielle visant simplement l'Autriche. Cela éviterait que l'Allemagne soit mise en cause, mais les chefs de l'armée ne croient pas techniquement possible une mobilisation partielle. Convaincu, le Tsar signe l'ordre de mobilisation générale pour le 30 juillet, mais dès le 29 juillet au soir, à la suite d'un télégramme « affectueux » de Guillaume II, il annule l'ordre et revient à la mobilisation partielle (ordre expédié le 29 juillet à minuit). Le lendemain 30, Sazonov arrache à l'Empereur l'ordre de mobilisation générale vers 16 heures. L'affiche de la mobilisation générale apparaît sur les murs de Saint-Pétersbourg le 31 juillet à l'aube.

• **Maurice Paléologue** (1859-1944). Diplomate et écrivain, directeur des affaires politiques au ministère des Affaires étrangères en 1912 et 1913, ami très proche de Raymond Poincaré, ambassadeur en Russie depuis janvier 1914, au moment de la crise de juillet 1914, son rôle semble avoir été équivoque. Il a été accusé d'avoir poussé la Russie dans la voie de la guerre.

Poincaré. Il a vu le piège qu'il avait monté se refermer sur lui. Il avait à ce point porté au pinacle l'alliance russe qu'il était obligé de suivre les initiatives russes, même quand il les réprouvait. Il l'avait montré en 1912, il le montra encore davantage en 1914 quand les Russes mobilisèrent sans en avertir Paris, en négligeant les appels à la prudence qui leur avaient été adressés.

En revanche, on ne trouve pas cette psychose de guerre en Russie où les décisions furent prises par les gouvernants, sans qu'ils y aient été poussés, ni par des intérêts majeurs, ni par l'opinion. Il en fut de même pour le Royaume-Uni où le pacifisme général tournait à l'indifférence. Indifférence dangereuse d'ailleurs car elle fut cause en bonne part du manque de vigueur des tentatives de médiation du Royaume-Uni.

L'attitude des états-majors, les pressions qu'ils firent sur les gouvernements et qui les affolèrent, expliquent également l'enchaînement fatal. Le chef de l'état-major autrichien, Conrad von Hötzendorf, était véritablement le « chef du parti belliciste » (Jean Bérenger) ; il était partisan d'une guerre préventive contre la Serbie, voire contre l'Italie, et en juillet 1914, il se dépensa beaucoup pour convaincre François-Joseph que l'occasion était excellente d'une guerre limitée contre la Serbie.

Ce fut toutefois surtout le rôle de l'état-major allemand pendant la crise qui fut déterminant. Le chef de l'état-major, Helmuth von Moltke (1848-1916), chef d'état-major général de l'armée allemande depuis 1906, le neveu du vainqueur de la guerre de 1870, était un partisan convaincu de la guerre, au moins depuis 1912 où il avait déclaré que « la guerre était inévitable » et « que le plus tôt serait le mieux ». Pendant la crise elle-même, « l'opinion des militaires, qui, eux veulent la guerre, a eu une influence décisive » (Raymond Poidevin). En fait l'action de l'état-major allemand est double : d'un côté, faire pression sur l'Autriche-Hongrie pour qu'elle refuse tout compromis, de l'autre, préparer la guerre générale. Dès le 29 juillet, l'état-major qui se heurte au refus du chancelier Bethman Hollweg, souhaite des mesures immédiates contre la Russie. Le 30, le Chancelier cède aux pressions de l'état-major. Les militaires allemands, tout au moins les plus bellicistes, estiment qu'on ne peut attendre que le réarmement russe ait atteint son objectif. Ils sont partisans d'une guerre préventive, et dans la crise de juillet 1914, ils en voient l'occasion. Or, combattre la Russie signifie aussi combattre la France. Ils ne peuvent imaginer d'être sous la menace d'une intervention française sur leurs arrières. L'état-major a donc préparé les moyens d'obliger la France à la guerre. Le 31 juillet, le gouvernement allemand interroge Paris : « La France était-elle disposée à rester neutre en cas de guerre entre l'Allemagne et la Russie ?». Le gouvernement français répond de façon dilatoire : la France ferait « ce que lui commanderaient ses intérêts ». Toutefois, si la réponse française avait été positive, l'ambassadeur allemand avait mission de réclamer, en gage de neutralité, les forteresses de Verdun et de Belfort, conditions évidemment inacceptables. Les militaires allemands ont donc bien souhaité la guerre générale. Si l'Allemagne ne déclara la guerre à la France que le 3 août, ce fut dans l'espoir que la France en prendrait l'initiative.

L'état-major français n'était pas resté inactif non plus. Il comptait lui aussi ses bellicistes, ou tout au moins des hommes qui croyaient la guerre inévitable. Le « paisible » général Joffre•, nommé chef d'état-major de l'armée en 1911, répond en 1912 à un interlocuteur qui l'interrogeait : La guerre ! Vous n'y pensez pas ? Si, j'y pense. J'y pense même toujours [...]. Nous l'aurons. Je la ferai. Je la gagnerai. »[12] Pendant la crise, l'état-major multiplia auprès du gouvernement les mises en garde contre les risques qu'un éventuel retard dans la mobilisation ferait courir. Il n'approuva pas la décision gouvernementale du 30 juillet de maintenir les troupes françaises à 10 km de la frontière en signe de bonne volonté et pour éviter les incidents fortuits. Le général Joffre arracha littéralement l'ordre de mobilisation générale le 31, à 15 h 30.

Du côté russe enfin, c'est aussi l'état-major (en collaboration avec le ministre des Affaires étrangères, Sazonov) qui obtient non sans atermoiements de Nicolas II, en fait très hésitant, de lancer l'ordre de mobilisation générale le 30 juillet, après qu'il eut retiré l'assentiment déjà donné le 29.

En dehors d'autres considérations, les différents états-majors ont été poussés par la rigidité des plans de mobilisation et des plans de campagne qu'ils avaient préparés. Le 1er août, Guillaume II croit encore que la guerre peut être faite uniquement à l'Est. Moltke lui répond que c'est impossible. Il fallait suivre le plan. Les mobilisations, mises au point comme de véritables mécanismes d'horlogerie, ne pouvaient être modifiées, sauf à risquer une grande désorganisation. Les militaires, en particulier en Allemagne, ont littéralement « bousculé » un pouvoir civil qui, au dernier moment, hésitait.

L'« attaque brusquée » d'un des adversaires était impossible, il fallait un minimum de jours pour mettre en place des armées aussi nombreuses – c'est la première fois dans l'histoire que l'on procédait à des « mobilisations générales » – mais les chefs des différentes armées – et en particulier en France – ont réagi comme si cela était possible. Cela explique la crainte panique de prendre un quelconque retard.

• **Joseph Joffre** (1852-1931). Polytechnicien, officier du génie, il a fait la plus grande partie de sa carrière aux colonies. Général de division en 1905, bien qu'il ne fût pas breveté d'état-major. Lorsqu'en 1911, le gouvernement chercha un successeur au général Michel pour le poste de chef d'état-major général, c'est-à-dire commandant en chef en temps de guerre, Joffre qui, dans le passé, avait été franc-maçon, fut préféré au général Pau très connu comme « clérical ».

II. Les opinions européennes et la guerre

Si la psychose de guerre[13] existait de façon très marquée en Allemagne, de façon plus ambiguë en France, si elle était à peu près inexistante au Royaume-Uni, si l'immense majorité de la population était indifférente aux événements internationaux en Russie, l'impression est que tous les peuples européens se sont précipités les uns sur les autres avec entrain, voire enthousiasme. C'est en tout cas ce qu'affirme l'historiographie traditionnelle. Cela pose au moins quelques questions.

1 Le mouvement ouvrier et la guerre

Première question : comment le mouvement ouvrier avait-il réagi ? Parmi les partis socialistes, le plus puissant, le mieux organisé, était le Parti social-démocrate allemand qui, avec 34,8 % des suffrages aux élections de 1912 était devenu le plus important parti du *Reichstag*. En France, le Parti socialiste unifié• autour de personnalités comme Jean Jaurès•, Jules Guesde ou Édouard Vaillant, était devenu aussi une force politique de premier plan. Il venait de remporter un grand succès lors des élections de 1914•. Dans presque tous les pays d'Europe, en Italie, en Angleterre, en Autriche, en Russie, le socialisme comptait, même s'il était souvent fort divisé…

Les partis socialistes s'étaient regroupés en 1889 dans l'**Internationale ouvrière** ou **IIe Internationale.** Pour elle, dans les dernières années de la première décennie du siècle, la lutte pour la paix était devenue essentielle. En théorie, les socialistes auraient pu espérer que la révolution sortirait d'une guerre, dans la pratique, ils estimaient que la guerre ne pouvait être que le résultat des rivalités entre États capitalistes et que les prolétaires avaient tout à y perdre. Ils ne reniaient pas pour autant leur appartenance à des États nationaux, et, lors des congrès successifs de l'Internationale, ils n'étaient pas parvenus à se mettre d'accord sur l'action à mener en cas de guerre ou simplement en cas de menace de guerre. Lors du congrès de Copenhague en 1910, Édouard Vaillant et un socialiste britannique, Keir Hardie•, avaient proposé d'appeler à la grève générale en cas de menace de guerre, mais devant l'opposition de la majorité des socialistes allemands, la discussion avait été renvoyée au prochain congrès prévu pour le mois d'août 1914 à Vienne (Autriche).

Quand, à la fin de juillet 1914, la guerre menaça réellement, le Bureau socialiste international (BSI) se réunit d'urgence le 29 juillet à Bruxelles. * P. 9 Tous les grands noms du socialisme européen étaient là, sauf Lénine*. Misant sur une crise longue – ne croyant peut-être pas suffisamment au péril de guerre – les dirigeants socialistes se contentèrent de décider d'avancer le congrès de l'Internationale au 9 août et de le déplacer à Paris, pendant que les socialistes feraient pression sur leurs gouvernements respectifs pour empêcher l'éclatement du conflit. Des manifestations pour la sauvegarde de la paix, manifestations socialistes ou syndicalistes, quelquefois très importantes, eurent lieu en France, en Allemagne, en Angleterre, mais elles furent d'autant plus insuffisantes pour arrêter le cours des choses que, tant en France qu'en Allemagne, les dirigeants socialistes affirmaient leur confiance dans la volonté pacifique de leurs gouvernements.

Une fois la guerre déclarée, les différents partis socialistes adhérèrent à la défense nationale, en France où, après l'assassinat de Jaurès le soir du 31 juillet, socialistes et syndicalistes se rallièrent à l'*Union sacrée*, comme en Allemagne où les sociaux-démocrates acceptent la *Burgfrieden* (la paix civile)•, mais aussi dans la plupart des autres pays. Seules exceptions, les socialistes anglais du petit *Independant Labour Party*, les socialistes serbes, les

---

• **Le mouvement socialiste français** était divisé en de nombreuses tendances : il s'était rassemblé en une formation unique lors d'un congrès d'unification, en 1905, le Parti socialiste unifié (PSU-SFIO, section française de l'Internationale ouvrière). Vu de l'extérieur, la principale personnalité du parti était Jean Jaurès (1859-1914), mais Jules Guesde (1845-1922), tenant d'un marxisme étroit, et Édouard Vaillant (1840-1915), un ancien membre de la Commune, jouaient un rôle très important.

• **Jean Jaurès** (1859-1914). Né à Castres en 1859, Jean Jaurès, ancien élève de l'École normale supérieure, agrégé de philosophie, élu député républicain du Tarn en 1885, avait lentement évolué vers le socialisme. Il est élu à Carmaux en 1893 député socialiste. Après avoir joué un rôle de premier plan pendant l'affaire Dreyfus – contrairement à la plupart des autres socialistes, il combattit très tôt pour la défense du capitaine injustement condamné – il devint d'abord avec Jules Guesde, puis devant Jules Guesde, la figure centrale du socialisme français. Grand orateur, journaliste, écrivain, ne se référant que partiellement au marxisme, il fut le fondateur de *L'Humanité* en 1904. Rejetant l'antipatriotisme, mais pacifiste, auteur d'un ouvrage célèbre *L'Armée nouvelle* où il proposait la réorganisation de la défense nationale sur la base d'une plus grande intégration dans l'armée des masses de la population, il consacre les dernières années avant 1914 à la lutte contre la menace de guerre. En juillet 1914, il fait adopter par la majorité des socialistes français une motion favorable à la grève générale (sous certaines conditions) en cas de danger de guerre, ce qui lui vaut d'être l'objet d'une violente campagne de presse. Le 29 juillet, il est à Bruxelles à la réunion du Bureau socialiste international et le soir du 30, il est le principal orateur d'un grand meeting au Cirque royal en faveur de la paix. Rentré en France, il multiplie les démarches pour essayer d'empêcher la guerre et le soir, avant d'écrire son article pour *L'Humanité*, il est assassiné par un jeune nationaliste.

• **Les élections législatives** avaient eu lieu en France aux mois d'avril et mai 1914. Un des principaux sujets de débat avait été la loi de trois ans de service militaire et la majorité des électeurs avaient voté pour des candidats favorables aux trois ans. En revanche, le Parti socialiste qui avait été l'adversaire le plus convaincu des trois ans avait obtenu un notable succès en gagnant près de 4 % des voix et 26 sièges (102 contre 76).

• **James Keir Hardie** (1856-1915). Ouvrier mineur écossais, un des fondateurs du Parti travailliste, le premier député socialiste britannique (1902). Une fois la guerre commencée, il fut un des socialistes britanniques qui refusèrent de s'y rallier.

• La formule allemande ***Burgfrieden*** a connu moins de succès international, mais elle a le même sens que celle d'Union sacrée. En Allemagne, comme en France, la totalité des forces politiques ou spirituelles se sont ralliées à la « paix civile » pour la défense nationale.

socialistes polonais de la Pologne russe qui appelèrent à une grève générale et les députés sociaux-démocrates russes, tant *mencheviks* que *bolcheviks*, qui refusèrent de voter les crédits de guerre.

Il est devenu courant – à la remorque de Lénine – de parler de la « faillite de l'Internationale » à propos de ce qui s'est passé lors de cette crise. Il est vrai que l'Internationale n'a pu faire ce qu'elle souhaitait, mais la responsabilité en incombe moins à l'Internationale en tant que force d'action qu'à une doctrine inspirée du marxisme et tout à fait déconnectée de ce que fut la réalité. Les choses ne se sont pas passées comme elles avaient été imaginées. S'il y a eu « faillite », ce fut celle de la doctrine. Les socialistes se sont trouvés très démunis devant un **choc de nations**, là où ils croyaient trouver un choc de **rivalités économiques**, baptisées impérialismes.

2 Les opinions publiques et la guerre

Le ralliement des socialistes à la guerre a été en fait identique à celui de l'opinion globale.

D'après une tradition solidement établie, tant en Allemagne qu'en France, les populations et les mobilisés en particulier auraient salué la guerre avec enthousiasme. Pour preuve, les photographies de trains emmenant les mobilisés et les soldats ornés d'inscriptions *Nach Paris* ou *A Berlin*.

a. En France

La réalité, bien connue[14] maintenant, a été assez différente pour la France.

Au mois de juillet 1914, l'atmosphère n'était pas à la guerre. Le congrès du parti socialiste, du 14 au 16 juillet, s'était bien préoccupé d'une guerre éventuelle, mais de façon tout à fait académique. Il avait longuement discuté de la motion que les socialistes français présenteraient au congrès de l'Internationale le mois suivant.

Sans cette quiétude générale, le voyage en Russie et dans les pays scandinaves entrepris par le président de la République et le président du Conseil, aussitôt après la revue du 14 juillet, et qui devait les retenir absents de France pendant 15 jours, n'aurait évidemment pas eu lieu.

Lorsque la publication de l'ultimatum autrichien donna le signal de la crise, il fallut encore plusieurs jours à l'opinion pour prendre conscience de la gravité d'une situation considérée dans un premier temps comme un simple conflit austro-serbe. À cette époque de l'année, pour une population encore majoritairement rurale, les travaux des champs étaient plus pressants que la lecture des journaux. D'ailleurs, les journaux accordaient une bien plus grande place au procès de Mme Caillaux• qu'aux dépêches sur les difficultés – à vrai dire assez

L'Union sacrée

Dans son message aux parlementaires le 4 août 1914, le président de la République, Raymond Poincaré, disait :
« Dans la guerre qui s'engage, la France aura pour elle le droit, dont les peuples, non plus que les individus, ne sauraient impunément méconnaître l'éternelle puissance morale. Elle sera héroïquement défendue par tous ses fils, dont rien ne brisera devant l'ennemi *l'Union sacrée* et qui sont aujourd'hui fraternellement assemblés dans une même indignation contre l'agresseur et dans une même foi patriotique ».
La formule d'union sacrée devait connaître un formidable succès et devenir une locution courante pendant et après la guerre, en France et hors de France. Dans l'immédiat, elle est comprise comme une trêve dans tous les antagonismes politiques ou spirituels pour se consacrer à la défense nationale.

fréquentes – des Balkans. Dans *Le Temps* du 29 juillet, le journal de référence, trois jours avant la mobilisation générale, le récit du procès de Mme Caillaux l'emporte encore sur les informations concernant la crise.

Les premières réactions se partagèrent entre des manifestations nationalistes comme l'accueil fait à Poincaré par une foule considérable à la gare du Nord le 29 juillet et des manifestations pacifistes dont la plus importante fut celle organisée par les syndicalistes sur les grand boulevards parisiens le 27 juillet. Les manifestations patriotiques furent au total relativement limitées, les manifestations pacifistes furent beaucoup plus diverses, plus nombreuses. Néanmoins, dans un cas comme dans l'autre, ce ne furent que de faibles minorités (sauf exception) qui y prirent part. Les pressions de l'opinion dans un sens ou dans l'autre ne jouèrent guère de rôle dans le déroulement des événements.

Lorsque la mobilisation fut décrétée le 1er août dans l'après-midi, la première réaction fut, pour la majorité de la population, en particulier rurale, la stupeur et la consternation. Dans la masse de la population, contrairement à ce que l'on a dit par la suite, la conscience de l'éventualité d'une guerre n'existait que très faiblement. En revanche, l'opinion s'est très vite convaincue que la France était victime d'une agression allemande. Cette conviction explique comment, en très peu de temps, des mobilisés qui ne pensaient pas à la guerre partirent avec **résolution.** Il y eut même des moments d'enthousiasme, mais limités et très circonscrits, lors du rassemblement des mobilisés

• **Le procès de Mme Caillaux :** Du 22 au 29 juillet se déroule à Paris le procès de Mme Caillaux, seconde épouse de Joseph Caillaux, ancien président du Conseil, ministre des Finances et président du Parti radical au moment des faits. Quelques mois plus tôt, elle avait abattu, à coups de revolver, le directeur du *Figaro,* Gaston Calmette. Le journal était engagé dans une vive campagne contre son mari et elle craignait qu'il ne publie des « lettres intimes » datant d'avant son mariage.

dans les gares, de leurs transports en chemins de fer, du départ des régiments de leurs villes de garnisons. Pour les mobilisés et leurs familles, un sentiment dominait, **avoir à défendre leur pays.**

b. En Allemagne

Les études concernant la mobilisation sont moins avancées en Allemagne qu'en France. Elles permettent cependant de nuancer l'image traditionnelle de l'enthousiasme lors de la mobilisation, du départ sous les fleurs pour une « guerre fraîche et joyeuse » suivant l'expression très populaire inventée par l'historien allemand Heinrich Leo… en 1859. D'après Gerd Krumeich[15] qui a fait une recension provisoire des sources dont on dispose et qui concernent bien davantage les villes que les campagnes, on a le sentiment que le début de la crise a provoqué un très grand enthousiasme, particulièrement sensible dans les classes moyennes, les masses ouvrières étant très nettement en retrait, sans pourtant comme à Hambourg se sentir capables d'organiser des manifestations pour la paix. À Berlin, où des manifestations pacifistes importantes eurent pourtant lieu, la tonalité générale a été plutôt celle de la liesse patriotique. Il n'y a aucun doute que ces réactions résultèrent de la vigueur des sentiments anti-russes de la population. Ils ont en particulier annihilé la volonté de résistance à la guerre de certains milieux ouvriers et les ont conduits à la résignation patriotique. Mais en même temps, une très grande nervosité se fait jour dans la population : ruée sur les caisses d'épargne, constitution de stocks alimentaires, chasse aux espions… Au moins à Hambourg, au fur et à mesure que l'on prend conscience de la certitude de la guerre, souligne Gerd Krumeich, un certain revirement se manifeste dans l'opinion publique. Le chauvinisme cocardier et bruyant fait place à une inquiétude sourde, proche de la désolation dans les quartiers ouvriers. À Düsseldorf, quelques jours plus tard, le désarroi est manifeste quand il est demandé à la ville de mettre à la disposition des blessés 2 à 3 000 lits.

La première réaction d'insouciance joyeuse ne semble avoir duré que très peu de temps et, comme le note Marlis Steinert, il est « peu probable que l'ouvrier ou le paysan allemand fussent partis joyeusement à la guerre »[16].

Cette évolution, par certains côtés inverse de celle de la France, ne s'explique-t-elle pas par le fait que l'on croyait combattre contre les Russes et qu'en définitive on commençait par combattre contre les Français ? La réaction de la population n'aurait pas été, somme toute, très différente de celle de l'empereur Guillaume II.

c. En Russie

Qu'en fut-il des réactions de l'opinion russe ? On connaît bien celles des classes moyennes urbaines. Comme l'écrit Dittmar Dalhmann, la Russie a connu une vague de patriotisme dans les catégories sociales instruites et l'intelligentsia[17]. Nombreux sont les écrivains et les journalistes à décrire l'extraordinaire tableau que donne la population des villes russes au moment de l'éclatement de la guerre. Une des têtes de file des symbolistes, Vassili Rozanov écrit : « Quelque chose d'indescriptible est arrivé. [...] Le peuple dans les rues semble plus jeune. » À la violence des sentiments anti-russes des Allemands répond la violence des sentiments anti-allemands des Russes. Saint-Pétersbourg est immédiatement débaptisée pour devenir Petrograd, les magasins allemands sont saccagés. Le 2 août, des centaines de milliers de manifestants convergent vers le Palais d'Hiver pour recevoir à genoux la bénédiction du couple impérial. La *Douma* tient une séance historique le 26 juillet (8 août). La principale formation de l'opposition, les *Cadets,* offre au gouvernement un appui sans réserve, les représentants des nationalités se succèdent à la tribune pour affirmer leur loyalisme envers l'État et la nation russe et leur volonté de défendre la patrie, tandis que le tsar proclame qu'il « voulait être un avec son peuple ». Le généralissime, le grand-duc Nicolas, promettait même plus de libertés aux Polonais. Dans cette unanimité pour défendre le « petit frère serbe », seuls les socialistes marquent des réserves. **Mencheviks** et **bolcheviks** votent contre les crédits de guerre, tandis que la troisième fraction socialiste, les ***troudoviks***•, préfèrent quitter la séance. En fait, mencheviks et troudoviks affirment qu'ils n'entendent pas gêner la défense nationale. Les oppositions sont très vives parmi les révolutionnaires en exil : l'un des principaux d'entre eux, Plekhanov•, estime que la lutte contre l'impérialisme allemand passe avant tout.

Quelques jours auparavant, Saint-Pétersbourg avait été le théâtre de graves événements, grèves, barricades... Brusquement le mouvement de grève s'arrête pratiquement partout. Le monde ouvrier russe ne se dresse pas contre la guerre, même si son enthousiasme patriotique est moindre.

• **Les forces politiques en Russie.** En raison du système électoral, la *Douma* avait une majorité formée d'une extrême-droite nationaliste et d'une droite modérée, les ***Octobristes*** (le terme « octobriste » faisait référence à l'origine au *manifeste d'octobre* qui, en 1905, avait annoncé la libéralisation du régime politique). L'opposition était constituée, au centre-gauche, par le Parti constitutionnel-démocrate, les ***Cadets***. À l'extrême-gauche, le mouvement socialiste était divisé en trois fractions, les ***bolcheviks*** et les ***mencheviks,*** résultat de la scission du parti social-démocrate, et les ***troudoviks*** ou travaillistes, la fraction du Parti socialiste-révolutionnaire qui avait choisi après la révolution de 1905 la voie légale.
Bolcheviks signifiait *majoritaires* et mencheviks, *minoritaires,* mais ces dénominations qui dataient de 1903 n'avaient plus ce sens en 1914. Elles correspondaient simplement à la fraction extrémiste du Parti social-démocrate et à sa fraction modérée.

• **Gueorgui Plekhanov** (1856-1918). Un des fondateurs du Parti social-démocrate, l'introducteur du marxisme en Russie, un des principaux théoriciens du socialisme russe. Il se rallie en 1914 à la défense nationale. Rentré en Russie en 1917, il prit position contre la révolution d'Octobre.

Néanmoins, la catégorie sociale qui constitua l'immense majorité de l'armée n'est pas vraiment concernée par ce raz-de-marée patriotique. La guerre ne fut guère populaire chez les paysans, leur attitude est celle d'une résignation maussade. Ils ne comprennent pas toujours pourquoi ils doivent se battre pour « quelques Serbes insultés ». La mobilisation ne s'en fit pas moins sans à-coups et le nombre de réfractaires fut très faible.

Ce sont néanmoins l'Autriche-Hongrie et le Royaume-Uni qui ont eu l'attitude la plus surprenante.

d. Dans l'Empire austro-hongrois

Il était imaginable que l'opinion austro-hongroise, dans un pays peuplé presque majoritairement de Slaves, aurait réagi avec hostilité à un conflit contre un peuple slave dont d'ailleurs une bonne fraction, en Bosnie-Herzégovine, se trouvait sujets austro-hongrois. Or, à la surprise générale, ce fut à peu près le contraire qui se produisit. Lors de la réunion du Bureau socialiste international du 29 juillet à Bruxelles, les délégués tchèque – Anton Nemec
* P. 157
– et autrichien – Victor Adler* – firent état de « la contagion belliqueuse et patriotique qui s'abat actuellement sur le peuple austro-hongrois », propos qui provoquèrent d'ailleurs l'indignation et les dénégations des délégués allemands. Ce comportement – à première vue étonnant – est confirmé par
* P. 151
Trotski* qui se trouvait à Vienne et fut surpris de l'élan patriotique de la population ; il mit cette réaction – faute d'explication théorique satisfaisante pour lui – sur le compte de la satisfaction que les mobilisés éprouvaient de rompre avec leur vie quotidienne, mais là il s'agissait surtout d'Allemands. Quelle que soit leur nationalité, les Austro-Hongrois répondirent avec le même ensemble que dans les autres pays à l'ordre de mobilisation[18].

e. Dans le Royaume-Uni

La surprise provoquée par le comportement britannique fut d'un autre ordre. L'Angleterre, d'après John Keiger[19], était le pays le plus divisé parmi les puissances importantes, menacée qu'elle était d'une guerre civile à propos de la question irlandaise, d'une rupture de la paix sociale par la « triple-alliance » des syndicats du rail, des dockers et des mines et par les graves troubles dus aux suffragettes. Le gouvernement libéral au pouvoir était lui-même extrêmement divisé. Le Royaume-Uni était en même temps le pays le plus éloigné de l'idée d'une guerre extérieure[20]. La City était d'autant plus pacifique qu'elle estimait qu'un conflit serait particulièrement néfaste à l'économie britannique. Les Églises, catholique, anglicane ou non conformistes, prêchaient la paix et estimaient que l'ensemble du contentieux entre la France, l'Angleterre et l'Allemagne pouvait être réglé par des discussions.

Une revue, dont l'objet était le développement de l'amitié anglo-allemande, *The Peacemaker*, avait même été créée par l'ensemble des Églises britanniques en 1912. Une Société pour la Paix constatait : « Nous pouvons nous féliciter d'entretenir avec les autres nations les meilleures relations que l'histoire de ce pays ait connues. » De janvier à juin 1914, un groupe d'Anglais avait préparé la célébration du 18 juin 1815, le centième anniversaire de la bataille de Waterloo. Le but n'était pas de commémorer la victoire remportée alors, mais de se réjouir que, depuis cent ans, aucune armée britannique n'eût versé son sang en Europe occidentale.

Dans ces conditions, l'opinion britannique ne prit que très lentement conscience de la gravité de la crise. D'ailleurs la presse libérale considérait que c'était plutôt la Serbie qui était l'élément de trouble en Europe. Quand le *Times* estime qu'il faudrait intervenir, il est en désaccord avec une partie de la presse conservatrice et avec la presse libérale, en particulier le puissant *Manchester Guardian*. Quand le ministre des Affaires étrangères, Sir Edward Grey•, et les principaux ministres pensent comme le *Times*, ils ne croient pas pourtant que ce soit possible, en raison de l'attitude de l'opinion publique. À l'ambassadeur français, Paul Cambon•, qui le presse, Grey répond : « Notre attitude sera largement déterminée par l'opinion publique. »

Dans la réalité, c'est l'invasion de la Belgique qui décida le Cabinet à intervenir et l'opinion publique suivit. À l'exception de quelques individualités, les trois partis, conservateur, libéral, travailliste, de même que les nationalistes irlandais, se rallient à la guerre. En quelques jours, Manchester, véritable centre de l'opposition à la guerre, passe d'une opposition catégorique au soutien. Une des nations les plus divisées fut l'une des plus unies pour supporter la guerre.

• **Edward Grey** (1862-1933). Ministre des Affaires étrangères britannique de 1905 à 1916. La réalisation de l'Entente cordiale avec la France et la Russie s'est faite pendant cette période, mais Grey s'est bien gardé de transformer cette entente en une alliance avec la France et encore moins avec la Russie. Lors d'un voyage à Paris, en avril 1914, il maintint cette position en affirmant que la France, injustement attaquée, pourrait compter sur l'aide du Royaume-Uni. Lorsque la crise de juillet 1914 débuta, la politique du Cabinet britannique fut de chercher les voies d'une médiation. On a reproché à Grey par la suite que le relatif effacement britannique, au début de la crise, ait fait commettre à l'Allemagne l'erreur de croire que l'Angleterre n'interviendrait pas. Lorsque le chancelier allemand s'aperçut de son erreur, il ne put arrêter le cours des événements.

• **Le rôle des ambassadeurs.** Avant la guerre de 1914, les ambassadeurs dans les grandes capitales jouaient un rôle important dans la détermination de la politique étrangère. La France était représentée à Berlin et à Londres par les deux frères Cambon, Jules (1845-1935) et Paul (1843-1924). Jules Cambon, ambassadeur à Berlin depuis 1907, après avoir quitté la capitale allemande en 1914, fut secrétaire général du ministère des Affaires étrangères de 1915 à 1920. Quant à Paul, qui avait été un des artisans de l'Entente cordiale, il fit de très fortes pressions sur le Cabinet britannique pour l'amener à intervenir pendant la crise de juillet 1914. Il fut ambassadeur à Londres de 1898 à 1920.

Des pays européens, l'Angleterre était un des seuls à n'avoir qu'une petite armée de métier et à ne pas connaître le service militaire. Malgré les difficultés de la guerre des Boers, rien n'avait été changé aux habitudes. Conséquence supplémentaire : l'indifférence de la population se trouvait renforcée par l'idée que, dans l'éventualité même d'un conflit, elle n'aurait pas à y participer. Or il fallait maintenant faire face à une grande guerre européenne, sans pouvoir compter comme les autres pays sur la mobilisation générale des réservistes. Seul l'appel aux volontaires était possible. La réponse fut étonnante. On n'a peut-être pas assez observé que l'Angleterre est le seul pays d'Europe où des jeunes hommes, par centaines de milliers, partirent pour la guerre alors que rien ne les y obligeait, au moins pour le moment. En majorité, ce furent des ouvriers, mais en proportion de la composition de la population anglaise, ce sont les classes moyennes qui fournirent le plus de volontaires.

f. En Belgique

Parmi les premiers belligérants en août 1914, les Belges eurent un comportement également surprenant. Petit pays, sans grande force militaire par rapport à ses deux puissants voisins, la Belgique était protégée par une neutralité dont les grandes puissances, y compris l'Allemagne, étaient garantes. La Belgique n'aurait eu aucune intention de rompre cette neutralité pour s'engager dans une guerre européenne. La majorité des Belges, surtout les Wallons, aimaient la France, encore que la politique anticléricale française avait froissé un pays dirigé par un parti catholique, mais ils avaient respect et confiance envers l'Allemagne, avec qui les liens économiques étaient particulièrement forts[21].

Ni en France, ni en Allemagne, on ne s'attendait le cas échéant à autre chose qu'une résistance symbolique. « Les Belges, disait l'ambassadeur d'Allemagne à Paris, le baron de Schoen•, ils feront la haie pour nous regarder passer. » D'ailleurs quel sens y aurait-il eu à vouloir s'opposer au passage de l'armée allemande ? Et pourtant… Si on suit le grand historien belge Jean Stengers[22], la neutralité de la Belgique avait pour deux pays un caractère sacro-saint, l'Angleterre – nous en avons vu les conséquences – et… la Belgique. De même que, sans l'invasion de la Belgique, l'Angleterre ne serait pas entrée en guerre, du moins à ce moment, de même elle explique la réaction pratiquement unanime de la population belge. Une population belge qui fut animée par trois sentiments, l'indignation devant ce que l'Allemagne faisait d'un traité international, la volonté de défendre son indépendance et au premier chef le sens de l'honneur. C'est le journal socialiste *Le Peuple* qui écrivait : « Nous ne sommes pas encore prêts à vendre contre de la monnaie allemande l'honneur de notre sang, le respect de la foi jurée et le patrimoine de nos libertés ! »

Ce qui a été vrai pour la Belgique, l'a été aussi pour les autres pays européens. Les historiens de notre époque, parce que le contexte mental est différent, négligent trop – Jean Stengers a raison de le faire remarquer – que le sens de l'honneur pouvait être pour les peuples une raison suffisante de se battre.

III. L'extension de la guerre : une guerre mondiale ?

La *guerre de 1914* fut bientôt appelée communément la *Grande Guerre*•. Depuis 1945, elle est désignée habituellement comme la *Première Guerre mondiale.*

L'expression est en fait ambiguë. Un conflit est-il mondial parce que des pays répartis dans le monde entier y participent ou bien parce que la guerre a lieu dans le monde entier ? Dans le cas de la guerre de 1914, les opérations militaires hors d'Europe ont été tout à fait marginales, sauf la guerre sous-marine ; en revanche, au fil des années, de nombreux pays extra-européens ont été conduits à participer à la guerre, directement ou indirectement.

Les États européens qui n'avaient pas d'emblée été plongés dans la guerre furent les premiers à être sollicités de façon plus ou moins pressante pour y prendre part.

1 L'extension de la guerre en Europe

a. L'entrée dans la guerre de la Turquie

L'Empire turc, un État très partiellement européen, mais dont l'existence était liée à l'Europe, fut le premier à s'engager. L'Empire ottoman occupait une position stratégique de première importance puisque la fermeture des Détroits

• **Wilhelm von Schoen (baron)** (1851-1933). Un des importants diplomates allemands de l'avant-guerre. Après avoir été ambassadeur à Saint-Pétersbourg en 1905, il fut secrétaire général des Affaires étrangères allemandes (1907-1910), avant d'être nommé à Paris (1910-1914) et d'être ainsi le dernier ambassadeur allemand en France avant la guerre. Comme la plupart de ses contemporains, il ne vit pas venir la guerre : il écrivait en juin 1914 que la politique étrangère française était « calme et pacifique » et qu'elle chercherait à éviter toute difficulté avec l'Allemagne.

• **La Grande Guerre :** L'expression était suffisamment entrée dans l'usage pour que, le 11 novembre 1918, le président de la Chambre des députés, Paul Deschanel, l'introduisit dans son discours sans lui faire un sort particulier : « Et vous, combattants sublimes de la Grande Guerre », écrit-il. Quelques jours plus tard, l'écrivain René Bazin écrivait dans *L'Écho de Paris* (17 novembre 1918) : « Les enfants citeront leur père ou leur aïeul parmi les soldats de la Grande Guerre. »

couperait la Russie de ses alliés occidentaux. C'était sans grande importance dans le cadre d'une guerre courte, mais cela pouvait devenir essentiel si la guerre se prolongeait. Ce fut le sentiment des Allemands après leur défaite sur la Marne.

Malgré sa défaite dans la première guerre balkanique, la Turquie n'était plus « l'homme malade »• de l'Europe. Depuis 1908, le pouvoir était entre les mains des membres du Comité « Union et Progrès », plus communément appelés *Jeunes Turcs,* qui entendaient redresser leur pays. D'abord nationalistes, ils visaient à faire d'un Empire où la majorité de la population n'était pas turque, mais arabe, arménienne, kurde, etc. une nation et une nation turque.

Depuis la fin du XIXe siècle, l'Allemagne s'intéressait à l'Empire turc et elle avait obtenu la concession d'une voie ferrée vers l'Anatolie, le célèbre *BBB, Berlin, Byzance, Bagdad.* Sa construction était d'ailleurs loin d'être achevée et les investissements allemands dans l'Empire turc étaient très inférieurs aux investissements anglais ou français. Considérer la Turquie comme une zone d'influence allemande était donc très exagéré. La participation ou non de l'Empire turc à la guerre était une question de choix politique. L'Angleterre était l'alliée traditionnelle, mais tout un courant autour d'Enver Pacha•, devenu ministre de la Guerre en 1914, penchait vers l'Allemagne. Le nationalisme d'Enver Pacha était pan-touranien•, c'est-à-dire qu'il rêvait de rassembler toutes les populations turques du Caucase au Turkestan qui étaient sous domination russe. Admirateur de la force allemande, violemment anti-russe, Enver Pacha avait fait son choix, il avait d'ailleurs d'ores et déjà donné une grande influence aux Allemands dans l'armée turque avec * P. 23 l'arrivée du général allemand Liman von Sanders* comme inspecteur général de l'armée turque. Le 30 juillet, un traité d'alliance secret était conclu avec l'Allemagne, mais d'autres fractions du mouvement *Jeune Turc* étaient hostiles à cette orientation. L'arrivée de deux puissants navires de guerre allemands, le *Goeben* et le *Breslau*•, pourchassés en Méditerranée par la flotte anglaise et qui se réfugient dans les Détroits le 11 août, avant d'être fictivement vendus à la Turquie, renforça considérablement les positions des partisans de l'alliance allemande. Des intrigues diverses ne cessèrent pourtant pas dans le but d'essayer d'attirer la Turquie dans un camp ou dans un autre. Les Allemands se firent de plus en plus pressants et Enver Pacha força la main de ses collègues en laissant, le 29 octobre, l'amiral Souchon, commandant les croiseurs allemands, attaquer des navires russes en mer Noire. Officiellement la Turquie déclarait la guerre à la Russie le 2 novembre 1914.

b. L'entrée dans la guerre de l'Italie

L'Italie était la seule des puissances européennes importantes à ne pas s'être engagée dès le début de la guerre. Son alliance était particulièrement recherchée et elle subit de fortes pressions de part et d'autre, mais ce fut surtout un débat interne qui se déroula pendant près d'un an entre « neutralistes » et « interventionnistes ». À l'intérieur de forces politiques peu structurées, les divisions étaient extrêmement complexes : il se développa progressivement un interventionnisme de « gauche », pour une guerre démocratique aux côtés de l'Entente, qui affecta même le Parti socialiste. Le gros du parti resta profondément neutraliste, mais un des chefs les plus ardents des adversaires de la guerre, Benito Mussolini•, changea de camp.

Quant aux partis de droite, partisans au début de s'engager dans la guerre du côté de la Triplice, ils évoluèrent vers l'idée de la guerre aux côtés de l'Entente. Les nationalistes furent les plus actifs.

Au centre, les libéraux, avec Giolitti et le gouvernement Salandra, restaient partisans de la neutralité, mais d'une neutralité relative qui leur permettrait d'obtenir un certain nombre d'avantages de la part des belligérants.

• **L'homme malade de l'Europe.** Cette expression fut employée par le tsar Nicolas Ier en 1853 pour proposer à l'Angleterre le partage de l'Empire turc.

• **Enver Pacha** (1881-1922). Officier, il joue un des principaux rôles avec Talaat Pacha et Djemal Pacha dans le comité *Union et progrès* ou *Jeunes Turcs* qui, de 1908 à 1913, s'empare de la réalité du pouvoir dans l'Empire ottoman. Les *Jeunes Turcs* veulent moderniser le vieil Empire ottoman ; ils sont également très vigoureusement nationalistes. Attaché militaire à Berlin en 1909, Enver Pacha participe en Tripolitaine à la guerre entre la Turquie et l'Italie en 1911-1912. Lors de la seconde guerre balkanique en 1913, il reprend Andrinople et il devient ministre de la Guerre en 1914. Après avoir entraîné la Turquie dans la guerre aux côtés de l'Allemagne, il doit s'enfuir de Constantinople après la défaite et se réfugie dans le Caucase. De là, il entre en contact avec les bolcheviks, mais il est finalement tué dans un combat avec des détachements soviétiques dans l'ancien Turkestan russe.

• **Touranien :** avant d'être repris par le nationalisme turc, le terme désignait, dans la mythologie iranienne, les steppes de l'Asie centrale.

• **Les deux croiseurs allemands *Goeben* et *Breslau*** se trouvaient dans le port autrichien de Pola (au Sud de la péninsule de l'Istrie en Adriatique) quand la guerre éclata. Ils tentèrent de perturber le transport d'Afrique du Nord vers la France du XIXe Corps et bombardèrent le 4 août les ports de Philippeville et de Bône. Après avoir échappé à la poursuite des navires français et anglais, ils se réfugièrent dans les Détroits et devinrent officiellement des navires turcs. Le *Breslau* fut coulé en tentant de sortir des Dardanelles le 20 janvier 1918 et le *Goeben* très endommagé.

• **Benito Mussolini** (1883-1945). Fils d'un cabaretier de Romagne, instituteur, il s'engage très tôt dans le mouvement socialiste (1900). Il appartient à l'aile révolutionnaire qui prend la direction du Parti socialiste en 1912. Mussolini en est alors un des principaux dirigeants et il reçoit la direction du journal du parti, *L'Avanti.* En 1914, « il fait figure de chef de file des éléments durs du parti socialiste » (Pierre Milza, *Le fascisme,* MA éditions). En juin, il est l'organisateur de la semaine insurrectionnelle qui a lieu en Romagne et en Émilie. Au début de la guerre, il est strictement neutraliste et combat les partisans de l'intervention, avant de se convertir lui-même à l'idée de l'intervention en octobre. Les raisons de sa conversion sont mal connues : il est probable que, dans un premier temps, il a vu dans une participation à la guerre le point de départ d'une révolution. Écarté de *L'Avanti,* il fonde alors *Le Popolo d'Italia* qui fait très vigoureusement campagne pour l'intervention. Mobilisé pendant la guerre, combattant sur l'Isonzo, blessé, il est réformé en 1917. Il n'a pas abandonné ses convictions socialistes qu'il marie avec un nationalisme très vif et de grandes ambitions personnelles que le mouvement des *Faisceaux,* qui se constitue à partir de 1919, lui permet d'assouvir.

Une enquête faite par les préfets en avril 1915 montre que dans sa masse la population paysanne qui constitue la majorité de la population italienne est indifférente au grand débat qui agite les milieux politiques, mais qu'elle se résignera à la guerre le cas échéant. Les milieux économiques sont assez désorientés par la crise économique que la guerre européenne a déclenchée et certains pensent que la guerre permettrait d'en sortir. Les classes moyennes sont plutôt belliqueuses, les ouvriers plutôt pacifistes. L'impression générale est que progressivement, de façon diffuse, le pays prend conscience qu'il ne peut échapper à la guerre, mais que cette guerre, si elle a lieu, il devrait la faire du côté de l'Entente pour enlever les terres italiennes à l'Autriche-Hongrie. C'est l'opinion du président du Conseil Salandra qui engage des négociations avec l'Entente et signe secrètement le 26 avril 1915 le ***pacte de Londres***. L'entrée en guerre de l'Italie serait récompensée par l'obtention des terres irrédentes. Le grand dirigeant libéral Giolitti reste pourtant partisan d'essayer d'obtenir la même chose de l'Autriche-Hongrie sans guerre et il est suivi par la majorité de la Chambre des députés. Salandra est contraint de démissionner (13 mai), mais, à l'initiative des interventionnistes de toutes tendances, de très grandes manifestations se déroulent dans les villes du pays, à Rome, à Milan, en faveur de l'intervention. C'est le « mai radieux » : le roi confirme Salandra dans ses fonctions. Le 22 mai 1915, la mobilisation générale est annoncée, le 24 mai, l'Italie entre en guerre contre la seule Autriche-Hongrie. Elle ne déclare la guerre à l'Allemagne que le 27 août 1916.

Comme le souligne Brunello Vigezzi[23], la grande victime des « journées de mai » fut le parti libéral, principale force politique de l'Italie que les événements ont fait éclater. D'une façon générale, l'intervention traduisait aussi l'affaiblissement de la classe dirigeante, ce qui eut par la suite de graves conséquences. Dans l'immédiat, la plus grande partie du pays accepte la décision d'intervention, non seulement avec résignation, mais aussi, pour beaucoup, avec un réel élan de patriotisme.

c. L'entrée en guerre des États balkaniques

Dans les Balkans, placés en première ligne par l'origine de la guerre, les États non engagés immédiatement dans le conflit, la Roumanie, la Bulgarie, la Grèce furent pris dans le jeu complexe des intrigues diplomatiques des belligérants. La Bulgarie présentait un intérêt particulier pour les Puissances centrales puisqu'elle permettait de réaliser la liaison avec l'Empire ottoman.

Les trois États avaient des régimes plus ou moins constitutionnels, mais les pouvoirs des souverains restaient très importants. Les trois rois• étaient d'origine allemande. Le roi de Roumanie, Charles Ier (Carol) appartenait à la famille Hohenzollern, le roi de Bulgarie, Ferdinand Ier à la famille de Saxe-

Cobourg-Gotha, le roi de Grèce, Constantin Ier à la famille de Holstein. Ce dernier était, par ailleurs, le beau-frère de Guillaume II. Leurs sympathies allaient plutôt vers l'Allemagne. L'entourage du roi Constantin de Grèce était particulièrement germanophile.

La population des trois pays était massivement rurale et guère concernée par les problèmes territoriaux et nationaux. L'opinion publique était en fait celle des classes moyennes et urbaines peu nombreuses.

De ces trois États, le plus frustré par l'histoire récente était la Bulgarie, grande vaincue des guerres balkaniques après en avoir été le principal acteur. La Bulgarie pouvait souhaiter prendre sa revanche au détriment de la Serbie, afin de lui reprendre la Macédoine, ce qui la poussait vers le camp allemand, mais, très affaiblie, sans moyens financiers, elle était très hésitante à se lancer dans une nouvelle aventure dans laquelle la défense de ses intérêts ne serait évidemment que marginale. En revanche, l'Entente ne pouvait rien promettre de tangible. Finalement, en échange d'une importante subvention fournie par l'Allemagne et l'Autriche-Hongrie, la Bulgarie s'alliait avec l'Autriche-Hongrie en septembre 1915 et déclarait la guerre à la Serbie le 14 octobre.

La Roumanie fut aussi l'objet des sollicitations des deux parties, l'Entente lui promettant la Transylvanie et la Dobroudja, les Puissances centrales, la Bessarabie. Dans ces conditions, les dirigeants roumains ne pouvaient qu'hésiter. Son roi Carol était très favorable à l'Autriche-Hongrie, mais âgé – 75 ans – il mourut en octobre 1914, laissant le trône à son neveu Ferdinand qui n'avait pas les mêmes sympathies. La politique roumaine consista à essayer de deviner quel serait le vainqueur. En 1916, elle misa sur la victoire de l'Entente à la suite des succès remportés par la Russie, et le 27 août, elle déclara la guerre à l'Autriche-Hongrie. Les déclarations de guerre de l'Allemagne, de la Bulgarie et de la Turquie lui répondaient immédiatement.

La Grèce n'avait pas de revendications territoriales. Cependant son principal homme politique, Eleutherios Venizelos•, rêvait de réaliser la **Grande Idée,** c'est-à-dire de reconstituer l'Empire byzantin en s'installant

---

• **Les souverains des Balkans :** Charles Ier (Carol), né en 1839 à Sigmaringen, devient prince (1866), puis roi de Roumanie. Il meurt en octobre 1914 et son neveu Ferdinand Ier (1865-1927), né également à Sigmaringen, lui succède et règne de 1914 à 1927.
Ferdinand Ier (1861-1948), né à Vienne. Prince, puis roi de Bulgarie (1887-1918). Il fut obligé d'abdiquer à la fin de la guerre.
Constantin Ier (1868-1923) était né à Athènes et régna de 1913 à 1917 avant d'être obligé d'abdiquer. Il retrouva son trône de 1920 à 1922.

• **Eleutherios Venizelos** (1864-1936). D'origine crétoise, il fut la principale personnalité politique grecque de cette période. Premier ministre de 1910 à 1915, il avait déjà joué un grand rôle dans les guerres balkaniques de 1912 et 1913. Sa carrière politique se poursuivit longtemps après la guerre au milieu d'un très grand nombre de péripéties.

à Constantinople et en rassemblant les Grecs, nombreux en Asie mineure. Même s'il y avait contradiction entre les objectifs grecs et russes qui visaient également Constantinople, Venizelos estimait que c'était en s'engageant du côté de l'Entente qu'il avait le plus de chances de réaliser ses ambitions. La Cour et l'armée, tout autant germanophiles, tenaient fermement pour la neutralité, en raison de la position maritime de la Grèce qui la mettrait à la merci des Alliés en cas d'engagement du côté des Puissances centrales.

Les problèmes intérieurs grecs, problèmes constitutionnels, problèmes sociaux, opposition entre venizelistes et royalistes, entre une bourgeoisie parlementaire et la Cour favorable à un renforcement des pouvoirs du roi, les sympathies et les ambitions extérieures différentes des uns et des autres, les divergences entre les alliés à propos de la Grèce, Français, Anglais, Russes, bientôt Italiens qui n'avaient pas la même politique, créèrent une situation d'une extrême complexité, d'autant qu'en accord avec Venizelos (même s'il protestait officiellement), mais en opposition avec le Roi, des troupes alliées, principalement françaises, débarquaient à Salonique le 1er octobre 1915 pour y constituer l'armée d'Orient. Des péripéties complexes eurent lieu avant que les Alliés ne se mettent d'accord pour déposer le roi Constantin (juin 1917) et ramener Venizelos au pouvoir qui, le 29 juin, faisait entrer la Grèce dans la guerre. Comme le souligne Yannis Mourelos[24], dans le cas de la Grèce, plutôt que d'une intervention volontaire dans le conflit, il s'agit en fait de la contrainte employée par une grande puissance, la France, à l'égard d'un petit pays, et son ingérence dans les affaires intérieures, sans qu'il y ait d'ailleurs de visée impérialiste particulière.

d. L'entrée en guerre du Portugal

Dernier État européen à entrer dans la guerre, le Portugal. Vieil allié de l'Angleterre[25], il l'avait informée dès le début du conflit qu'il était prêt à se joindre à elle, mais elle ne l'avait pas cru nécessaire. Ce fut finalement l'Allemagne qui déclara la guerre au Portugal le 9 mars 1916, l'accusant d'être sorti fréquemment de la neutralité, en particulier aux frontières entre l'Angola et le Sud-Ouest africain allemand. En réalité, une révolution républicaine avait eu lieu au Portugal en 1910 et la fraction la plus avancée des républicains, le Parti démocratique, n'eut de cesse que le Portugal soit dans la guerre, car il estimait que la participation à la guerre, en entraînant le pays dans une grande cause nationale, légitimerait la république. Malgré le manque d'enthousiasme de la majorité de la population, le gouvernement de Lisbonne parvint à ses fins, même si ce fut l'Allemagne qui prit l'initiative.

e. Les neutres

Il n'y eut que six États européens à rester en dehors de la guerre pendant toute la durée des hostilités, les Pays-Bas, les trois États scandinaves, la Suisse et l'Espagne.

La position géographique de certains d'entre eux leur permit de se maintenir sans trop de difficultés en dehors du conflit, ce fut le cas de l'Espagne et des États scandinaves.

Aucun des belligérants ne menaçait le territoire espagnol et la population était assez partagée entre les deux camps. Dans ces conditions, le roi Alphonse XIII choisit fermement la neutralité. Dans la pratique, l'économie espagnole travailla pour les pays de l'Entente et en tira des avantages appréciables dans certains secteurs, en même temps que se manifestait une forte poussée inflationniste. La guerre sous-marine provoqua en 1917 une crise économique grave accompagnée d'une forte agitation sociale. Alphonse XIII s'était beaucoup dépensé pour des causes humanitaires (réfugiés, prisonniers…), ce qui, espérait-il, devait donner à l'Espagne une place dans les négociations de paix, ce qui ne fut pas.

Complètement enveloppée par les belligérants, la Suisse se trouvait dans une position périlleuse. Néanmoins, aucun d'entre eux n'avait intérêt à violer la neutralité suisse, à la fois pour des raisons financières et pour disposer éventuellement d'un lieu de contacts. La Suisse n'en fut pas moins déchirée pendant la guerre entre ses populations alémaniques qui tenaient nettement pour l'Allemagne et les populations romandes qui tenaient, non moins fortement, pour la France.

Les Pays-Bas furent mêlés immédiatement au conflit par l'afflux sur leur territoire au moment de l'invasion allemande d'un million de réfugiés belges. Toutefois, ils rentrèrent assez rapidement chez eux et les Pays-Bas purent maintenir leur neutralité, que d'ailleurs aucun des belligérants n'avait d'intérêt particulier à violer. Les Pays-Bas, pays maritime, furent cependant durement affectés par le blocus allié et la guerre sous-marine allemande.

Quant aux trois pays scandinaves, ils s'étaient mis d'accord dès le début de la guerre pour proclamer en commun leur neutralité. Elle n'eut pas exactement le même caractère dans les trois pays. Au Danemark, où la population était assez hostile à l'Allemagne, le gouvernement, soutenu par la gauche, adopta une position d'une grande prudence. Il limita la liberté de la presse pour éviter que les journaux – notamment de droite – affirment des positions trop anti-allemandes. Sur le plan économique, par la force des choses, les exportations de produits agricoles vers l'Allemagne augmentèrent. À l'inverse, la droite suédoise était plutôt pro-allemande et une fraction non négligeable de l'opinion aurait souhaité l'intervention aux côtés de l'Allemagne. Le gouvernement facilita le ravitaillement de l'Allemagne jusqu'à son renversement par une coalition menée par le socialiste Branting•. À l'inverse, l'opinion norvégienne penchait nettement du côté de l'Angleterre. Les rapports commerciaux anglo-norvégiens étaient traditionnellement importants. Pour maintenir la balance égale, la Norvège protesta avec autant de vigueur contre le blocus allié que contre la guerre sous-marine allemande.

Un certain nombre de pays européens avaient pu ainsi rester neutres, mais ils représentaient moins de 10 % de la population du continent !

2 L'extension de la guerre hors d'Europe

a. Les empires coloniaux

Cette guerre européenne ne pouvait manquer d'intéresser le reste du monde, ne serait-ce que par l'intermédiaire des colonies. Comme le souligne Marc Michel[26], dès l'avant-guerre, un problème avait été posé. Pouvait-on utiliser les « colonisés » comme soldats en Europe et contre d'autres Européens ? Pratique inconcevable pour les Allemands, les Britanniques ou les Belges, en revanche on y avait pensé en France. Certains officiers coloniaux, comme le futur général Mangin*, croyaient et avaient réussi à faire croire que la métropole pouvait compenser sa faiblesse démographique en faisant appel à une « force noire ». Tout naturellement, une fois la guerre commencée, des troupes coloniales vinrent combattre en métropole. Durant la guerre, plus de 600000 hommes furent levés dans l'Empire, dont 500 000 servirent en Europe, Maghrébins et Noirs particulièrement, les Malgaches et les Indochinois étant plutôt employés dans les services auxiliaires. Excellentes troupes de choc, mais « fragiles », elles ne supportaient, ni matériellement, ni moralement, les conditions de vie dans les tranchées, en particulier les conditions climatiques, et étaient d'une efficacité assez réduite. C'est seulement à la fin de la guerre que ces troupes surent faire la guerre comme les autres soldats, mais elles ne représentaient alors que 4 % des forces du front Nord-Est. Les soldats des colonies furent beaucoup plus nombreux en proportion dans l'Armée d'Orient, près de 28 % de l'effectif total et 16 % des combattants. Les territoires coloniaux fournirent aussi une importante quantité de main-d'œuvre, environ 120000 Indochinois, 50000 Algériens, plus 13000 Chinois considérés aussi comme travailleurs coloniaux. Ils furent au total plus de 200000 travailleurs, en ajoutant ceux qui étaient venus spontanément, surtout des Kabyles.

* P. 269

Dans la pratique, la France ne fut pas seule à utiliser des troupes coloniales. Les Allemands, qui avaient dénoncé l'emploi des Noirs en Europe comme une « barbarie », levèrent des troupes en Afrique pour défendre leurs colonies contre les autres Européens. En outre, il est difficile de savoir ce qu'ils auraient fait s'ils avaient eu la possibilité matérielle de transporter en Europe des troupes coloniales. Quant aux Britanniques, s'ils n'utilisèrent pas les « indigènes » sur le front européen, sauf comme travailleurs, ils employèrent massivement les soldats indiens en Afrique, en Égypte, en Mésopotamie : 1250000 combattirent sur les théâtres extérieurs.

Les dominions blancs•, quant à eux, envoyèrent d'importants contingents en Europe. Plus d'un million de volontaires, Australiens, Canadiens, Néo-Zélandais, Sud-Africains, Terreneuviens… combattirent aux côtés des Britanniques. Dès le 31 juillet 1914, le premier ministre australien, Joseph Cook avait affirmé : « Souvenez-vous que lorsque l'Empire est en guerre, l'Australie aussi est en guerre. » Il ajoutait le lendemain que « les Australiens se tiendraient aux côtés de leur suzerain et le défendraient jusqu'au dernier homme et au dernier shilling »[27].

Par l'intermédiaire des empires, la guerre prenait déjà un caractère mondial mais, parmi les États indépendants extra-européens, beaucoup décidèrent aussi de s'engager, même si cela resta souvent tout à fait symbolique[28].

b. Le Japon

Le premier fut le Japon. Dès la fin du mois d'août 1914, il s'emparait en Chine de la concession allemande de Kiao-Tcheou, puis des îles que l'Allemagne possédait dans le Pacifique Nord. Il se trouvait donc en état de guerre avec l'Allemagne. La participation du Japon à la guerre s'arrêta là. À plusieurs reprises, le bruit se répandit en France que des troupes japonaises étaient arrivées ou allaient le faire, en réalité il ne fut jamais question pour le Japon d'envoyer un seul soldat en Europe.

• **Hjalmar Branting** (1860-1925). Un des fondateurs du Parti social-démocrate suédois et une des personnalités du mouvement socialiste international. Partisan de la neutralité, tout en manifestant de la sympathie pour les Alliés. Il fut ministre dans le gouvernement Nils Eden qui, en 1917, a remplacé le ministère Hammarskjoeld plutôt pro-allemand. Il fut le premier président du Conseil socialiste en Suède en 1920.

• **Les dominions blancs :** Australiens : 417000, Néo-Zélandais : 22000, Sud-Africains : 136000, Canadiens : 640000, Terreneuviens : 12000.
Par ailleurs, 1400000 soldats furent recrutés aux Indes qui servirent principalement au Moyen-Orient.

c. Les États-Unis et le continent américain

L'entrée des États-Unis dans la guerre fut de plus grande importance. Le président Woodrow Wilson• était tout à fait hostile à ce que les États-Unis participent au conflit européen. Le 18 août 1914, il avait fait une déclaration solennelle en faveur de la neutralité américaine. Le slogan de sa campagne pour sa réélection en 1916 fut « *He kept us out of war* » (il nous a maintenus en dehors de la guerre). Pourtant quelques mois plus tard, le 2 avril 1917, le Congrès approuvait la décision du Président de faire entrer les États-Unis dans la guerre.

Le président Wilson avait, en fait, été confronté à un problème qui n'était pas nouveau dans un conflit européen mais qui avait pris une ampleur nouvelle avec les techniques modernes, celui de la liberté des mers. Au blocus allié qui lui était imposé et que Wilson critiqua vivement, l'Allemagne répondit par la guerre sous-marine qui provoqua des protestations encore plus vives des États-Unis. Le torpillage du paquebot britannique *Lusitania* le 7 mai 1915, où sur les 1198 victimes, 128 étaient américaines, causa une grande indignation, qui obligea l'Allemagne à promettre de modérer la guerre sous-marine. En réalité, après une période de modération, le 31 janvier 1917, elle décidait de reprendre la guerre sous-marine à outrance, partant du principe qu'elle aurait ainsi gagné la guerre avant de subir les effets de la colère américaine. Au surplus, une des conséquences du blocus allié avait été de faire des États-Unis, tant sur le plan commercial que sur le plan financier, le fournisseur et le partenaire exclusif des Alliés. En cas de défaite des Alliés, les États-Unis auraient perdu des créances considérables. Ils s'étaient donc – un peu à leur corps défendant – engagés dans un camp.

Le président Wilson n'était pas homme à céder aux éventuelles pressions des milieux d'affaires, en revanche il était très sensible à ce qui pouvait mettre en cause l'indépendance, le prestige des États-Unis, les idéaux démocratiques, les droits des neutres. Ce furent les raisons d'ordre moral qui conduisirent Wilson à décider l'intervention des États-Unis, comme **associé** des pays de l'Entente et non comme **allié**. Il était dans la logique de Wilson d'estimer que les autres États américains avaient le devoir moral d'imiter les États-Unis. Le 3 février 1917, date de la rupture des relations diplomatiques avec l'Allemagne, il leur adressa une circulaire pour qu'ils suivent cet exemple. Les pays d'Amérique latine eurent en fait des comportements variés. Sur les vingt États de la région, treize seulement rompirent leurs relations diplomatiques avec l'Allemagne ou s'engagèrent dans la guerre entre 1917 et 1918 aux côtés des États-Unis. Le Brésil, dès octobre 1917, Cuba et Panama qui étaient très étroitement contrôlés par les États-Unis, Haïti, ainsi qu'une série de petits États d'Amérique centrale, le Guatemala, le Honduras, le Nicaragua, le Costa-Rica, déclarèrent la guerre à l'Allemagne. D'autres, le Pérou, la Bolivie, l'Équateur, l'Uruguay, la République dominicaine, se contentèrent de rompre leurs relations diplomatiques. Mais, mis à part le Brésil, les principaux États, Mexique, Venezuela, Colombie, Argentine et Chili, restèrent neutres. L'Amérique latine en réalité ne se sentait guère concernée par ce conflit : les petits pays suivirent la voie indiquée par les États-Unis, les plus grands souhaitèrent marquer leur autonomie de décision.

d. La Chine

Un dernier grand État participe au conflit, la Chine, qui déclara la guerre à l'Allemagne et à l'Autriche-Hongrie le 1er août 1917. L'objectif était surtout de faire pièce au Japon et de l'empêcher de prétendre à l'héritage allemand en Chine.

Formellement, en 1917, la guerre s'est étendue à la presque totalité du monde. Mais beaucoup des nouveaux belligérants ne jouèrent aucun rôle et c'est simplement pour des raisons locales ou régionales qu'ils se sont engagés dans le conflit. Mondiale en apparence, la guerre est en fait restée principalement une guerre européenne.

• **Thomas Woodrow Wilson** (1856-1924). Avocat, puis professeur réputé de science politique, devient en 1902 président de l'université de Princeton dans le New Jersey. Sollicité, en 1910, par les démocrates de cet État, pour être candidat au poste de gouverneur, il est élu et acquiert une réputation nationale. Candidat démocrate aux élections de 1912, il devient président des États-Unis. Il avait baptisé son programme « la Nouvelle Liberté » et il voulait restaurer la libre-entreprise au détriment des grandes concentrations industrielles. Profondément religieux – presbytérien – parfaitement sincère et convaincu de l'excellence de la démocratie anglo-saxonne, il pensait que les États-Unis avaient pour mission de convertir le monde à la démocratie, celle-ci s'identifiant à la paix.

Chapitre 3

La guerre de 1914 à 1916

Tous les belligérants étaient convaincus que cette guerre serait terrible, mais brève, parce qu'une guerre moderne exigeait de tels moyens qu'il paraissait matériellement impossible de pouvoir la prolonger au-delà de quelques mois.

Les mobilisés partirent convaincus qu'ils seraient rentrés chez eux pour la fin septembre, au plus tard pour Noël. Cette conviction, qui a existé du haut en bas des hiérarchies sociales et militaires, a atténué la douleur des séparations. C'était pour peu de temps… à moins d'être tué. Mais la notion « du feu qui tue » était curieusement absente de la psychologie des futurs combattants et des populations au moment du départ.

Les États, de leur côté – et dans le même état d'esprit – n'avaient guère pris de dispositions économiques : pour une guerre courte, les réserves de matériel et de munitions devaient être suffisantes.

Les pays européens n'étaient aucunement préparés, ni au plan matériel, ni au plan mental, à la guerre moderne, où l'engagement total des belligérants pourrait conduire à des guerres terribles… et longues. La seule expérience d'une guerre longue était la guerre de Sécession[1], mais on ne l'assimilait pas à une grande guerre entre États européens. D'ailleurs plutôt qu'une guerre continue, il s'agissait d'une série de grandes batailles très sanglantes mais séparées par d'assez longs espaces de temps. Certains aspects techniques de la guerre de Mandchourie ou des guerres balkaniques avaient attiré l'attention des états-majors, mais chaque fois les hostilités avaient été assez brèves.

Un premier trait de la guerre, commun à tous les belligérants, est que rien ne s'est passé comme on l'avait pensé ou prévu. C'est probablement sur le plan militaire que la distance entre la guerre imaginée et la guerre vécue fut la plus grande.

I. La guerre imaginée : les plans et les armées

1 Doctrines et plans

Les opérations militaires – pour leur plus grande part – résultèrent d'initiatives allemandes.

a. L'Allemagne et le plan Schlieffen

De 1891 à 1906, le chef du grand état-major allemand avait été le général Alfred von Schlieffen•. Le plan auquel fut attaché son nom avait été définitivement mis au point en 1905. Il reposait sur l'idée que cette guerre devait être courte parce qu'il n'était pas possible de conserver pendant longtemps des millions d'hommes sous les armes. Au surplus, la situation géographique de l'Allemagne ferait que son armée devrait se battre sur deux fronts et il était impossible de l'envisager pour une longue période.

L'armée française qui, dans la coalition adverse, était la plus puissante et la plus rapide à mobiliser devait être vaincue rapidement, pendant que l'armée austro-hongroise retiendrait le maximum de troupes russes. C'est seulement dans un deuxième temps que l'armée russe pourrait être accablée à son tour. Mais, comment prévoir de remporter une victoire rapide sur la France alors que la frontière franco-allemande entre Belfort et Verdun était en partie montagneuse et pour le reste extrêmement fortifiée ? La réponse se lisait sur la carte. Le gros de l'armée allemande devrait opérer un vaste mouvement tournant à travers la Belgique pour atteindre le territoire français dans la région de Maubeuge, longer la vallée de l'Oise, contourner Paris par le Sud et prendre l'armée française dans un vaste filet qui se refermerait dans la région de la Haute-Seine. C'était le schéma de la bataille de Cannes• que Schlieffen, grand admirateur d'Hannibal, entendait appliquer sur une échelle infiniment plus vaste. D'après ses calculs, cette campagne pouvait être terminée en six semaines.

Défensif à l'Est, le plan Schlieffen était délibérément offensif à l'Ouest. Cette stratégie fournirait aux assaillants, au moment et à l'endroit décisif, la supériorité nécessaire tant au plan numérique qu'au plan moral. Le général Bernhardi l'affirmait dans son livre publié en 1912, *La guerre d'aujourd'hui :* « l'offensive reste toujours supérieure, et elle doit être menée avec hardiesse, la prudence n'étant jamais une "force créatrice". » Quand Schlieffen prit sa retraite, il fut remplacé par le neveu du vainqueur de 1870, le général Helmuth von Moltke qui conserva pour l'essentiel le plan de son prédécesseur. Cependant il le modifia partiellement pour tenir compte du renforcement progressif de l'armée russe et de l'accroissement numérique de l'armée d'active française. Craignant une attaque russe plus rapide que prévue et une offensive française puissante en Alsace-Lorraine, il accrut le nombre des troupes qui feraient face aux Russes et, face aux Français, il renforça son aile gauche au détriment de son aile droite, l'aile marchante. Le rapport entre les deux ailes de l'armée, de un à sept dans le plan Schlieffen, devenait seulement de un à trois dans le plan Schlieffen-Moltke[2]. La nouvelle mouture du plan Schlieffen lui enlevait une partie de son caractère audacieux. Outre la contrainte des faits, il traduisait des différences de tempérament entre les deux chefs d'état-major successifs.

La menace que ferait courir la manœuvre allemande restait pourtant formidable, mais elle fut sous-estimée du côté français. On ne croyait pas que les Allemands feraient, dès le début de la guerre, usage de leurs divisions de réserve à l'égal des divisions d'active, ce qui permit à Moltke de disposer d'une marge de manœuvre suffisante, alors que, du côté français, on estimait irréalisable un plan (que l'on connaissait), faute des effectifs nécessaires. Au surplus, d'après les calculs de l'état-major français, Moltke maintiendrait 22 divisions face aux Russes, il n'en laissa en réalité que 9. Dans ces conditions, ce sont 78 divisions qui pouvaient immédiatement être utilisées à l'Ouest.

b. La France et le plan XVII

La réflexion sur la guerre n'avait pas été très différente en France, d'abord au niveau des méthodes. Dans son enseignement à l'École supérieure de guerre,

---

• **Alfred von Schlieffen** (1833-1913). Attaché militaire à Paris de 1867 à 1869, il fait sa carrière principalement dans les états-majors ou les services. Très féru d'histoire militaire, il a dirigé le Service historique de l'armée. En 1891, il prit la tête du grand état-major succédant au maréchal von Waldersee. L'alliance entre la France et la Russie le conduisit à envisager une guerre sur deux fronts. Après avoir hésité, il choisit de faire porter d'abord l'effort contre la France, en contenant seulement l'armée russe, puis dans un second temps, de se retourner contre la Russie. Ce plan nécessitait que la victoire sur la France soit très rapide. Cela ne pouvait être obtenu que par de vastes mouvements de débordement et donc en passant par la Belgique, quelles qu'en soient les conséquences internationales, et l'hostilité que cela provoquerait du côté de l'Angleterre. Le « plan Schlieffen » fut définitivement mis au point par son auteur avant qu'il ne quitte son poste de chef d'état-major général en 1906. Pendant les dernières années de sa vie, il s'employa à défendre ses conceptions militaires. Fondé sur une extrême audace, le plan du général von Schlieffen rencontrait beaucoup de sceptiques dans certains milieux militaires allemands. Stratège inspiré, il n'eut pas l'occasion de le montrer sur le terrain.

• **La bataille de Cannes :** Une des batailles les plus célèbres de l'histoire militaire de tous les temps. Lors de la deuxième guerre punique, en 216 av. J.-C., l'armée carthaginoise d'Hannibal écrasa une armée romaine à proximité de Cannes, en Apulie, dans le Sud de l'Italie. Elle est restée comme le modèle des batailles d'encerclement et de mouvements par les ailes. Elle inspira Schlieffen qui, d'ailleurs, lui avait consacré une étude.

puis dans les livres qui en étaient la suite, le colonel Foch• affirmait qu'avec une armée composée de « civils », ce qui conduisait à l'arrêt des autres activités, une guerre devait nécessairement être brève, que la victoire serait le résultat d'une seule bataille décisive, où seraient détruites les forces adverses. Foch pensait également que la puissance de feu moderne favorisait l'offensive. Les théoriciens allemands, comme Bernhardi, étaient sur ce point d'un avis exactement opposé, même si ce n'était pas pour eux une raison d'abandonner l'offensive qui comportait bien d'autres avantages.

Cette divergence entre théoriciens allemands et français n'était pas sans importance. Alors que les chefs allemands étaient conscients des effets de la puissance du feu et que pour s'en protéger, les soldats allemands avaient été préparés à être des grands remueurs de terre, l'idée du côté français que la puissance du feu aiderait l'offensive avait conduit à une sorte de « mystique de l'offensive ». Un officier, le colonel de Grandmaison•, s'était écrié au cours de deux célèbres conférences prononcées en 1911 : il faut cultiver « avec passion, avec exagération, et jusque dans les détails infimes de l'instruction, tout ce qui porte – si peu que ce soit – la marque de l'esprit offensif. Allons jusqu'à l'excès et ce ne sera peut-être pas assez ». Il disait également : « Dans l'offensive, l'imprudence est la meilleure des sûretés. » Grandmaison parlait stratégie, a-t-on dit par la suite, mais il était difficile qu'il ne soit pas compris comme voulant aussi parler tactique. Les excès qu'appelait Grandmaison eurent bien lieu, avec des conséquences souvent désastreuses, mais, comme le fait remarquer Jean Delmas[3], ses propos étaient assez proches de ceux tenus du côté allemand avec cette différence que, du côté français, on en avait poussé la logique jusqu'au bout et que les soldats n'avaient été, sauf sur le papier, aucunement préparés aux travaux de terrassement. Pour le reste, et c'était un peu paradoxal pour des armées dont la doctrine était l'offensive, le soldat français, comme le soldat allemand, portait un paquetage extraordinairement lourd, de 30 kg.

Il y avait en revanche identité de vues entre Français et Allemands sur la * P. 51 nécessité absolue d'utiliser le territoire belge. Lorsqu'en 1911, Joffre* devint chef de l'état-major de l'armée française et qu'il dut établir un plan d'opérations, la consultation de la carte lui donna la même indication qu'aux Allemands, il fallait passer par la Belgique. Toutefois, en raison de l'entente avec l'Angleterre qui refusait catégoriquement une telle éventualité, le gouvernement, dirigé alors par Poincaré•, après de sévères discussions, lui refusa cette autorisation. Joffre aurait alors pu reprendre le plan de son prédécesseur le général Michel• qui prévoyait de masser le gros de l'armée française le long de la frontière belge et d'y attendre le choc allemand, mais son plan avait été rejeté. On lui reprochait d'être défensif – il rappelait les dispositions prises en

1870 – et il amalgamait les réserves aux troupes d'active, ce à quoi, dans les milieux militaires français, on était tout à fait opposé. Il était donc difficile d'y revenir après que ses projets eurent contraint Michel à abandonner ses fonctions. Joffre élabora un autre plan, le plan XVII. Il prévoyait une double offensive en Lorraine, à droite entre Vosges et Moselle, à gauche entre Verdun et Metz. Pour les généraux français nourris d'histoire napoléonienne, c'était en quelque sorte la manœuvre d'Austerlitz, c'est-à-dire l'attaque par le centre. Le plan XVII fut définitivement mis au point en 1913 et pendant les premiers mois de 1914.

La loi rétablissant les trois ans de service militaire avait été la conséquence directe de ce plan. Pour mener rapidement l'offensive prévue, des troupes d'active plus nombreuses, seules considérées comme utilisables, étaient nécessaires. Au moment du déclenchement de la guerre, les effectifs de l'armée comptèrent effectivement 200000 soldats d'active de plus, mais ils étaient seulement en cours d'instruction…

• **Ferdinand Foch** (1851-1929). Né à Tarbes, élève des jésuites – un de ses frères fut lui-même jésuite – il entre à l'École polytechnique en 1871, d'où il sort dans l'artillerie. Élève de l'École supérieure de guerre, breveté d'état-major, il est général en 1907 où il reçoit la direction de l'École de guerre (1907-1911), après y avoir déjà professé. Par son enseignement, par les livres issus de ses cours (*Principes de la guerre,* 1903 ; *Conduite de la guerre,* 1904), il joua un rôle de premier plan dans la formation de la doctrine militaire fondée sur l'offensive à outrance et la volonté de vaincre. Agé de 63 ans au moment de l'entrée en guerre, il était déjà un des généraux les plus en vue.

• **François Loyzeau de Grandmaison** (1861-1915). Saint-Cyrien, il sert outre-mer de 1892 à 1896, puis suit les cours de l'École de guerre et est breveté d'état-major. Lieutenant-colonel, il devint en 1908 chef du 3e Bureau de l'état-major. En 1911, il prononça deux célèbres conférences qui sont restées le symbole de l'état d'esprit de l'offensive à outrance. Il appelait à « cultiver tout ce qui porte – si peu que ce soit – la marque de l'esprit offensif ». On l'a, par la suite, rendu intellectuellement responsable des tueries de 1914. Il ne s'était vraisemblablement pas rendu compte que des formules mal comprises, dans son esprit, principalement stratégiques, pouvaient avoir des conséquences redoutables. Néanmoins le poste qu'il occupait – il était chargé de la mise au point des plans – aurait dû lui permettre de mettre en application ses idées réelles. Général de brigade en octobre 1914, général de division en janvier 1915, il fut tué sur le front en février 1915.

• **Le gouvernement de Raymond Poincaré** dura du 14 janvier 1912 au 18 janvier 1913.

• **Michel Victor-Constant** (1850-1937). Saint-Cyrien, breveté d'état-major, grièvement blessé pendant la guerre de 1870, général de brigade en 1897, appelé au Conseil supérieur de la Guerre en 1907. Officier d'une grande distinction intellectuelle, il était peu apprécié de ses pairs. D'une part, parce que franc-maçon, il était considéré comme un homme de gauche, ce qui lui valut d'être nommé chef de l'état-major général, en 1910, par Aristide Briand qui aurait préféré le général Pau (mais ce dernier était trop marqué par son catholicisme militant). D'autre part, parce que ses conceptions, fondées sur l'emploi des réserves et sur la pratique de la défensive, étaient vivement combattues par la plupart des autres généraux. Enfin, on lui reprochait un manque d'autorité, de ne pas être un « chef ». Bien que radical, Messimy, devenu ministre de la Guerre en 1911, le remplaça par Joffre. Nommé gouverneur de Paris, il fut également remplacé à ce poste par Gallieni lors de l'avance allemande, pour ne pas avoir organisé assez vigoureusement la défense de la capitale et pris toutes les mesures nécessaires.

En définitive, les forces dont disposerait le général en chef – 72 divisions – étaient à peu près équivalentes aux forces allemandes (la proportion de mobilisés par rapport au total de la population était beaucoup plus élevée en France qu'en Allemagne). L'armée allemande disposait d'une incontestable supériorité en artillerie lourde, mais le canon de 75 de l'armée française l'emportait nettement sur le 77 allemand.

Néanmoins, comme le commandement français ne croyait pas à la capacité des divisions de réserve (il y en avait 25 contre 47 d'active), la réalité dans les premiers jours de la guerre fut très différente et se traduisit par une supériorité numérique considérable de l'aile droite allemande. Dans ses *Mémoires,* le général Joffre revient à plusieurs reprises sur cette grave erreur de jugement.

Au niveau théorique, il y avait une certaine parenté entre les conceptions allemande et française, au niveau pratique, les différences étaient grandes. Alors que l'armée allemande était très engagée dans la voie de la guerre moderne, l'armée française restait dans les faits et dans l'esprit tournée vers le passé. Manifestation significative, elle était la seule armée des futurs pays belligérants à avoir conservé un uniforme voyant ! Les soldats français portaient à peu près le même uniforme qu'en 1870, tunique bleue, pantalon garance, et ils étaient coiffés d'un képi bleu et rouge dont un manchon pouvait cacher la couleur trop visible. Il avait été question de donner à l'armée française un uniforme plus conforme à une guerre moderne, mais le projet avait été abandonné à la suite d'un débat parlementaire où l'un des orateurs avait convaincu ses auditeurs que supprimer le pantalon rouge, c'était mettre en cause toute la tradition militaire française•.

c. Le Royaume-Uni

L'armée britannique n'avait pas de doctrine officielle. De différents écrits, le général Delmas[4] tire la conclusion que, pour les Anglais, l'enseignement principal de la guerre de Mandchourie était le rôle essentiel joué par les forces morales, qui, liées à l'esprit d'offensive, permettaient – malgré l'importance des pertes – de l'emporter, ce qui avait été le cas des Japonais. Pour le reste, la vision du combat était très classique, l'infanterie appuyée par l'artillerie rompait les forces adverses que la cavalerie poursuivait. L'originalité du Royaume-Uni était d'être le seul des belligérants à posséder une armée de métier, évidemment peu nombreuse, mais de grande qualité professionnelle. D'après des accords entre états-majors conclus définitivement en 1913, l'Angleterre, si elle s'engageait dans un conflit européen, enverrait sur le continent un corps expéditionnaire, composé de six divisions d'infanterie et d'une division de cavalerie, qui débarquerait dans les 15 jours après la déclaration de guerre et irait se placer à la gauche de l'armée française.

Les regrets de Joffre

« Une lourde inconnue a plané jusque vers le 25 août 1914 sur le nombre, la formation et le mode d'emploi des unités de réserve allemandes [...]. Jusque-là, nous avions été convaincus que les Allemands ne demanderaient à leurs troupes que des besognes secondaires, dans les mêmes conditions que nous comptions employer les nôtres. [...] Il importe de le dire : cette erreur que nous avons commise a pesé lourdement sur la façon dont nous avons organisé notre concentration, ainsi que nous le verrons plus loin, et par conséquent sur le début des opérations.

« Cette tendance à n'attribuer aux unités de réserve qu'une valeur secondaire a eu, il faut le reconnaître, une influence considérable sur le développement des opérations. Elle dérivait de cette idée assez généralement admise, dans les années précédentes, que la guerre devait être courte et violente, ne pourrait être menée en première ligne que par les unités actives. Par voie de conséquence, il semblait que les unités de réserve ne pourraient au début de la guerre recevoir que des missions secondaires [...] : ce serait au bout d'un certain temps de campagne, lorsque les unités de réserve auraient acquis plus de cohésion, qu'elles pourraient être employées au même titre que les formations actives. »

Maréchal Joffre, Mémoires (1910-1917), *Plon, 1932, p. 49 et 73.*

Voir Jean-Jacques Becker, « "Les trois ans" et les débuts de la Première Guerre mondiale », *in Guerres mondiales et conflits contemporains,* janvier 1987.

D'autres accords avaient été conclus sur le plan naval. La flotte anglaise contrôlerait la mer du Nord et la Manche et resterait donc regroupée dans ses bases britanniques, tandis que la flotte française serait concentrée en Méditerranée.

Les documents existant ne donnent pas le sentiment que les commandements russe ou autrichien aient particulièrement réfléchi à la nature de la prochaine guerre et sur son éventuelle durée.

d. La Russie

Pour la Russie, l'existence d'une population très nombreuse constituant un réservoir apparemment inépuisable de soldats rendait, à première vue, moins centrale la question de la durée de la guerre. L'état-major russe s'était néanmoins consacré à la modernisation de l'armée. Il semblait être persuadé que la puissance du feu interdisait l'emploi de la cavalerie comme dans le passé et convaincu de l'intérêt des fortifications en campagne, mais, quelques années

• **Le pantalon rouge :** introduit dans l'armée française à partir de 1835, sa couleur avait été longtemps fournie par une plante, la garance, abandonnée depuis qu'un produit de synthèse découvert en 1868, l'alizarine, fournissait la teinture nécessaire dans de bien meilleures conditions. Les projets de remplacer le pantalon rouge par une couleur moins voyante avait suscité de vives protestations. *L'Écho de Paris,* journal militariste, affirmait que prétendre bannir « tout ce qui est coloré, tout ce qui donne au soldat son éclat, c'est aller à l'encontre du goût français et de la fonction militaire ». A la Chambre des députés, un député s'était écrié : « Éliminer le pantalon rouge ? Jamais, *le pantalon rouge, c'est la France.* » (Barbara W. Tuchman, *Août 1914,* Presses de la Cité, 1962, p. 43 et suiv.).

auparavant, le plus célèbre des écrivains militaires russes, le général Dragomirov*, écrivait encore dans *La Guerre est un mal inévitable* que l'arme blanche serait toujours « le représentant de la vaillance guerrière ». « Au point de vue militaire, ajoutait-il, la négation de l'arme blanche, c'est la négation du sacrifice et la justification de l'instinct de conservation, c'est plus simplement l'apothéose de la lâcheté. »

Le deuxième souci du commandement russe, sous la pression française, avait été d'accélérer une éventuelle mobilisation. Des accords de 1912 prévoyaient que les troupes russes entreraient en campagne dans les seize jours après la déclaration de guerre et qu'elles feraient un effort particulier en direction de la Prusse orientale pour obliger l'armée allemande à combattre immédiatement sur deux fronts.

e. L'Autriche-Hongrie

* P. 43

Du côté austro-hongrois, le souci de Conrad von Hötzendorf*, chef d'état-major depuis 1906, – préoccupé au moins autant de politique que d'art militaire – avait aussi été de moderniser l'armée. L'armée est nombreuse, 60 divisions d'infanterie et 11 de cavalerie au début de la guerre. L'infanterie était solide, les mitrailleuses et l'artillerie de campagne insuffisantes, mais un des points forts de cette armée était son artillerie lourde, supérieure à celle de tous les autres belligérants, avec des obusiers de 305 fabriqués par Skoda à Pilsen en Bohême (*Plzen* en tchèque). La cavalerie était de qualité, mais ses conceptions n'avaient – semble-t-il – guère évolué en fonction de la guerre moderne. L'originalité de l'armée austro-hongroise était surtout liée à son hétérogénéité ethnique : d'après Nicole Pietri, sur un millier d'hommes, elle comptait 267 Allemands, 223 Hongrois, 135 Tchèques, 85 Polonais, 81 Ruthènes, 67 Serbes et Croates, 64 Roumains, 38 Slovaques, 26 Slovènes et 14 Italiens[5].

Le chef d'état-major autrichien avait surtout pensé à une guerre limitée contre la Serbie qui devait être accablée par la puissance de l'armée autrichienne, mais dans la pratique il dut aussi faire face à l'armée russe, ce qui était tout à fait différent de ses prévisions.

La réflexion sur la guerre, quand elle avait existé, avait finalement été assez proche dans les différents pays. Elle avait mis en valeur l'importance de la force morale qui devait dominer la puissance matérielle moderne, force morale dont l'esprit d'offensive était la meilleure traduction. Elle avait aussi affirmé la quasi-impossibilité d'une guerre longue et ne s'était guère en conséquence soucié de l'importance des pertes éventuelles puisque la campagne serait brève. Le moment venu, on n'attacha pas grande importance aux épouvantables pertes humaines des premières batailles. Même si elles étaient considérables, cela ne durerait guère. On était resté dans la perspective d'une grande bataille très sanglante, certes, mais qui mettrait fin au conflit. D'ailleurs les opinions, et même les plus hauts responsables, n'ont eu conscience de l'énormité des pertes qu'avec un certain décalage.

2 Les armées

Au cours du mois d'août 1914, en quelques jours, l'Europe s'est littéralement couverte d'une masse de soldats en armes, comme il ne s'en était jamais vu dans l'histoire humaine.

En France, d'après Henry Contamine[6], on a mobilisé 3600000 hommes, mais dans la zone des armées, ils ne sont que 1700000 dont 1300000 combattants.

En Allemagne, on a mobilisé immédiatement 4 millions d'hommes et le commandement dispose, au total, de 87 divisions d'infanterie et de 11 de cavalerie, soit 1500000 combattants.

En Allemagne comme en France, l'écart entre le nombre de mobilisés et le nombre de combattants peut surprendre, mais de part et d'autre on avait mobilisé un grand nombre de **territoriaux** en France, de soldats de la ***landsturm*** en Allemagne, qui n'étaient pas normalement appelés à combattre. En outre des contingents importants étaient maintenus dans les dépôts.

L'armée austro-hongroise alignait 60 divisions d'infanterie et 11 de cavalerie, soit près de 1100000 combattants.

L'armée russe ne pouvait engager dans l'immédiat qu'environ 75 divisions, sur un total de 150 divisions (infanterie et cavalerie) soit près de 1300000 hommes.

Les autres armées étaient moins importantes, les Anglais disposaient pour le moment de 5 divisions, soit environ 100000 hommes, leurs divisions étant plus nombreuses que sur le continent, les Belges également de 5 divisions, soit 85000 hommes, à quoi s'ajoutaient 100000 soldats préposés à la défense des forteresses. L'armée serbe comprenait 11 divisions, mais elles rassemblaient environ 300000 hommes assez mal équipés ; elle n'avait pu reconstituer en particulier son artillerie depuis la fin des guerres balkaniques.

Environ 6 millions de combattants étaient prêts à entrer en ligne dès les premières semaines de la guerre.

• **Mikaïl Ivanovitch Dragomirov** (1830-1905). Il fut directeur de l'École de guerre russe de 1878 à 1889 et, comme aide de camp du tsar, il eut, dans le cadre de l'alliance franco-russe, de nombreux contacts avec l'état-major français. Ses principaux ouvrages comme *Principes essentiels pour la conduite de la guerre* (1889) sous-estiment gravement la puissance du feu.

3 Les forces navales

Les forces terrestres étaient assez équilibrées entre les deux camps. Ce n'était pas le cas pour des forces navales, mais, dans un premier temps, elles ne pouvaient pas avoir un rôle décisif. Mise à part la flotte russe enfermée en Baltique et dans la mer Noire, la flotte anglaise l'emportait encore largement sur la flotte allemande : 64 cuirassés contre 40, 10 *dreadnoughts* contre 4, 108 petits croiseurs contre 50. La flotte française, concentrée en Méditerranée, avec 21 cuirassés et 30 croiseurs l'emportait largement sur une flotte austro-hongroise qui était loin d'ailleurs d'être négligeable, avec 12 cuirassés, 4 *dreadnoughts,* 7 croiseurs… au total 264000 tonnes de navires de haute mer dont les équipages étaient principalement formés par des marins croates.

II. La guerre vécue : la guerre en 1914

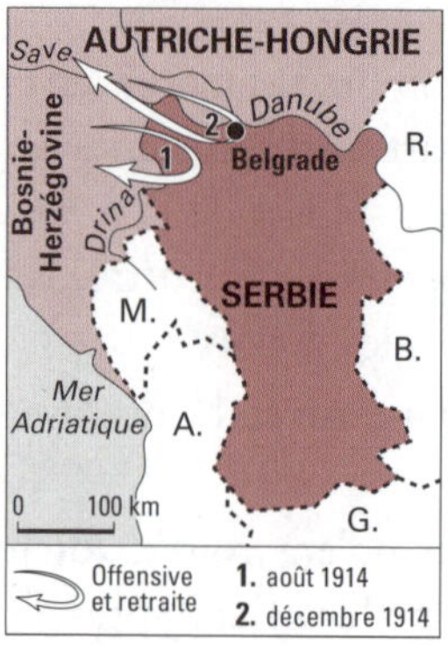

L'attaque de la Serbie

1 L'offensive autrichienne en Serbie

Les premiers coups de canon furent tirés sur Belgrade par les Austro-Hongrois dès la déclaration de guerre le 28 juillet, mais l'entrée en ligne de la Russie obligea le commandement austro-hongrois à transférer en Galicie la majeure partie des forces prévues pour attaquer la Serbie. Il ne renonça pas pour autant à son offensive en Serbie. Dès le 12 août, les troupes austro-hongroises venant de Bosnie-Herzégovine franchissaient la Drina, formant frontière avec la Serbie, mais elles subissaient un grave échec et le 24 août les survivants de cette première attaque avaient refranchi la frontière dans le sens inverse. Après des combats indécis au cours des mois de septembre et d'octobre, le général Potiorek•, commandant les forces austro-hongroises contre la Serbie, lançait une offensive générale le 6 novembre. Le 2 décembre, ses troupes occupaient Belgrade évacuée par ses habitants ; mais ce succès fut bref : les Serbes ravitaillés en munitions passaient à la contre-offensive et reprenaient leur capitale le 15 décembre. A la fin de l'année, la Serbie était complètement libérée. C'était un humiliant échec pour l'Autriche-Hongrie qui avait déclenché cette guerre pour « mater » la Serbie. Le front ne devait plus connaître d'activité importante pendant près d'un an. La Serbie qui faisait la guerre de façon presque ininterrompue depuis 1912 était totalement épuisée. Pendant ce temps, les événements décisifs s'étaient déroulés ailleurs.

2 La bataille des frontières

Dès le 2 août, les troupes allemandes, en pénétrant au Luxembourg et en Belgique, avaient donné le signal du début des opérations, mais pendant plus d'un mois, la volonté de chaque état-major d'appliquer son plan conduisit en quelque sorte à deux guerres parallèles.

Une partie importante des forces allemandes s'était lancée, comme prévu, dans un vaste mouvement tournant à travers la Belgique, mais, dès le début, la guerre prenait un tour différent des prévisions. Les Belges ne « faisaient pas la haie » pour regarder passer les Allemands, ils offraient une forte résistance. L'attaque des forts de Liège avait commencé le 4 août, mais ce ne fut que le 17 août que le dernier devait cesser le combat. Toutefois, dans la pratique, cela ne mit pas en retard l'avance des troupes allemandes par rapport au calendrier prévu. Le 20 août, l'aile droite de l'armée allemande occupait Bruxelles, tandis que le roi Albert Ier• avait été contraint de se retirer sur Anvers avec le gros de l'armée belge.

A l'aile gauche de l'armée française, le général Lanrezac• faisait face avec les 14 divisions de la 5e armée, auxquelles s'ajoutaient 4 divisions du corps

---

• **Oskar von Potiorek** (1853-1933). Le général Potiorek était une des principales personnalités militaires de l'Empire austro-hongrois. Il fut question de lui un moment pour le poste de chef d'état-major de l'armée, attribué finalement à Conrad von Hötzendorf. Gouverneur de la Bosnie-Herzégovine en 1914, il est responsable de la faiblesse des mesures de protection prises lors de la visite de l'archiduc François-Ferdinand, le 28 juin 1914, à Sarajevo. Il se trouvait à ses côtés lors de l'attentat. Il aurait d'ailleurs pu être la cible des nationalistes serbes car il avait réprimé avec une grande sévérité les mouvements de contestation qui se manifestaient dans la province et il était particulièrement détesté. Depuis longtemps, il était partisan d'une guerre préventive contre la Serbie et y poussa vivement après l'assassinat de l'archiduc. Il fut chargé du commandement de l'armée austro-hongroise qui avait pour mission en 1914 de s'emparer de la Serbie. Il subit une série d'humiliantes défaites qui lui valurent d'être relevé de son commandement, dès le 1er janvier 1915.

• **Albert 1er** (1875-1934). Il devint roi des Belges à la mort de son oncle Léopold 1er en 1909. Cousin de l'empereur Guillaume II, il lui envoya un message personnel, lors de l'invasion de la Belgique, qui n'eut pas d'effets. Dans un discours devant le Parlement belge, il appela le pays à se défendre jusqu'au bout, à l'inverse de ceux qui étaient partisans d'une résistance symbolique ou de défendre seulement certaines parties du territoire. La Constitution lui donnait en cas de guerre le commandement de l'armée, commandement qu'il exerça réellement, ayant fait une longue carrière militaire avant d'accéder au trône.

• **Charles Lanrezac** (1852-1925). Sorti de Saint-Cyr dans l'infanterie, il était général en 1906. Considéré comme une des meilleures têtes de l'armée, professeur à l'École de guerre, il était promis à la plus brillante carrière. Néanmoins, il était très critique envers le plan XVII qui ne prenait pas en compte le risque d'une attaque majeure par la Belgique et envers la théorie officielle de l'attaque à outrance. Placé à la tête de la 5e armée à l'extrême-gauche de l'armée française, il coopère difficilement avec le corps expéditionnaire britannique placé sur sa gauche. Après la défaite de Charleroi, il doit battre en retraite et ne cesse d'attirer l'attention du général Joffre sur le danger représenté par l'attaque allemande en Belgique. Considéré comme faisant preuve d'un excès de pessimisme, il est relevé de son commandement le 5 septembre et remplacé par le général Franchet d'Esperey. Par la suite, le cas Lanrezac a profondément divisé : d'un côté, il était considéré comme le meilleur général français, sacrifié par le général Joffre pour masquer ses erreurs et son aveuglement, de l'autre, ses ennemis l'accusaient de ne pas avoir été capable de conduire la bataille sur le terrain, ce qui semble démenti par l'important succès qu'il avait remporté à Guise le 29 août.

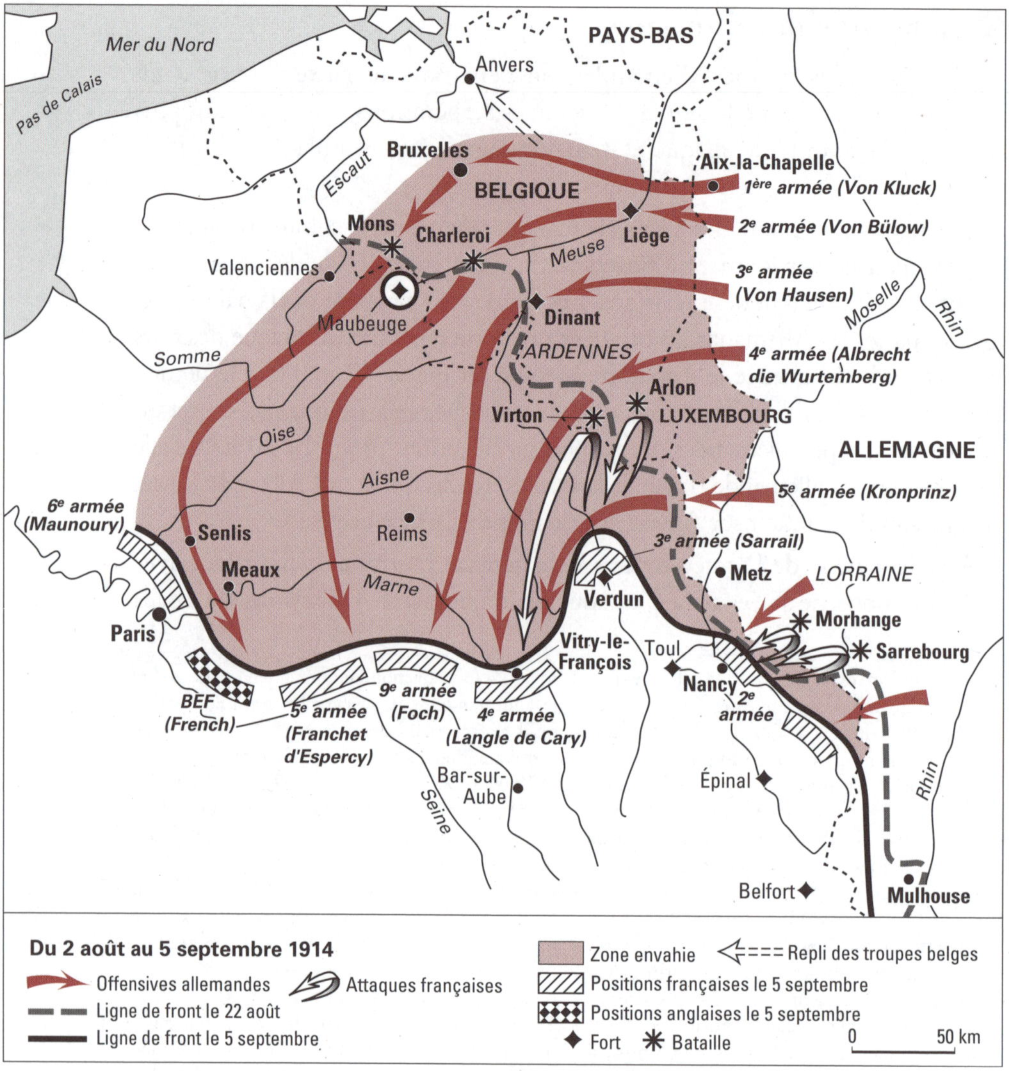

La manœuvre allemande

expéditionnaire britannique commandées par le général John French• et une division belge, à 30 divisions allemandes. Les batailles dites de **Charleroi** pour les Français et de **Mons** pour les Britanniques furent livrés du 22 au 24 août. Victime des erreurs d'appréciation du haut commandement sur l'importance des troupes qu'il aurait en face de lui et sur l'ampleur du mouvement tournant allemand, accablé par le nombre, menacé d'encerclement, le général Lanrezac devait décider la retraite. La bataille était perdue, mais, en sauvant son armée, Lanrezac avait probablement permis la victoire ultérieure. Abordant le territoire français sur une ligne Valenciennes-

Maubeuge, la 1re armée allemande du général von Kluck• et la 2e armée du général von Bülow• se dirigeaient vers le Sud en suivant la vallée de l'Oise. Les soldats de von Kluck atteignaient Senlis le 2 septembre, à 25 km de Paris. Pour réaliser cette progression suivant un arc-de-cercle d'environ 400 km (à vol d'oiseau) depuis Aix-la-Chapelle, l'infanterie de l'armée von Kluck avait réalisé une performance étonnante. Les soldats avaient marché au rythme de 40 km par jour tout en combattant, mais ils avaient également semé la terreur sur leur passage. Pour que rien ne vienne ralentir l'avance de ses troupes, le commandement allemand avait donné les instructions les plus brutales dont l'effet fut renforcé par une véritable psychose d'attaques de francs-tireurs•, la plupart du temps imaginaires. En tout cas, outre l'incendie d'une partie de Louvain et de dizaines de milliers de bâtiments dans de très nombreuses localités, quelquefois entièrement détruites, les travaux de John Horne[7] montrent que 5500 civils belges ont été exécutés en deux mois, dont six cents pour la seule ville de Dinant. Les exactions et les exécutions ont été également nombreuses en France[8]. Propagées et amplifiées par la rumeur – le mythe des enfants aux mains coupées – elles provoquèrent la fuite de

---

• **John French** (1852-1925). D'abord marin, entré ensuite dans l'armée de terre, sa carrière s'est déroulée pour l'essentiel aux colonies. Il participa comme général de division (major-général), grade qu'il avait obtenu en 1899, à la guerre des Boers. Le 4 août 1914, il était nommé commandant en chef du Corps expéditionnaire britannique en France. Battu à la bataille de Mons, il fait preuve d'un grand pessimisme et croit que tout est perdu. Il fut cependant convaincu de participer à la bataille de la Marne. Il conserva encore son commandement pour les batailles de Flandres et d'Artois, en 1914 et 1915, mais il n'avait pas les qualités physiques et mentales nécessaires pour l'assurer dans une guerre à laquelle il avait été mal préparé. Il quitta son commandement en décembre 1915.

• **Alexander von Kluck** (1846-1934). Entré dans l'armée prussienne en 1865, combattant des guerres de 1866 contre l'Autriche, de 1870-1871 contre la France, promu général en 1899. Il avait été placé à la tête de la 1re Armée rassemblée près d'Aix-la-Chapelle, entre le 7 et le 15 août 1914. Dans le plan allemand, c'était l'armée chargée de la principale mission puisque, placée à la droite, c'était elle qui devait réaliser le grand mouvement tournant à travers la Belgique. Lors de la bataille de la Marne, alors qu'il croyait tenir la victoire, il fut contraint par le Grand état-major de battre en retraite. Grièvement blessé par un éclat d'obus en mars 1915, âgé bientôt de 70 ans, il dut abandonner son commandement. Jusqu'à la fin de ses jours, il resta convaincu que la victoire en 1914 avait été empêchée par la faute de l'état-major.

• **Karl von Bülow** (1846-1921). Du même âge que von Kluck et avec une carrière semblable, il est promu général, un peu plus tôt, en 1897. Commandant, en 1914, la 2e armée, immédiatement à la gauche de von Kluck, il eut une grande responsabilité dans la défaite de la Marne. Affolé à l'idée de la vaste brèche qui s'était créée entre son armée et celle de von Kluck, persuadé que l'adversaire allait s'apercevoir de la situation périlleuse du front allemand, son attitude joua un rôle important dans la décision de l'état-major d'ordonner la retraite. Cela ne l'empêcha pas d'être nommé maréchal, car le grand état-major fit retomber la faute de la défaite sur von Kluck. Victime d'une crise cardiaque en janvier 1915, il dut abandonner son commandement.

• **La psychose des francs-tireurs :** provenait du rôle bien réel que des groupes de francs-tireurs avaient joué pendant la guerre de 1870-1871, causant souvent des pertes sensibles à des unités surprises sur les arrières allemands.

La prise de Mulhouse

A la suite de l'entrée dans Mulhouse des troupes françaises, le ministre de la Guerre, Adolphe Messimy envoie ce télégramme au général Joffre :

« Mon général,

L'entrée des troupes françaises à Mulhouse aux acclamations des Alsaciens, a fait tressaillir d'enthousiasme toute la France. La suite de la campagne nous apportera, j'en ai la ferme conviction, des succès dont la portée militaire dépassera celle de la journée d'aujourd'hui. Mais, au début de la guerre, l'énergique et brillante offensive que vous avez prise en Alsace nous apporte un précieux réconfort... »

centaines de milliers de civils. Un million de Belges se réfugièrent momentanément aux Pays-Bas.

L'application du plan français se déroulait parallèlement à l'offensive allemande.

Le général Schlieffen n'avait prévu qu'une riposte possible à son plan, une grande offensive française à travers l'Alsace qui aurait contourné les armées allemandes par le Sud. Mais, en Alsace, Joffre n'avait pensé qu'à une attaque à objectif essentiellement psychologique. Médiocrement menées par le général Bonneau, qui à la suite de l'échec de l'opération fut mis à la retraite pour « raisons de santé », les troupes du 7e Corps entraient le 7 août dans Altkirch et le 8 dans Mulhouse. Dès le 9, la ville était reperdue pour être reprise, puis de nouveau abandonnée définitivement le 24 août. Cette opération, sans grande importance militaire, avait provoqué une véritable vague d'enthousiasme en France. En dehors du symbole que représentait la reprise de la grande ville alsacienne, on avait cru y voir la confirmation de ce à quoi l'opinion croyait largement : non seulement la victoire, mais une victoire rapide.

Pour Joffre, l'essentiel était les deux offensives prévues au centre du dispositif, en Lorraine. La première était lancée le 19 août par la 2e armée (général de Castelnau•), soutenue par la 1re (général Dubail•) en direction de Sarrebourg, mais dès le lendemain, le 20, les troupes françaises étaient rejetées vers Nancy. La seconde débutait le 22 août. La 3e armée (général Ruffey•) et la 4e armée (général de Langle de Cary•) attaquait en direction des Ardennes, mais elle fut également immédiatement rejetée. Les défaites de *Sarrebourg-Morhange* et d'*Arlon-Virton* avaient coûté horriblement cher, 40000 morts du 20 au 23 dont 27000 pour le seul samedi 22 août, « le jour le plus sanglant de notre histoire » d'après Henry Contamine[9].

Les troupes françaises, composées à peu près uniquement d'unités d'active considérées comme les meilleures, venaient d'être battues en Lorraine. Pourtant, les troupes qui leur avaient fait face n'étaient pas plus nombreuses et en partie composées d'unités de réserve. Le pantalon rouge n'avait rien arrangé, mais il n'était qu'une cause mineure des énormes pertes et de la défaite provoquées par l'esprit d'offensive employé à tort et à travers. Lancées imprudemment, beaucoup d'unités furent désagrégées matériellement et moralement par « le degré d'instantanéité des pertes et le sentiment d'impuissance dans la défense et la riposte », a écrit le colonel Defrasne[10]. Dans ce qu'on a appelé **la bataille des frontières,** l'armée française avait été battue sur toute la ligne, aussi bien dans la défensive que dans l'offensive. Toute la partie Ouest du dispositif français, depuis Verdun qui servait de pivot, battait en retraite, une retraite d'ailleurs ordonnée. C'était la défaite, non la déroute. L'opinion française apprenait avec stupéfaction l'ampleur de la retraite par le communiqué du 29 août : « Situation inchangée de la Somme aux Vosges ». Le 2 septembre, le président de la République, le gouvernement et les Chambres quittaient Paris pour Bordeaux. Dans les régions menacées par l'avance allemande, la population était saisie de panique. 500 000 Parisiens quittaient Paris. Le général

---

• **Édouard Castelnau de Curières** (1851-1944). Descendant d'une famille noble et militaire de l'Aveyron, très attachée à la défense du catholicisme, sorti de Saint-Cyr en 1870, élève de l'École de guerre, breveté d'état-major, sa carrière fut freinée par ses choix politiques. En 1900, la violence de ses sentiments antidreyfusards l'oblige à quitter l'état-major. Malgré de vives réticences de la gauche parlementaire, Joffre choisit, en 1911, celui qui a été surnommé le « capucin botté », comme adjoint (sous-chef d'état-major), d'autant qu'il était peu expert lui-même dans les travaux d'état-major. En réalité, le plan Joffre ou plan XVII est dû pour l'essentiel à Castelnau. Les erreurs de Joffre, quant à l'emploi des réserves et à l'importance du mouvement allemand à travers la Belgique, lui sont dues également. Malgré sa défaite en Lorraine et l'échec des ses prévisions, Castelnau joua un grand rôle pendant toute la guerre. Il aurait pu succéder à Joffre en 1916, comme général en chef, encore qu'il ait été atteint en partie par son discrédit. Ses opinions, malgré la mort de trois fils à la guerre, le maintenaient en suspicion dans les milieux politiques. Cela explique également qu'il n'ait pas été nommé maréchal de France. Après la guerre, il se consacra surtout à la politique, d'abord comme député de l'Aveyron de 1919 à 1924, puis comme fondateur et président de la Fédération nationale catholique.

• **Auguste Dubail** (1851-1934). Élève de Saint-Cyr, breveté d'État-major, général en 1904, commandant de l'École de Saint-Cyr de 1905 à 1908, Dubail contrairement à Castelnau était considéré comme un général républicain dans une armée où cela n'était pas très fréquent. Il joua un rôle important, avant la guerre, dans les contacts d'état-major avec l'Angleterre et la Russie. Battue en Lorraine, son armée battit en retraite en bon ordre, contrairement à la 2e armée de Castelnau. Par la suite, il commanda le groupe d'armées de l'Est, mais il s'entendait d'autant plus mal avec Joffre qu'il l'avait mis en garde sur les risques d'une attaque sur Verdun insuffisamment protégé, ce que Joffre n'avait pas voulu entendre. De 1916 à la fin de la guerre, Dubail fut gouverneur de Paris.

• **Pierre-Xavier Ruffey.** Dès le 30 août 1914, le général Ruffey était écarté du commandement de la 3e armée et remplacé par le général Sarrail.

• **Fernand de Langle de Cary** (1849-1927). Sorti de Saint-Cyr comme officier de cavalerie, combattant de la guerre de 1870, il fit une carrière rapide. Professeur à l'École de guerre, il est général en 1903. Atteint par la limite d'âge en juillet 1914, il est immédiatement rappelé pour prendre la tête de la 4e armée qui est battue dans les Ardennes. Il joue un grand rôle pendant la bataille de la Marne, reçoit par la suite le commandement du Groupe d'armées du Centre, mais il fut de ces généraux à qui Joffre fit payer la surprise de Verdun. Relevé de son commandement, il quitta le service actif en décembre 1917, à 68 ans.

Gallieni•, remplaçant éventuel du général Joffre, nommé gouverneur de Paris, annonçait qu'il défendrait la capitale jusqu'au bout.

3 Tannenberg

Les seules bonnes nouvelles venaient du front russe. Les journaux s'extasiaient sur l'avance irrésistible des soldats russes…

La mobilisation russe s'était opérée plus vite que prévu. Dès le 18 août, le groupe d'armées du général Jilinski•, composé de la 1re armée du général Rennenkampf et de la 2e du général Samsonov, se lançait à l'assaut de la Prusse orientale visant en particulier sa capitale Königsberg. Les Russes n'avaient engagé qu'une faible partie de leurs forces, en réservant la plus grande part pour combattre les Austro-Hongrois en Galicie : ils étaient tout de même deux fois plus nombreux que leurs adversaires. Le général allemand von Prittwitz ne disposait que de 11 divisions d'infanterie, soit un peu moins de 200 000 hommes, contre 22 divisions pour ses adversaires.

Le 19 août, le général Rennenkampf• remportait la victoire de Gumbinen et von Prittwitz menacé au Sud par Samsonov•, envisageait d'abandonner la

Les opérations en Prusse orientale et en Galicie en 1914

Prusse orientale jusqu'à la Vistule. Devant l'émotion que la menace russe provoquait en Allemagne, Moltke décide de relever Prittwitz• de son commandement, de le remplacer par un général à la retraite, Paul von Hindenburg• (67 ans), flanqué d'un jeune chef d'état-major qui vient de se distinguer dans la

• **Joseph Gallieni** (1849-1916). Sorti de Saint-Cyr en 1868, sa carrière se déroule à partir de 1876, pendant trente ans, outre-mer, en Afrique, en Indochine, à Madagascar dont il fut le Gouverneur Général. Pressenti pour devenir chef d'état-major en 1911, il refusa en raison de son état de santé. Rappelé en 1914 comme gouverneur militaire de Paris, il a vu avant Joffre la manœuvre qui allait permettre la victoire de la Marne. Ministre de la Guerre, d'octobre 1915 à mars 1916, il démissionne peu avant de mourir. Il fut fait maréchal de France à titre posthume en 1922. (Voir Marc Michel, *Gallieni*, Fayard, 1989).

• **Yakov Jilinski** (1853-1918). Officier de cavalerie, général en 1900, il servit à l'état-major de campagne pendant la guerre de Mandchourie. Il fut le représentant de l'armée russe dans les conversations d'état-major avec l'armée française entre 1911 et 1913. Il promit que l'armée russe pourrait prendre l'offensive quinze jours après la mobilisation. Chef du groupe d'armées qui devait envahir la Prusse orientale, il apparut comme un modèle d'inaptitude et fut grandement responsable du désastre. Relevé de son commandement dès le mois de septembre 1914, il fut par la suite envoyé comme représentant de la Russie auprès de haut commandement français, mais accusé par Joffre de dénaturer les faits dans ses rapports, il fut renvoyé en Russie. Il rejoignit les forces blanches après la révolution de 1917 et mourut l'année suivante.

• **Pavel von Rennenkampf** (1854-1918). Officier de cavalerie, d'origine allemande, il commanda sans brio une division pendant la guerre de Mandchourie. La médiocrité de son commandement, au début de la guerre de 1914, tant en Prusse orientale qu'en Pologne, mit fin à sa carrière militaire, d'autant qu'une enquête avait lieu sur son compte pour corruption, à propos d'approvisionnements. Les bolcheviks lui offrirent un commandement en février 1918, mais, après son refus, il fut fusillé le mois suivant.

• **Alexandre Samsonov** (1859-1914). Il avait connu une rapide et brillante carrière. Il commandait une brigade, puis une division de cavalerie pendant la guerre de Mandchourie. De 1909 à 1914, il fut gouverneur général du Turkestan, un poste prestigieux. De vieilles rancunes, datant de la guerre de Mandchourie, existaient entre Samsonov et Rennenkampf qui campagne de Prusse orientale en août 1914, mais Samsonov avait surtout été obligé par Jilinski à des opérations auxquelles il ne croyait pas. Il se suicida à l'issue de la bataille dite de Tannenberg.

• **Maximilian von Prittwitz und Gaffron** (1848-1929). D'une famille de grande tradition noble et militaire, général en 1897, Prittwitz avait fait une brillante carrière. Relevé brutalement de son commandement le 22 août, ce fut la fin de sa vie militaire.

• **Paul Hindenburg von Beneckendorff** (1847-1934) **et Erich Ludendorff** (1865-1937). Ils forment un couple inséparable pendant la guerre au point qu'il est bien difficile de dire ce qui revient à l'un et à l'autre. On peut considérer qu'Hindenburg porte la responsabilité morale de leur action commune, mais que Ludendorff fut l'inspirateur. Solide, pensant lentement, mais de sang-froid imperturbable, Hindenburg fut un des possibles successeurs de Schlieffen. Sa carrière s'était achevée en 1911, mais il fut rappelé en 1914 pour prendre le commandement des forces allemandes en Prusse orientale. Il lui fut adjoint, comme chef d'état-major, le jeune général Ludendorff qui venait de se distinguer en prenant Liège. Il avait fait l'essentiel de sa carrière au grand état-major. Les deux hommes ne se quittèrent plus jusqu'à la fin de la guerre. D'intelligence supérieure, d'une formidable énergie, arrogant, sûr de lui, Ludendorff fut probablement le plus grand chef de la guerre pour l'ensemble des armées en présence. Commandants de l'ensemble du front oriental de novembre 1914 à août 1916, Hindenburg et Ludendorff reçurent alors le commandement suprême de l'armée allemande. Leur faute essentielle fut de croire que la guerre sous-marine à outrance permettrait la victoire avant l'intervention réelle des États-Unis. Après la guerre, ils jouèrent tous les deux un rôle politique : le maréchal Hindenburg, qui avait joui pendant la guerre d'une immense popularité, fut élu, en 1925, à la présidence de la République (bien que monarchiste convaincu) et réélu, en 1932, avant d'appeler Hitler au pouvoir. Quant à Ludendorff, le créateur du thème du « coup de poignard dans le dos », il fut un des premiers membres du Parti nazi, mais il rompit, dès 1925, avec Hitler qui redoutait son influence et avait manœuvré pour l'écarter de la direction. Il abandonna alors la politique.

bataille de Liège, Erich Ludendorff, et d'envoyer des renforts prélevés sur l'armée von Kluck, soit 4 divisions, qui arrivèrent d'ailleurs trop tard.

Avant même l'arrivée d'Hindenburg et de Ludendorff, un projet de contre-offensive avait été mis au point que les deux généraux reprenaient. Il consistait à profiter du vaste espace qui s'était créé entre les armées Rennenkampf et Samsonov : Rennenkampf après sa victoire avançait très lentement, alors que Samsonov avait accéléré son avance et avait infléchi sa marche vers le Nord-Ouest pour couper la route aux troupes allemandes en retraite. En déplaçant rapidement en chemin de fer la totalité ou presque de ses forces, le commandement allemand voulait surprendre et accabler Samsonov avant de se retourner contre Rennenkampf. La bataille, appelée la bataille de Tannenberg• par les Allemands, fut livrée du 26 au 30 août et se termina par l'encerclement et la capitulation de l'armée du général Samsonov qui se suicidait. Les troupes allemandes se portaient alors rapidement à la rencontre de Rennenkampf, resté passif pendant la bataille de Tannenberg et remportaient la bataille des lacs de Mazurie (8-13 septembre). D'ailleurs Rennenkampf songeait surtout à protéger son armée et, prudemment, il recula précipitamment se mettre à l'abri du Niemen (15 septembre).

En Prusse orientale, les armées russes avaient déjà été vaincues, alors que la presse française célébrait encore leurs victoires. Les soldats russes, plus nombreux que leurs adversaires, s'étaient battus avec courage, mais ils manquaient de mitrailleuses et d'artillerie lourde, ils avaient surtout été victimes de la médiocrité de leur commandement, totalement surclassé dans le domaine essentiel de la manœuvre.

En revanche, face à une armée austro-hongroise qui ne lui était pas supérieure sur le plan technique et, au surplus, moins nombreuse, l'armée russe remportait de grands succès en Galicie. Le groupe d'armées du Sud-Ouest, sous le commandement du général Ivanov•, s'empare dès le 3 septembre de la capitale de la province, Lemberg (Lvov).

4 La Marne

Même s'ils n'étaient pas décisifs, les événements du front oriental avaient eu des effets sur le front occidental, en obligeant le commandement allemand à y prélever les renforts nécessaires pour contenir l'avance russe.

Plusieurs facteurs avaient affaibli l'aile marchante de l'armée allemande. Outre les prélèvements de troupes, l'armée von Kluck avait dû laisser en arrière près du tiers de son effectif pour assurer la garde des lignes de communications et faire le siège de plusieurs places : Anvers où le roi Albert se maintint jusqu'au 7 octobre, Maubeuge qui retint les forces allemandes du

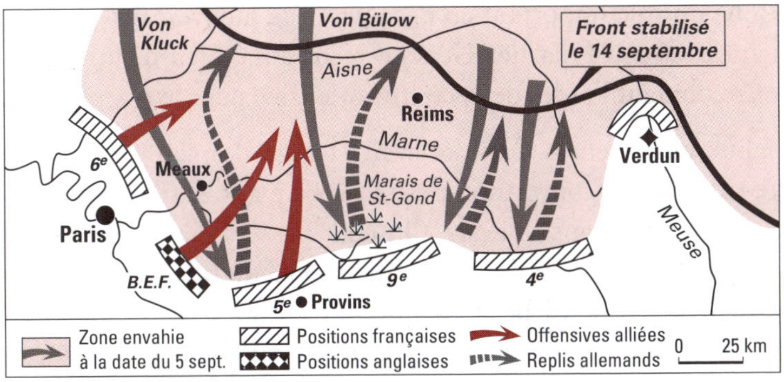

La bataille de la Marne (5-14 sept. 1914)

25 août au 7 septembre de telle sorte qu'elles n'arrivèrent sur le champ de bataille de la Marne que le 12 septembre. Dans ces conditions, le commandement allemand fut obligé de modifier son plan. Au lieu de contourner Paris par le Sud avant de se rabattre vers l'Est, faute d'effectifs suffisants pour assiéger Paris, von Kluck infléchit sa marche vers le Sud-Est en passant au Nord de Paris. Cette modification n'avait guère de conséquences, pensait le haut commandement allemand, car, dans l'état où semblait se trouver l'armée française, il était possible de réaliser presque immédiatement un gigantesque Sedan, en prenant dans un vaste filet l'ensemble des troupes françaises. C'était le plan Schlieffen un peu aménagé. Il présentait toutefois un risque : offrir le flanc à une nouvelle armée qui venait d'être constituée pour protéger Paris, la 6e armée confiée au général Maunoury•. C'est ce que virent rapidement à la fois Gallieni à Paris et, à son quartier général de Bar-sur-Aube, Joffre, qui attendait l'occasion d'une contre-offensive générale... si elle se présentait. Pour la première fois de l'histoire, la reconnaissance

• **Tannenberg :** C'est le commandement allemand qui a choisi le nom du village de Tannenberg pour désigner cette bataille afin d'effacer le souvenir du désastre subi par les Chevaliers Teutoniques devant les Polonais, en ce même lieu, le 15 juillet 1410.

• **Nicolas Ivanov** (1851-1919). Il avait combattu pendant la guerre contre les Turcs de 1877-1878 et pendant la guerre de Mandchourie, mais c'est la faveur de la famille impériale qui facilita sa carrière et lui valut de recevoir le commandement du front de Galicie en 1914. Malgré de médiocres talents militaires, il ne fut relevé de ce commandement qu'en mars 1916 où il devint... conseiller militaire du tsar au Grand Quartier Général de Mohilev. En mars 1917, il ne put, comme il lui avait été demandé, atteindre Petrograd pour y réprimer la révolution. Ayant rallié les forces blanches, il mourut du typhus en 1919.

• **Joseph Maunoury** (1847-1923). Polytechnicien, artilleur, après une brillante carrière qui l'avait vu commander l'École de guerre, il avait quitté le service actif en 1912. Rappelé en 1914, son rôle est considérable pendant la bataille de la Marne dans le secteur de l'Ourcq. Grièvement blessé en 1915, partiellement aveugle, il fut gouverneur militaire de Paris jusqu'en 1916 où se termine son service actif. Il fut fait maréchal de France peu de temps après sa mort.

aérienne joua un rôle important en découvrant le mouvement de l'armée von Kluck, mais le Grand Quartier Général reçut aussi bien d'autres renseignements. Joffre donnait l'ordre de la contre-offensive pour le 6 septembre.

En réalité, entre-temps, Moltke avait changé de plan. Pendant que son aile droite resterait en couverture, c'est au centre que l'effort principal aurait lieu pour éventrer le front français. On était passé d'une bataille d'encerclement à une bataille de rupture. C'est dans ces conditions que s'engagea la **bataille dite de la Marne.** Elle se déroula sur un front de près de 300 km du Nord de Meaux à la région de Verdun. Autour de Verdun servant de pôle, des combats confus et extrêmement sanglants se déroulèrent sans avoir de grandes conséquences sur l'ensemble de la bataille. Au centre, entre Reims et Provins, une nouvelle armée qui venait d'être constituée, la 9ᵉ, confiée au général Foch, résista difficilement à des assauts furieux, en particulier dans les marais de Saint-Gond. Mais, c'est à la droite de l'armée allemande, à la gauche de l'armée française, que tout se joua. Obtenant de ses troupes des déplacements extrêmement rapides, leur faisant couvrir des dizaines de kilomètres pendant la nuit pour attaquer au matin, le général von Kluck, en se retournant vers l'Ouest, parvient à placer l'aile gauche française dans une situation critique. Von Kluck croit tenir la victoire, mais il a laissé se creuser une brèche de 30 à 40 km entre lui et la 2ᵉ armée de von Bulow. Dans la brèche s'avancent prudemment, sans avoir véritablement conscience de la situation, les soldats du corps expéditionnaire britannique (BEF, *British Expeditionary Force*) et l'aile gauche de la 5ᵉ armée, commandée maintenant par le général Franchet d'Esperey• qui a remplacé le général Lanrezac, relevé de son commandement. Le lieutenant-colonel Hentsch•, représentant, sur le champ de bataille, le commandant en chef Moltke installé à Luxembourg, estime que von Kluck risque d'être pris à revers et Bulow attaqué sur le flanc. Il donne l'ordre du repli le 9 septembre. Le communiqué du général Joffre pouvait bientôt indiquer que la bataille de la Marne s'achevait en une « victoire incontestable ». Certains commentateurs de presse (comme le général en chef d'ailleurs) crurent que la victoire était décisive. Le chroniqueur militaire du journal *L'Écho de Paris*, le général Cherfils, annonçait « la débâcle absolue » de l'armée allemande. Une analyse approfondie de l'opinion française montre que celle-ci manifesta davantage de réserve. Plus qu'enthousiaste, elle fut soulagée de voir s'éloigner la défaite[11]. L'opinion avait d'ailleurs raison, car les troupes françaises épuisées ne pouvaient pas sérieusement poursuivre l'armée allemande en retraite, qui s'installait solidement sur les lignes de l'Aisne, une quarantaine de km au Nord de la Marne. Maurice Genevoix dans *Ceux de 1914* s'est fait l'écho de la désespérance des soldats à l'idée que la guerre continuait.

Dès le 14 septembre, Moltke avait payé la défaite de la Marne et avait été remplacé par le général von Falkenhayn•.

L'échec du plan allemand a été attribué à bien des facteurs parmi lesquels la responsabilité du général Moltke, se tenant trop loin du front (son quartier général était à Luxembourg, à plusieurs centaines de kilomètres), ne sachant pas véritablement commander, a souvent été mise au premier plan. En réalité, la défaite s'inscrit dans les chiffres : d'après les calculs d'Henry Contamine[12], au moment de la bataille de la Marne, il n'y avait plus qu'environ 750000 fantassins allemands face à plus d'un million de soldats franco-britanniques. Du côté français, on avait su réparer l'erreur d'avoir, dans un premier temps, négligé les troupes de réserve : lors de la bataille de la Marne, les divisions de réserve ont combattu comme les divisions d'active ; on avait su également faire venir des dépôts suffisamment de nouveaux soldats pour remplacer les pertes des premières batailles. Probablement par excès de confiance, le commandement allemand n'en avait pas fait autant. Dans ce qui fut finalement un choc frontal, cette inégalité d'effectifs a été décisive.

• **Louis Franchet d'Esperey** (1856-1942). De sentiments catholiques et monarchistes, ce Saint-Cyrien fit une grande partie de sa carrière outre-mer. Réputé pour son énergie, commandant d'un corps d'armée au début de la guerre, il reçoit le commandement d'une armée au début de la bataille de la Marne où il devait jouer un grand rôle dans le secteur de Reims. Il devint au cours de la guerre un des principaux chefs de l'armée et n'auraient été ses opinions extrêmement marquées, il aurait également pu succéder à Joffre en 1916. Son rôle particulièrement important dans les Balkans (cf. chapitre 7) explique qu'il ait été élevé au rang de maréchal de France en 1922.

• **Richard Hentsch** (1869-1918). Le lieutenant-colonel Hentsch appartenait au grand état-major allemand en 1914. Le général en chef, Helmuth von Moltke, qui avait une grande confiance en lui l'utilisait souvent pour transmettre ses ordres aux généraux commandant les armées sur le front. C'est dans ces conditions qu'utilisant les larges pouvoirs qui lui avaient été donnés, Hentsch donna l'ordre de retraite lors de la bataille de la Marne. C'est sur le plan militaire la décision la plus discutée de la Grande Guerre. Pour les uns, Hentsch a ainsi privé l'armée allemande de la victoire, pour les autres, il lui a évité un désastre. Hentsch, quant à lui, fut persuadé jusqu'à sa mort en 1918 que sa décision avait été la bonne. Il reste, néanmoins, étonnant qu'une décision de cette importance ait pu être prise par un lieutenant-colonel, sans consultation du chef suprême des armées, l'empereur Guillaume II, ni du général en chef, Moltke.

• **Erich von Falkenhayn** (1861-1922). Général en 1911, à 50 ans, c'était un des plus jeunes généraux allemands. En 1913, il était devenu ministre de la Guerre de la Prusse. Très critique envers le commandement de Moltke, il fut appelé à le remplacer le 14 septembre, mais la décision resta secrète pour que la propagande adverse ne puisse s'en emparer. Ce n'est que le 3 novembre que Falkenhayn prit officiellement la tête de l'armée allemande. Fonceur et tranchant en apparence, il fut, au plan stratégique, très prudent. Il conserva son commandement jusqu'en août 1916.

5 La fin de la guerre de mouvement

Pour les chefs des armées en présence, la fin de l'année 1914 traduisit l'incertitude sur la façon de continuer une guerre qui se déroulait de façon tout à fait imprévue.

Sur le front occidental, la « **course à la mer** » consista en des tentatives mutuelles de se déborder et d'essayer pour les Allemands de s'emparer des ports de Boulogne et de Calais qui servaient de base à l'armée britannique. Des batailles acharnées se livrèrent sur la Somme, puis entre Arras et Béthune, puis sur l'Yser où les Franco-Anglais furent renforcés par les Belges qui avaient évacué Anvers. Finalement le nouveau commandant en chef allemand prend acte de l'échec et le 17 novembre, il arrête l'offensive.

De la mer du Nord à la Suisse, un front continu est maintenant établi. Il n'y a plus de possibilités de manœuvres et les deux armées s'enterrent l'une en face de l'autre. La **guerre des tranchées** commence.

Sur le front oriental, l'armée russe est parvenue à s'emparer de l'ensemble de la Galicie, sauf de la place forte de Przemysl, assiégée depuis le mois de novembre. Mais elle ne parvient pas à franchir les Carpates pour pénétrer dans la plaine hongroise. En revanche, depuis le mois de septembre, Allemands et Austro-Hongrois ont lancé une série d'offensives en direction de Varsovie qui n'aboutissent pas, sauf à la prise de Lodz au mois de novembre, tandis que Russes et Austro-Hongrois combattaient durement dans la région de Cracovie. Au total à la fin de l'année, sur ce front aucun succès décisif n'avait été remporté par les belligérants.

A défaut d'un bilan militaire satisfaisant, le bilan humain après cinq mois de guerre était effrayant. Du côté français, on comptait 500000 morts, disparus ou prisonniers, du côté russe 1500000 morts, blessés, prisonniers, du côté austro-hongrois, 750000. Sur les différents fronts l'armée allemande déplorait 142000 morts et 154000 prisonniers ou disparus. Sans compter les Serbes, les Belges, les Britanniques, jamais une guerre n'avait coûté autant de vies humaines, de mutilés, de blessés, en si peu de temps.

III. A la recherche de solutions nouvelles : la guerre en 1915 et en 1916

Les déboires de l'année 1914 n'ont pas découragé les commandements et les gouvernements de trouver la solution pour gagner la guerre, soit en cherchant de nouveaux champs de bataille, soit en trouvant la méthode de guerre infaillible qui permettrait de l'emporter, le premier type de solution n'excluant pas le second.

1 Les nouveaux champs de bataille

a. Priorité à l'Est

La solution allemande fut d'abord, non pas de trouver véritablement un nouveau champ de bataille, mais de renverser l'ordre des priorités. En 1914, le plan allemand prévoyait d'accabler les Français, avant de se retourner contre les Russes. Le front de l'Est était pour les Allemands resté secondaire, malgré l'importance des batailles qui y avaient eu lieu. En 1915, le commandement allemand recherche la mise hors de combat de la Russie, avant que, toutes forces réunies, il soit possible d'en finir avec le front occidental. Ce changement d'objectif était vivement conseillé par Hindenburg et Ludendorff qui commandaient sur le front oriental et par le commandant en chef autrichien, Conrad von Hötzendorf, soucieux d'écarter le danger de voir les Russes déboucher au cœur de l'Empire, après avoir traversé les Carpates. Le nouveau plan comportait un certain nombre d'avantages. La guerre de

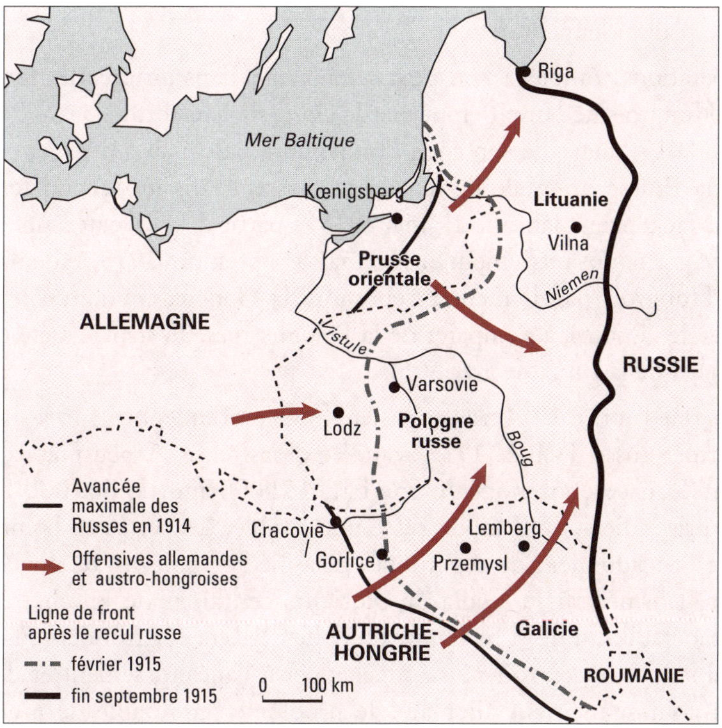

La guerre sur le front de l'Est en 1915

mouvement était possible, l'armée russe répugnait à s'enterrer le long de « fronts fortifiés », comme on était en train de le faire à l'Ouest, d'autant qu'il n'existait pas véritablement de front continu. Le seul problème était de parvenir à régler les problèmes de déplacement et de ravitaillement sur des espaces aussi considérables. Or l'armée allemande, et en particulier Hindenburg et Ludendorff, avaient montré leurs capacités manœuvrières. Autre avantage important, soulager l'Autriche-Hongrie qui résistait difficilement et dissuader l'Italie d'entrer dans la guerre.

De leur côté les Russes n'entendaient pas rester inactifs : ils souhaitent toujours s'emparer de la Prusse orientale et tenter de franchir les Carpates. En réalité les projets russes n'auraient eu de consistance que face à des adversaires faibles. L'armée russe ne manquait pas d'hommes, malgré les pertes de 1914, mais elle était à court d'armes et de munitions. Comme chez les autres belligérants, les réserves avaient fondu : la consommation avait été beaucoup plus considérable que prévu et l'industrie russe, incapable d'accroître rapidement sa production, ne fournissait que le quart des obus indispensables et le tiers des fusils nécessaires. Une partie des fantassins partait au combat sans armes, en attendant de ramasser les fusils des morts. Or, à la suite de la fermeture des Détroits, il était très difficile pour la Russie de recevoir une aide extérieure. En tout cas, les Allemands ne laissèrent pas aux Russes le temps de réaliser leurs projets.

D'opérations complexes, on peut retenir que, dans un premier temps, les Austro-Hongrois ne purent empêcher la chute de leur forteresse de Przemysl (22 mars 1915), mais, de son côté, Hindenburg parvenait à dégager complètement la Prusse orientale de la menace russe. Dans un second temps, le général Mackenzen* lança le 1er mai 1915, à partir des Carpates, une grande offensive germano-autrichienne. De mai à septembre 1915, Allemands et Austro-Hongrois parviennent à reprendre la Galicie, (Przemysl le 3 juin, Lemberg, le 22 juin), à s'emparer de la Pologne russe (Varsovie a été évacuée le 4 août) et de la Lituanie avec Vilna.

Alors que l'année 1914 n'avait pas été (malgré Tannenberg) trop mauvaise pour l'armée russe, l'année 1915 avait été désastreuse. A peu près la moitié de l'armée russe était hors de combat, 151 000 morts, 683 000 blessés, 895 000 prisonniers. Si l'Empire russe put combler ses pertes en hommes, en revanche l'encadrement de ces troupes déjà médiocre devint de plus en plus aléatoire. L'armée russe recula de plusieurs centaines de kilomètres pour parvenir à établir un front rectiligne du golfe de Riga à la frontière roumaine. Son seul succès fut d'avoir réussi à échapper à l'anéantissement et de poser ainsi au commandement allemand le problème redoutable de prendre le risque d'avoir à pénétrer dans les immensités russes. Contrairement aux espoirs allemands, la Russie ne fut pas obligée d'abandonner la lutte. Néanmoins d'importants changements eurent lieu dans la direction de la guerre : le tsar Nicolas II décida le 5 septembre 1915 de remplacer lui-même son oncle le grand-duc Nicolas• comme généralissime et, quittant Petrograd, il s'installe au Grand Quartier Général, à Mohilev, où la *Stavka*• vient de s'installer, après avoir, devant l'avance allemande, abandonné son ancien quartier général. En réalité, Nicolas II était dépourvu de toute compétence militaire. Son chef d'état-major, le général Alekseiev•, devient le véritable chef de l'armée russe.

En 1915, les puissances centrales avaient encore remporté d'immenses succès, mais sans parvenir à mettre fin à la guerre sur le front oriental. Hindenburg et Ludendorff sont persuadés qu'une victoire totale leur avait échappé parce que Falkenhayn n'a pas mis à leur disposition tous les moyens nécessaires. Au surplus, l'entrée en guerre de l'Italie, sans avoir considérablement diminué le potentiel austro-hongrois à l'Est, avait tout de même un peu affaibli la puissance de l'offensive germano-autrichienne.

• **August von Mackenzen** (1849-1944). Un des principaux généraux allemands de la guerre, mais son activité fut toujours circonscrite aux fronts orientaux et balkaniques : il commanda en Prusse orientale, en Pologne, contre la Serbie, contre la Roumanie. Un des généraux allemands qui remporta le plus de victoires, encore qu'il faudrait en attribuer une grande part du mérite à son chef d'état-major, le général Hans von Seeckt. Devenu *feld-maréchal,* il quittait l'armée en 1920 ; par la suite, il se montra volontiers aux côtés d'Hitler.

• **Nicolas (Grand-Duc)** (1856-1929). De façon assez soudaine en 1914, le Grand-Duc Nicolas, frère de l'empereur Alexandre III, oncle de Nicolas II, avait été appelé à prendre le commandement de l'armée russe. En principe, Nicolas II aurait dû le faire, mais il semble avoir eu peur de cette responsabilité. Le Grand-Duc avait reçu une formation militaire, général à 29 ans, il avait participé à diverses campagnes. Réputé libéral, honnête, il devait rester à la tête de l'armée russe jusqu'en 1916. Nommé alors gouverneur général du Caucase, il se retira après la révolution – comme les autres généraux, il avait incité son neveu à abdiquer – en Italie et en France où il mourut.

• **Stavka** : Le nom de *Stavka* était celui du Grand Quartier Général de l'armée russe installé au début de la guerre à Baranovici, à 200 km au nord-est de Brest-Litovsk.

• **Michel Alekseiev** (1857-1918). Officier d'état-major, promu général en 1904, il participe à la guerre de Mandchourie. Il fut à l'origine du plan qui prévoyait que le gros de l'attaque russe en 1914 aurait lieu contre les forces autrichiennes en Galicie et il fut le chef d'état-major de l'inefficace général Ivanov. Chef d'état-major de Nicolas II quand ce dernier prit le commandement de l'armée en 1916, il fut, dans les faits, le commandant en chef de l'armée. Frappé d'une attaque cardiaque cette même année, il ne reprit son commandement qu'en février 1917. D'après certains critiques, son manque d'activité rendit impossible d'arrêter la révolution et il fut de ceux qui conseillèrent à Nicolas II d'abdiquer. Il était, d'ailleurs, partisan de réformes libérales depuis longtemps. Commandant en chef de l'armée au début du gouvernement provisoire, il démissionna, dès le mois de mars 1917, devant les excès de la démocratisation dans l'armée. Il rejoignit les Blancs après la révolution de novembre, mais, en mauvaise santé, il mourut bientôt.

b. Le front italien

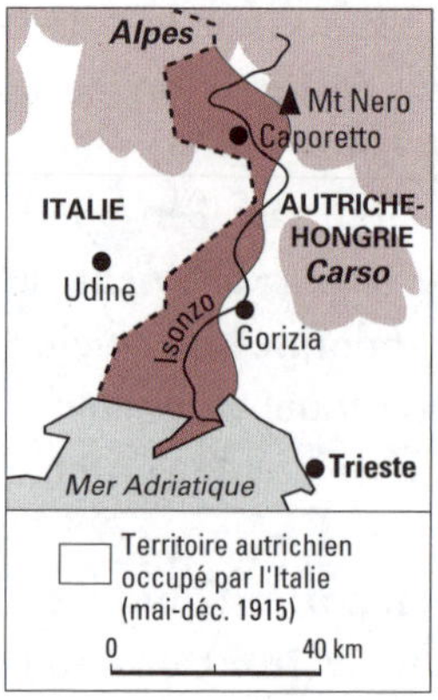

Le front italien en 1915-1916

L'Italie n'était en rien préparée à une guerre moderne, n'ayant ni encadrement suffisant pour une guerre de masse, ni matériel convenable. L'armée italienne manquait particulièrement de mitrailleuses et d'artillerie. Pour ne rien arranger, le général Luigi Cadorna*, placé à la tête de l'armée italienne, aurait préféré faire la guerre aux côtés des Puissances centrales ! Très peu au fait des méthodes nouvelles, il ne croyait qu'en une discipline brutale – au cours de la guerre, 400 000 soldats furent inculpés[13] – et à l'assaut frontal, quelles que soient les pertes subies. L'Italie avait pourtant mis sur pied, comme les autres pays européens, la plus grande armée qu'elle ait jamais eue. Plus d'un million d'hommes vêtus, depuis 1908, d'un uniforme gris-vert peu voyant. La marine de guerre était également importante.

Le relief rendant pratiquement impossible une attaque en direction du Nord qui aurait nécessité de traverser les Alpes, l'objectif fixé à l'armé italienne fut Trieste. Dès le mois de juillet 1915, l'armée italienne passait à l'offensive dans le Carso qui formait frontière avec l'Autriche. C'était une région montagneuse, très difficile d'accès, profondément découpée par la vallée de l'Isonzo. Offensive très coûteuse qui ne donna à peu près rien. Avant la fin de l'année 1915, l'armée italienne livra trois autres batailles de l'Isonzo, en juillet-août, en septembre, en novembre sans guère plus de résultats. Malgré une supériorité numérique considérable, environ 460 000 hommes contre 228 000 Austro-Hongrois, les Italiens ne pouvaient rien contre de solides positions défensives. En outre, en près d'une année de guerre, les Austro-Hongrois avaient acquis une expérience qui manquait aux Italiens. Dans ces conditions, l'entrée en guerre de l'Italie ne modifiait pas de façon sensible le rapport des forces et n'était pas de nature à apporter une solution à la guerre.

c. Les Dardanelles

Les Franco-Britanniques avaient, en fait, trouvé, depuis le début de l'année 1915, un autre champ de bataille, les **Détroits** entre la mer Méditerranée et la mer Noire.

Dès la fin de 1914, un certain nombre d'hommes politiques et de généraux anglais et français, Winston Churchill, premier Lord de l'Amirauté, Lloyd George, chancelier de l'Échiquier, Kitchener, ministre de la Guerre, Raymond Poincaré*, estiment qu'il sera très difficile de rompre le front alle-

* P. 13

mand et qu'il est nécessaire de chercher d'autres théâtres d'opérations. L'élimination de la Turquie présenterait de nombreux avantages, en particulier de rétablir des liaisons faciles avec la Russie. Winston Churchill, le plus fervent partisan de cette stratégie périphérique, propose, dès le mois de novembre 1914, une attaque sur les Détroits. Il obtient gain de cause en janvier 1915, malgré l'opposition très forte de Joffre et de French, qui ne veulent pas distraire de troupes du front Ouest, ainsi que de l'amiral Fisher*, premier Lord de la Mer, qui se refuse à ce que des bâtiments soient détournés de leur garde en mer du Nord. Ils sont convaincus que la guerre se gagnera sur le front français et pas ailleurs.

* P. 27

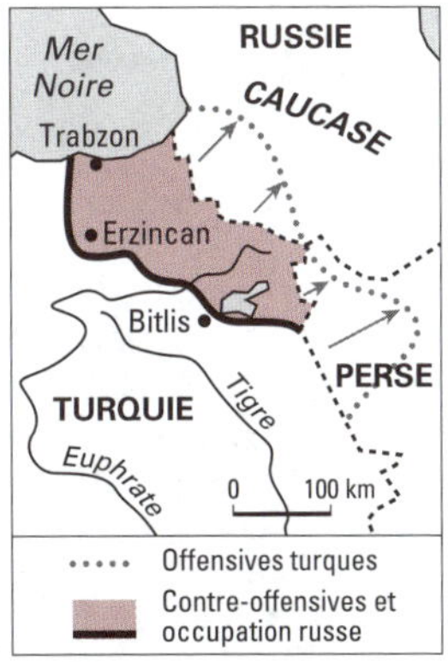

Le front du Caucase

Les protagonistes de l'opération n'avaient guère de considération pour la valeur militaire des Turcs et estimaient que ce serait une opération simple. En réalité, l'armée turque était nombreuse et solide – c'était l'institution la plus moderne du pays. Les officiers étaient souvent de qualité. Sa principale faiblesse, en l'absence d'un réseau de chemin de fer suffisant, résidait dans la difficulté de transporter des troupes d'une frontière à une autre et de les ravitailler convenablement. Sur les fronts éloignés, Caucase, Mésopotamie, Palestine, les troupes turques furent victimes de conditions matérielles particulièrement désastreuses. De plus, comme la Turquie ne possédait pas les infrastructures industrielles nécessaires, la totalité de l'équipement et de l'armement devait venir d'Allemagne.

Dès l'entrée en guerre de la Turquie, Russes et Turcs s'étaient affrontés dans le Caucase. Enver Pacha*, qui voyait là les débuts de la réalisation de son rêve pantouranien, y consacra tous ses efforts. Mais son offensive échoua. Au début de 1915, les Russes passèrent à la contre-offensive et pénétrèrent profondément en Turquie orientale jusqu'à Trabzon sur la mer Noire, Erzincan et Bitlis. * P. 63

Commencée le 19 février 1915, l'opération contre les Détroits se révéla très difficile. Il avait d'abord été prévu de forcer le détroit des Dardanelles,

• **Luigi Cadorna** (1850-1928). Descendant d'une famille militaire du Piémont, fils de général, officier d'artillerie, général en 1898, il refuse le poste de chef d'état-major en 1908 par méfiance envers le pouvoir civil. Il l'accepte pourtant en juillet 1914, mais ses rapports furent perpétuellement mauvais avec le gouvernement. Il déploya de grands efforts pour maintenir l'autorité politique en dehors de l'armée. Commandant en chef de l'armée, de 1915 jusqu'au désastre de Caporetto en octobre 1917, date à laquelle il fut remplacé. Blâmé par les autres chefs militaires lors d'une commission d'enquête, il fut cependant fait maréchal par Mussolini en 1924.

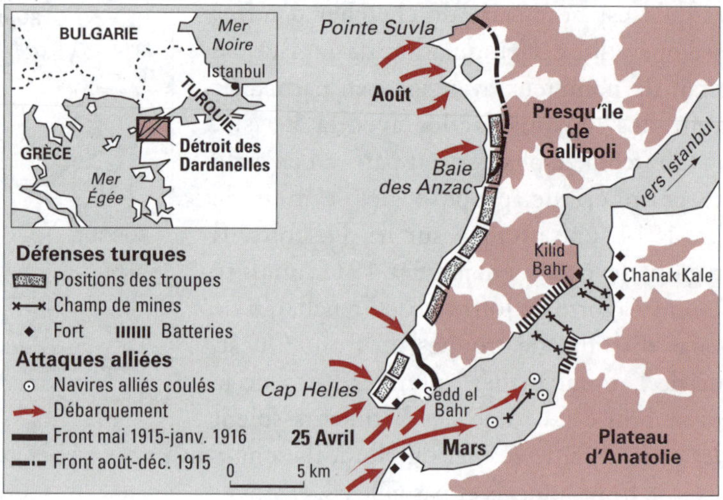

Les Dardanelles

goulet étroit d'une soixantaine de kilomètres, par la voie maritime. Mais les rives en étaient fortifiées, les eaux minées, et la grande attaque lancée le 18 mars 1915 se solda par un grave échec, trois cuirassés français et anglais coulés et quatre autres hors de combat. Il apparut alors qu'il fallait tenter l'opération par la voie terrestre. Le 25 avril, des troupes anglaises, australiennes, néo-zélandaises et françaises étaient débarquées à l'extrémité de la presqu'île de Gallipoli, mais elles y sont bloquées par les troupes turques commandées par le général allemand Liman von Sanders*. Un jeune officier turc, le colonel Mustapha Kemal• s'y distingue. Un débarquement plus au Nord, au mois d'août, n'a pas plus de succès. Il était clair que l'opération était manquée. La chaleur, le manque d'eau, la prolifération extraordinaire des mouches et des rats, la dysenterie dont les soldats sont victimes, avaient fait un enfer de cette campagne. L'évacuation est décidée et terminée le 9 janvier 1916. Les Dardanelles avaient coûté plus de 200000 morts et blessés aux Alliés, environ 30000 Français, 170000 Britanniques… pour rien ! Les Turcs de leur côté déploraient 66000 tués.

* P. 23

d. L'armée d'Orient

Si les Alliés avaient échoué dans la tentative de mettre la Turquie hors jeu et de rétablir les relations avec la Russie, les Puissances centrales, en revanche, avaient réussi à éliminer la Serbie et à améliorer leurs communications avec la Turquie, grâce à l'entrée en guerre de la Bulgarie. Sous la direction du général Mackenzen, une triple offensive allemande, autrichienne et bulgare, déclenchée le 6 octobre 1915, accabla la Serbie. Pour essayer d'aider l'armée serbe, des forces franco-anglaises retirées des Dardanelles ont été débarquées à Salonique à partir du 5 octobre et s'avancèrent dans la vallée du Vardar. Mais elles ne peuvent rejoindre les soldats serbes qui se repliaient difficilement à travers les montagnes du Montenegro et de l'Albanie. Parvenus sur la côte de l'Adriatique, ils sont embarqués sur des navires alliés. Débarqués à Corfou, les Serbes furent ensuite transférés à Salonique. L'ensemble des troupes alliées, à majorité française, forment l'**armée d'Orient,** qui, malgré l'échec de la tentative d'aide à la Serbie, reste à Salonique. Les Germano-austro-bulgares auraient pu facilement en venir à bout, mais, comme les Bulgares ne pouvaient pas combattre sur un autre front, ce fut une façon de fixer des troupes alliées qui, ainsi, ne pouvaient pas être utilisées ailleurs.

Les Puissances centrales avaient marqué des points importants pendant cette année 1915, ils étaient maîtres de la Pologne russe et de la presque totalité des Balkans, mais ces succès ne pouvaient pas donner la décision. Après les péripéties de cette seconde année de guerre, il apparaît de nouveau que la décision se ferait sur le front français.

2 Les nouvelles méthodes de guerre : la guerre des tranchées

a. Le Front

La **tranchée** est restée le symbole de la Grande Guerre. A partir de la fin de l'année 1914, au moins sur le front occidental, les adversaires ont progressivement construit deux systèmes parallèles de positions défensives constituées par des tranchées profondes de 2 m à 2,50 m et larges de 30 à 50 cm à la base, quelquefois à quelques dizaines de mètres les unes des autres, et cela depuis la mer du Nord jusqu'à la frontière suisse, sur 650 km. Jusqu'en 1917, Jean-Baptiste Duroselle[14] le souligne, ce front n'a plus bougé, sauf de quelques kilomètres dans un sens ou dans un autre. De direction Nord-Sud depuis la Flandre belge jusqu'à Noyon, il est de direction Ouest-Est de Noyon à Verdun, pour ensuite prendre une direction Nord-Ouest-Sud-Est de Verdun à la frontière suisse en longeant les Vosges. Après des combats souvent très durs pendant les premiers mois de la guerre, on ne s'est plus guère battu sur le front des Vosges jusqu'à la fin de la guerre. Le front véritable s'est donc étendu seulement de la mer du Nord jusqu'aux Vosges : la ligne de front laissait du côté allié, Ypres, Armentières, Arras, Albert,

• **Mustafa Kemal** (1881-1938). Promis aux plus hautes destinées dans l'histoire de la Turquie moderne, né à Salonique, jeune officier, il participa à la révolution *Jeune Turque*. Brillant et arrogant, il se consacra à sa carrière militaire en Libye, dans les guerres balkaniques. Opposé à l'entrée dans la guerre de la Turquie, le jeune colonel se distingue cependant dans la campagne des Dardanelles : ce fut le point de départ de sa grande carrière.

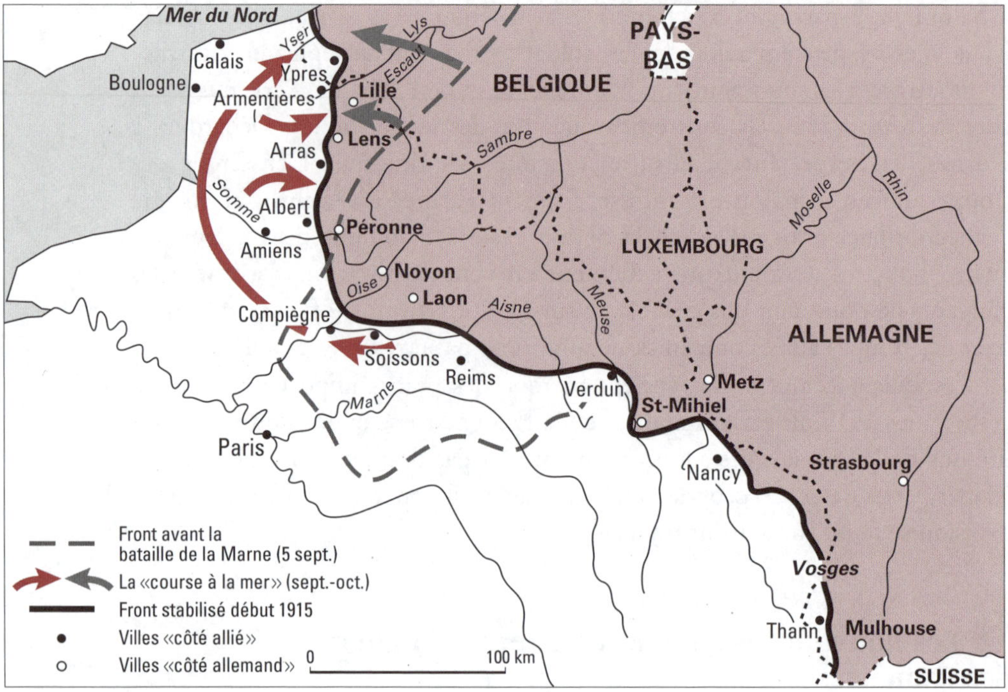

Le front français début 1915

Compiègne, Soissons, Reims, Verdun, Nancy, Thann (la seule partie de l'Alsace reconquise), du côté allemand, Lille, Lens, Péronne, Noyon, Laon, Saint-Mihiel. Des villes, comme Arras, Reims, à proximité même du front, fréquemment bombardées, furent progressivement transformées en champs de ruines.

Le système de tranchées est évidemment différent suivant la nature des terrains traversés, polders inondés de la Flandre maritime, Flandre intérieure argileuse, collines calcaires de l'Artois, grands plateaux limoneux de la Picardie, vastes plateaux crayeux de la Champagne, zones forestières de l'Argonne, plaine de la Woëvre... Les grottes des régions calcaires ont permis d'établir des défenses presque imprenables, des lieux protégés où installer des hôpitaux de campagne, de véritables places d'armes dans certains cas.

Habituellement, une première position était composée de deux ou trois lignes de tranchées espacées de 2 à 300 m, une deuxième position se trouvait de 3 à 5 km en arrière. Les tranchées étaient reliées entre elles par d'étroits boyaux, sinueux afin qu'ils ne soient pas pris en enfilade par des tirs adverses. Les parois des tranchées étaient creusées d'excavations qui servaient d'abris pour les soldats, de postes de commandement, de postes de secours. Pour éviter que les tranchées ne s'écroulent, leurs parois étaient renforcées de rondins et de clayonnages, tandis que le fond était garni de caillebotis pour qu'on ne risque pas de s'y enliser. Les abords des tranchées étaient protégés par des rouleaux de fil de fer barbelé qui, pour être infranchissables, formaient des conglomérats qui dépassaient quelquefois 50 m de profondeur.

Les soldats allemands, entraînés à remuer la terre, ont été les premiers à construire des tranchées et à ne cesser de les perfectionner. Pendant toute la guerre, les tranchées allemandes, quelquefois maçonnées, occupées de façon moins dense pour diminuer les pertes, ont été mieux aménagées, plus résistantes que les tranchées françaises. Ce n'était pas le fait du hasard, mais, comme nous le verrons, de deux conceptions stratégiques différentes.

La vie dans les tranchées, ce fut d'abord le danger permanent provoqué par les tireurs ennemis et les bombardements, mais aussi par les **mines**, chacun essayant de faire sauter les tranchées adverses•. En dehors des faits de guerre à proprement parler, la vie dans les tranchées fut très dure pour les combattants. Ils y furent soumis aux intempéries, au froid et à la chaleur, mais surtout à la pluie et à la boue qui ont été les grands ennemis des soldats. « L'enfer c'est la boue », a écrit un des rédacteurs des *Journaux de tranchées*. Le ravitaillement n'arrivait que de façon aléatoire. Les cuisines roulantes, dont d'ailleurs l'armée française était démunie au début du conflit, étaient, par la force des choses, installées assez loin des premières lignes. Les conditions d'hygiène étaient à peu près nulles. Néanmoins, ce qui a le plus marqué les soldats, et dont ils ont conservé des souvenirs particulièrement horribles, ce furent les relèves, la « montée » vers les tranchées ou la « descente ». Chargés de leur incroyable « barda », armes, outils, marchant de nuit pendant des heures dans des boyaux étroits, se cognant les uns les autres, glissant, tombant, égarés par des guides qui ne s'y retrouvaient pas dans ces lacis embrouillés de boyaux, ils ont souvent vécu des moments affreux. Les soldats, sauf dans l'armée britannique, étaient principalement des ruraux habitués aux conditions de vie très rudes des campagnes d'avant 1914. Cela les a vraisemblablement aidés à supporter des conditions de vie « insupportables ».

b. Les uniformes

L'équipement des soldats a dû être adapté à ces nouvelles formes de guerre. La plupart des armées avaient déjà, avant le conflit, adopté des uniformes peu voyants. Les soldats allemands avaient été pourvus d'une tenue de

• **La guerre des *mines* :** Chacun des adversaires creusait des galeries souterraines passant sous les tranchées ennemies pour les faire sauter. Des systèmes d'écoute avaient été mis en place pour essayer de déceler les travaux adverses et creuser des contre-mines.

Les journaux de tranchées

On a appelé ainsi une presse originale fabriquée de façon artisanale sur le front ou à proximité immédiate. Son apparition est évidemment liée à la prolongation de la guerre. Très modestes la plupart du temps, à la parution irrégulière et à la durée de vie incertaine (comme celle de leurs rédacteurs), ces feuilles ont commencé à paraître dès la fin de la guerre de mouvement en 1915. Leur nombre augmenta jusqu'en 1916, puis tendit à se stabiliser. Il y en a eu environ 400 et on a conservé au moins quelques numéros de la moitié d'entre eux. De faible tirage, ils n'ont touché qu'une minorité des soldats du front. Certains de ses journaux tentèrent de faire carrière après la guerre. Peu y réussirent, comme *Le Crapouillot*. Leurs titres étaient de circonstance : *L'Écho des gourbis, Le Canard des poilus, Le Rire aux éclats, La Marmite des poilus, Le Vide-Boche, L'Écho de la mitraille, Le Poilu du 6/9...*

Par la force des choses, même s'ils ont été rédigés par des soldats du rang ou par des sous-officiers, voire des officiers subalternes, ils ont été le fait d'une élite sociale et culturelle citadine, mais ils ont su capter les sentiments de la grande masse des soldats. Malgré une certaine censure (assez limitée) et plus encore, malgré l'auto-censure, cette presse permet de connaître l'état d'esprit des soldats au cours de la guerre. Voir Stéphane Audoin-Rouzeau, *14-18. Les Combattants des tranchées,* Armand Colin, 1986.

couleur *feldgrau* (gris de campagne). Les soldats austro-hongrois étaient eux aussi habillés d'un uniforme peu visible, de couleur gris-bleu. Plus tard, en 1916, l'armée austro-hongroise adopta, à son tour, la couleur *feldgrau,* mais un gris sourd foncé, assez éloigné du *feldgrau* allemand. Depuis 1905, les soldats britanniques portaient un uniforme kaki et une casquette de même couleur. Les soldats russes étaient vêtus, pour faire campagne, d'un uniforme de couleur gris-vert, essentiellement une blouse au-dessus du pantalon, au moins pendant l'été. L'hiver, leur casquette était remplacée par une toque de fourrure. A partir d'avril 1915, les soldats français, à leur tour, commencèrent à recevoir un nouvel uniforme pour lequel avait été choisie la couleur bleu-horizon.

c. Le casque

Les tranchées exigeaient surtout que la tête des combattants fût mieux protégée, d'où l'apparition des casques dans toutes les armées, sauf dans l'armée russe. Dès avril 1915, l'armée française reçut le casque « Adrian• » qui fut adopté aussi par l'armée italienne. La même année, les soldats anglais furent dotés d'un casque assez plat qui, embouti d'une seule pièce, avait l'avantage d'être de fabrication facile. Ce fut, plus tard, également le casque des soldats américains. Les soldats allemands, dès l'entrée en campagne, avaient porté un casque, le « casque à pointe », mais la pointe de ce casque avait l'inconvénient de se voir de loin et sa matière, le cuir bouilli, était peu résistante. A partir de 1916, l'armée allemande disposa d'un véritable casque, en acier, très enveloppant, très bien étudié, mais très lourd, plus de trois kilos, alors que le casque français pesait moins d'un kilo. Il fut également adopté par l'armée austro-hongroise.

d. Mitrailleuses et artillerie

Le passage d'une **guerre de mouvement** à une **guerre de siège** impliquait aussi un armement différent. L'arme défensive par excellence fut la mitrailleuse dont la qualité et le nombre ne cessèrent d'augmenter, en même temps que leur poids diminuait. Les mitrailleuses françaises de *Puteaux* et de *Saint-Étienne* résistaient mal à la boue et à la poussière, elles furent remplacées par les mitrailleuses *Hotchkiss*, plus robustes. Les Allemands disposaient d'une excellente mitrailleuse, la *Maxim*, les Britanniques avaient la *Vickers*, néanmoins remplacée progressivement par la *Lewis*, plus légère. Dérivés de la mitrailleuse, le fusil-mitrailleur apparut dans l'armée française et la mitrailleuse légère dans l'armée allemande.

Dans le domaine de l'artillerie, du côté français, on disposait d'un excellent canon de campagne, **le** ***75***, mais il n'était guère efficace pour détruire les tranchées adverses. Il fallut donc produire en grande quantités des pièces d'artillerie lourde, principalement des *obusiers*, canons à tir semi-courbe, de calibre de plus en plus monstrueux, *105, 150, 210, 420*. Un énorme effort fut nécessaire pour rattraper le retard sur les armées allemande et austro-hongroise qui en étaient déjà bien pourvues. Outre la destruction des tranchées, cette artillerie lourde avait la possibilité de bombarder les positions de l'adversaire et ses moyens de transport, à plusieurs kilomètres en arrière des premières lignes – un *420* allemand envoyait dès les premiers combats, en particulier pendant le siège de Liège, un obus de 923 kg à 14 kilomètres ! Il fallut aussi disposer d'une artillerie capable d'atteindre le fond des tranchées. Ce fut le fait des canons à tir courbe, appelés *mortiers* dans l'armée française, *minenwerfer* dans l'armée allemande. Cette artillerie dite « de tranchée » avait des calibres très divers. Du côté français, le *crapouillot* fut la plus petite, la plus simple de ces pièces, transportable à dos d'homme. Au début de la guerre, les Français n'avaient rien dans ce domaine – il fallut très rapidement improviser – alors que les Allemands possédaient déjà des mortiers et peuvent conserver une certaine avance pendant toute la guerre.

• **Adrian (Intendant général)** (1859-1933). Polytechnicien, passé de l'arme du génie dans l'intendance, il avait pris sa retraite en 1913. D'abord fonctionnaire auxiliaire pendant la guerre, puis réintégré dans l'armée en 1917, il fut à l'origine de nombreuses innovations comme les peaux de mouton, les bottes de tranchées, les baraques qui portent son nom, mais surtout le casque adopté en avril 1915 qui, en plus d'équiper l'armée française, fut vendu à deux millions d'exemplaires, en particulier, à l'armée italienne.

La Grande Guerre fut principalement un formidable duel d'artillerie. L'utilisation de l'artillerie ne cessa de se développer : tirs de barrage pour arrêter les assauts adverses, barrages « roulants » accompagnant la progression des troupes (non sans souvent de graves erreurs).

e. Les grenades

L'infanterie reçut aussi un armement adapté au combat de tranchées. L'arme la plus redoutable, la grenade, promise à une grande postérité, avait existé dans le passé, mais était tombée en désuétude. Toutes les armées en présence durent la réinventer, la moderniser. Aux grenades à main (grenade à manche dans l'armée allemande) on ajouta des grenades à fusils, d'ailleurs assez peu employées.

f. Les gaz

La plus terrible des armes nouvelles, même si elle ne fut guère efficace sur le plan militaire à proprement parler, fut le gaz de combat, plus connu sous le nom de gaz asphyxiant. Bien que leur emploi ait été interdit par la Convention de La Haye de juillet 1899, l'état-major allemand avait prévu l'utilisation des gaz, convaincu que toute arme qui permettait d'abréger un conflit était bonne. Elle fut utilisée pour la première fois, le 22 avril 1915, à Langemack, près d'Ypres en Belgique.

Les gaz• devinrent courants dans l'arsenal des belligérants, d'où la nécessité de les améliorer ou de les créer pour ceux qui n'en avaient pas. Il fallut surtout en protéger les soldats. Des masques à gaz furent peu à peu élaborés, masques à « groin de cochon », assez semblables dans les deux camps, car le modèle français fut copié sur le modèle allemand. Les gaz n'ont jamais provoqué une décision militaire, mais ils ont rendu encore plus pénibles les conditions de vie des fantassins. Porter longtemps le masque à gaz était insupportable. De nombreux soldats furent gazés, ils en subirent les séquelles jusqu'à la fin de leur vie, d'ailleurs en général considérablement raccourcie.

g. Les chars

La guerre des tranchées a directement provoqué la naissance de **l'arme blindée.** Il pouvait paraître aller de soi que là où des hommes étaient impuissants, des engins fortement protégés, montés sur des chenilles – la chenille « agricole » avait été inventée en 1905 – capables de se déplacer dans tous les terrains, seraient utiles dans la guerre de tranchées. Il fallut pourtant beaucoup de temps pour que les différents états-majors y croient.

Différents projets avaient déjà existé avant la guerre, ils avaient été considérés comme sans intérêt. Au début de la guerre, le colonel français Estienne• est vite persuadé du contraire, il croit que la victoire devrait revenir à ceux qui sauront monter des canons sur des véhicules blindés. La nature de la guerre l'en convainc encore davantage. En raison des obstacles qu'il rencontra, les premiers chars français n'apparurent qu'en 1917. En revanche, les Britanniques avaient, dès 1916, mis au point un engin satisfaisant qui fut engagé pour la première fois le 15 septembre 1916, à Flers, dans la Somme. Les Allemands – on le comprend, compte tenu de la guerre défensive qu'ils mènent à l'Ouest en 1915 – ne s'intéressent pas aux projets de chars d'assaut. L'emploi de ces engins leur paraît même comme une preuve de faiblesse. Promis à un fantastique succès militaire lors de la Seconde Guerre mondiale et depuis, le char (*tank* – réservoir – du nom de code utilisé par les Anglais) n'est encore que dans les limbes à cette période de la guerre.

h. L'aviation

Dès avant la guerre, les principaux belligérants, la France, l'Angleterre, l'Allemagne, la Russie… avaient créé une **aviation militaire**, sans que, dans les commandements, on ne croit beaucoup à son utilité, sauf peut-être pour le renseignement, et encore…

Avec la guerre des tranchées, l'avion apparut comme particulièrement utile pour régler les tirs d'artillerie. Il fut essentiellement utilisé pour l'observation. Toutefois les avions d'observation avaient besoin d'être protégés, d'où l'apparition d'une aviation de chasse, mais, ce ne fut guère avant Verdun, en 1916, que les principaux responsables furent vraiment convaincus de son utilité•. Néanmoins, les améliorations techniques sont extrêmement rapides et, à tour de rôle, les chasses allemande ou alliée prennent le dessus. En 1915, c'est un ingénieur hollandais travaillant pour l'Allemagne, *Fokker*, qui met au point la possibilité du tir de la mitrailleuse à travers l'hélice, ce qui donne un grand avantage à l'aviation allemande, puis en 1916, ce sont le *Spad* français et le *Sopwith* britannique qui sont supérieurs au *Fokker*. Cette période est celle du

• **Les gaz utilisés :** furent de différents types. A l'origine, les Allemands utilisèrent un gaz à base de chlore diffusé par des tuyaux, bientôt remplacé par les obus à gaz chargés à l'*ypérite*, du nom de la région d'Ypres, qui était du sulfure d'éthyle dichloré, surnommé « le gaz moutarde » en raison de son odeur. Du côté allié, on mit au point plusieurs gaz, dont la *vincennite* (réalisée dans un atelier du fort de Vincennes) qui était de l'acide cyanhydrique liquéfié. On utilisa aussi l'*ypérite* (Stéphane Audoin-Rouzeau, « Les gaz, nouvelle frontière de l'horreur », in *14-18, La Très Grande Guerre*, éd. du Monde, 1994). Voir également Olivier Lepick, *La grande guerre chimique (1914-1918)*, PUF, 1998.

• **Jean-Baptiste Estienne** (1860-1936). Polytechnicien, artilleur, colonel en 1914, il se rendit vite compte que la guerre ne pouvait être gagnée sans l'invention d'armes nouvelles : il eut l'idée du char d'assaut, mais eut les plus grandes difficultés à la faire prévaloir. Peu connu malgré son rôle déterminant, le général Estienne ne connut guère les honneurs, une fois la guerre terminée. Il prit sa retraite en 1922.

• En 1910, le futur maréchal Foch avait eu ce mot définitif à propos de l'aviation : « Tout ça, pour l'armée, c'est zéro ! ».

« temps des as »• : un petit nombre de pilotes dans chaque camp accumulent les victoires aériennes, l'opinion connaît leurs noms (sauf en Angleterre où le commandement est hostile à cette publicité personnelle). Mais le « temps des as » est celui d'une sorte de combat chevaleresque mené par les aviateurs entre eux, un peu en marge de l'autre guerre et aux effets réels assez réduits.

Directement ou indirectement, la guerre des tranchées a conduit à des transformations progressives des armées dont les prémices apparaissent avec la période de 1915-1916, mais qui n'arrivèrent à terme que pendant la période suivante 1917-1918.

Cette guerre des tranchées n'a pourtant jamais été véritablement acceptée, ni considérée en tant que telle par les commandements.

Parlant de la France, le général Rouquerol a pu écrire après la guerre : « L'erreur de nos états-majors dirigeants a été de ne croire qu'à la guerre de mouvement et de nier la guerre de siège, de la nier non seulement avant, mais pendant la guerre elle-même. »[15]

Que faut-il entendre par là ? Tous les états-majors avaient été formés dans l'esprit de l'offensive, du mouvement, de la manœuvre, mais les Allemands croyaient plus au **feu** que les Français et ne croyaient pas à une sorte d'offensive continue. La bataille pouvait compter des phases défensives, d'où l'entraînement de leurs fantassins à remuer la terre. Dans la pratique également, les Allemands avaient plus eu recours à la manœuvre que leurs adversaires, et, en élèves de Schlieffen, en particulier sur le front oriental, Hindenburg et Ludendorff avaient multiplié les tentatives d'encerclement qui avaient souvent réussi partiellement. En fait, au moins dans un premier temps, le commandement allemand s'était résigné à ce que la guerre connaisse une phase d'arrêt sur le front occidental, trop fortifié pour permettre des opérations utiles. Il considérait que, sur un front fortifié, la puissance du feu donnait à la défensive la primauté sur l'offensive. Du côté du commandement français, ne serait-ce que parce qu'on ne disposait pas d'autres vastes espaces pour y faire une guerre de mouvement, on n'imagina pas autre chose que de réussir la **rupture**, pour ensuite reprendre la vraie guerre, la guerre de mouvement. Dès la fin de 1914, Joffre s'engagea avec obstination dans cette voie.

3 Joffre et la rupture : la guerre à l'Ouest en 1915

a. En Artois

Une première offensive était lancée en décembre 1914 en Artois. L'objectif annoncé aux soldats était « de libérer définitivement les territoire national envahi ». Voulue par Joffre et par son adjoint Foch, condamnée par le général Fayolle•, « projet [...] stupide et insensé » a-t-il écrit, cette opération fut le prototype des actions poursuivies avec constance pendant toute une année, malgré leurs échecs sanglants. Le commandement français refusait de se rendre compte que, pour avoir une chance de réussir, la rupture exigeait une très forte supériorité numérique, des moyens nouveaux et surtout que l'adversaire ne dispose plus de réserves pour colmater les brèches. Il ne tenait pas compte que les réserves transportées par chemin de fer ou par camions arrivaient beaucoup plus vite que ne pouvaient progresser les troupes d'assaut à pied à travers des terrains bouleversés. Chaque échec ne remettait pas en cause la doctrine : pour réussir, il suffisait – pensait-on – d'apporter des améliorations à l'exécution, allongement des fronts d'attaque, renforcement continu des préparations d'artillerie, rapprochement des réserves pour qu'elles soient sur les talons des troupes d'assaut, meilleures liaisons...

Les améliorations de la technique d'exécution permettaient certes de remporter quelques succès tactiques, de s'emparer d'une ou deux lignes de tranchées adverses, de créer au mieux une petite poche, mais n'empêchaient pas l'échec stratégique, c'est-à-dire l'impossibilité de rompre le front adverse.

b. En Champagne

L'offensive de Champagne de septembre 1915 fut l'exemple le plus achevé de cette méthode de guerre. L'ordre général n° 43 du 23 septembre indiquait clairement l'objectif : « Soldats de la République, [...] votre élan sera irrésistible. Il vous portera d'un premier effort jusqu'aux batteries de l'adversaire, au-delà des lignes fortifiées qu'il nous oppose. Vous ne lui laisserez ni trêve, ni repos, jusqu'à l'achèvement de la victoire. Allez-y de plein cœur pour la délivrance du sol de la patrie, pour le triomphe du droit et de la liberté. » En termes plus militaires, le but était toujours le même : permettre de reprendre la guerre de mouvement qui conduirait à la victoire.

• **Les « as »** : les plus célèbres furent, du côté français, René Fonck, Charles Nungesser, Charles Guynemer, disparu à 23 ans en 1917, du côté allemand, Manfred von Richtofen (1892-1918), Ernst Udet, Herman Göring (un des futurs chefs nazis), du côté britannique, Mannock, Bishop... (Philippe Masson, « La guerre aérienne », *in* Paul-Marie de la Gorce, *op. cit.*).

• **Marie-Émile Fayolle** (1852-1928). Polytechnicien, artilleur, Fayolle eut une carrière assez lente, malgré une longue période comme professeur d'artillerie à l'École de guerre (1897-1908). Atteint par la limite d'âge en 1914 comme général de brigade, il fut rappelé au début de la guerre pour prendre le commandement d'une division. Très lié à Pétain, il fut comme lui très hostile aux méthodes de guerre de Joffre et de Foch. Il occupa de nombreux commandements pendant la guerre, fut un moment à la tête des troupes françaises en Italie et fut fait maréchal en 1921. Ses souvenirs publiés en 1964 sous le titre *Cahiers secrets de la Grande Guerre* sont une source très importante pour l'histoire militaire de la guerre.

L'attaque

« Le talus, de tous côtés, s'est couvert d'hommes qui se mettent à dévaler en même temps que nous. A droite se dessine la silhouette d'une compagnie qui gagne le ravin par le boyau 97, un ancien ouvrage allemand en ruines.

Nous traversons nos fils de fer par les passages. On ne tire encore pas sur nous. Des maladroits font des faux pas et se relèvent. On se reforme de l'autre côté du réseau, puis on se met à dégringoler la pente un peu plus vite : une accélération instinctive s'est produite dans le mouvement. Quelques balles arrivent alors entre nous. Bertrand nous crie d'économiser nos grenades, d'attendre au dernier moment.

Mais le son de sa voix est emporté : brusquement devant nous, sur toute la largeur de la descente, de sombres flammes s'élancent en frappant l'air de détonations épouvantables. En ligne, de gauche à droite, des fusants sortent du ciel, des explosifs sortent de la terre. C'est un effroyable rideau qui nous sépare du monde, nous sépare du passé et de l'avenir. On s'arrête, plantés au sol, stupéfiés par la nuée soudaine qui tonne de toutes parts ; puis un effort simultané soulève notre masse et la rejette en avant, très vite. On trébuche, on se retient les uns aux autres, dans de grands flots de fumée. On voit, avec de stridents fracas et des cyclones de terre pulvérisée, vers le fond où nous nous précipitons pêle-mêle, s'ouvrir des cratères, çà et là, à côté les uns des autres, les uns dans les autres. Puis on ne sait plus où tombent les décharges. Des rafales se déchaînent si monstrueusement retentissantes qu'on se sent annihilé par le seul bruit de ces averses de tonnerre, de ces grandes étoiles de débris qui se forment en l'air. On voit, on sent passer près de sa tête des éclats avec leur cri de fer rouge dans l'eau. A un coup, je lâche mon fusil, tellement le souffle d'une explosion m'a brûlé la main. Je le ramasse en chancelant et je repars tête baissée dans la tempête à lueurs fauves, dans la pluie écrasante des laves, cinglé par les jets de poussière de suie. Les stridences des éclats qui passent vous font mal aux oreilles, vous frappent sur la nuque, vous traversent les tempes, et on ne peut retenir un cri lorsqu'on les subit. On a le cœur soulevé, tordu par l'odeur soufrée. Les souffles de la mort nous poussent, nous soulèvent, nous balancent. On bondit, on ne sait pas où on marche. Les yeux clignent, s'aveuglent et pleurent. Devant nous, la vue est obstruée par une avalanche fulgurante, qui tient toute la place.

C'est le barrage. Il faut passer dans ce tourbillon de flammes et ces horribles nuées verticales. On passe. On est passé, au hasard ; j'ai vu, çà et là, des formes tournoyer, s'enlever et se coucher, éclairées d'un brusque reflet d'au-delà. J'ai entrevu des faces étranges qui poussaient des espèces de cris, qu'on apercevait sans les entendre dans l'anéantissement du vacarme. Un brasier avec d'immenses et furieuses masses rouges et noires tombait autour de moi, creusant la terre, l'ôtant de dessous mes pieds, et me jetant de côté comme un jouet rebondissant. Je me rappelle avoir enjambé un cadavre qui brûlait, tout noir, avec une nappe de sang vermeil qui grésillait sur lui, et je me souviens aussi que les pans de la capote qui se déplaçait près de moi avaient pris feu et laissaient un sillon de fumée. A notre droite, tout au long du boyau 97, on avait le regard attiré et ébloui par une file d'illuminations affreuses, serrées l'une contre l'autre comme des hommes.

– En avant !

Maintenant, on court presque. On en voit qui tombent tout d'une pièce, la face en avant, d'autres qui échouent, humblement, comme s'ils s'asseyaient par terre. On fait de brusques écarts pour éviter les morts allongés, sages et raides, ou bien cabrés, et aussi pièges plus dangereux, les blessés qui se débattent et qui s'accrochent. »

Henri Barbusse, *Le Feu*, 1916.

Une formidable préparation d'artillerie débuta le 22 septembre, à 7 heures du matin, se poursuivit les 23 et 24 et s'étendit vers l'arrière-front. 900 pièces lourdes y participèrent. 35 divisions de troupes reposées, casquées, habillées de neuf de l'uniforme bleu-horizon, se lancèrent à l'assaut le 25 au matin, enlevèrent la première position ennemie et se brisèrent sur la deuxième. Les combats des jours suivants ne permirent plus que de modestes gains de terrains.

Toute l'année 1915 fut marquée par des offensives de ce type. Les principales furent deux offensives en Champagne en décembre-janvier et février-mars, une offensive en Artois avec comme objectif la crête de Vimy, qui débute le 9 mai, une autre offensive en Artois, couplée avec l'offensive de Champagne de septembre. Parallèlement, des attaques secondaires avaient lieu dont le but était moins la rupture que l'amélioration de la ligne de front, sur l'Aisne, en janvier 1915, en Argonne[16] pendant une grande partie de l'année, en décembre 1914 et janvier 1915, contre la « hernie » de Saint-Mihiel. **Les Éparges•**, dont la crête est enlevée le 9 avril 1915, sont restés tristement célèbres par la multiplication des attaques meurtrières. De plus, une consigne générale avait précisé que toute tranchée perdue devait immédiatement être reprise, qu'aucun recul ne devait être admis, qu'il fallait incessamment améliorer les positions tenues. Pendant cette année 1915, l'infanterie française n'a donc cessé d'« attaquer ». L'« attaque » est devenue en quelque sorte le résumé de l'horreur de ce type de guerre[17].

Comme l'a souligné Guy Pedroncini18, Joffre ne s'est pas attaché à cette méthode seulement par obstination. Elle devait permettre de soulager les Russes en obligeant les Allemands à conserver d'importants effectifs à l'Ouest, elle devait assurer une place particulière à la France le jour de la victoire ; surtout, comment rester inactifs alors qu'une partie du territoire français était envahie. A vrai dire, quelles que fussent les bonnes raisons de ne cesser d'attaquer, Joffre croyait surtout que sa méthode n'était pas totalement vaine. La formule célèbre qu'on lui prête, en réponse à ses critiques, « Je les grignote », correspond au fond de sa pensée. Affaiblie par ces attaques, même si elles ne paraissent pas décisives, l'armée allemande sera incapable de remplacer ses pertes, elle n'aura plus de réserves et devra donc céder. Après la dernière offensive de Champagne, Joffre réaffirme sa confiance dans

• **Les Éparges :** sont un des hauts lieux de la guerre de 1914 en raison des combats extrêmement sanglants qui y eurent lieu. Située dans le département de la Meuse au Sud-Est de Verdun, la crête des Éparges qui dominait le village du même nom, constituait un excellent observatoire. Occupée par les Allemands dès le 21 septembre 1914, elle fut reprise le 9 avril 1915 au prix de pertes insensées. Le *Kronprinz* Frédéric-Guillaume (fils et héritier de Guillaume II) qui assistait aux combats des Éparges, s'est interrogé sur la façon de massacrer une nation que pratiquait alors le commandement français.

une lettre écrite au ministre de la Guerre, le 3 octobre : « Contraints de lutter sur deux fronts, nos adversaires ne pourront pas se constituer des disponibilités aussi fortes que les nôtres. » Le plus étrange dans ce raisonnement est que Joffre ne semblait pas tenir compte que l'Allemagne était plus peuplée que la France et que son effort de mobilisation avait été jusque-là très inférieur à celui de la France. Était-ce bien l'Allemagne qui risquait d'être « saignée à blanc » la première ?

Les combattants, en fait, voyaient les choses mieux que le généralissime, tel le commandant Simonet qui, sur le front de Champagne, écrivait à sa femme le 15 mars 1915 : « Dieu sait si je suis soldat dans l'âme et si j'ai le culte de la discipline ! Mais il est des choses qui sautent aux yeux et qui sont criminelles dans leur but et dans leur résultat ! Et cette façon de faire la guerre [...] est l'une de ces choses. Elle fait sacrifier sans résultat des milliers de vies humaines. »[19]

En dehors des cinq mois de guerre de 1914, l'année 1915 fut l'année la plus meurtrière de la guerre pour l'armée française, 349000 morts !

Une partie des échecs de 1915, estimait le commandement, était due au manque de moyens. Pour porter un coup plus dur à l'adversaire, il fallait disposer d'encore beaucoup plus de canons, de beaucoup plus d'obus. En 1916, leur production commençait à atteindre des niveaux considérables. On aurait donc les moyens d'abord de lancer une grande offensive sur un front étendu avec les préparations d'artillerie suffisantes, on disposerait ensuite de la quantité d'obus nécessaire pour soutenir la progression des troupes. On pouvait au surplus penser que l'Allemagne et l'Autriche-Hongrie seraient à court de réserves, si les Alliés coordonnaient leurs offensives. Elles ne pourraient déplacer leurs réserves d'un front à l'autre.

Les 6, 7, et 8 décembre 1915, une conférence militaire interalliée se tient à Chantilly au Grand Quartier Général du général Joffre qui, depuis un décret du 2 décembre 1915, a reçu le commandement de toutes les armées françaises, y compris l'armée d'Orient. Français, Anglais, Italiens, Russes sont d'accord pour passer à l'offensive simultanément, mais le commandement russe estime ne pas pouvoir être prêt avant le mois de juin. Il lui fallait le temps nécessaire pour reconstituer ses forces après les graves revers de 1915. Dans ces conditions, il est prévu à la fin du printemps, début de l'été 1916, une offensive franco-anglaise sur la Somme, une attaque générale de l'armée russe sur l'ensemble de son front, une nouvelle attaque de l'armée italienne sur l'Isonzo. L'armée alliée de Salonique participerait aussi à cet effort général.

Le défaut de ces prévisions est qu'elles ne tenaient pas compte de ce que les puissances centrales pouvaient, elles aussi, se préparer à un nouvel effort. Presque au même moment, en décembre 1915, le commandant en chef allemand, le général Falkenhayn présente à Guillaume II* un nouveau plan. Malgré l'opposition d'Hindenburg et de Ludendorff qui commandent à l'Est et qui pensent – pour le moment – que c'est là qu'il faut faire l'effort principal, Falkenhayn expose que l'Angleterre est la force principale de la coalition alliée, mais que la guerre ne peut être gagnée qu'en abattant l'armée française, non pas en gagnant du terrain, mais en la « saignant à blanc ». Pour obtenir ce résultat, il fallait choisir un terrain d'attaque dont la résonance symbolique obligerait les Français à le défendre jusqu'au bout. A la stratégie de la rupture, Falkenhayn substitue la **stratégie de l'usure.** A vrai dire, la seule preuve de cette vision stratégique se trouve dans les mémoires de Falkenhayn lui-même, écrites postérieurement. A l'heure actuelle, on est très incertain sur ce que voulait réellement le commandement allemand et sur ce qu'il attendait de cette bataille de Verdun.

* P. 25

Après avoir hésité entre Belfort et Verdun, le commandement allemand choisit Verdun. Le secteur tenu par les Français autour de Verdun formait un saillant, sa défense serait donc très difficile ; la place-forte était mal préparée à soutenir un assaut, tant il paraissait improbable qu'une attaque d'envergure ait lieu dans ce secteur fortifié. L'état-major allemand entendait, non pas procéder par une ruée, mais par des vagues successives, après que, chaque fois, une formidable préparation d'artillerie de 2000 pièces, ait eu lieu. Le commandement allemand était persuadé que cette méthode se traduirait par des pertes beaucoup plus légères du côté allemand que du côté français, sans quoi l'opération n'aurait pas eu de sens.

IV. La guerre « d'usure » : 1916

1 La bataille de Verdun

Ce fut une grande surprise. Alors que du côté franco-anglais, on préparait une bataille sur la Somme, l'armée allemande passait à l'offensive dans la région de Verdun, le 21 février 1916. Surprise d'autant plus forte que pendant très longtemps le haut commandement français était resté sourd à tous les avertissements qui lui avaient été prodigués sur ce qui se préparait du côté de Verdun. Les forts avaient même été désarmés, leur armement étant jugé plus utile ailleurs. Surprise du haut commandement, surprise du Gouvernement – certaines réunions du conseil des Ministres se déroulent dans l'angoisse, on

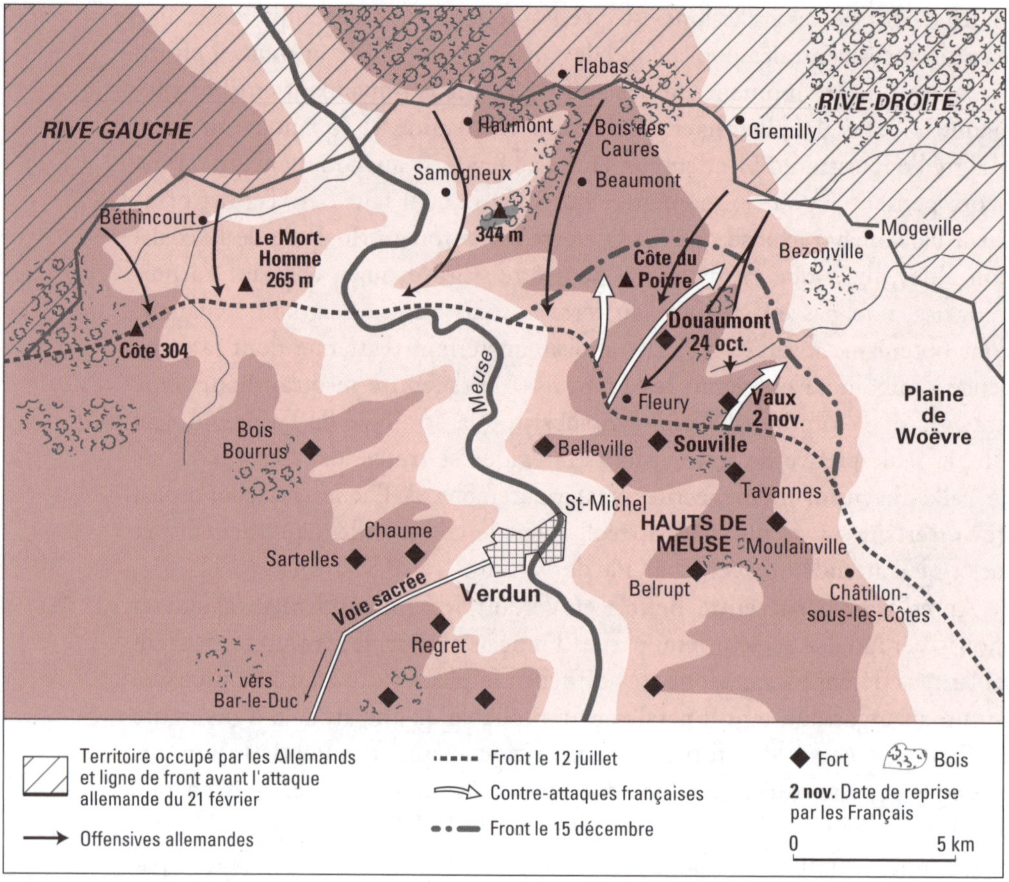

La bataille de Verdun (1916)

craint le pire du côté de Verdun• – surprise du commandement local aux limites de l'affolement. Certaines unités de première ligne furent d'ailleurs prises de panique devant la violence du bombardement allemand.

La première réaction du général Joffre fut de confier la défense de Verdun au général Pétain•, remarquable spécialiste de la défensive, quitte dès le 1er mai à le remplacer par le général Nivelle• quand il fut jugé au Grand Quartier Général qu'un chef plus **offensif** était nécessaire (paradoxal par rapport à une tradition qui a lié pour toujours son nom à celui de Verdun, le général Pétain ne commanda directement le secteur de Verdun que pendant un peu plus de deux mois).

La bataille de Verdun a comporté, du côté allemand, deux phases, une première offensive de février à juillet 1916, puis une seconde, défensive, de juillet à décembre, où le terrain conquis les premiers jours fut reperdu. La véritable bataille de Verdun correspond à la première phase.

C'est à Verdun que les moyens mis en œuvre ont fait de la guerre une guerre industrielle. Sur les quelques dizaines de kilomètres carrés de la bataille, soixante millions d'obus de tous calibres ont été tirés en 300 jours. Pour la seule journée du 21 février, un million d'obus allemands s'abattirent sur la rive droite de la Meuse. En huit semaines, du 21 février au 20 avril, les Allemands tirèrent plus de huit millions d'obus. Ces préparations d'artillerie, appelées *Trommelfeuer* ou le *hachoir,* étaient censées ne plus rien laisser de vivant susceptible de résister. Comme l'a souligné Gérard Canini[20], « la densité du feu a atteint un paroxysme particulier, et c'est ce souvenir [...] qui est resté dans la mémoire des survivants ». Une fournaise qui illuminait en permanence l'horizon.

La guerre est devenue véritablement moderne par l'importance de la logistique : d'un côté comme de l'autre, pour alimenter la bataille en hommes et en matériel, il a fallu utiliser massivement les moyens de transport, voies ferrées et surtout camions du côté français. La principale voie de ravitaillement des troupes françaises engagées dans le saillant de Verdun est la route Bar-le-Duc/Verdun, la *Voie sacrée,* comme l'a dénommée Maurice Barrès*. Des milliers de camions Berliet, à la cadence d'un véhicule toutes les 15 secondes, forment une noria permanente capable d'acheminer chaque jour deux divisions et 2000 tonnes de matériel.

* P. 33

• « Le 24 février 1916, au début de l'offensive allemande sur Verdun, un communiqué sème la désolation au Conseil des ministres. Le Grand Quartier Général annonce "avoir dû évacuer la position de Samogneux". Un vif flottement saisit alors les ministres. L'un d'entre eux, Étienne Clémentel en rend compte : les voilà "tous autour de la carte" à se poser l'angoissante question : "Que va-t-il se passer ?" », Guy Rousseau, « Le Conseil des Ministres en 1916, d'après les notes Étienne Clémentel », in *Guerres mondiales et conflits contemporains,* n° 171, juillet 1993.

• **Philippe Pétain** (1856-1951). En 1914, le colonel Pétain était à l'âge de la retraite pour son grade. Sa carrière avait été lente. Médiocre Saint-Cyrien, il avait pourtant été admis par la suite à l'École de Guerre et il y était même devenu professeur du cours de tactique de l'infanterie de 1901 à 1903, puis de 1904 à 1907. Sa carrière, uniquement métropolitaine, fut en outre freinée par son opposition aux théories dominantes sur l'offensive à tout-va. Pendant la guerre, son ascension fut foudroyante : général de brigade le 30 août 1914, de division le 14 septembre, il commanda un corps d'armée en octobre 1914 et une armée en juin 1915.

• **Robert Nivelle** (1856-1924). Polytechnicien, artilleur, il était colonel quand la guerre éclata. Il se mit en évidence lors de la bataille de la Marne et connut une ascension également foudroyante : général de brigade en octobre 1915, de division en février 1915. En avril 1916, il recevait le commandement de la IIe armée à Verdun en remplacement de Pétain et organisa les contre-offensives victorieuses de l'automne. Il mit au point les barrages roulants qui permirent à l'infanterie de coordonner son avance à l'abri de tirs d'artillerie avançant au même rythme. Il apparaissait comme l'homme capable de gagner la guerre. Il remplace Joffre au moins pour le commandement du front du Nord-Ouest. Ses convictions étaient loin d'être partagées par beaucoup d'autres généraux. Après la défaite du Chemin des Dames en avril 1917, il fut relevé de son commandement, soumis à une commission d'enquête et termina la guerre à la tête du 19e corps d'armée... en Algérie.

Mais, quelle que soit l'importance des moyens mis en œuvre, la bataille de Verdun a montré que la volonté et le courage des combattants continuaient à jouer le rôle décisif. Le champ de bataille de Verdun est resté le symbole de l'horreur. Un océan de boue, parsemé de cadavres mutilés croupissant dans les trous d'obus, dégageant des odeurs pestilentielles au milieu des essaims de mouches – l'odeur de pourriture imbibait complètement le champ de bataille – tel fut le décor quotidien dans lequel continuèrent à combattre, plus souvent par petits groupes qu'en unités organisées, des hommes accablés par la faim, par la soif, par le manque de sommeil, par les gaz, hagards, hébétés par la violence des bombardements.

Le plan de Falkenhayn échoua, moins parce que la ville de Verdun ne fut pas conquise – même si la conquête de terrain n'avait pas été réellement le but initial, l'évolution de la bataille donna une importance particulière au terrain conquis ou perdu – mais parce que, très rapidement, le pourcentage de pertes fut à peu près semblable de part et d'autre. Le commandement allemand avait choisi la solution de recompléter les unités engagées au fur et à mesure des nécessités, tandis que le commandement français avait préféré faire tourner les unités, de telle sorte que les deux tiers de l'armée française sont passés à Verdun. Si l'armée française était usée par la bataille, elle ne l'était pas plus que l'armée allemande. Les pertes à Verdun ont été de 162 400 morts et 216 000 blessés pour les Français, de 143 000 morts et 187 000 blessés pour les Allemands (Gérard Canini)[21].

Dans l'inconscient collectif français, la bataille de Verdun a pris une place sans pareil, parce que c'est là que le soldat français a porté à son sommet la conscience de défendre son pays. Pendant longtemps, les chiffres de pertes les plus extravagants ont été avancés. On a souvent parlé de 400 000 morts français et même de deux millions de morts au total pour la seule bataille de Verdun. Ces exagérations peuvent également être expliquées par les traits de la bataille : le souvenir du village de Fleury pris et repris 16 fois au cours du mois de juillet, les unités revenant du front réduites à quelques hommes…

La bataille de Verdun n'a pas été la seule opération venue contrarier les plans alliés.

Contrairement à l'avis de Falkenhayn, le chef d'état-major austro-hongrois, Conrad von Hötzendorf, avait souhaité aussi déclencher une offensive sur le front italien et dans un secteur calme jusqu'alors, le Trentin. La surprise ne fut pas totale car cette offensive ne put être déclenchée que le 15 mai 1916 au lieu du 15 avril, en raison de la persistance de la neige. Les Austro-Hongrois remportèrent des succès importants en s'emparant du plateau d'**Asiago**, mais ne parvinrent pas à déboucher dans la plaine de Vicence, ce qui leur aurait permis de prendre à revers le gros de l'armée italienne.

Néanmoins la bataille de Verdun n'avait pas empêché les chefs alliés de continuer à préparer l'action coordonnée prévue sur les différents fronts. Joffre avait simplement demandé aux Russes d'avancer leur action pour soulager les défenseurs de Verdun. Dès le mois de mars, les troupes russes attaquaient sur leurs fronts Nord et Ouest, mais sans grand succès.

2 La guerre sur le front oriental en 1916

L'**offensive russe** recommençait le 4 juin 1916. Pendant l'hiver 1915-1916, l'armée avait été renforcée d'un million de nouveaux soldats, mieux pourvus en munitions et en canons de campagne. En revanche l'encadrement était toujours médiocre, l'artillerie lourde et l'aviation, insuffisantes. Cette offensive qui avait pour but de soulager également les Italiens était dirigée prioritairement contre l'armée austro-hongroise au Sud-Ouest du front. Placées sous le commandement du général Broussilov•, les troupes russes remportent de grandes victoires, progressent de 100 km en Galicie orientale et en Bukovine, s'emparent de Loutsk et de Czernovitz. Une contre-attaque austro-allemande – des divisions austro-hongroises ont été en toute hâte transférées depuis le front italien et des divisions allemandes depuis le front occidental – échoue, mais la seconde offensive lancée par Broussilov au mois d'août marque le pas et s'arrête. Les Austro-Hongrois ont perdu près de 400000 prisonniers !

3 L'intervention roumaine

La Roumanie, croyant le moment favorable, entre en guerre aux côtés de l'Entente, en ce même mois d'août 1916, pour enlever la Transylvanie à la Hongrie. Mais cette participation, résultat de longues négociations, était trop tardive. La Roumanie ne put recevoir qu'un faible soutien russe après la fin de l'offensive Broussilov. L'armée roumaine remporta quelques succès initiaux, mais le 27 septembre, une armée germano-autrichienne sous le commandement du général Falkenhayn (qui avait été relevé du commandement suprême de l'armée allemande à la suite de l'échec de Verdun) lançait une contre-offensive. Quelques jours plus tard, le 19 octobre, c'était au tour d'une armée germano-bulgare commandée par le général Mackenzen d'attaquer en

• **Alexis Broussilov** (1853-1926). D'une famille aristocratique et militaire, officier de cavalerie, un des meilleurs généraux de l'armée russe pendant la Grande Guerre. Dynamique et inventif, ses méthodes comparables à celles des généraux du front occidental, font de Broussilov une exception dans l'armée russe. Il combattit pour l'essentiel en Galicie. Il fut, quels qu'aient été ses sentiments profonds envers la révolution bolchevique, un des rares généraux à accepter de servir le nouveau régime. Il mourut à Moscou.

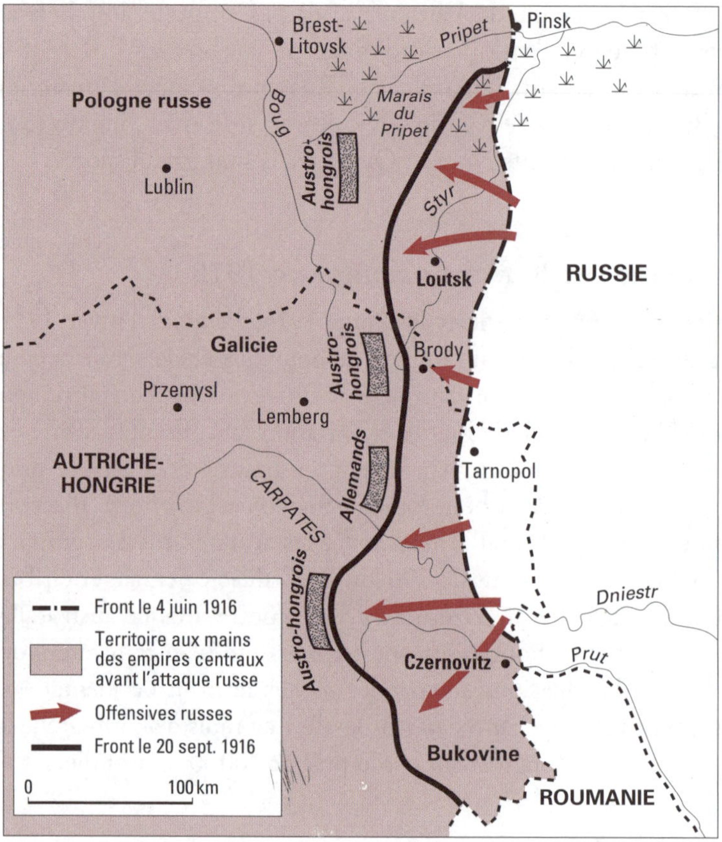

L'offensive Broussilov (1916)

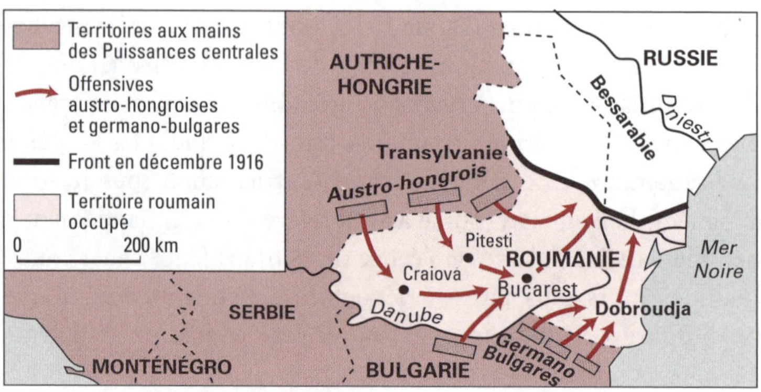

Les opérations en Roumanie (1916)

Dobroudja. Prise en tenaille, l'armée roumaine est écrasée, Bucarest occupé le 6 décembre. Renforcés par des troupes russes, les débris de l'armée roumaine ne peuvent se rétablir qu'en Bessarabie. Résultat de l'intervention roumaine, la victoire des puissances centrales leur permettait de mettre la main sur une importante production de céréales et de pétrole, pendant que l'armée russe était obligée d'assurer la défense de 400 km supplémentaires de front.

Il avait été prévu que l'**armée d'Orient** attaquerait pour aider l'armée roumaine. Commandée par le général Sarrail•, elle était forte maintenant de près de 400 000 hommes – Français, Britanniques, Serbes... – encore que très affaiblie par le paludisme. Ce fut l'armée bulgare qui prit l'initiative au mois d'août. L'armée d'Orient mena une contre-offensive le mois suivant, mais ce ne fut d'aucun effet sur la situation en Roumanie.

4 La bataille de la Somme

Conformément au plan prévu, pendant toute la première partie de la bataille de Verdun, Joffre et Sir Douglas Haig•, qui avait remplacé French à la tête des forces britanniques à la fin de 1915, ont continué de préparer l'offensive sur la Somme. La bataille de Verdun a néanmoins rendu nécessaire de réduire le front d'attaque de 70 km à 40 km sur lesquels la part des soldats britanniques passait de 20 à 28. D'une offensive à dominante française, la bataille de la Somme était devenue une offensive à dominante britannique. Les 42 divisions françaises prévues à l'origine étaient réduites à 22. Schématiquement les Anglais tenaient le front au Nord de la Somme, les Français au Sud. La bataille devait se dérouler dans la région d'Albert qui était entre les mains des Alliés et celle de Péronne qui était entre les mains des Allemands. Les objectifs étaient assez flous ou tout au

• **Maurice Sarrail** (1856-1929). Saint-Cyrien, officier d'infanterie, sa carrière a été classique jusque dans les années 1890 où, radical, franc-maçon, il est vigoureusement dreyfusard. Cela se traduit par une carrière dans les bureaux du ministère, comme officier d'ordonnance du général André, ministre de la Guerre de 1900 à 1904, directeur de l'Infanterie de 1907 à 1911. Son avancement fut le résultat de ses qualités, mais aussi de ses appuis politiques. En 1914, il fut rapidement nommé commandant de la 3e armée qui défendait le secteur de Verdun à la place du général Ruffey qui avait dû être relevé. Ses rapports sont assez mauvais avec le général Joffre, d'autant que la gauche voyait en lui un successeur possible. Joffre lui retira son commandement à la première occasion. Ces mauvaises relations se poursuivirent quand Sarrail prit la tête de l'armée d'Orient de 1915 à 1917. À Salonique, son rôle politique fut aussi important que son rôle militaire. Clemenceau, qui ne l'aimait pas, mit fin à sa carrière militaire. Après la guerre, il fut nommé en 1924-1925 haut commissaire en Syrie et au Liban.

• **Douglas Haig** (1861-1928). Après une carrière faite en partie outre-mer comme beaucoup d'officiers britanniques, il commande en 1914 un des corps d'armée du Corps expéditionnaire britannique. Il remplace, ensuite, à la tête de l'armée britannique le général French, en décembre 1915. Il en conserva le commandement jusqu'à la fin de la guerre et fut couvert d'honneurs après la victoire. Rigide, sans imagination, fermé aux innovations, ce ne fut pas un grand capitaine et il fut capable de poursuivre des buts inutiles comme à Passendale, au prix d'un véritable massacre de son armée. On peut dire, pour sa défense, qu'il n'était pas plus mauvais que les autres généraux britanniques disponibles en 1914...

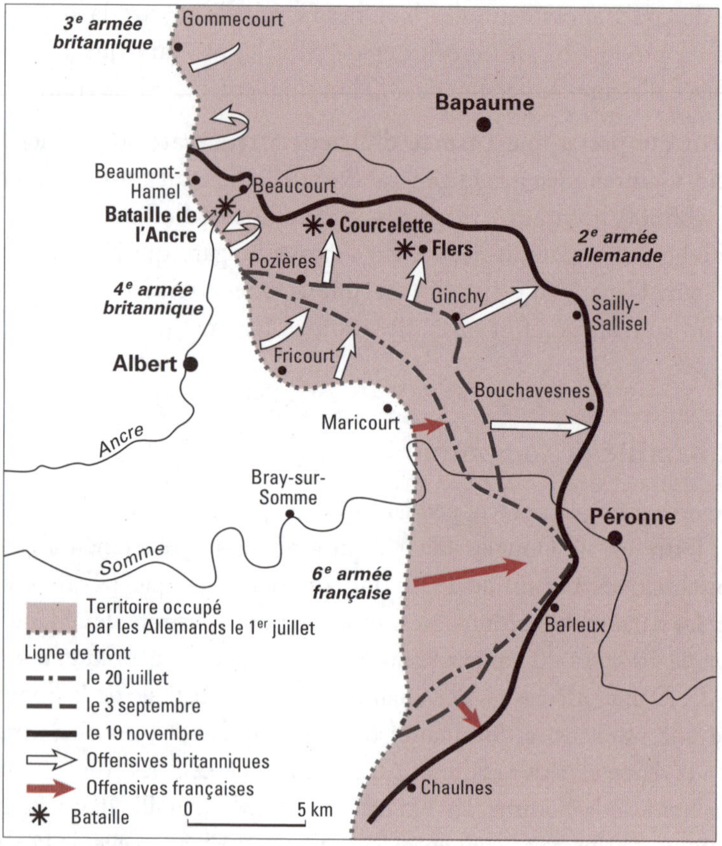

La bataille de la Somme (1916)

moins relevaient de deux conceptions différentes que l'on peut résumer ainsi : c'était une bataille d'usure qui ne renonçait pas à être une bataille de rupture.

Le déroulement de la bataille ne répondit pas aux espoirs mis en elle, ni comme bataille d'usure, ni comme bataille de rupture.

La bataille de la Somme commença le 1er juillet 1916, après une préparation d'artillerie de plusieurs jours. Si l'attaque française rencontra quelques succès, les historiens anglo-saxons sont unanimes à dire que le premier jour de l'attaque fut un désastre pour les soldats britanniques, le **« jour le plus sanglant »** de l'histoire anglaise•. Dès le premier jour, les Britanniques avaient perdu 60000 hommes dont 10000 morts. La moitié des 60000 combattants des premières vagues avaient été mis hors de combat en une demi-heure, à la fin de la journée la moitié des 120000 soldats engagés étaient également hors de combat. Malgré le formidable bombardement préliminaire, les troupes d'assaut britanniques s'étaient heurtées dans bien des endroits à des défenses intactes et avaient été littéralement hachées par les mitrailleuses.

La bataille compta trois phases, la première du 1er au 20 juillet, puis une phase de stagnation du 20 juillet au 3 septembre, enfin une troisième phase du 3 septembre au 18 novembre permit de faire quelques progrès.

Pour une progression limitée à quelques kilomètres (6 miles pour l'armée anglaise !), les Britanniques perdirent 420000 hommes, les Français 200000 dont plus de 100000 morts. Les Allemands, de leur côté, avaient perdu 500000 hommes dans la bataille. En fait si Verdun avait été finalement un échec pour les Allemands, la Somme en était un pour les Franco-Anglais.

Les Italiens avaient été les derniers à entrer en ligne dans le cadre du plan établi à la fin de 1915. Ils attaquaient de nouveau sur l'Isonzo – **sixième bataille de l'Isonzo** – et, au mois d'août, ils remportaient une victoire en s'emparant de Gorizia, à une quarantaine de kilomètres au Nord de Trieste, mais ils ne purent aller plus loin.

En fait à la fin de 1916, aussi bien le plan allemand qui devait abattre l'armée française que le plan de l'Entente qui devait abattre les armées des Puissances centrales avaient échoué. Les responsables allaient en payer le prix. Le 29 août 1916, Falkenhayn avait été remplacé par le couple Hindenburg-Ludendorff. En décembre, le général Joffre, qui, en compensation, recevait la dignité de maréchal (26 décembre), était remplacé par le général Nivelle.

Le bilan de la guerre à la fin de 1916 était tout à fait accablant. Les Puissances centrales qui occupaient toujours le Nord-Est de la France, la Belgique, de larges fractions de l'Empire russe, la plus grande partie de la Roumanie et des Balkans, avaient la carte de guerre la plus favorable. Les faiblesses fréquentes de l'armée austro-hongroise avaient été compensées par l'activité multipliée de l'armée allemande. Mais, d'un autre côté, aucune victoire décisive n'apparaissait possible ou probable pour l'un ou l'autre camp.

Outre les immenses moyens matériels utilisés, ces 28 mois de guerre avaient vu une incroyable débauche de moyens humains. A elle seule l'armée française comptait déjà plus de 900000 morts. Pour l'ensemble des belligérants, c'est donc déjà plusieurs millions de morts.

• **Le jour le plus sanglant de l'histoire anglaise :** Jay Winter, *The experience of World War I*, Mac Millan, 1988 (éd. française : Sélection du Reader's Digest, 1990), p. 92. Trevor Wilson écrit : « Pour les Britanniques, le premier jour de la bataille de la Somme fut un désastre. » Un lieutenant d'une unité écossaise, qui venait d'atteindre les lignes allemandes avec seulement deux autres hommes, s'est écrié : « Mon dieu, mon dieu, où est le reste des garçons ? » (*The Myriad Faces of War*, Polity Press, Cambridge-Oxford, 1986, p. 323). Cette journée est restée tellement marquée dans le souvenir britannique que *Penguin Books* a republié en 1984, en livre de poche, un ouvrage de 1971 sur *The First Day on the Somme – 1 July 1916* de Martin Middlebrook, qui se termine ainsi : « Le seul bien qui ressorte de ce jour est la débauche de patriotisme, de courage et d'esprit de sacrifice montrée par les soldats britanniques. »

Jusqu'à présent les soldats des différents pays avaient fait preuve d'une endurance et d'un esprit de sacrifice étonnants. Mais, d'une armée à l'autre, les conditions étaient très différentes.

La bataille de la Somme avait galvanisé l'armée allemande. Comme l'a montré Gerd Krumeich[22], Verdun est peu présent dans les récits de guerre allemands, alors que la Somme y est au premier rang. La Somme justifiait le combat des soldats allemands. Ils ne se voyaient pas en position d'agresseurs et, bien que combattant sur le sol français, ils avaient le sentiment de défendre leur patrie, de monter sur la Somme « la garde au Rhin » contre la menace… britannique. Face aux soldats britanniques, ils dressaient « le mur vivant de l'armée allemande ». Ils ressentaient profondément la destruction pierre après pierre des villages français par l'artillerie anglaise ! Attitude paradoxale ? En apparence seulement : plus que par la France, les Allemands avaient le sentiment d'être menacés, en tant que nation, par les Britanniques et par les Russes. Sur la Somme, l'armée allemande avait tenu.

Le point de vue français est presque l'opposé du point de vue allemand. Verdun avait pu galvaniser une armée qui avait tenu malgré tout. En revanche, la Somme est source de découragement. Une certaine remontée du moral des soldats au début de 1917 à l'idée que l'on préparait l'offensive décisive (on y croyait encore) a dissimulé une situation dont Pierre Renouvin avait déjà fait le constat naguère. « C'est à la fin de 1916 que la lassitude commence à se manifester en France. »[23] Des travaux récents à partir des lettres lues par le contrôle postal l'ont confirmé : « En décembre 1916, le moral des soldats du front est assombri, parfois ébranlé… »[24] Bien des sources le confirment, comme ce sous-préfet de Bressuire en Vendée qui constate en décembre 1916 que la « lassitude manifestée par les soldats, lors de leurs permissions, était telle qu'elle réagissait sur le moral de l'ensemble des populations des campagnes ». La foi dans la victoire vacille incontestablement. La célèbre caricature de Jean-Louis Forain* (janvier 1915) montrant deux soldats devisant dans les tranchées, « Pourvu qu'ils tiennent !… Qui ? Les civils. » ne semble plus tout à fait correspondre à la réalité.

Depuis le début de la guerre, il y avait toujours eu un certain nombre de cas individuels de désertions, de mutilations volontaires. Comment aurait-il pu en être autrement dans une masse aussi considérable de soldats ? Il y avait eu aussi des moments, ceux où la guerre était déprimante, de recrudescence d'actes individuels, provoquant une très ferme répression. Ce fut le cas, d'après Vincent Suard[25], pendant l'automne 1914 au moment où s'écroulaient après la Marne les espoirs d'une victoire rapide. En 1916, un fait nouveau apparut. Pendant la bataille de Verdun un certain nombre d'unités avaient « fléchi »[26]. Il s'agissait, en d'autres termes, d'actes collectifs de refus de continuer à combattre. Devant l'horreur du combat, le commandement avait hésité à sévir, le général Pétain en particulier croyait préférable d'analyser le phénomène plutôt que d'engager une répression aveugle. Ces premiers flottements pouvaient annoncer la crise de 1917.

Les avis sur la situation de l'armée russe ne sont pas toujours homogènes : l'analyse des rapports des envoyés militaires français auprès de l'armée russe montre qu'ils avaient plutôt bonne impression des soldats, qu'en revanche ils étaient beaucoup plus réservés sur la valeur du corps des officiers subalternes et sur la capacité des états-majors. Ils soulignaient enfin la carence de l'artillerie et de l'aviation[27]. Courageux, le soldat russe est toutefois mécontent, les pertes sont considérables dans une infanterie envoyée à l'assaut sous le feu d'une artillerie allemande ou autrichienne très supérieure à l'artillerie russe. Quand elle doit résister aux attaques adverses, faute de canons de tranchées, ses pertes sont très lourdes. Les conditions de vie sur le front sont déplorables, la nourriture détestable. En fait le soldat reproche au commandement de n'avoir aucun souci de lui. Certaines de ces critiques auraient pu être formulées dans d'autres armées, mais c'est leur addition qui caractérise l'armée russe.

L'armée austro-hongroise continue de surprendre, sinon par sa qualité, du moins par sa relative homogénéité. Les troupes slaves sont toutefois d'une ardeur beaucoup plus grande face aux Italiens que face aux Russes. Certes la désertion du 28e Régiment d'Infanterie, régiment de Prague, le 3 avril 1915, a fait douter de la loyauté des troupes tchèques, mais ce fut plus un incident qu'une règle, même si les désertions parmi les soldats slaves atteignirent un niveau assez élevé. L'insuffisance des rations alimentaires et la lassitude d'une guerre si longue et si dure ont joué un rôle aussi grand que les problèmes ethniques dans l'affaiblissement de l'armée austro-hongroise.

Quant aux soldats italiens, entrés dans la guerre près d'un an après les autres, malgré les conditions très difficiles de leur lutte dans les régions alpestres, à la fin de l'année 1916, ils ne sont pas démoralisés. D'après Piero Melograni[28], il fallut attendre 1917 pour que leur moral baisse nettement.

L'armée britannique enfin offre un cas très particulier. Seule armée parmi les belligérants uniquement constituée de professionnels et de volontaires, les soldats des *armées K*, du nom de Kitchener• qui avait lancé son appel aux jeunes Britanniques à s'engager dans l'armée dès le 7 août 1914. Une des

• **Jean-Louis Forain** (1852-1931). Peintre, il est resté célèbre comme dessinateur satiriste (il n'est pas caricaturiste dans la mesure où il ne déforme pas ses personnages). Son engagement politique avant la guerre avait été très marqué puisqu'il fut le chef de file des dessinateurs antidreyfusards. Dans une œuvre considérable, la guerre de 1914 tient une place importante et lui inspira quelques-unes de ses œuvres les plus évocatrices. Voir *Jean-Louis Forain, chroniqueur-illustrateur de guerre (1914-1919)*, Catalogue de l'exposition de la BDIC, présentation Cécile Courtin, 1986.

affiches les plus célèbres de la guerre en Angleterre est celle qui le représente le doigt pointé appelant à s'engager. A la mi-septembre 1914, ces volontaires étaient un demi-million, il y en avait trois millions à la fin de 1915. A partir de 1916, le taux d'engagement diminua et, en janvier 1916, il fallut établir le service militaire obligatoire pour les célibataires de 18 à 41 ans et en mai pour les hommes mariés. Par la force des choses, ce fut essentiellement l'armée des volontaires qui participa à la bataille de la Somme, et en particulier à l'assaut dramatique du 1er juillet 1916. La bataille de la Somme a marqué l'apothéose et le déclin de l'armée des volontaires, progressivement remplacés par des conscrits un peu négligés dans l'histoire britannique, considérés comme des soldats de second ordre par rapport à ceux qui s'étaient volontairement engagés. Au point que les historiens britanniques, comme Ian Beckett[29], parlent d'une « armée inconnue ».

A la fin de 1916, malgré le bilan de 28 premiers mois de la guerre – on ne le connaissait pas, on ne le connut que plus tard et avec beaucoup de difficultés, mais on pouvait se douter qu'il était terrifiant – les armées belligérantes ne donnent pas de signes manifestes de fléchissement, même si en France et en Russie quelques indices pourraient laisser apercevoir que derrière une façade puissante, ce sont des armées fatiguées, usées qui vont devoir continuer à se battre. D'un autre côté, sauf à se refuser à tirer des leçons de ce qui s'était passé jusque-là – c'était le cas du général Joffre et de son état-major, toujours persuadés que la fois suivante serait la bonne – à s'aveugler volontairement, on ne voyait guère ce qui pouvait permettre à un camp plutôt qu'un autre de l'emporter.

• **Horatio H. Kitchener** (1850-1916). Né en Irlande comme beaucoup d'officiers britanniques, la carrière de Kitchener s'était surtout déroulée outre-mer, mais avait fait de lui la personnalité la plus prestigieuse de l'Empire britannique. En 1898, il écrasait la révolte madhiste lors de la bataille d'Ondurman au Soudan, puis, continuant la remontée du Nil, il mettait fin à Fachoda à l'expédition française conduite par le capitaine Marchand. En 1900, il devient commandant en chef des forces britanniques en Afrique du Sud et le reste jusqu'à la victoire sur les Boers. Il occupa par la suite différents postes dans l'Empire, dont celui de haut commissaire britannique en Égypte, en 1911. Tout naturellement, le 3 août 1914, le Premier ministre Asquith l'appella au ministère de la Guerre (*War Office*). Contrairement à l'opinion générale, il comprit dès le début que la guerre serait longue. Se révélant un grand organisateur, il parvient en très peu de temps à lever, armer, instruire une armée de volontaires très nombreuse. De 170 000 hommes en 1914, l'armée britannique était portée à 1300000 en avril 1915. L'échec de l'opération sur les Dardanelles dont il avait été partisan, la crise des munitions que connut l'armée britannique, n'entamèrent pas sa popularité dans l'opinion. Il disparut en mer en juin 1916, lorsque le navire qui le transportait en Russie sauta sur une mine. Quand Kitchener était devenu ministre de la Guerre, il n'avait pratiquement pas résidé en Angleterre depuis son enfance. Étranger aux milieux politiques, très méfiant envers ses collègues, convaincu de sa supériorité personnelle, il entendait conduire la guerre tout seul. Après sa mort, le gouvernement britannique eut beaucoup de mal à reprendre un certain contrôle sur le Grand Quartier Général en France qui était devenu pratiquement autonome.

Chapitre 4

Les pays européens dans la guerre (1914-1916)

À la fin de l'année 1916, la plupart des États européens étaient en guerre depuis 29 mois, l'Italie depuis 20 mois. D'une guerre courte, on était passé progressivement à une guerre longue, mais vécue comme une guerre courte. On ne croyait pas plus, à la fin de 1916 que la guerre pourrait encore durer 22 mois, qu'on n'avait imaginé en 1914 qu'elle pourrait dépasser l'automne. La conviction, peut-être exprimée de façon plus visible en France qu'ailleurs – c'est le seul des grands États qui subit la guerre sur son territoire, l'occupation de la Pologne russe ou de la Galicie ne pouvant avoir pour les Russes ou les Austro-Hongrois la même signification nationale – est toujours que la prochaine saison sera la bonne. D'ailleurs la haute autorité – même si elle suscitait de plus en plus d'interrogations – qu'était Joffre* l'avait encore répété après l'achèvement de la bataille de la Somme : il vaincrait en 1917. La stratégie de l'usure qui avait été finalement celle de la Somme priverait bientôt l'armée allemande de réserves. * P. 51

Le général Nivelle* qui le remplaça ne voyait pas les choses de la même façon. La guerre d'usure était dépassée. Il se faisait fort de rompre le front allemand quand il le voudrait. Il remporterait la victoire par l'exploitation de la rupture en rase campagne. Assez paradoxalement, avec un habillage plus moderne dans le détail, le général Nivelle ne faisait que reprendre ce que la plupart des généraux français et Joffre en particulier, avaient soutenu depuis le début de la guerre. * P. 115

Usure ou rupture, la victoire et la fin de la guerre étaient pour bientôt. Conséquence de cet état d'esprit, toute décision se prenait dans une perspective provisoire – ce qui n'était pas absurde en temps de guerre, mais une perspective provisoire courte. Malgré tout, comme le conflit durait, de nombreux problèmes s'étaient posés auxquels il avait fallu donner des réponses. Trois questions avaient été au premier plan : comment gouverner un pays en guerre et quelles relations pouvaient s'instituer entre pouvoir civil et pouvoir militaire ? Comment fournir aux armées l'équipement nécessaire et aux civils les moyens de vivre ? Comment enfin maintenir la cohésion nationale ?

I. Gouverner en guerre

Une guerre traditionnelle, quelle qu'en soit l'importance, restait dans une certaine mesure marginale par rapport à la vie du pays. À partir du moment où il avait été procédé à la *mobilisation générale,* la guerre concernait la totalité de la vie de la nation. Une question – au moins implicite – s'était posée presqu'immédiatement. Quelles étaient les places respectives du commandement des armées et du pouvoir civil ? Le pouvoir civil n'avait-il plus pour fonction que de fournir aux armées ce dont elles avaient besoin ? Les décisions importantes n'étaient-elles pas du ressort des hauts commandements ?

La question était particulièrement grave dans les régimes parlementaires de l'Ouest. Elle mettait en cause le **fonctionnement du système démocratique.** Les chefs de l'armée n'étaient en rien l'expression de la volonté populaire, sauf d'avoir été nommés par des gouvernements choisis démocratiquement. En théorie, les gouvernements restaient maîtres du jeu en disposant de la possibilité de révoquer les chefs militaires qu'ils avaient nommés. Dans la pratique, ils n'étaient pas maîtres de leurs décisions en raison du poids de l'opinion et des risques que pouvait faire courir à la défense la remise en cause d'un chef qui avait été très vite idéalisé par les moyens d'information. Ce fut le **problème Joffre•** en France. Le danger d'un pouvoir militaire qui se dresserait face au pouvoir civil ou qui se substituerait à lui existait donc. La question se posait moins dans les régimes semi-autoritaires ou autoritaires, sans être pour autant inexistante. Il suffit de rappeler
* P. 25
l'état-major allemand imposant à Guillaume II* la guerre contre la France.

1 Les régimes parlementaires

a. Le Royaume-Uni

Il était concevable que le système politique du Royaume-Uni soit peu perturbé par les circonstances. D'un côté, l'Angleterre avait l'expérience de ces situations où le système parlementaire avait continué de fonctionner, sans être soumis aux aléas des événements, d'un autre côté, malgré l'engagement considérable du Royaume-Uni dans la guerre, la dénomination de Corps expéditionnaire pour les armées envoyées sur le Continent, la protection de l'insularité, conservaient à la guerre un aspect marginal, du moins par rapport à la vie en Angleterre même.

Au moment où la guerre avait éclaté, le Royaume-Uni était dirigé par un gouvernement libéral. Les libéraux avaient chassé du pouvoir les conservateurs en 1906 et s'y étaient maintenus en 1910•. Le Premier ministre, le chef du Parti libéral, Herbert Asquith*, conserva tout naturellement la direction du gouvernement et repoussa les offres des conservateurs de participer au pouvoir. Ce fut seulement en mai 1915 qu'il accepta de former un gouvernement d'union nationale qui, outre douze libéraux, comprenait huit conservateurs et un travailliste, Arthur Henderson•, nouveau chef du *Labour*•, à la place de Ramsay Mac Donald•, resté opposé à la guerre. Les conservateurs n'avaient néanmoins obtenu que des postes mineurs. Dans les faits, la conduite de la guerre avait été laissée au ministre de la Guerre, Herbert Kitchener*, le général le plus célèbre d'Angleterre, appelé au gouvernement dès le début des hostilités. Il avait littéralement fait sortir de terre la nouvelle armée britannique.

* P. 47

* P. 124

Les rapports furent souvent tendus entre un commandement qui estimait que la conduite de la guerre était de son ressort, un ministre de la Guerre très

• **Le problème Joffre.** D'après Arthur Conte (*Joffre*, Olivier Orban, 1991), la ferveur populaire envers le vainqueur de la Marne est «phénoménale». «Il a fallu installer à Chantilly (le nouveau Grand Quartier Général) un service spécial pour déballer et trier la prodigieuse masse de lettres et de cadeaux qu'il reçoit chaque jour.» On écrit des imitations du «Notre-Père» en son honneur : «Notre Père, qui veillez sur le Front, Protégez-nous…»

• Contrairement à ce que l'on pense souvent, **l'alternance** dans le Royaume-Uni ne se fait pas d'une élection à la suivante, mais par de longues périodes où un parti est au pouvoir. Ainsi, sauf un bref intermède libéral de 1892 à 1895, les conservateurs occupent le pouvoir de 1886 à 1906, soit pendant vingt ans. En 1906, une période libérale a commencé.

• **Arthur Henderson** (1863-1935). Libéral à l'origine ayant évolué ensuite vers un socialisme modéré, syndicaliste actif, il fut élu député en 1903. Partisan de la politique de défense nationale, il devient président du groupe parlementaire travailliste en 1914, quand Mac Donald démissionne et est appelé au gouvernement de 1915 à 1917 quand Asquith constitue un gouvernement d'union nationale. Son rôle fut important après la guerre où il occupa de grands ministères dans les gouvernements travaillistes.

• **Le *Labour*.** Depuis la fin du siècle précédent, une nouvelle force politique – socialiste – commence à se développer en Angleterre. Vingt-neuf députés élus en 1906 donnent un nouveau nom à leur groupe, celui de *Labour Party* (Parti travailliste, février 1906). Par la force des choses, l'existence des travaillistes affaiblit le Parti libéral. En 1910, les travaillistes obtiennent 42 sièges et les libéraux ont besoin d'eux pour assurer leur majorité.

• **James Ramsay Mac Donald** (1866-1937). D'origine très pauvre, devenu journaliste après une enfance difficile, d'abord libéral, il se convertit au socialisme vers 1894-1895 et s'imposa par ses talents et son sens politique. Élu député de Leicester en 1906, il croit au développement naturel du socialisme et que, par la force des choses et les progrès de la société, il doit succéder au Parti libéral. Il est donc tout à fait hostile à la lutte des classes. Il estime que le socialisme doit progressivement imbiber l'ensemble de la société. Ce socialiste très modéré qui, par la suite, devint Premier ministre et, en particulier en 1931 fut à la tête d'un gouvernement d'union nationale, était fondamentalement pacifiste. Il refusa de se rallier à la guerre, ainsi que quatre autres députés travaillistes, dont Keir Hardie. À cette occasion, il abandonna sa fonction de chef du groupe parlementaire travailliste dans laquelle il fut remplacé par Arthur Henderson.

indépendant du gouvernement et qui entendait jouer aussi son rôle, et le gouvernement que le haut commandement accusait de ne pas fournir les munitions nécessaires. Chancelier de l'Échiquier, David Lloyd George• reçoit le ministère de l'Armement en juillet 1915, puis celui de la Guerre lorsque Kitchener disparaît en mer, en juin 1916, au cours d'une mission en Russie. Asquith était accusé de manquer d'énergie et d'efficacité pour conduire le gouvernement pendant la guerre. Une coalition se forma contre lui, dirigée par Lloyd George. Le 3 décembre 1916, il était contraint à la démission et remplacé comme Premier ministre par Lloyd George. Porté au pouvoir par la totalité des conservateurs, il a contre lui une partie des libéraux regroupés autour d'Asquith et une partie des travaillistes. En fait, en rupture avec toutes les traditions britanniques, sans élections nouvelles, une majorité s'était substituée à une autre. À une majorité de « gauche » succède une majorité de « droite ». Lloyd George modifie le fonctionnement du gouvernement. Le pays est maintenant dirigé par un *War Cabinet* de cinq membres et Lloyd George est accusé d'exercer une véritable dictature sur le pays. Son pouvoir ne va cependant pas jusqu'à pouvoir se débarrasser de Douglas Haig*, le nouveau commandant en chef, dont il contestait les méthodes.

* P. 119

b. La France

En France, les rapports entre gouvernement, Parlement et haut commandement furent également tumultueux. Ces rapports avaient été définis avant la guerre (décret du 28 octobre 1913) : au gouvernement, revenait la conduite de la guerre, au haut commandement, la conduite des opérations militaires. Toutefois la différence entre la conduite de la guerre et la conduite des opérations était tout à fait subtile, surtout dans une guerre qui durait. Conduire des opérations militaires et établir une stratégie pouvaient-ils se concevoir sans se préoccuper aussi bien de la diplomatie que des fabrications de guerre, voire des libertés publiques ? En fait le Grand Quartier Général et le général Joffre considéraient que tout dépendait d'eux, sans que cela mette en cause la démocratie : le gouvernement conservait le pouvoir de remplacer le commandant en chef, s'il le voulait ! Le départ du gouvernement à Bordeaux, lorsque Paris fut menacé, favorisa cette conception maximaliste. De plus, les ministres de la guerre, Adolphe Messimy• jusqu'au 26 août 1914, puis Alexandre Millerand• jusqu'au 30 octobre 1915, couvrirent systématiquement les excès de pouvoir du haut commandement. Pendant plusieurs mois, il y eut une véritable dictature du Grand Quartier Général.

Lorsqu'à la fin de 1914, le gouvernement et le Parlement revinrent à Paris, les oppositions entre l'état-major et les ministres de la Guerre d'un côté, et beaucoup d'autres ministres et le Parlement de l'autre, ne manquèrent pas de s'accroître.

René Viviani* avait constitué, dès le 26 août, un gouvernement d'union nationale, avec des représentants de toutes les tendances politiques, sauf de la droite cléricale, mais avec des socialistes, Jules Guesde et Marcel Sembat•. Ce furent justement les difficultés avec le Grand Quartier Général qui l'amenèrent à abandonner la direction du gouvernement à Aristide Briand*, précédemment ministre de la Justice. Briand en profitait pour se débarrasser de Millerand•, remplacé au ministère de la guerre par le général Gallieni* (30 octobre 1915). Le conflit se rallumait bientôt entre Joffre et Gallieni. Après la surprise de Verdun, Gallieni souhaitait une réorganisation du haut commandement, d'autant qu'il avait attiré l'attention de Joffre sur les faiblesses de la place, sans que ce dernier en tienne compte. Gallieni, malade, devait céder et démissionner (17 mars 1916), mais Joffre était ébranlé et était pratiquement éliminé à la fin de 1916. Dorénavant, la supériorité du pouvoir civil sur le pouvoir militaire fut rétablie.

* P. 47
* P. 29
* P. 89

• **David Lloyd George** (1863-1945). Fils d'un maître d'école gallois, il devint député libéral à 27 ans, mais ce n'est que beaucoup plus tard avec l'arrivée des libéraux au pouvoir qu'il put jouer un rôle important. Farouche adversaire des conservateurs et de l'aristocratie, il se rendit célèbre en 1908-1909 en établissant, comme ministre des Finances du gouvernement Asquith, le « budget du peuple » très défavorable aux grands propriétaires fonciers. D'abord hostile à l'intervention de l'Angleterre dans la guerre, mais champion des petites nations, l'invasion de la Belgique retourne sa position. Ce libéral de « gauche », devenu Premier ministre le 7 décembre 1916, fut considéré comme le plus grand « dirigeant de guerre » depuis Pitt.

• **Adolphe Messimy** (1869-1935). Saint-Cyrien, breveté d'état-major, capitaine à 25 ans, Messimy abandonne la carrière militaire pour une carrière politique. Député radical de la Seine de 1902 à 1912, puis de l'Ain (son département d'origine) de 1912 à 1919, il commence une carrière ministérielle à partir de 1911, ministre des Colonies d'abord, puis ministre de la Guerre, en 1911 et 1912. Il retrouva ce portefeuille en juin 1914. Énergique, mais violent, se contrôlant mal, se répandant en propos sans nuances, d'une activité brouillonne, le président du Conseil l'écarte de son gouvernement le 26 août 1914. Il rejoint l'armée où de capitaine il devint général de brigade en septembre 1917. Battu aux élections de 1919, il fut sénateur de l'Ain, de 1923 à sa mort.

• **Alexandre Millerand** (1859-1943). Avocat, député de la Seine à 26 ans, il le resta jusqu'en 1920 où il accéda à la présidence de la République. Un des socialistes les plus en vue dans les années 1890, le début de sa rupture avec les socialistes date de son acceptation du poste de ministre du Commerce dans le gouvernement Waldeck-Rousseau en 1899. Exclu des rangs socialistes en 1904, il appartient à la veille de la guerre, principalement avec Aristide Briand, à une « gauche nationaliste ». Il est un partisan ardent de la loi de trois ans de service militaire votée en 1913. Ministre de la Guerre en 1912-1913, il retrouve cette fonction lorsque Viviani forme son gouvernement d'union sacrée le 26 août 1914. Dans cette fonction, il ne fut que le paravent et le porte-parole du Grand Quartier Général. Vivement attaqué pour cela sur le plan parlementaire, il fut écarté du gouvernement en octobre 1915.

• **Marcel Sembat** (1862-1922). Juriste de formation, esprit fin, caustique, subtil, il a joué un grand rôle dans la réalisation de l'unification des forces socialistes en 1905. Spécialiste des questions internationales, il avait publié en 1913 un livre qui avait fait grand bruit : *Faites un roi, sinon faites la paix*. Il considérait comme liées la défense de la République et la défense de la paix. Député de la Seine de 1893 à 1922, membre du Bureau socialiste international, il fut ministre des Travaux publics, d'août 1914 à décembre 1916, avec Léon Blum, comme chef de Cabinet. Il fut, par la suite, de ceux qui rejetèrent l'adhésion au communisme, mais la guerre avait tué quelque chose en lui. Lors de sa mort subite, un journaliste du *Temps* écrivit : « Pour tous ceux qui l'ont connu, il ne fut plus le même homme. [...] Il était une sorte d'ombre errante autour de lui-même. »

Manifeste du Parti socialiste
(28 août 1914)

Depuis la crise du «ministérialisme» qui, en 1899, opposa guesdistes et vaillantistes, hostiles à la participation de Millerand au gouvernement Waldeck-Rousseau, à Jaurès qui en était partisan, le Congrès de l'Internationale ouvrière (la IIe Internationale) d'Amsterdam, en 1904, avait interdit la participation à un gouvernement «bourgeois». La décision des socialistes français d'accepter l'invitation qui leur était faite par René Viviani en août 1914, d'entrer dans un gouvernement d'union sacrée fut, pour l'histoire du mouvement ouvrier, tout à fait importante. Le Parti socialiste estima nécessaire de longuement justifier cette position.

«Citoyens,

C'est à la suite d'une délibération régulière, c'est par une décision mûrement pesée que le Parti socialiste a autorisé deux de ses membres, nos amis Jules Guesde et Marcel Sembat, à entrer dans le nouveau Gouvernement, et qu'il a fait d'eux ses délégués à la Défense nationale.

Tous les représentants du Groupe socialiste au Parlement, de la Commission administrative permanente, du Conseil d'administration de l'Humanité *ont été d'accord pour assumer avec eux les graves responsabilités qu'ils consentaient à partager.*

S'il ne s'était agi que d'un remaniement ministériel, s'il ne s'était agi que d'adjoindre à l'ancien Gouvernement quelques forces nouvelles, quelques-unes de ces forces intactes dont notre parti est si riche, bien plus, s'il s'était agi de l'ordinaire participation à un Gouvernement bourgeois, le consentement de nos amis, ni le nôtre, n'auraient été obtenus.

C'est de l'avenir de la nation, c'est de la vie de la France qu'il s'agit aujourd'hui. Le Parti n'a pas hésité.

La vérité, pressentie, annoncée par nous, a éclaté. Sans avoir été entamées, sans avoir été atteintes dans leur constitution, nos armées se sont momentanément repliées devant des forces supérieures. Une des régions les plus riches et les plus laborieuses de notre pays est menacée.

Il faut que l'unité nationale, dont la révélation renouvelée réconfortait les cœurs au début de la guerre, manifeste toute sa puissance.

Il faut que dans un de ces élans d'héroïsme qui se sont, à de pareilles heures, toujours répétés dans notre histoire, la nation entière se lève pour la défense de son sol et de sa liberté.

Le chef du Gouvernement a pensé que pour entraîner la nation, pour l'organiser, pour la soutenir dans une lutte qui sera et qui doit être acharnée, il avait besoin du concours de tous, et plus particulièrement peut-être de ceux qui redoutent, pour l'émancipation prolétarienne et humaine, l'oppression accablante du despotisme. Il savait qu'à toutes les heures graves, en 1793 comme en 1870, c'était en ces hommes, en ces socialistes, en ces révolutionnaires, que la nation mettait sa confiance.

Spontanément, sans attendre d'autre manifestation de la volonté populaire, il a fait appel à notre Parti. Notre Parti a répondu : Présent !

Voilà dans quel esprit nos amis entrent au gouvernement. Ils y entreront aussi avec la claire vision de l'œuvre immense qu'ils ont à accomplir.

Et d'abord ils obtiendront que la vérité soit dite au pays.

Ils maintiendront et développeront son courage et sa volonté de vaincre en lui donnant confiance entière dans la sincérité gouvernementale.

Ils poursuivront la levée en masse. Ils feront en sorte qu'aucune force, aucune bonne volonté ne demeurent inutilisées.

Ils vérifieront les ressources d'équipement, d'approvisionnement et d'armement qui existent dans nos places. Ils s'efforceront de les multiplier.

Ils rendront chaque jour plus intense, par la collaboration de toutes les forces disponibles, la production des munitions et des armes.

Il dépend d'une volonté exempte de préjugés, uniquement guidée par le salut du pays, il dépend d'un immense effort d'organisation que soit portée au maximum l'utilisation des énergies nationales.

Enfin et surtout, citoyens, la présence de nos amis au sein du Gouvernement sera pour tous la garantie que la démocratie républicaine est prête à la lutte à outrance.

Que de fois notre grand Jaurès, prévoyant même un premier revers français, sous une attaque de masse, n'a-t-il pas insisté sur la nécessité de cette lutte ? Il aurait voulu qu'elle fût préparée dans tous ses détails. Mais, coûte que coûte, cette résistance opiniâtre, nous avons le devoir de l'organiser et, d'autant plus, que d'elle dépend le succès commun des Alliés. C'est à cette résistance que nos amis convieront la nation.

Aujourd'hui comme hier, après les premières épreuves comme dans l'enthousiasme de la mobilisation, nous avons la certitude de lutter, non seulement pour l'existence de la Patrie, non seulement pour la grandeur de la France, mais pour la liberté, pour la République, pour la civilisation.

Nous luttons pour que le monde, affranchi de l'oppression étouffante de l'impérialisme et des atrocités de la guerre, jouisse enfin de la Paix dans le respect des droits de tous.

Cette conviction, les Ministres socialistes la communiqueront au Gouvernement entier. Ils en animeront son travail. Ils la feront partager à l'héroïque armée où combat aujourd'hui la fleur de la nation. Et par leur effort persévérant, par leur élan enthousiaste, ils assureront tout à la fois le salut de la Patrie et le progrès de l'Humanité.»

Le Groupe socialiste au Parlement. La Commission administrative permanente. Le Conseil d'administration de L'Humanité.

Autre question : quelle place le Parlement pouvait-il avoir ? Comment pouvait-il assurer son rôle de contrôle du gouvernement, sans mettre en danger les secrets de la Défense nationale ? On imagina de tenir en séances secrètes des réunions du Sénat et de la Chambre des députés, dénommées pour l'occasion *Comités secrets*. Le premier Comité secret eut lieu en juin 1916, avec à l'ordre du jour une discussion sur la bataille de Verdun. Solution boiteuse en réalité, qui faisait se succéder séances publiques et séances secrètes, mais elle avait le mérite de maintenir le régime parlementaire.

c. L'Italie

L'Italie n'échappa pas aux difficultés entre le gouvernement et l'état-major. En fait le général Cadorna*, comme son homologue français, estimait que tout dépendait de lui, qu'il n'avait pas à subir de contrôle de la part du pouvoir politique. En revanche, le mécontentement qui montait dans le pays était, d'après lui, le résultat de la faiblesse du gouvernement envers les éléments subversifs. Le gouvernement Salandra* était sans doute faible, mais pour d'autres raisons. Après avoir trouvé un moment une majorité parlementaire pour accepter une guerre courte et victorieuse, il était de plus en plus contesté par une Chambre des députés, majoritairement acquise à Giolitti*. L'offensive surprise des Autrichiens dans le Trentin en mai 1916 écorna considérablement le prestige du général Cadorna, mais ce fut la chute de Salandra (juin 1916) qu'elle provoqua,

* P. 99
* P. 47
* P. 13

accusé par les uns d'avoir choisi de faire la guerre et par les autres de ne la faire qu'à moitié, puisque la guerre n'avait pas même été déclarée à l'Allemagne (ce qui fut fait seulement le 27 août 1916). Le gouvernement qui remplaça celui de Salandra était dirigé par un vieillard, presque octogénaire, Paolo Boselli•. Même si ce gouvernement pouvait se présenter comme d'union nationale, ce qui n'avait pas été le cas du gouvernement Salandra, et si son assise politique était donc plus large, son manque d'autorité l'empêchait de mettre en cause le pouvoir de Cadorna.

En réalité, jusqu'à la fin de 1916 et pendant une partie de l'année 1917, l'Italie ne fut guère gouvernée.

d. La Belgique

Avec un territoire à peu près complètement occupé, le régime parlementaire de la **Belgique** n'a évidemment pas pu fonctionner. Dans la pratique, le gouvernement belge était installé en dehors du territoire national, à Sainte-* P. 83 Adresse, près du Havre, tandis que le roi Albert Ier*, en tant que chef des armées, était resté sur le dernier lambeau libre de territoire belge. Cette situation fut favorable au renforcement des pouvoirs du roi qui, comme la publication récente de ses *Carnets et Correspondance de guerre*[1] l'a montré, mena une politique personnelle. Albert Ier voulait à la fois préserver le territoire belge d'une destruction complète et travailler au maintien d'un certain équilibre en Europe. Il essaya d'établir des contacts avec les Allemands dans le but, qui échoua, d'une paix de compromis. Ces négociations furent menées totalement en dehors du gouvernement.

Toutefois le gouvernement belge subit la même évolution que dans les autres pays à système représentatif, l'élargissement du gouvernement vers une formule d'union nationale. Dans le gouvernement catholique homogène du comte de Broqueville•, deux personnalités libérales et un dirigeant socialiste, Émile Vandervelde•, furent nommés, dès août 1914, ministres d'État, c'est-à-dire conseillers du roi, puis ministres sans portefeuille, en janvier 1916, ce qui en faisait des membres du gouvernement.

Au total, le pouvoir militaire dans sa tentative de s'imposer au pouvoir civil, a échoué dans les pays de système représentatif. Assez paradoxalement, la prolongation de la guerre lui a été défavorable. L'exemple de la France est significatif. Le pouvoir militaire a reflué, un pouvoir militaire qui avait vu dans les événements l'occasion de reprendre une place que l'évolution démocratique lui avait enlevée : « Pour beaucoup d'officiers, mener la nation en armes, c'[était] une sorte de revanche. »[2]

Dans les pays semi-autoritaires du centre de l'Europe, la place de l'armée restait considérable et l'évolution des rapports pouvoir civil-pouvoir militaire eut tendance à se faire en sens inverse.

2 Les régimes semi-autoritaires

a. L'Allemagne

En Allemagne, l'entrée en guerre avait permis de régler une situation politique difficile, puisque, à la suite des élections de 1912 qui s'étaient traduites par un grand succès des socialistes, le chancelier Bethmann Hollweg* ne disposait au *Reischtag* d'aucune majorité sur laquelle s'appuyer. La guerre permit un ralliement des forces politiques autour du gouvernement, sans que pour autant il ait été question de le modifier ou de l'élargir. En tant que chef des armées, l'empereur Guillaume II disposait de pouvoirs immenses. En même temps, la guerre accrut la centralisation au bénéfice du pouvoir fédéral. Une ordonnance du 15 août 1914 donnait au gouvernement le droit de réquisition et de contrôle sur tous les objets utilisables en temps de guerre. Le 22 mai 1916, un *Office de guerre de l'alimentation* était confié à un véritable dictateur à l'alimentation, ce qui amena une vive protestation des États…

* P. 45

En contrepartie de leur soutien, les forces politiques socialistes ou libérales s'employèrent à obtenir des réformes, en particulier en matière électorale. Elles réclamaient l'abolition du système des classes (cf. p. 15) en Prusse. Des promesses furent faites, mais on n'alla pas au-delà, d'autant que ces projets de réformes alarmaient les forces conservatrices, bureaucratie, armée,

---

• **Paolo Boselli** (1838-1932). Homme politique libéral, spécialiste des questions financières, il était pratiquement retiré de la vie politique avant la guerre. Après un premier refus, il accepta, en août 1916, de prendre la direction d'un cabinet d'union des socialistes aux catholiques et comprenant des représentants d'un grand nombre de petites formations. Il avait alors 78 ans et l'homme fort du Cabinet était le ministre des Affaires étrangères, Sydney Sonnino. Ce gouvernement devait montrer sa solidarité avec les Alliés en déclarant la guerre à l'Allemagne. Mais de plus en plus attaqué à cause de la faiblesse de son gouvernement, il fut renversé en octobre 1917. Après la guerre, il rallia le régime fasciste de Benito Mussolini.

• **Charles de Broqueville** (1860-1940). D'une famille d'origine française et récemment anoblie en Belgique, il devient le chef du parti catholique et à ce titre, il dirige le gouvernement belge à partir de 1911, veillant au renforcement des forces militaires de la Belgique. Lors de l'attaque allemande, il est d'accord avec le roi pour résister, mais quand le gouvernement se trouve réfugié à Sainte-Adresse près du Havre et que le roi est resté dans la petite partie de la Belgique non occupée par les Allemands, les rapports deviennent assez tendus entre le souverain et le président du Conseil. La mésentente est liée surtout à la politique étrangère et au souhait d'Albert Ier de rechercher une paix de compromis avec l'Allemagne. Quand Broqueville en octobre 1917 se rallie à ce point de vue, il entre en conflit avec les autres ministres et est obligé d'abandonner son poste en mai 1918. Il devait de nouveau diriger le gouvernement entre 1932 et 1934.

• **Émile Vandervelde** (1866-1938). Membre du Parti ouvrier belge depuis sa création en 1885, député de Charleroi en 1894, puis de Bruxelles, de 1900 jusqu'à sa mort, il devient le président du Parti ouvrier belge. Il joue également un rôle majeur dans la IIe Internationale dont il est aussi devenu le président. Rallié à la défense nationale lors de l'invasion de la Belgique par l'Allemagne, il accepta d'entrer dans le gouvernement d'union nationale. Il fut pendant toute la guerre, en tant que président de l'Internationale, hostile à tous ceux qui souhaitaient une reprise des relations avec les socialistes des Puissances centrales. Il occupa après la guerre de nombreux postes ministériels.

grands industriels. En fait, Bethman Hollweg qui n'était hostile, ni aux réformes, ni à une paix de compromis, apparaissait comme un mou.

* P. 89

Les pouvoirs du Grand Quartier Général étaient déjà immenses, mais l'arrivée à sa tête d'Hindenburg* et de Ludendorff, en août 1916, se traduisit par une mainmise presque totale sur la direction du pays.

Le 5 décembre 1916, une loi sur le service patriotique décida que tous les Allemands de 17 à 60 ans devaient être prêts au service du pays. Hindenburg et Ludendorff étaient devenus collectivement de véritables dictateurs. « Tout à cette époque relève de l'état-major général »[3], même si Bethman Hollweg reste encore pendant quelques mois à la chancellerie.

b. L'Autriche-Hongrie

En Autriche-Hongrie, les problèmes de gouvernement se posèrent différemment dans les deux parties de l'Empire.

* P. 43

En Autriche, le Parlement, qui ne fonctionnait pas en raison des oppositions entre nationalités, avait été renvoyé depuis le mois de mars 1914 par le président du Conseil, le comte Stürgkh. Il gouvernait par ordonnances en application de l'article 14 de la Constitution. Le bâtiment du Parlement avait même été transformé en hôpital pour les blessés. La totalité des pouvoirs était donc concentrée entre les mains de l'empereur François-Joseph et de son gouvernement. Il en fut ainsi jusqu'à la fin de 1916, ce qui n'impliquait d'ailleurs pas que, par l'intermédiaire du gouvernement, le chef d'état-major Conrad von Hötzendorf* et l'armée gouvernent. Ce fut en fait une constante guérilla entre le pouvoir civil et le pouvoir militaire, le comte Stürgkh déployant de grands efforts – avec plus ou moins de succès – pour éviter que le haut commandement ne se mêle des affaires intérieures.

* P. 45

En Hongrie, le régime parlementaire a continué de fonctionner. Le comte Tisza* dispose d'une majorité (il s'agit d'une chambre censitaire composée principalement de grands propriétaires nobles) et gouverne en maître la Hongrie, en y refusant toute intervention du Grand Quartier Général.

La guerre a donc provoqué une séparation plus grande des deux parties de l'Empire et un renforcement de l'autoritarisme dans la partie autrichienne. Quant à l'armée, qui n'avait pas de comptes à rendre au pouvoir civil et qui prêtait serment à la personne du monarque, son pouvoir resta important.

À la fin de 1916, deux événements vinrent troubler l'ordre établi depuis le début de la guerre. D'abord, l'**assassinat du président du Conseil Stürgkh•**, le 21 octobre, par **Friedrich Adler,** le fils d'un des principaux dirigeants socialistes, Viktor Adler qui voulait faire quelque chose contre la guerre dont il faisait de Stürgkh, à tort, un symbole. Ensuite, **la mort,** à 86 ans, un mois plus tard, le

21 novembre, de l'empereur François-Joseph. Deux événements qui, à vrai dire, ne provoquèrent pas une grande émotion dans l'Empire austro-hongrois.

c. La Russie

La **Russie** n'échappa pas à la règle de la croissance de l'autoritarisme dans les États semi-autoritaires.

La puissance manifeste des sentiments d'union patriotique n'avait pas poussé le gouvernement à conserver ses droits au Parlement. Après la séance d'union du 8 août 1914, la session de la *Douma* fut close. Le gouvernement légiféra par oukases, conformément à l'article des Lois fondamentales. La guerre avait permis un retour pur et simple à l'autocratie. La *Douma* ne se réunit que trois jours au début de 1915. Mais cette situation se combina avec un mécontentement de plus en plus sensible dans l'opinion, surtout après les défaites subies en 1915. Le gouvernement se révélait incapable de faire face aux besoins de la population civile et de l'armée.

La **crise des munitions d'artillerie** n'est pas spécifique à la Russie, elle a atteint tous les belligérants dont aucun n'avait prévu une telle consommation, mais elle prend un tour particulier en raison de l'insouciance du ministre de la Guerre, le général Sukhomlinov•, qui déclare, au début de 1915, que l'armée a tout ce dont elle a besoin.

Face aux critiques, le président du Conseil Goremykine* renvoie ses ministres les plus discrédités, le ministre de l'Intérieur Maklakov* et celui de la guerre et il convoque la *Douma* pour le mois de juillet 1915.

* P. 45
* P. 45

• **Karl von Stürgkh** (1859-1916). En 1881, ce fils de grand propriétaire commence une longue carrière dans l'administration autrichienne. Élu au *Reichsrat* en 1890, il devient, en 1911, ministre-président en Cisleithanie. Pendant la guerre, le Parlement ne fut pas réuni avant mai 1917 : Stürgkh fut l'initiateur d'un absolutisme de temps de guerre. Son assassin s'écria : « Nous voulons la paix », mais aussi « À bas l'absolutisme ». De caractère assez borné, il fut le dernier ministre-président à avoir une certaine influence.

• **Vladimir Sukhomlinov** (1848-1926). Officier de cavalerie, breveté d'état-major, il accomplit une brillante carrière. Général en 1890, il ne participe pas à la guerre de Mandchourie, ce qui lui évite d'y risquer sa réputation. Chef de l'état-major général en 1908, il devient, en 1909, un ministre de la Guerre extrêmement controversé. Beaucoup d'historiens le considèrent comme un « Raspoutine en uniforme » (Norman Stone, in *The Eastern Front*), indolent, corrompu et incompétent, surtout préoccupé d'éliminer ses adversaires. D'autres considèrent qu'il a su mettre sur pied un plan de mobilisation rapide, préparer et organiser les réserves et qu'il avait établi, en 1913, un grand programme de quatre ans qui devait faire de l'armée russe l'égale en qualité des grandes armées européennes, mais qui n'eut pas le temps d'être réalisé. Il joua un grand rôle pour faire accepter à l'empereur Nicolas II hésitant la mobilisation générale. Pendant la guerre, il fut de plus en plus contesté et, à partir de 1915, considéré comme particulièrement incompétent et même soupçonné de trahison. Il fut révoqué en juin 1915. Menacé alors d'arrestation, il fut effectivement arrêté par le gouvernement provisoire en septembre 1917, puis relâché par les bolcheviks en mai 1918. Réfugié en Allemagne, il mourut à Berlin où il écrivit des mémoires pour défendre sa réputation.

Une majorité s'y forme qui, sous le nom « bloc progressiste », rassemble la gauche modérée des Cadets, le centre et la droite modérée des Octobristes. Elle estime le gouvernement incapable de conduire la guerre et réclame la formation d'un ministère ayant la confiance de la Chambre. Ce que veut cette majorité, c'est le régime parlementaire, la fin des méthodes administratives arbitraires et de l'intervention de l'armée là où elle n'avait que faire, le rassemblement de la nation par une série de réformes, l'amnistie des crimes et délits politiques, la cessation des persécutions religieuses, l'autonomie de la Pologne, la disparition des restrictions légales pour les Juifs…

La majorité des ministres aurait voulu s'entendre avec la majorité parlementaire, mais ce n'était pas l'avis de Goremykine.

En fait le pouvoir était de plus en plus vermoulu. Deux événements en renforcèrent le délabrement. Le 24 août 1915, comme nous l'avons vu, le tsar décida de prendre personnellement le commandement des armées, ce qu'il était tout à fait incapable de faire, mais qui lui permettait d'être éloigné des affaires qui l'ennuyaient et de vivre à la campagne, ce qu'il aimait. Comme le souligne Marc Ferro[4], il donnait l'impression d'être en vacances. Convaincu qu'il devait être autocrate, il se complaisait néanmoins dans le rôle de « roi fainéant ». Le deuxième événement est le corollaire du premier. La tsarine Alexandra, d'origine allemande, soupçonnée d'avoir des sympathies pour l'Allemagne, exerça officiellement le pouvoir. Elle était tombée, déjà depuis longtemps, sous l'influence d'un « moine » inculte, Grigori Raspoutine qui avait ou faisait croire qu'il avait des dons de guérisseur et qu'il pouvait soigner le tsarévitch atteint d'hémophilie. Raspoutine devint tout-puissant. Il conseille la tsarine dans le sens du conservatisme et on le pense favorable à un arrangement avec l'Allemagne.

Le 3 septembre 1915, la *Douma* est suspendue, sans que la date de sa prochaine réunion soit fixée. Une extraordinaire valse des ministres a lieu, y
* P. 31 compris le renvoi de Sazonov*, le ministre des Affaires étrangères, qui avait une certaine stature internationale. En janvier 1916, c'est au tour du Premier ministre Goremikyne d'être renvoyé et remplacé par Sturmer, incompétent mais qui est une créature de Raspoutine. Son absence de toute capacité ne l'empêche pas de se charger, en supplément, des Affaires étrangères.

Même les députés les plus modérés, les monarchistes les plus convaincus, commencent à croire qu'il fallait s'en prendre à celui qui, en définitive, couvrait les ministres corrompus, incapables, peut-être traîtres, au tsar lui-même. En attendant, un groupe de députés d'extrême-droite et certains milieux de la Cour décident de se débarrasser de Raspoutine. Dans la nuit du 17 au 18 décembre 1916 (dates du calendrier russe), ils parviennent – difficilement – à l'assassiner.

Parallèlement à cette liquéfaction du pouvoir, un clivage s'est opéré entre, d'un côté le gouvernement et l'administration qui n'ont plus guère de prise sur les réalités et de l'autre, la « société » qui s'y substitue. De nombreux Comités se sont créés, le *Comité de la Croix-Rouge* qui a pris en mains la santé publique, l'*Union pan-russe des Zemstvos* qui s'occupe des soldats malades et blessés, le *Comité des Industries de guerre*... Tous les secteurs de l'activité nationale tendent ainsi à s'organiser en dehors de l'État.

À la fin de 1916, face à un pouvoir à la fois tout-puissant et déliquescent, la situation intérieure se tend, les grèves se multiplient, la pénurie gagne, le pain et le charbon manquent.

Quels traits émergent de la diversité des situations européennes ? Le pouvoir militaire a essayé de profiter des circonstances pour se substituer au pouvoir civil, avec insuccès dans les pays à régime parlementaire solide, avec davantage de succès dans les autres, mais, nulle part – du moins officiellement – les régimes parlementaires ou constitutionnels n'ont été remis en cause, (même en Russie, il n'a pas été dit que le régime constitutionnel était aboli). Néanmoins on commence à distinguer que, de façon démocratique ou non, sans être encore générale, la tendance à la **personnalisation du pouvoir** se renforce ou apparaît.

• **Grigori Raspoutine** (1864/65-1916). Raspoutine est un surnom reçu très jeune et qui signifie « le débauché ». Né dans une famille de paysans pauvres de la province de Tobolsk, en Sibérie occidentale, entre 1864 et 1872, il s'appelait en réalité Novykh. Il appartenait à un type d'individus fréquents dans la Russie d'alors qui s'auto-proclamaient « saints » et prétendaient avoir des pouvoirs de guérisseur. Il débuta dans l'orbite d'une secte, *les Flagellants,* mais arrivé à Saint-Pétersbourg au début du siècle, il parvint, par les relations qu'il s'était faites dans la hiérarchie orthodoxe et dans certaines familles aristocratiques, à approcher la famille impériale. Il n'était pas le premier de ces guérisseurs mystiques à le faire, mais il prit une place considérable auprès de l'empereur et de l'impératrice en parvenant à leur faire croire qu'il pouvait sauver leur fils atteint d'hémophilie. Son influence devint fort importante et il avait partie liée avec les milieux les plus conservateurs. Opposé à l'entrée en guerre de la Russie, son influence devint surtout considérable quand le gouvernement fut assuré par l'impératrice en l'absence de Nicolas II qui avait été prendre le commandement des armées à la fin de 1915. L'influence de Raspoutine fut directe quand il fit remplacer par ses créatures les ministres qui lui déplaisaient. Mais, le plus grave fut le discrédit qui atteignit dans l'opinion publique la famille impériale et le gouvernement. Soupçonné de sentiments germanophiles, il fut assassiné par un groupe de jeunes aristocrates dans la nuit du 29 au 30 décembre 1916.

• **Boris Sturmer** (1848-1917). D'une famille d'origine autrichienne, il fit une carrière de fonctionnaire. D'opinions ultra-conservatrices, intrigant, il est nommé Premier ministre en février 1916, grâce au soutien de Raspoutine, quand Ivan Goremykine, trop âgé et trop faible, parut de plus en plus incapable de conduire la guerre. Bien qu'incompétent, Sturmer cumula les ministères, Intérieur, Affaires étrangères, au fur et à mesure qu'il en révoquait les titulaires. Soupçonné à tort ou à raison d'être un « agent » de l'Allemagne, accusé par le dirigeant du Parti cadet, Paul Milioukov, soit de stupidité, soit de trahison, il dut abandonner le pouvoir en novembre 1916. Ses neuf mois de gouvernement ont été une période particulièrement désastreuse. Arrêté après la révolution de mars 1917, il mourut en prison en septembre 1917.

II. L'Économie de guerre

Les gouvernements avaient dû faire face à des problèmes économiques inopinés. Il leur fallait assurer une production massive et totalement imprévue de matériel de guerre (armement, munitions, équipements divers…), donner une importance particulière à la production d'obus, tout en assurant le ravitaillement nécessaire à la population civile. Jusqu'à présent, l'activité économique n'était pas du domaine des États. Il leur fallait donc intervenir, sans pour autant remettre en cause les principes sur lesquels l'économie était fondée, le libéralisme, la libre-entreprise. La mise en place de l'économie de guerre se fit, avec des variantes, par des accords entre pouvoirs publics et industrie. Dans certains cas, comme en Allemagne, l'état-major traitait directement avec l'industrie, en rejetant le pouvoir civil à l'arrière-plan.

Les États disposaient de divers moyens d'intervention, le rationnement et la répartition des matières premières, les attributions de main-d'œuvre, la distribution des crédits et la fixation des prix. Le plus délicat était cependant de gérer la mise en place d'équipements industriels lourds pour répondre à une situation considérée comme provisoire. Devant l'impossibilité des industriels à prendre ce risque, les États furent contraints de leur ouvrir des crédits à long terme, afin qu'ils puissent construire de nouvelles usines, les équiper de machines adaptées aux nouvelles fabrications, prévoir les immenses halls d'assemblage ou de stockage.

1 L'industrie de guerre

a. En Allemagne

Pour les Puissances centrales, très vite affectées par le blocus allié, le ravitaillement en matières premières fut un problème clef, mais avant même la menace de pénurie, l'Allemagne s'était engagée dans la voie de l'organisation d'une économie de guerre. Dès le mois d'août 1914, à l'initiative de l'industriel Walther Rathenau•, président de la Société générale d'Électricité (AEG), un **service des matières premières de guerre** avait été créé au ministère de la Guerre prussien qui fut progressivement étendu à l'ensemble des États allemands. Rathenau en assura la direction jusqu'au printemps 1915. Il avait pour but de recenser les stocks et les besoins de la Défense nationale et de rechercher des produits de substitution (*Ersatz),* de répartir les matières premières entre les sociétés travaillant pour la défense nationale et même de fixer les prix et les marges bénéficiaires. Les entreprises travaillant pour la défense nationale furent regroupées, en fonction de leur spécialité, en *Sociétés* *de guerre,* sortes de cartels obligatoires, comme le note Raymond Poidevin[5], dirigés en même temps par des chefs d'entreprise et des fonctionnaires. L'Allemagne pousse l'Autriche-Hongrie à faire de même.

L'Allemagne usa de tous les moyens pour faire face à ses besoins en matières premières : réquisition dans les territoires occupés, achat à l'extérieur par l'intermédiaire des neutres, utilisation exclusive pour les productions militaires... Les scientifiques allemands par leurs découvertes eurent un rôle de premier plan. Ainsi Haber• et Bosch• inventèrent une méthode pour produire de l'acide nitrique – indispensable à la fabrication des poudres – sans utiliser les nitrates qui ne pouvaient plus être importés du Chili. Malgré les difficultés d'approvisionnement, les productions militaires ne cessèrent d'augmenter. En revanche, les restrictions imposées aux civils furent de plus en plus sévères.

b. En France

Les problèmes économiques de la France furent assez différents. Elle dut faire face à l'occupation de la partie de son territoire la plus riche en activités minières, métallurgiques et textiles et elle fut affectée par un grave manque de main-d'œuvre, puisque la mobilisation avait immédiatement touché une proportion de la population beaucoup plus grande que dans les autres pays.

• **Walther Rathenau** (1867-1922). Fils du président d'une des plus importantes firmes industrielles allemandes, la société électrique *AEG,* dont il devint lui-même le président en 1915. Mathématicien, chimiste, philosophe, Rathenau est une personnalité tout à fait extraordinaire et contrastée. Un génie atypique, dit l'historien allemand Gerd Krumeich *(14-18, la Très Grande Guerre,* op. cit.). Fervent admirateur des valeurs prussiennes et très conscient de son appartenance au judaïsme, capitaliste, mais partisan de réformes sociales, grand entrepreneur mais plus intéressé par la pensée – ses essais philosophiques avaient connu une large diffusion avant la guerre – monarchiste, mais plus tard dévoué à l'État républicain, il était désireux par dessus tout que les Juifs puissent être assimilés dans une société fortement antisémite. Dans la guerre, il joua un grand rôle dans les premiers mois, en organisant la mise sur pied de guerre de l'industrie allemande et surtout la mobilisation des matières premières. Il abandonna ses fonctions en juin 1915, sentant la pression des militaires qui estimaient que ce ne n'était pas à un civil de jouer les premiers rôles dans l'industrie de guerre, et au surplus à un civil juif. Il occupait au ministère de la Guerre le poste d'un général, alors qu'on lui avait refusé, avant la guerre, d'être lieutenant de réserve, parce que juif... Par la suite, il fut convaincu que Ludendorff était l'homme qui pouvait gagner la guerre, même s'il ne partageait pas ses vues sur les annexions à l'Est, ni sur la guerre sous-marine à outrance. Peu avant la défaite, il aurait voulu que l'on appelle la jeunesse allemande à une levée en masse. Son rôle politique fut important après la guerre. Ministre des Affaires étrangères de la République allemande en 1922, il signa le traité de Rapallo avec la Russie soviétique, mais avant la fin de l'année il fut assassiné par des officiers nationalistes qui voyait en lui un tenant du complot judéo-bolchevique !

• **Fritz Haber** (1868-1934). Prix Nobel de chimie en 1918, un des grands chimistes allemands. Il dut quitter le pays en 1933 et mourut en Suisse.

• **Carl Bosch** (1874-1940). Directeur de la *Badische Anilin und Soda Fabrik* en 1914, plus tard président de l'*IG Farben-Industrie,* prix Nobel de chimie en 1931.

Sans se faire directement producteur, l'État dut s'investir profondément dans l'industrie de guerre pour répondre aux besoins. Des sous-secrétaires d'État spécialisés furent nommés, de très nombreuses commissions de toutes sortes furent créées. Un ministre, Albert Thomas•, successivement sous-secrétaire d'État à l'Artillerie et à l'Équipement militaire (18 mai 1915), sous-secrétaire d'État à l'Artillerie et aux Munitions (29 octobre 1915), ministre de l'Armement et des Fabrications de guerre (12 décembre 1916) fut l'animateur de l'industrie de guerre. Socialiste, Albert Thomas n'avait pas le sentiment d'être le ministre d'une économie libérale, mais d'une **économie organisée.** Par ses commandes et par le paiement des fabrications de guerre, par la fixation des prix, par les avances pour la construction des usines nécessaires, par le contrôle des moyens de transport, en particulier maritimes, par la création de **consortiums,** groupement des industriels d'une même spécialité, l'État avait été conduit à jouer un rôle majeur dans la vie économique. Un immense effort de reconversion des productions industrielles et de rationalisation des implantations dut avoir lieu. Les activités industrielles connurent une grande croissance dans des centres isolés, surtout dans la moitié Sud de la France ; dans deux régions, la région parisienne et le bassin de Saint-Étienne, elles eurent un énorme développement.

Une conférence réunissant à Bordeaux le 20 septembre 1914, le ministre de la Guerre Alexandre Millerand et les principaux industriels, fut le point de départ de la mobilisation industrielle du pays. Les importations nécessaires, notamment celles de charbon et d'acier, ne rencontrèrent pas de difficultés, du moins pendant un certain temps. Les besoins en main-d'œuvre furent couverts par le rappel du Front d'environ 500000 hommes, entre septembre 1914 et la fin de 1915, par l'appel aux femmes et aux ouvriers étrangers ou coloniaux.

c. Dans le Royaume-Uni

Confiante dans sa sécurité et dans la puissance de son économie, l'Angleterre n'envisagea pas tout de suite de prendre des mesures économiques. Elle connut néanmoins, au printemps 1915, malgré d'importantes commandes faites aux États-Unis, le « scandale des obus ». En juin 1915, Lloyd George prit la direction du *ministère des Munitions.* Il planifia les objectifs de production et répartit les commandes entre les entreprises. Par une loi du 15 juillet 1915, le gouvernement reçut les pleins pouvoirs pour organiser la mobilisation industrielle. L'État devint le seul grand importateur et son contrôle sur les entreprises privées fut très étendu.

Les besoins en main-d'œuvre posèrent un délicat problème, non pas par pénurie, mais parce qu'une grande partie des tâches devait obligatoirement être confiée à des **ouvriers qualifiés.** Après de difficiles négociations, le *Munitions of War Act* de juillet 1915 permit la pratique de la *dilution :* il était dorénavant possible de faire appel à des ouvriers **non qualifiés.** Un grand nombre de femmes furent également engagées dans les usines.

Dans des pays comme l'Allemagne, le Royaume-Uni ou la France, respectivement deuxième, troisième et quatrième puissances industrielles du globe, le passage à une économie de guerre posa surtout des problèmes d'adaptation, mais dans beaucoup de pays, le problème fut celui de la capacité de production.

d. En Autriche-Hongrie

En Autriche-Hongrie, après la désorganisation du début due au taux élevé de mobilisation, l'économie de guerre permit un développement important de la production militaire, révélant à certains qu'elle était devenue un grand pays industriel, mais elle rencontra les mêmes difficultés à se procurer les matières premières que l'Allemagne. Toutefois, comme le souligne Nicole Piétri[6], sa plus grave difficulté fut l'insuffisance de son réseau ferré, partiellement saturé par les transports de troupes. Dès 1916, les effets s'en firent sentir, malgré de grands efforts dans la production de matériel roulant. À la fin de 1916, la production était supérieure à celle d'avant-guerre, mais la possibilité de la transporter ne cessait de décroître.

e. En Italie

En Italie, l'armement était normalement produit par l'administration militaire. La production en avait été accrue, dès août 1914, bien avant l'entrée en guerre. Une fois dans la guerre, il fallut très vite faire appel à l'industrie privée. *Fiat* mettait au point, dès 1914, un nouveau modèle de mitrailleuse pour remplacer les Vickers que l'Angleterre ne fournissait plus. La firme *Ansaldo* de Gênes, en partant d'un modèle de la firme française *Schneider,* qui fabriquait des canons dès avant la guerre, proposa rapidement un canon de 105.

• **Albert Thomas** (1878-1932). Fils de boulanger, étudiant brillant, élève de l'École normale supérieure, reçu premier à l'agrégation d'histoire, il fut très tôt attiré par le socialisme et distingué par Jean Jaurès. Secrétaire de rédaction de *L'Humanité,* il est élu député en 1910 et en 1914. Il a alors 36 ans. Il rejoint son régiment, mais est bientôt rappelé et il accepte d'autant plus facilement des fonctions gouvernementales qu'il appartenait à ces socialistes modérés qui ont toujours été opposés au refus de participer à des gouvernements « bourgeois ». On peut comparer le socialiste Albert Thomas au capitaliste Rathenau dans leur volonté commune d'organiser l'économie pour faire face à la guerre. Une photographie célèbre le montre monté sur un tas d'obus dans une usine et haranguant les ouvriers. Albert Thomas regretta d'être obligé de se plier à la discipline de son parti lorsque les socialistes refusèrent de rester au gouvernement en septembre 1917. Après la guerre, il fut le directeur du Bureau international du Travail de la toute nouvelle Société des Nations.

L'Italie organisa aussi sa mobilisation industrielle. Un décret du 9 juillet 1915 créa un ***Comité suprême*** pour la fourniture d'armes et de munitions composé de différents ministres, installé au ministère de la Guerre, mais disposant d'une large autonomie. Un sous-secrétariat d'État fut créé pour organiser la production des armements. Comme dans les autres pays, il fallut coordonner les fabrications, répartir les commandes entre les différentes entreprises, ainsi que les matières premières. Dans tous les domaines de l'armement, y compris celui de l'aviation, les progrès de la production italienne furent considérables, les besoins de l'armée furent assurés.

f. En Russie

C'est en Russie que la mobilisation industrielle fut la plus difficile à réaliser. Le pays ne manquait ni de main-d'œuvre, ni de matières premières, mais les moyens de transport étaient insuffisants, et souffrirent surtout de l'absence d'un pouvoir compétent pour les organiser.

Jusqu'en juin 1915, le ministère de la Guerre en fut chargé, puis l'organisation de l'économie de guerre fut confiée à un *Conseil de défense* composé de membres du gouvernement, de délégués de la *Douma* et de représentants de l'industrie. La Russie fut le seul belligérant, non pas à manquer de munitions – en 1915, tous en souffrirent – mais à avoir manqué des moyens élémentaires. L'armée russe ne disposait pas d'un nombre suffisant de fusils. La fermeture des Détroits, en empêchant l'aide alliée de parvenir rapidement, aggrava les choses. Néanmoins en mai 1915, Goutchkov•, industriel et homme politique octobriste, groupa les hommes d'affaires et les industriels les plus importants du pays. Ils créèrent un ***Comité des Industries de guerre***, afin de rationaliser la production et de répartir les commandes militaires entre les grandes entreprises. L'activité du comité fut très efficace, puisque, même si elle n'avait pas tout ce qui lui fallait, l'armée en 1916 était nettement mieux équipée qu'en 1915.

Si on met à part le cas russe – et encore – il est tout à fait étonnant que, confrontées à une guerre industrielle d'une telle ampleur et à des demandes qui seraient apparues extravagantes avant le conflit – les industries aient été capables d'y répondre. Soumises au blocus allié, les industries des Puissances centrales ne donnent aucun signe d'essoufflement[7]. Lorsque Hindenburg et Ludendorff prirent le commandement, ils trouvèrent que l'effort industriel était insuffisant (malgré la débauche d'obus à Verdun !) et ils réclamèrent une multiplication par deux ou par trois de la production des divers armements. Un *Office de guerre* confié au général Groener devait assurer la réalisation de ce programme.

La production d'armement italienne

Si l'industrie italienne en était encore à ses débuts, elle possédait déjà de grandes entreprises dont le rôle dans l'effort de guerre fut considérable. Elles se consacrèrent souvent à des productions très différentes de leurs activités habituelles. La Fabrica Italiana Automobili Torino (FIAT) avait été fondée en 1899 et un de ses créateurs, Giovanni Agnelli, en était devenu rapidement l'unique propriétaire. Dès 1912, après avoir étudié les méthodes américaines, il s'apprête à lancer la construction de voitures de série. La Fiat s'intéressait aussi à la production navale et en particulier aux sous-marins. Ansaldo était une entreprise plus ancienne fondée, à Gênes par un ingénieur, Giovanni Ansaldo, en 1859. Spécialisée d'abord dans les Chemins de fer, puis dans la construction navale, elle fut pendant la guerre un des grands producteurs italiens de navires, de canons, puis de chars et d'avions.

L'augmentation des productions d'armement était prodigieuse : si on prend l'exemple de la France, en octobre 1914, la production d'obus de *75* était de 4000 par jour, dès l'été 1915, elle était de 100000, en juin 1916 de 150000, la production de poudre qui était de 43 tonnes par jour en janvier 1915 était à 168 en juillet, 351 en janvier 1916... En Angleterre, on avait produit 2 millions d'obus en 1915, 17 millions en 1916, on devait en produire 23 millions en 1917...

2 Le financement de la guerre

Il ne suffisait pas d'organiser et de développer la production, il fallut encore, et ce fut un des principaux soucis de tous les gouvernements, pouvoir financer l'énorme progression des dépenses qu'elle provoquait. Dans un premier temps, comme dans les autres domaines, des mesures de circonstances purent paraître suffisantes.

a. En France

Ainsi, en France, dès le 5 août 1914, la libre convertibilité de la monnaie était supprimée, la Banque de France autorisée à augmenter ses émissions de billets et le gouvernement pouvait engager des dépenses sans autorisation préalable du Parlement. Il apparut rapidement que d'autres mesures seraient nécessaires, sans que l'on puisse encore imaginer quel gigantesque volume de dépenses provoquerait la guerre. À titre d'exemple, le budget de la France en

• **Alexandre Goutchkov** (1862-1936). Industriel et homme politique, une des principales personnalités russes de l'avant-guerre et des premières années de la guerre. Monarchiste convaincu, il devait essayer de sauver la monarchie en la poussant aux réformes nécessaires, voire en changeant la personne du souverain. Après avoir été ministre de la Guerre dans le premier gouvernement provisoire, il dut abandonner ses fonctions. Il quitta la Russie après la révolution d'Octobre.

1914 était de 5 milliards de francs-or alors que, pendant les quatre années de guerre, les dépenses s'élevèrent à 140 milliards !

Le ministre des Finances, Alexandre Ribot•, choisit d'utiliser l'emprunt plutôt qu'une augmentation de la fiscalité. À long terme, ce fut un mauvais choix, mais c'était le plus efficace pour obtenir rapidement les moyens nécessaires et, une fois de plus, personne ne croyait s'engager dans une entreprise de longue haleine.

L'impôt sur le revenu avait été voté en 1914, il fut mis en place en 1916, mais il rapporta peu dans l'immédiat. Pour l'essentiel, les ressources nouvelles vinrent :

– de l'augmentation de la masse des billets en circulation, 16,3 milliards pour 1914, 1915 et 1916 ;

– de l'émission de *bons de la Défense nationale* à 5 % (intérêt très élevé pour l'époque) et à court terme, 3, 6 ou 12 mois (22 milliards pour les trois mêmes années), souscrits facilement grâce à l'importance de l'épargne des particuliers sans emploi du fait de la guerre ;

– des *emprunts de la Défense nationale,* dont le premier fut lancé en novembre 1915 et le deuxième en octobre 1916. Ils rapportèrent respectivement 13,3 milliards et 10 milliards. Popularisés par d'importantes campagnes d'affiches dont beaucoup sont restées célèbres, ces emprunts étaient *perpétuels,* donc non remboursables, mais, payables en bons du Trésor, ils rapportèrent moins d'argent « frais », seulement 6,2 et 5,4 milliards ;

– d'emprunts à l'étranger. De septembre 1914 à avril 1917, la France emprunta 7,8 milliards de francs à l'Angleterre et 3,4 milliards aux États-Unis.

Dans cette première période, l'Angleterre put servir de financier aux pays de l'Entente, elle ouvrit de larges crédits, non seulement à la France, mais à la Russie et à l'Italie.

b. En Russie

À l'inverse de la France, la Russie n'était pas une puissance financière et son développement économique moderne avait été fondé en grande part sur des investissements étrangers, en particulier français, même si, depuis quelques années, la part des investissements étrangers avait diminué. L'économie russe, malgré une très forte progression, était encore trop fragile pour que le financement de l'effort de guerre ne fût pas particulièrement difficile. Le recours aux emprunts extérieurs fut donc considérable. De 1914 à 1917, la dette extérieure s'éleva de 8 milliards de roubles à 14,5 milliards, empruntés principalement à l'Angleterre. Un autre moyen de financement fut l'augmentation massive de la circulation monétaire, portée de 1,6 milliard de roubles de billets en août 1914 à 5,6 milliards en janvier 1916 et à 9,9 milliards en mars 1917, avec comme effet une très forte hausse des prix. À la fin de 1916, les prix avaient pratiquement quadruplé par rapport à 1914.

c. En Italie

La situation en Italie est assez proche de celle de la Russie, emprunts principalement à l'Angleterre (764 millions de dollars jusqu'en avril 1917), augmentation de la circulation fiduciaire, hausse des prix (dès 1916, le coût de la vie est passé de l'indice 100 en 1914 à 133,9, il devait être à 189,4 en 1917)[8], mais à la fin de 1916, les dépenses de guerre italiennes correspondent à un an de guerre de moins et à un engagement beaucoup moins important.

d. Dans le Royaume-Uni

L'énorme puissance financière de l'Angleterre lui permit d'être le véritable banquier de la coalition[9] (France, Russie, Italie), d'autant qu'à l'inverse de la France, l'économie britannique n'avait pas été mise en péril par l'invasion de son territoire.

La livre était la seule monnaie européenne dont la libre convertibilité avait été maintenue, afin de ne pas affecter sa valeur sur le marché international. De plus, les prêts britanniques confortaient encore sa puissance financière, puisque les pays emprunteurs devaient en contrepartie effectuer des livraisons d'or ou nantir les prêts obtenus par des dépôts d'or en gage à Londres. Ce fut le cas de la Russie qui, dès décembre 1914, avait dû accepter de vendre de l'or à la Grande-Bretagne, ce fut le cas aussi de la France qui, à plusieurs reprises, en 1915 et en 1916, vendit ou mit en dépôt de l'or en Grande-Bretagne. La collecte de grandes quantités d'or auprès des particuliers permit néanmoins à l'encaisse-or de la France de ne pas diminuer pendant la guerre.

Quant au financement de ses propres dépenses militaires, la Grande-Bretagne opéra de façon assez différente des autres pays. L'impôt en assura une proportion beaucoup plus élevée – près du double en pourcentage de l'Allemagne ou de la France – grâce à l'existence d'un impôt sur le revenu déjà ancien et efficace. Les hauts revenus supportèrent un impôt augmenté

• **Alexandre Ribot** (1842-1923). Un des parlementaire français qui a eu la plus longue carrière. Il fut député ou sénateur du Pas-de-Calais, sans interruption, de 1878 à 1923, pendant 45 ans. Situé au centre-droit, spécialiste des finances et des affaires étrangères, il fut un des artisans de la l'alliance franco-russe comme ministre des Affaires étrangères de 1890 à 1893. À la veille de la guerre, partisan ardent de la loi des trois ans, ce fut pour la sauvegarder que Raymond Poincaré le nomma président du Conseil après les élections de 1914, mais il fut immédiatement renversé par une Chambre des députés dont la majorité était à gauche. Pendant la guerre, Alexandre Ribot fut appelé au gouvernement dans le cadre de l'union sacrée et malgré son âge – 72 ans en 1914 – et une médiocre santé, il fut ministre des Finances d'août 1914 à mars 1917, puis président du Conseil de mars à septembre 1917.

de 50 %. La Grande-Bretagne recourut également moins que les autres à l'endettement à court terme et préféra les emprunts à long terme, placés pour l'essentiel sur son marché intérieur. Conséquence de cette gestion financière, la dévaluation de la monnaie et la hausse des prix furent très inférieures à celles des autres pays.

e. En Allemagne

Les Puissances centrales ne purent recourir à une aide financière extérieure, à part quelques très faibles emprunts contractés aux États-Unis au début de la guerre. L'Allemagne dut financer son effort de guerre par ses propres ressources. Après avoir renoncé à la convertibilité de sa monnaie dès le 31 juillet 1914, elle mobilisa les ressources nécessaires par l'émission de bons du Trésor à court terme, par l'augmentation de la masse monétaire et par des emprunts à long terme, lancés régulièrement tous les six mois. Comme la France, elle fit peu appel à la fiscalité, d'autant que les États se montraient rétifs à des augmentations d'impôts, que les industriels mirent beaucoup de mauvaise volonté à payer l'impôt instauré en 1916 sur les bénéfices de guerre. La conviction de la victoire était si forte que l'avenir ne donnait pas de soucis : les dépenses de guerre, estimait-on, seraient payées par les vaincus.

f. En Autriche-Hongrie

Les effets de ces méthodes de financement furent plus redoutables en Autriche-Hongrie, moins riche que l'Allemagne. L'inflation fut là aussi le moteur du financement de la guerre, par l'intermédiaire d'avances sollicitées auprès de la Banque d'Autriche-Hongrie, mais, faute d'autres ressources, l'émission de papier-monnaie fut plus massive qu'ailleurs. Le déclenchement de l'inflation fut très rapide : en juillet 1916, les dépenses d'une famille viennoise avaient presque été multipliées par quatre, alors que les salaires nominaux étaient restés stables. La baisse du niveau de vie était donc considérable, provoquant à la fin de 1916 un mécontentement très vif.

D'une façon ou d'une autre, la remarquable réussite industrielle de la plupart des belligérants eut une contrepartie : les restrictions et les privations infligées aux populations civiles.

3 Les problèmes du ravitaillement

a. En France

La population française fut particulièrement touchée par la pénurie de charbon disponible pour les besoins civils et par la baisse de la production agricole : l'effort des femmes, des paysans âgés, voire des enfants, ne permit pas de compenser la perte des riches régions agricoles occupées ou théâtre de la guerre. Le manque d'engrais fit tomber les rendements. Dès novembre 1915, le ministère de l'Agriculture créait un ***Comité consultatif des questions agricoles***; en février 1916, il mettait sur pied des ***Comités d'action agricole.*** Étienne Clementel, ministre de l'Agriculture, voulut constituer des équipes de culture mécanique, mais l'industrie était bien incapable de fournir le matériel nécessaire. Sans être en général dramatique, la situation dès 1916 était devenue difficile, au moins dans les villes. Dans le gouvernement qu'il constituait le 12 décembre 1916, Aristide Briand avait créé un ministère du Ravitaillement, confié à Édouard Herriot•, maire de Lyon. Pendant l'hiver 1916-1917, particulièrement rude, le charbon manqua et le ministre, malgré tous ses efforts, devint très impopulaire. Il fut conspué dans la rue et garda un souvenir amer de cette première expérience ministérielle. Malgré tout, sauf pour le charbon dont les importations étaient également réservées à l'industrie, les importations de produits alimentaires avaient permis que la situation ne devienne pas trop grave.

b. Dans le Royaume-Uni

La situation du ravitaillement dans le Royaume-Uni ne connut pas les difficultés majeures qu'on aurait pu craindre. Il y eut seulement quelques pénuries de sucre, de blé, quelquefois de viande. Jusqu'au milieu de 1915, on ne peut même pas parler d'une véritable austérité. L'agriculture avait fait des efforts importants, au point qu'en 1916 le Royaume-Uni produisit 155 jours de son ravitaillement contre 125 en temps de paix, mais les importations avaient pu rester très importantes, malgré la première phase de la guerre sous-marine.

Les problèmes de ravitaillement des populations civiles – au moins des populations urbaines – furent d'une bien autre gravité pour les puissances centrales et pour la Russie.

c. En Allemagne

L'Allemagne en temps de paix, bien que disposant de tous les engrais chimiques nécessaires, n'assurait pas son alimentation. Elle importait près de 19 % de ses ressources alimentaires. Privée d'engrais, la production alimentaire allemande devint très insuffisante. Néanmoins les stocks et des importations encore importantes, en provenance d'Italie, des Pays-Bas, des États scandi-

• **Édouard Herriot** (1872-1957). Élève de l'École normale supérieure, agrégé d'histoire, maire de Lyon depuis 1905 et sénateur du Rhône depuis 1912, celui qui allait devenir un des symboles du radicalisme en France n'était encore qu'à l'aube de sa carrière politique. Son premier poste ministériel au Ravitaillement ne fut pas heureux (voir Serge Berstein, *Édouard Herriot ou la République en personne*, Presses de la fondation nationale des Sciences politiques, 1985).

naves, permirent jusqu'à l'automne 1915 d'assurer un ravitaillement à peu près normal, même si les prix montaient et que les premières queues se formaient. À partir de l'automne, la situation devint plus difficile, les récoltes avaient été mauvaises : manque d'engrais, de main-d'œuvre, d'animaux de trait, conditions météorologiques défavorables. Le pain, les pommes de terre durent être rationnés. Toutefois seules des mesures partielles avaient été prises jusqu'alors : un ***Office des céréales*** créé en 1915, puis progressivement des offices concernant d'autre produits, pommes de terre, sucre, huile…

À leur tour, les récoltes 1916 furent très mauvaises, surtout par manque d'engrais : la production de pommes de terre fut la moitié de celle de 1913. Dès le printemps, il y avait eu des manifestations dans les rues contre la guerre et contre la faim. Les déficiences du ravitaillement provoquent les premières grèves. Un ***Office du ravitaillement de guerre,*** créé le 22 mai 1916, fut chargé de réquisitionner les denrées et d'en assurer une juste répartition, tout en contrôlant les prix. Néanmoins, cet office ne fonctionna pas bien : son action fut contrariée par les réticences des États qui y voyaient une nouvelle forme de centralisation et par la résistance des agriculteurs à la taxation des prix.

L'hiver 1916-1917 fut particulièrement dur. Manque de charbon, – faute de moyens de transport – de pommes de terre : ce fut *l'hiver* dit *des rutabagas* ou *des navets !*

d. En Autriche-Hongrie

La situation alimentaire en Autriche-Hongrie, en particulier dans les villes de la Cisleithanie, fut rapidement mauvaise. Avant la guerre, l'Autriche-Hongrie importait une partie de son alimentation, mais une certaine répartition des tâches existait entre la partie hongroise de l'Empire, plutôt agricole, et la partie autrichienne, à la fois plus montagneuse et plus industrielle. En 1913, l'Autriche avait fourni 91 des 237 millions de quintaux de la production céréalière, la Hongrie 146. Avec la guerre, la production avait considérablement décliné : en 1916, leurs parts respectives avaient été de 49 et de 78. Dans ces conditions, la Hongrie refusait de livrer son grain à l'Autriche. Victime du refus hongrois d'une répartition équitable de la pénurie, la Cisleithanie fut très durement touchée. Manquant de charbon dont la production a considérablement diminué, manquant de ravitaillement dès la fin de 1916, les populations urbaines sont gravement affectées par les effets de la guerre.

e. En Russie

Le ravitaillement n'aurait pas dû rencontrer de difficultés en Russie, fortement exportatrice de céréales avant la guerre. Il n'en fut pourtant rien dans les villes. L'industrie travaillant à peu près uniquement pour la guerre, la production de produits manufacturés destinés à la population civile, et en particulier aux paysans fut très réduite. Les paysans, qui ne pouvaient plus acheter les produits de l'industrie dont ils avaient besoin, restreignirent leurs livraisons, restrictions qui furent encore accrues par le manque de moyens de transport. La conséquence en fut une flambée des prix, aussi bien des produits agricoles que des produits manufacturés. La pénurie et la hausse des prix provoquèrent un vif mécontentement dans les villes et en particulier à Petrograd.

L'économie de guerre avait permis aux belligérants de trouver, sans problème majeur jusqu'à la fin de 1916, les moyens de continuer la guerre, malgré l'importance de la consommation de munitions et d'équipements. Pour le reste, il y a deux Europe, d'un côté la France et le Royaume-Uni où l'on vit encore assez convenablement, de l'autre l'Europe centrale et orientale, où les problèmes sont arrivés à un niveau tel, qu'au moins pour l'Autriche-Hongie et la Russie, il est possible de se demander combien de temps elles pourront tenir. Quant à l'Allemagne, placée dans les conditions économiques les plus mauvaises, elle parvient à tenir tête à ses adversaires – et mieux encore – sans donner de signes de faiblesse. À la fin de 1916, il est tout de même particulièrement urgent pour les dirigeants allemands de trouver une solution nouvelle.

III. La cohésion des communautés nationales

La cohésion des communautés nationales avait été due pour l'essentiel au ralliement du mouvement ouvrier à la défense nationale dans les différents pays concernés lors des débuts de la guerre. Cette cohésion s'était-elle maintenue ?

1 Le mouvement ouvrier dans la guerre longue

Les **socialistes** avaient presque partout rallié la Défense nationale, mais progressivement un certain nombre d'entre eux « retrouvèrent leurs esprits »[10] et cherchèrent à s'opposer à la guerre.

Lénine, surpris par la guerre en Galicie autrichienne, avait rédigé, dès septembre 1914, des « thèses » sur la guerre où il dénonçait son caractère impérialiste. Il appelait à une révolution socialiste, tout en restant très prudent sur le moment – lointain – où elle pourrait se produire. Après avoir d'abord prôné le « défaitisme », impressionné par le mouvement patriotique qui s'était manifesté en Russie, Lénine avait, dans un second temps, appelé à la transformation de « la guerre impérialiste en guerre civile » par les prolétaires de tous les pays.

* P. 9

Les prises de position de Lénine*, rapidement expulsé d'Autriche-Hongrie vers la Suisse, ne furent connues sur le moment d'à peu près personne, mis à part les quelques révolutionnaires russes qui se trouvaient en Suisse.

a. Zimmerwald et Kienthal

Néanmoins, au nom de l'internationalisme, des socialistes de différents pays souhaitèrent reprendre contact entre eux pour essayer de mettre fin au conflit. Malgré l'opposition du Bureau socialiste international et de son président, le Belge Vandervelde, un socialiste suisse, Robert Grimm• et un menchevik russe, Martov•, avec le soutien du Parti socialiste italien, prirent l'initiative d'une réunion socialiste internationale. Elle eut lieu à Zimmerwald, petit village suisse à peu de distance de Berne, du 5 au 8 septembre 1915 – c'était presque l'anniversaire de la bataille de la Marne, la guerre durait déjà depuis plus d'une année. Préparée très secrètement, cette conférence réunit 38 participants de 11 nationalités : parmi eux, deux Français, le dirigeant syndicaliste de la métallurgie, Alphonse Merrheim• et le dirigeant de la Fédération du « tonneau », Bourderon•, des Russes comme Lénine et Trotski• qui s'était réfugié en France où il animait un groupe de révolutionnaires, des Allemands, des Scandinaves… Les grands partis socialistes européens, en particulier les partis français et allemand, n'étaient pas officiellement représentés.

Deux tendances se firent jour dans ce groupe peu nombreux de socialistes : la majorité condamnait vigoureusement le capitalisme, mais se contentait d'appeler les peuples à lutter pour une paix sans annexions, ni indemnités et pour le droit des peuples à disposer d'eux-mêmes, alors que la minorité aurait souhaité appeler à la révolution. Finalement, le **manifeste de Zimmerwald** qui reprenait les idées de la majorité, fut voté à l'unanimité pour des raisons tactiques, mais la minorité, avec Lénine, un autre Russe, Zinoviev•, un allemand, Radek•, constitua la « gauche de Zimmerwald » et souscrivit en même temps à un texte plus révolutionnaire.

La conférence et le manifeste de Zimmerwald, signé de quelques noms à peu près inconnus pour la plupart, n'eurent guère d'écho dans l'immédiat et une influence à peu près nulle. Dans leur immense majorité, les combattants de tous les camps n'en entendirent jamais parler.

Du 24 au 30 avril 1916 – en pleine bataille de Verdun – une deuxième conférence du même type eut lieu à Kienthal, également en Suisse. Un peu plus nombreuse que la précédente avec 44 participants, un peu plus représentative – c'est ainsi que trois députés socialistes français, il est vrai de second rang et non mandatés par leur parti, Alexandre Blanc•, député du Vaucluse,

• **Robert Grimm** (1881-1958). Ouvrier d'imprimerie, il fut le fondateur du Parti socialiste suisse. Il le dirigea jusqu'en 1919.

• **Jouli (Léon) Martov** (1873-1923). Un des créateurs du Parti social-démocrate russe et un des dirigeants de la fraction menchevik, mais il fait partie du groupe des « mencheviks internationalistes » qui s'opposent à la guerre. Revenu en Russie après la révolution de février 1917, opposé à la révolution d'Octobre, il fut autorisé à s'exiler en 1920 et mourut en Allemagne.

• **Alphonse Merrheim** (1871-1925). Chaudronnier en cuivre, d'abord socialiste, puis syndicaliste-révolutionnaire, il était secrétaire de la Fédération des Métaux, depuis 1904. Pendant la guerre, il fut dans la situation ambiguë d'être, en même temps, un des premiers opposants à la politique d'union sacrée et dirigeant du syndicat qui comprenait le plus d'ouvriers travaillant pour la défense nationale. Très surveillé par la police, il parvint à aller à Zimmerwald, mais dès 1916, il évoluait vers des positions modérées et rejoignit en 1918 les positions du secrétaire général de la CGT, Léon Jouhaux. Il fut très hostile aux syndicalistes communistes.

• **Albert Bourderon** (1858-1930). Fils de petits paysans, tonnelier, il était en 1902 secrétaire du syndicat du Tonneau de la Seine et secrétaire de la fédération du Tonneau de 1903 à 1929. Socialiste, il est un modéré dans le mouvement syndical. En 1914, il s'élève dès le mois de septembre contre la politique d'union sacrée. Il participe avec Merrheim à la conférence de Zimmerwald, mais comme Merrheim, à partir de 1916, il se détache de la minorité de la CGT, sans rejoindre pour autant la majorité dirigée par Léon Jouhaux. Après la guerre, il appartient à la majorité et est favorable à l'exclusion des syndicalistes communistes. Néanmoins il maintient une attitude modérée envers eux.

• **Léon Trotski (Léon Davidovitch Bronstein)** (1879-1940). Étudiant, il se convertit au marxisme en 1897. Arrêté et déporté en Sibérie, il s'en évade en 1902 et, sauf pendant la révolution de 1905, il séjourne, à partir de ce moment, à l'étranger. Il joue un rôle important en 1905 comme président du Soviet de Saint-Pétersbourg. Arrêté, déporté en Sibérie, il s'en évade à nouveau. Il a été menchevik, mais en fait il poursuit une route indépendante, ni menchevik, ni bolchevik. Au début de la guerre, il était à Vienne d'où il gagne Paris. Il participe aux conférences de Zimmerwald et de Kienthal. Expulsé de France, il se trouve à New York quand la révolution éclate en Russie. Retenu au Canada par les autorités britanniques, il parvient à Petrograd au début du mois de mai 1917.

• **Grigori Zinoviev** (1883-1936). Un des premiers compagnons de Lénine, bolchevik depuis 1903. Il dut quitter la Russie entre 1908 et 1917. Pendant la guerre, il se trouve en Suisse, participe aux côtés de Lénine aux conférences de Zimmerwald et de Kienthal et rentre avec lui en Russie, après la révolution de Février. Un des principaux dirigeants bolcheviks, il fut le président de la IIIe Internationale, lors de sa création en 1919. Il fut fusillé en 1936, comme la plupart des autres anciens compagnons de Lénine.

• **Karl Radek (Karl Sobelsohn)** (1885-1937 ?). D'origine galicienne, il adhéra très jeune, en 1901, au Parti social-démocrate polonais. Son activité politique par la suite se déroula principalement en Russie et en Allemagne. Il était avec Lénine en Suisse pendant la guerre, participe aux conférences de Zimmerwald et de Kienthal et rentra en Russie après la révolution. Dirigeant bolchevik important, il fut ensuite éliminé et disparut vers 1937.

• **Alexandre Blanc** (1874-1924). Instituteur, député socialiste du Vaucluse de 1906 à 1910, puis de 1914 à 1924. Il rejoignit le Parti communiste après le congrès de Tours.

Extraits du manifeste de Zimmerwald

«Dans cette situation intolérable, nous, représentants de partis socialistes, de syndicats et de minorités de ces organisations, Allemands, Français, Italiens, Russes, Polonais, Lettons, Roumains, Bulgares, Suédois, Norvégiens, Hollandais et Suisses, nous qui ne nous plaçons pas sur le terrain de la solidarité nationale avec nos exploiteurs, mais qui sommes restés fidèles à la solidarité internationale du prolétariat et à la lutte des classes, nous nous sommes réunis pour renouer les liens brisés des relations internationales, pour appeler la classe ouvrière à reprendre conscience d'elle-même et l'entraîner dans la lutte pour la paix. Cette lutte est la lutte pour la liberté, pour la fraternité des peuples, pour le socialisme. Il faut entreprendre cette lutte pour la paix, pour la paix sans annexions, ni indemnités de guerre… Le droit des peuples à disposer d'eux-mêmes doit être le fondement inébranlable dans l'ordre des rapports de nation à nation.»

Jean Raffin-Dugens•, député de l'Isère et Pierre Brizon•, député de l'Allier, y participèrent – un peu plus « à gauche » avec un plus grand nombre de « révolutionnaires », la conférence de Kienthal aboutit à peu près aux mêmes résultats que celle de Zimmerwald. Néanmoins l'idée défendue par Lénine d'une rupture avec la IIe Internationale et de la fondation d'une autre Internationale avait pris de la consistance.

Les deux conférences de Zimmerwald et de Kienthal ont de l'importance pour l'histoire du mouvement ouvrier, mais, à peu près ignorées au moment même, elles témoignaient surtout, près de deux ans après le début de la guerre, combien la minorité socialiste qui manifestait son opposition à la guerre était encore faible au niveau international. Néanmoins, plus qu'au niveau international, l'impatience devant la poursuite de la guerre commençait à se faire sentir dans le cadre de chaque État.

b. L'opposition ouvrière

En Angleterre

En Angleterre, dès novembre 1914, s'était constituée l'*Union of democratic Control* qui rassemblait un petit nombre de socialistes contestant la guerre et la collaboration de classes qu'elle avait engendrée. Ramsay Mac Donald, le principal dirigeant socialiste, avait refusé d'entrer dans le cabinet britannique
* P. 53 et James Keir-Hardie*, fidèle à ses principes, restait tout à fait opposé à la guerre. Cette opposition avait cependant été très isolée. Elle n'avait pas été soutenue par les dirigeants des *Trade Unions*. Le 24 août 1914, ils avaient proclamé la « trêve industrielle ». Ils acceptaient d'ajourner toute demande d'augmentation de salaires jusqu'à la fin de la guerre.

La prolongation de la guerre obligea toutefois à revoir cet accord. En février 1915, le gouvernement avait demandé aux *Trade Unions* de renoncer au droit de grève dans les industries de guerre et de s'en remettre à lui pour arbitrer les discussions sur les salaires, mais ce furent les patrons qui refusèrent un protocole dont ils craignaient qu'il permette l'intrusion des pouvoirs publics dans la gestion industrielle. Finalement, en juin 1915, le Parlement votait le *Munition War Act* qui chargeait des tribunaux spéciaux de régler les conflits du travail et le niveau des salaires dans les industries de guerre…

Le décalage entre les prix et les salaires réels devint assez important – dès juillet 1915, l'indice des salaires réels était à 110 contre 125 pour celui du prix de la vie (base 100 en 1914) – et les ouvriers ne montrèrent pas toujours la même bonne volonté que les dirigeants syndicaux. En février 1915, une dizaine de milliers de mécaniciens de la Clyde firent grève pendant une quinzaine de jours, puis en juillet, ce fut le tour de 200 000 mineurs du Pays de Galles qui avaient rejeté un arbitrage et dont le mouvement fut déclaré illégal. Contre les *Trade Unions* jugés insuffisamment combatifs, les délégués d'ateliers de la vallée de la Clyde constituèrent un *Comité des travailleurs de la Clyde*, élargi ensuite en un *Comité national* qui entendait regrouper les représentants non-officiels des usines du pays.

En France

En France, des trois principaux dirigeants socialistes d'avant-guerre, Jaurès* * P. 53 assassiné, Édouard Vaillant mort en décembre 1915, et resté jusqu'au bout un partisan convaincu de l'union sacrée et de la Défense nationale, seul survivait Jules Guesde, ministre jusqu'en décembre 1916, mais malade, il doit alors pratiquement quitter la scène politique. La principale personnalité socialiste est maintenant Pierre Renaudel•, également fermement attaché à l'union sacrée et à la politique de Défense nationale.

Dans les premiers mois de 1915, un mouvement d'opposition à la politique de la direction du Parti commença à prendre corps. Le 15 mai, la fédération socialiste de la Haute-Vienne diffusait un texte critique qui fut au départ du développement d'une minorité à l'intérieur du parti socialiste. Il n'y avait pas grande différence entre la majorité et la minorité quant à la

• **Jean-Pierre Raffin-Dugens** (1861-1946). Instituteur, député de l'Isère de 1910 à 1919, il fut également membre du Parti communiste après 1920.

• **Pierre Brizon** (1878-1923). Professeur à l'École d'industrie de Rennes, député socialiste de l'Allier de 1910 à 1919, après la conférence de Kienthal, fut un des animateurs du mouvement pacifiste, en particulier avec la fondation en 1918 d'un petit journal, *La Vague*. Après le congrès de Tours, il rejoignit le Parti communiste, mais en fut exclu dès 1922.

• **Pierre Renaudel** (1871-1935). Fils d'instituteurs, après des études de vétérinaire, ardent dreyfusard, il s'engage dans l'action socialiste. Très proche de Jaurès, il est élu député de Var en 1914 et, quand Jaurès est assassiné, il devient directeur de *L'Humanité* et principal dirigeant du Parti socialiste, jusqu'à sa mise en minorité en 1918 par les adversaires de l'union sacrée. Battu aux élections de 1919, il est de nouveau député du Var de 1924 à sa mort : il avait été un des principaux opposants à l'adhésion du Parti socialiste au communisme.

nécessité de la défense nationale, mais cette minorité, conduite par Jean Longuet*, un petit-fils de Karl Marx, député de la Seine, estimait insuffisants les efforts faits pour rétablir la paix. Peu nombreuse encore en 1915, cette minorité qui représentait, au-delà des mots, une sensibilité pacifiste, prenait corps en 1916. À la fin de l'année, lors du congrès qui se tint du 24 au 30 décembre, elle obtenait 1407 voix contre 1537. Ces discussions ne mobilisaient, par la force des choses, qu'un petit nombre de militants – le Parti socialiste était tombé de 91000 membres en 1914 à 24000 en 1916 – mais elles révélaient une tendance.

Une évolution, assez proche de celle du Parti socialiste, affectait le mouvement syndical. Dès l'automne 1914, un petit groupe, dont la principale personnalité était Alphonse Merrheim, le secrétaire de la Fédération des Métaux, s'était réuni autour de Léon Trotski, arrivé en novembre 1914, et d'un journal syndicaliste, *La Vie ouvrière,* dont le directeur était Pierre Monatte*. Sans être « défaitistes », les membres de ce groupe étaient pacifistes et hostiles à la participation de la CGT à l'union sacrée. Ils adhérèrent aux idées de Zimmerwald et ils furent à l'origine, en janvier 1916, de la création d'un *Comité pour la reprise des relations internationales,* qui comprenait des militants socialistes et syndicalistes. Un mouvement plus radical naissait pendant l'été 1916, le *Comité de défense syndicaliste,* composé surtout de syndicalistes libertaires. Mais l'influence de ces groupes pacifistes fut très restreinte, y compris dans le monde ouvrier. La journée du 1er mai 1916 fut calme, les rassemblements très peu nombreux. La hausse des prix, « la vie chère », suivant l'expression employée, les difficultés du ravitaillement en particulier en charbon à Paris, sensibles dès 1915 – une certaine stabilisation des prix a lieu en 1916 – provoquèrent évidemment le mécontentement, sans pour autant qu'on s'en prenne à la poursuite de la guerre. Jusqu'à la fin de 1916, le mouvement syndical est tout à fait limité et les grèves restent rares.

En Allemagne

Les socialistes allemands se divisèrent plus rapidement et plus profondément que les socialistes français. Dès août 1914, certains députés socialistes n'avaient voté les crédits de guerre qu'avec réticence. Au mois de décembre 1914, Karl Liebknecht* votait contre ; en décembre 1915, c'est toute l'aile gauche du Parti social-démocrate qui refusait de les voter. Ces socialistes de gauche, Karl Liebknecht, Rosa Luxemburg*, Franz Mehring, Clara Zetkin*, après avoir été exclus du parti ou l'avoir quitté, se regroupaient au début de 1916 dans ***la Ligue spartakiste*** fondée par Liebknecht. Au mois de mars 1916, un certain nombre de députés, Eduard Bernstein*, Hugo Haase, Georg Ledebour et Karl Kautsky, plus pacifistes que révolutionnaires, à l'inverse des précédents, formaient un groupe parlementaire à part. Ils exprimaient la lassitude d'une partie de la population, en particulier ouvrière, envers la poursuite de la guerre.

L'agitation ouvrière avait commencé assez tôt en Allemagne, provoquée par la montée des prix et les difficultés du ravitaillement et des approvisionnements en charbon. Les salaires réels étaient passés de l'indice 96 en 1914 à l'indice 87 en 1915 et à l'indice 78 en 1916. Ces moyennes ne concernaient

• **Jean Longuet** (1876-1938). Député de Sceaux de 1914 à 1919, puis de 1932 à 1936, ce petit-fils de Karl Marx joua son principal rôle politique pendant la guerre où il prit la tête du courant minoritaire, non pas hostile à la défense nationale, mais partisan d'une action plus déterminée en faveur de la paix. Tout au long de la guerre, cette minorité ne cessa de se développer au sein du Parti socialiste jusqu'à devenir majorité en 1918. Il fut aussi un des principaux dirigeants socialistes à s'opposer à l'adhésion au communisme en 1920.

• **Pierre Monatte** (1881-1960). Répétiteur de collège, correcteur d'imprimerie la plus grande partie de sa vie, il joue un rôle important dans le mouvement syndicaliste-révolutionnaire avant la guerre de 1914. Il fonde *La Vie ouvrière* en 1909. Membre du comité confédéral de la CGT, il démissionne dès le mois de décembre 1914 pour protester contre le ralliement à l'union sacrée. Mobilisé pendant la plus grande partie de la guerre, il reprit son activité syndicale, quand il fut démobilisé en janvier 1919. Un des fondateurs de la CGTU de tendance communiste en 1921, il n'adhère, lui-même, au Parti communiste qu'en 1923 et en est d'ailleurs exclu dès l'année suivante. Révolutionnaire avant tout, il fut un observateur du mouvement ouvrier jusqu'à la fin de sa vie.

• **Karl Liebknecht** (1871-1919). Il était le fils d'un des fondateurs du socialisme allemand, Wilhelm Liebknecht. Avocat, il fut élu député au *Reichstag* en 1911 et il refusa de voter les crédits de guerre dès décembre 1914. Très rapidement, il prit la tête de l'opposition à la guerre. Emprisonné et condamné pour haute trahison à la suite d'une manifestation pour la paix à Berlin le 1er mai 1916, il fut libéré en 1918. Il fut un des fondateurs du Parti communiste allemand et un des organisateurs de la révolution allemande. Il fut tué en janvier 1919.

• **Rosa Luxemburg** (1870-1919). D'origine polonaise, elle est devenue allemande par mariage. Oratrice et journaliste de talent, elle joue un rôle important avant la guerre à la gauche du Parti social-démocrate. Elle prend rapidement position contre la guerre et après plusieurs arrestations, elle est emprisonnée de juillet 1916 jusqu'en novembre 1918. Elle est une des créatrices du Parti communiste allemand, bien qu'en désaccord sur plusieurs points avec Lénine. Elle s'associe à l'insurrection communiste de janvier 1919, dont elle désapprouve le déclenchement, et est tuée quelques jours plus tard. Grande figure du mouvement ouvrier allemand, Lénine déclara qu'elle avait été « le seul homme » de la révolution en Allemagne !

• **Clara Zetkin** (1857-1933). Fille d'un instituteur, épouse d'un révolutionnaire russe Ossip Zetkin, membre du Parti social-démocrate allemande dès 1881, elle est à la veille de la guerre très proche de Rosa Luxembourg et se situe à l'aile à gauche du Parti. Dirigeante spartakiste, elle est membre de la direction du Parti communiste lorsqu'il est créé. Elle est, de 1920 à sa mort, député au *Reichstag*, mais, depuis 1924, elle vit le plus souvent en URSS, où elle figure parmi les dirigeants de la IIIe Internationale et où elle devait mourir. Elle vint clandestinement en France en 1920 pour participer au congrès de Tours et appeler les socialistes français à adhérer à l'Internationale communiste.

• **Eduard Bernstein** (1850-1932). Un des noms les plus célèbres du socialisme allemand. Adversaire systématique de la pensée de Marx qu'il combattit dans son œuvre la plus importante, *Les Prémisses du socialisme et les tâches de la social-démocratie* (1899), il fut le père du réformisme, convaincu que le passage au socialisme pouvait se faire par l'entremise des réformes obtenues par la voie parlementaire. Vigoureusement pacifiste, il se sépare en 1917 des socialistes majoritaires, mais il les rejoignit dès 1919. Ce furent ses idées qui, à partir de ce moment, furent à la base de la doctrine de la social-démocratie allemande. Eduard Bernstein mourut quelques jours avant la prise du pouvoir par Hitler.

pas les ouvriers des usines de guerre assez bien payés, mais dont les journées de travail étaient de 11 à 12 heures. En 1915, des femmes manifestèrent, à la fois contre la guerre, la vie chère, la disette ; en 1916, les premières grèves importantes eurent lieu à Berlin, en Rhénanie, en Westphalie, en Silésie. Le 1er mai 1916, les socialistes de gauche organisèrent une démonstration à Berlin qui rassemble 5 à 6 000 personnes. Karl Liebknecht fut arrêté pour avoir crié « À bas la guerre ». Une partie des grèves de 1916, en particulier pendant les mois de juin et d'octobre, eurent un caractère politique. 55 000 ouvriers berlinois firent grève pour protester contre l'arrestation et la condamnation de Liebknecht et ce mouvement eut un grand retentissement.

Dans l'ensemble, néanmoins, les ouvriers allemands suivaient les dirigeants sociaux-démocrates et syndicalistes qui, pour la plupart, privilégiaient les rapports de confiance avec les employeurs et surtout avec l'état-major. Pour que la paix sociale ne soit pas mise en cause, l'état-major veillait, de très près, au salaire qui devait être versé aux ouvriers, quand il passait les commandes d'armement. Les industriels supportaient d'ailleurs mal cette intervention de l'armée dans leurs affaires. Cela n'empêcha pas le vote, le 2 décembre 1916, de la loi sur le **service auxiliaire patriotique.** En échange de l'obligation du service patriotique du travail, elle prévoyait la création de comités ouvriers élus dans les entreprises de plus de 50 personnes, ainsi que la formation de commissions d'arbitrage paritaires avec des représentants des syndicats. Ces négociations menées avec le général Groener•, représentant de l'état-major, aboutirent dans la pratique à « la reconnaissance officielle de la représentation des ouvriers par leurs syndicats »[11]. Cette loi n'avait d'ailleurs pu passer qu'à la suite de la formation d'une majorité de gauche au *Reichstag,* comprenant la social-démocratie, le Parti progressiste, le *Zentrum*•.

Malgré les tiraillements à l'intérieur du mouvement ouvrier, la majorité des dirigeants poursuivaient une politique de contrepartie entre un soutien ferme à la défense nationale et d'importantes réformes sociales. Le 13 janvier 1916, dans son discours du trône, Guillaume II envisageait – avec prudence – des réformes politiques, en particulier du sytème électoral en Prusse. En juin 1916, une loi déclarait que les organisations syndicales ne seraient plus considérées comme des partis politiques, ce qui devait beaucoup faciliter leur action. Les rapports étaient devenus tels que Bethman Hollweg envisageait même de faire entrer des socialistes dans son gouvernement.

D'après Madeleine Rébérioux[12], l'opinion socialiste « sommeillait » particulièrement en Italie et en Autriche-Hongrie.

En Autriche-Hongrie

En Autriche-Hongrie, jusqu'à la fin de 1916, il ne se passe à peu près rien dans l'opinion socialiste. Le *Cercle Karl Marx* qui réunit des intellectuels et des militants d'importance forme une minorité opposée à la guerre, mais son influence est à peu près nulle sur le monde ouvrier. Il fallut l'acte individuel que fut l'assassinat par Friedrich Adler du Premier ministre, le comte Stürgkh, le 21 octobre 1916, pour que, dans une certaine mesure, une opinion socialiste contre la guerre se fasse entendre, mais les dirigeants sociaux-démocrates autrichiens, dont Viktor Adler• (le père de Friedrich), étaient acquis à la politique de défense nationale et tenaient solidement le Parti.

En Italie

Si le parti socialiste italien était « pacifiste » dans l'ensemble, de même que les deux organisations syndicales, assez proches des idées de Zimmerwald, cela n'eut pratiquement pas de traduction dans la réalité. Le parti socialiste manifeste peu d'activité et le nombre de grèves baisse de façon considérable en 1915 et en 1916. En revanche, un mouvement populaire d'opposition à la guerre, de caractère nouveau apparut. Issu davantage du monde rural que des usines, il était souvent le fait de femmes qui envahissaient les villes et s'y livraient à des destructions. L'augmentation du prix de la vie, les pénuries, l'absence des maris étaient les motifs de ces mouvements qui eurent plutôt

---

• **Wilhelm Groener** (1867-1939). Le colonel Groener, spécialiste des chemins de fer, fut un des grands responsables de la mobilisation allemande en 1914. Par la suite, il continua son œuvre d'organisateur en tant que chef du service des approvisionnements. Originaire du Sud de l'Allemagne, moins imbu de l'esprit de caste que la plupart des généraux allemands souvent prussiens, il n'est pas hostile à négocier avec les organisations syndicales. Ce comportement lui valut d'entrer en conflit avec Ludendorff qui l'envoya sur le front, en France d'abord, sur le front oriental ensuite. Lorsque Ludendorff démissionna de son poste de chef d'état-major, ce fut lui qui lui succéda (29 octobre 1918). Il organisa la retraite et la démobilisation de l'armée allemande. Rallié à la République de Weimar, il fut plusieurs fois ministre de la Guerre et commandant de la *Reichswehr* entre 1928 et 1932.

• **Le Parti progressiste** était un parti libéral de gauche, assez comparable au Parti radical en France et le *Zentrum*, le parti du centre, était le grand parti catholique.

• **Viktor Adler** (1852-1918). Né à Prague, médecin, une des principales personnalités du socialisme d'avant 1914, il contribue à la fondation du Parti ouvrier social-démocratique autrichien rassemblant tous les socialistes de l'Empire. D'abord candidat aux élections à Vienne, il est victime de la violence de l'antisémitisme et est élu député, en 1905, en Bohême. Pendant la guerre, avec l'ensemble des socialistes, fermement rallié à la défense du pays, il estime nécessaire le maintien au centre de l'Europe d'une Autriche multinationale, pour éviter, à la fois la domination de l'Allemagne et celle de la Russie. Il vit une tragédie personnelle quand son fils, en octobre 1916, assassine le Premier ministre. Lorsque la monarchie austro-hongroise se désagrège, il devient ministre des Affaires étrangères du nouveau gouvernement autrichien (31 octobre 1918) et il est alors partisan d'une union avec la naissante république allemande, mais il meurt le 11 novembre 1918.

l'apparence de jacqueries que de mouvements d'opposition à la guerre organisés. Ils affectèrent néanmoins les régions les plus diverses de l'Italie.

À la fin de 1916, il y eut un frémissement du monde ouvrier au moins dans certains pays. Il fut le plus sensible en Allemagne, sans que, là ou ailleurs, il remît en cause l'entrée du monde ouvrier en 1914 dans les communautés nationales.

En Russie

Seule véritable exception, la Russie : alors qu'il n'y avait eu à peu près aucune grève au second semestre de 1914, les grévistes sont de nouveau plus de 500000 en 1915 et plus d'un million en 1916. Mouvements particulièrement forts dans le centre du pays à Ivanovo et dans le Nord-Est, à Kostroma, où des heurts sanglants se produisent entre ouvriers et soldats, et à Petrograd dans les usines d'armement Poutilov. Le mauvais ravitaillement fut plus la cause du mécontentement des ouvriers que la hausse des prix qui était contrebalancée par l'augmentation des salaires ; en revanche ce n'était pas le cas pour les employés dont la baisse de niveau de vie fut considérable. Contrairement à ce qui se passe dans les autres pays, le gouvernement, en l'absence de toute politique économique, ne prend aucune mesure pour faire face à la situation. À la fin de 1916, la situation est très tendue dans les villes russes.

2 La force des unions nationales

Peut-on pour autant considérer qu'en dehors de la Russie, l'unité nationale n'a aucunement été mise en cause dans les autres pays après plus de deux ans de guerre ?

À vrai dire, même en Russie, ce n'est pas l'union nationale qui est mise en cause, le patriotisme reste à un haut niveau, mais le délabrement institutionnel est tel que, tant à l'extrême-droite qu'à droite, au centre ou à gauche, un changement de système politique semble de plus en plus nécessaire au maintien de la nation.

Pour l'ensemble des autres belligérants, il n'est pas paradoxal de dire que l'union nationale a eu plutôt tendance à se renforcer même si quelques frémissements agitent les couches populaires victimes de conditions matérielles difficiles. C'est le cas en Angleterre avec la formation d'un gouvernement d'union nationale, c'est le cas en Allemagne, comme nous venons de le voir, c'est le cas en France : en octobre 1915, le gouvernement s'élargit à la droite catholique en la personne de Denys Cochin•. Pour la France républicaine et laïque, c'était beaucoup plus démonstratif de l'union du pays que n'avait pu l'être l'entrée de ministres socialistes dans le gouvernement.

L'union nationale qui perdure de cette façon a-t-elle néanmoins les mêmes fondements que deux années plus tôt ?

L'exemple français

Le cas français qui, jusqu'à présent, a été davantage étudié que celui des autres pays, peut plus facilement être analysé[13].

La nature de l'union sacrée est liée à l'idée que l'on se faisait de la durée de la guerre. Jusqu'en 1916, comme nous l'avons déjà souligné, on resta dans la perspective d'une guerre courte, la différence avec l'état d'esprit de 1914 est qu'à la phase unique prévue à l'origine, plusieurs phases étaient venues s'ajouter au fil des mois. Dans ces conditions, l'union sacrée était toujours vécue comme un phénomène transitoire, provisoire. On ne s'installait pas dans l'union sacrée, elle n'était qu'une trêve politique, pendant que l'on se consacrait à la défense nationale. Chacun conservait ses idées et ses préventions contre celles des autres. L'union sacrée ne signifiait pas une union idéologique, elle n'était qu'instrumentale. Une fois la guerre terminée, chacun reprendrait le combat politique là où il l'avait laissé… avec des arguments nouveaux. Les horreurs de la guerre donneraient raison aux socialistes d'avoir placé la paix en tête de leurs valeurs, la droite et les nationalistes argumenteraient que la guerre avait prouvé que l'internationalisme était une billevesée et que seule la nation avait un sens. Pour la gauche, la guerre se plaçait dans la droite ligne des idéaux de la Grande Révolution, pour la droite l'intervention divine était incontestable dans le cours des événements, le « **miracle de la Marne** » en étant le meilleur témoignage.

N'était-il cependant pas illusoire de croire qu'une pratique prolongée de l'union sacrée n'entraînerait pas des bouleversements idéologiques ? D'autant que ce qui était trêve au niveau des organisations ou des dirigeants politiques, était bien davantage perçu comme une union sans restrictions au niveau des simples gens, une union qui faisait paraître dérisoire les oppositions du passé.

Il était tout à fait probable que l'union sacrée se traduise par un glissement idéologique qui donnerait raison à ceux qui, par principe, affirmaient que les oppositions, en particulier de classes, étaient mauvaises en soi, et apporterait de l'eau au moulin conservateur.

• **Denys Cochin** (1851-1922). Une des têtes de file de la droite catholique. Député de Paris de 1893 à 1919, seule la guerre et l'union sacrée lui permirent d'entrer dans un gouvernement. Il fut ministre ou sous-secrétaire d'État de 1915 à 1917. Il quitta alors le gouvernement, considérant que l'esprit anticlérical s'y maintenait malgré l'union sacrée.

Cette évolution était-elle sensible en 1916 ? Pas encore, mais on le sait, les effets sur les mentalités sont décalés. Quand Louis Barthou•, qui se plaçait au centre-droit de l'échiquier politique, s'écriait dans une conférence prononcée à Genève le 26 juillet 1916 : « Il n'y a plus de distinctions politiques, il n'y a plus de confessions religieuses, il n'y a plus de luttes de classes. »[14], ne pouvait-on en inférer, qu'une fois la guerre finie, ceux qui estimeraient que ces distinctions existent apparaîtraient comme des mauvais Français ? Les gouvernements français en 1916 étaient encore situés plutôt à gauche, l'union sacrée ne pouvait-elle être une médiation vers un glissement à droite ? On peut toutefois souligner que, dans la correspondance des soldats analysée par Annick Cochet[15] pour l'année 1916 et dans les journaux de tranchées étudiés par Stéphane Audoin-Rouzeau[16], le lien entre les valeurs défendues, le Droit, la Justice, la Liberté, et les valeurs de la Révolution française, est fréquemment et clairement mentionné par de jeunes soldats fraîchement émoulus de l'école primaire.

La remise en selle du Parti conservateur par le biais de l'union nationale en Angleterre et le rejet d'une fraction des libéraux ne peuvent-ils être également interprétés comme un glissement vers la droite ?

L'Allemagne donnerait plutôt la leçon contraire. Dans un pays entré dans la guerre « à droite », l'évolution de l'union nationale donne une place plus grande à la « gauche ». Avec parcimonie, avec lenteur, les gouvernants sont obligés de satisfaire ou de promettre de satisfaire des réformes politiques qui, en elles-mêmes, n'avaient rien à voir avec la guerre.

L'exemple de la Russie est-il si différent ? N'est-ce pas la conséquence du refus de s'ouvrir sur sa gauche qui prépare une explosion politique et sociale ?

En définitive, l'exemple français d'un glissement idéologique de l'union sacrée ne doit-il pas être nuancé ? Ne doit-il pas être, à l'échelle de l'Europe, replacé dans une autre perspective ? L'union nationale ne fait pas obligatoirement glisser vers la droite, elle profite à ceux qui étaient précédemment exclus, à ceux qu'elle réintègre ou à qui elle donne une meilleure place dans la communauté nationale.

• **Louis Barthou** (1862-1934). Député, puis sénateur (après 1922), des Basses-Pyrénées de 1889 à 1934, évoluant du centre-gauche au centre-droit de l'échiquier politique, très proche de Poincaré, ce fut sous son gouvernement que la loi des trois ans fut votée en 1913. Très frappé par la mort de son fils unique en décembre 1914, il joua un rôle effacé pendant la guerre, se consacrant surtout à des publications et à des conférences de caractère patriotique. (Voir *Barthou, un homme, une époque,* sous la direction de Michel Papy éd. - J & D, Pau, 1986).

Chapitre 5

Mentalités et cultures de guerre en Europe

Depuis les guerres de la Révolution et de l'Empire, l'Europe n'avait pas connu une semblable période de guerre. Encore à l'époque napoléonienne la plupart des campagnes furent-elles courtes. Vue de loin, la guerre semble avoir été continue, mais la plus grande partie des pays concernés n'ont jamais vécu pendant très longtemps en état de guerre, sauf peut-être l'Espagne. La guerre de 1870-1871, qui a tant marqué la France, n'a duré que six mois – ce qui parut interminable. Les guerres balkaniques, quelques semaines chacune.

Avec la Grande Guerre, le contexte mental fut tout à fait inédit. Non seulement, la guerre dura, mais elle exigea des pays concernés un engagement total. Guerre « totale », pas encore – du moins dans le sens habituel, car, dans l'ensemble, les populations civiles ont été préservées – mais guerre « totale », dans la mesure où, pendant plusieurs années, les peuples des pays belligérants n'ont plus vécu que pour la guerre. Les attitudes mentales, elles-mêmes combinaison des traditions et des circonstances, et les nécessités de la guerre ne pouvaient manquer de susciter une culture particulière, une **culture de guerre•**, si prégnante, qu'elle est restée dans la conscience des hommes. Rupture si nette avec ce qui existait avant, qu'elle a conduit, presque instinctivement, à déplacer le début du XXe siècle pour le faire coïncider avec le début de la guerre.

• **Une culture de guerre :** « L'histoire culturelle de la Première Guerre mondiale plonge ses racines dans une approche de l'histoire en termes de "mentalités" qui trouve son origine dans l'entre-deux-guerres. Elle s'oriente aujourd'hui vers la notion capitale de "culture de guerre", définie comme l'ensemble des représentations, des attitudes et des pratiques des années 1914-1918. Le terme même suggère le poids écrasant de cette culture sur les sociétés qui ont pris part au conflit. » *14-18, la Très Grande Guerre,* op. cit, conclusion.

Cette culture de guerre repose sur une donnée essentielle : **l'union de la nation,** ce qui est contradictoire avec l'essence même de la démocratie où les opinions opposées ont le droit de s'exprimer.

L'exemple de la France est particulièrement significatif. Peu de pays ont cultivé avec autant de passion leurs divisions. Née avec la Révolution, perceptible tout au long du siècle et en particulier avec l'affaire Dreyfus, une faille parcourt toute la société française, au point qu'il n'est pas excessif de parler de deux France qui se faisaient face. Plus qu'ailleurs, deux camps existent tout au long du XIXe siècle, l'un privilégiant la justice et la liberté, l'autre l'ordre et la hiérarchie. Si la formule française de « l'union sacrée » a eu un tel succès, pendant et après la guerre, en France et ailleurs, appliquée à des situations d'une grande diversité, c'est en raison de l'étrangeté que représentait une France unie. Phénomène surprenant pour les Français, encore davantage peut-être pour les observateurs étrangers de la réalité française. Mais la France n'est que l'exemple fracassant de l'établissement d'une culture nouvelle.

L'union nationale qui se réalise pendant la guerre dans les différents pays est, par définition, fondée sur le rassemblement de l'ensemble de la population. **La culture de guerre est une culture de consensus.** Les divisions et les oppositions sont intellectuellement inacceptables, dans la mesure où elles nuisent à l'effort de guerre.

Cette culture de l'union fut d'abord du domaine de l'instinctif et du provisoire. L'immense émotion provoquée par l'éclatement du conflit et la période intense de la guerre de mouvement l'expliquent. Par la suite, sans que le poids de l'instinctif puisse être négligé, nombreux furent les vecteurs qui convergèrent pour constituer ces mentalités et cette culture de guerre : la presse, la propagande, les écrivains, les Églises, l'engagement de la jeunesse, les loisirs...

I. Presse, censure et propagande

1 Propagande interne

a. En France

En France, le souvenir de 1870 où le commandant en chef allemand, déjà un Moltke, l'oncle de celui de 1914, avait appris par la presse la marche de l'armée de Mac-Mahon, avait conduit à prévoir l'instauration de la censure en cas de guerre. La proclamation de l'état de siège, renforcée par une loi du 5 août 1914, interdisait de publier toute information à caractère militaire non officielle. Un « bureau de presse » fut institué auprès du ministère de la

Pour ou contre la censure

Un révolutionnaire qui est en train de devenir nationaliste, Gustave Hervé, écrivait dans son journal, La Guerre sociale : « La Censure est cette institution qui a fait la grandeur de la France au temps de nos anciens rois et qui fait encore aujourd'hui la grandeur de la Russie.
La Censure fait bien ce qu'elle fait.
Quel trouble dans les cœurs […] si l'on pouvait dire comment est organisé, ou […] comment est inorganisé notre service de santé. » (25 septembre 1914)
ou bien
« Gloire à la censure !
Que ses ciseaux soient bénis !
Elle seule a assez d'intelligence, de probité, de patriotisme pour savoir ce qu'on peut dire… » (23 septembre)
Dans L'Écho de Paris, journal de droite, un journaliste, Franc-Nohain admettait « la nécessité d'une censure militaire », encore « qu'il ne nous apparaisse pas très nettement comment le criterium politique des censeurs et leur souci de ne pas gêner le haut commandement peuvent être sensiblement différents du même souci et du même patriotisme qui animent [nos journalistes] ».
Les journaux contestaient avec vigueur ce qui pouvait apparaître comme une censure politique. Un académicien, Alfred Capus, dans Le Figaro (25 septembre), s'en prenait à ce type de censure « suspect et trouble » qui « pourrait faire croire que la République cherche l'occasion de menacer une des libertés sur lesquelles elle est fondée ».
Dans son journal, L'Homme libre, bientôt suspendu et qu'il remplaça par L'Homme enchaîné, Georges Clemenceau écrivait : « Tout homme doué de bon sens comprendra qu'elle [la censure] ne peut s'appliquer qu'aux matières d'ordre militaire. » (21 septembre)

Guerre pour veiller à l'application de ces dispositions. Toutefois, il ne fallut pas longtemps pour que, dans une guerre de ce type, la discrimination, entre les nouvelles d'ordre militaire et les nouvelles d'un autre ordre, soit difficile à établir. Dès le mois de septembre 1914, le ministre de la Guerre, Alexandre Millerand*, instituait une censure clairement de nature politique, en donnant ordre, par une circulaire du 19 septembre, aux généraux commandant les régions, d'interdire « les articles de fond attaquant violemment le gouvernement ou les chefs de l'armée » et de « ne pas permettre, en ce moment, d'articles tendant à l'arrêt ou à la suppression des hostilités ». Les protestations de la presse ne conduisirent pas à supprimer cette censure « politique », mais à la transférer des généraux… aux préfets. * P. 129

Pendant toute la guerre, la censure provoqua une lutte acharnée entre les journaux et les différents gouvernements. Pierre Renouvin l'a montré, il y a déjà longtemps[1] « par la fréquence des débats, par l'abondance des interventions de toutes sortes, [ce fut] une des questions les plus encombrantes de l'histoire administrative et gouvernementale de la France pendant la guerre ». Les premières manifestations de la censure provoquèrent de véhémentes protestations. Néanmoins, de 1914 au printemps 1915, l'unanimité patriotique, malgré ces protestations, fait accepter la censure, puis la contestation des journalistes et des parlementaires s'amplifie, au point qu'un débat

* P. 219

parlementaire, en janvier 1917, remet en cause l'existence même de la censure. En réalité, la censure, moyen de guerre indispensable dans un conflit moderne, était devenue en plus, pour les gouvernements, une méthode de gouvernement, une « facilité » de gouvernement. Bien qu'adversaire convaincu de la censure « politique » pendant près de trois ans, Clemenceau* ne la supprima pas, quand il devint président du Conseil, mais il l'allégea et admit que le gouvernement puisse être critiqué. Paradoxe, le gouvernement Clemenceau n'abrogea officiellement la censure qu'au moment de la suspension de l'état de siège dont elle était un prolongement, seulement le 12 octobre 1919, soit presque un an après l'armistice !

Toutefois, le contrôle de la presse n'a pas servi seulement à préserver le secret militaire[2], même dans une acception très large et à éviter au gouvernement d'être critiqué, il a concouru à l'encadrement de l'opinion publique et à la formation d'une « culture de guerre ». C'est ce que le langage courant a traduit par l'expression imagée de **bourrage de crâne.** On en a déduit que la presse française n'avait plus été qu'une entreprise délibérée de mensonge durant la guerre, opinion appuyée sur les sottisiers• véhiculés par la presse. *Le Petit Parisien* écrivait, ainsi, le 11 octobre 1914 : « Nos troupes maintenant se rient de la mitrailleuse… On n'y fait plus attention. » et *Le Matin* dans « une lettre du front » le 15 septembre 1914 : « Leur artillerie lourde est comme eux, elle n'est que bluff. Leurs projectiles ont très peu d'efficacité […] et tous les éclats […] vous font simplement des bleus. »

La réalité a été, en fait, plus complexe. Si l'on suit Stéphane Audoin-Rouzeau, il faut substituer à l'image brutale du bourrage de crâne, celle plus subtile de **propagande.** Ses vecteurs, livres, journaux, cartes postales, affiches, films, ont été nombreux, mais les thèmes fondamentaux en ont été peu nombreux et simples : l'infériorité morale de l'ennemi, l'ampleur des succès français et la minimisation des succès adverses, l'héroïsme des combattants français et subsidiairement de leurs alliés, mais le thème le plus important a été la dramatisation systématique des enjeux. D'après cette propagande, « c'est bien l'existence même de la nation qui est en cause […] et même une certaine forme de civilisation humaine ».

Le dosage des différentes composantes de la propagande a évidemment évolué au cours de la guerre, ne serait-ce qu'en fonction de la nature des opérations et de la durée de la guerre. Les trois premiers thèmes eurent tendance à s'atténuer, alors que la dramatisation reste fort utilisée, structurant véritablement l'expression d'une pensée nationale. En fait, on est passé progressivement d'une propagande où le bourrage de crâne tenait la première place à une propagande où le sentiment national, en fonction du péril couru par la nation, tient le premier rôle. Les journaux ont pu être, dans une

La liberté de critique

L'Œuvre, le grand journal de la gauche de tendance radicale de l'entre-deux-guerres est né véritablement pendant la Première Guerre mondiale quand un périodique de ce nom, d'abord mensuel, puis hebdomadaire fondé en 1902, est devenu quotidien, le 10 septembre 1915. Dirigé par Gustave Téry (1871-1928), normalien et agrégé de philosophie, il adopte un ton beaucoup plus libre et moins conformiste que le reste de la presse.

Le Canard Enchaîné. Après un premier lancement manqué en 1915, c'est le 5 juillet 1916 que l'hebdomadaire satirique prit son essor et connut rapidement le succès. Son fondateur, Maurice Maréchal – il a alors 32 ans, mais est réformé – appartenait à la mouvance révolutionnaire, puisqu'il avait été rédacteur à la *Guerre sociale* et au *Bonnet rouge ;* le nouvel hebdomadaire s'inscrit clairement à gauche. Il voulait faire un journal « vivant, propre et libre », s'opposant nettement au bourrage de crâne, entendant utiliser l'arme de l'ironie contre les « professeurs de patriotisme ». Ainsi, il lançait un plébiscite national pour l'élection du « grand chef de la tribu des bourreurs de crâne », dans lequel (résultats proclamés le 20 juin 1917), Gustave Hervé l'emportait de peu sur Maurice Barrès !

Pacifiste, en ce sens qu'il souhaitait le retour à la paix, nullement défaitiste, il fut surveillé de près par la censure, mais put paraître normalement. Dans la pratique, il aidait son public à prendre son mal en patience, bien loin d'affaiblir le moral des Français. Il salua la fin de la guerre d'une simple manchette « Ouf » et d'un éditorial posé, « Honneur » : « Et d'abord, honneur aux Poilus ! Honneur aux nobles et bons bougres qui, pendant des mois et des années – ceux du moins qui ont duré tout le temps – ont montré tant d'admirable abnégation.

certaine mesure, critiques envers les gouvernements, envers les conditions matérielles des soldats, les pratiques du commandement, des journaux comme *L'Œuvre* ou *Le Canard Enchaîné*, adversaires déclarés du « bourrage de crâne », ont pu paraître parce que cela ne mettait pas en cause – au contraire – l'impératif n° 1 qui devait être inculqué, sur lequel il n'y avait pas de compromis : **tenir.** La même analyse peut être appliquée à un ouvrage comme *Le Feu* de Barbusse, dont le message pacifiste n'est guère perçu au profit d'une description réaliste de la vie des soldats. Les soldats rejettent vigoureusement la propagande de guerre, parce qu'elle est le fait de l'arrière et que leur expérience de la guerre rend pour eux ridicule, voire odieux, ce que les civils en disent ; cependant, dans leurs publications propres comme les *Journaux de tranchées*, leurs lettres, ils en reprennent, à leur compte, les valeurs et le langage…

En définitive, la propagande de guerre n'apparaît pas comme un élément étranger, extérieur, sans prise sur l'opinion, mais bien davantage comme

• **Autres exemples du sottisier de la guerre :** « Il ne faudrait pas s'alarmer outre mesure des effets meurtriers des bombes asphyxiantes. Qu'on se rassure, ce n'est pas bien méchant… Ils [ces engins] resteront inoffensifs. » (*Le Matin*, 27 avril 1915). « Nos soldats se f… des gaz asphyxiants » (*L'Écho de Paris*, 16 décembre 1916).

l'expression de cette opinion. Elle n'a fait que s'adosser sur le bagage mental et culturel que possédaient la plupart des Français, en particulier véhiculé par l'enseignement reçu à l'école primaire. Il en a été de la propagande de guerre comme de toute propagande, son succès a été dû à ce qu'elle a formalisé ce que pensait une très grande partie de l'opinion.

b. En Angleterre

Il est habituel de considérer que les contraintes de la censure furent beaucoup moins fortes en Angleterre qu'en France, et pourtant une historiographie anglaise assez récente[3] entend montrer qu'il y aurait eu deux visions de la guerre : la véritable, une vision d'horreur qui était celle des combattants et une fausse, une vision de patriotisme et d'héroïsme, conséquence à la fois d'un contrôle strict de ce qui était publié et d'une vaste entreprise de propagande des autorités civiles et militaires. Un historien britannique, Nicholas Hiley, s'élève contre cette présentation des choses. Le principal problème de la propagande avait été de pousser le maximum d'hommes à s'engager. Pour cela, avait été constitué un *Comité parlementaire de recrutement* qui a édité un très grand nombre de tracts et d'affiches, dont certaines sont restées célèbres : « Papa, qu'as-tu fait dans la Grande Guerre ? » (*Daddy, what did you in the Great War ?*), ou, comme nous l'avons déjà indiqué, le général Kitchener*, le doigt pointé : « Votre pays a besoin de vous ! » (*Your country needs you*). Mais N. Hiley fait remarquer d'une part que le budget de cette campagne ne représentait pas plus d'1 % du budget de la publicité commerciale d'une année habituelle et était comparable au budget de publicité d'un épicier comme Lipton ; que d'autre part toute la propagande gouvernementale pendant la guerre n'a pas représenté en volume plus d'un dixième de ce que les trois partis, conservateur, libéral et travailliste, avaient dépensé pendant la campagne électorale de 1909-1910. Il ajoute que les thèmes de ces affiches n'avaient pas été imposés par les autorités, mais qu'elles les avaient choisis au milieu des très nombreux projets apportés spontanément par les artistes. Même remarque, lorsque s'est développé un cinéma de guerre inspiré par le gouvernement britannique, il fut insignifiant en quantité par rapport à la production cinématographique courante. De même encore, la censure qui a existé pendant la guerre n'était pas un fait nouveau, il existait auparavant déjà beaucoup de types de censure, censure des informations navales et militaires, censure des théâtres, des music-halls, des romans, des affiches, des films. Cette censure était réalisée souvent par des organismes privés restés très actifs pendant la guerre. Ainsi, le comité de censure des affiches interdisait toutes les affiches représentant des scènes de violence, de sang, de bataille, de meurtres… Le *Bureau de Presse* officiel à Whitehall ne

* P. 124

fut qu'un très petit organisme dont l'application des directives dépendait de la bonne volonté des journaux. Il ne joua d'ailleurs un certain rôle que pour un petit nombre de journaux londoniens.

Une conclusion s'impose : la vision de la guerre que les *médias* ont répandu était tout simplement celle que la tradition avait créée, expression du sentiment national, images de bravoure, de patriotisme, d'honneur et, comme le dit N. Hiley, le peuple britannique a vu la guerre comme il souhaitait la voir.

c. En Allemagne

Les autorités civiles et militaires allemandes réalisèrent très rapidement que, dans un conflit de ce type, le « moral » de la population serait un facteur décisif de l'issue de la guerre, d'où la nécessité d'utiliser la censure et la propagande[4]. Mais, lorsque la guerre débuta, il n'existait aucune base légale uniforme pour prendre les mesures qu'imposait l'état de guerre, les textes qui pouvaient être utilisés étaient très différents en Prusse et en Bavière, les mesures découlant de l'état de siège étaient du domaine de 57 commandements militaires qui agirent de façon différente. La création d'un *Office central de Censure* en octobre 1914 et d'un *Office de la presse de guerre* en octobre 1915 permirent une certaine uniformisation, surtout dans la deuxième moitié de la guerre, encore qu'il n'y eut pas subordination directe à l'Empereur, avant octobre 1918, des divers commandements responsables. Les différents offices de censure reçurent bien des instructions et des directives, mais l'uniformisation de leur application n'atteignit jamais un degré satisfaisant. Chaque commandant local interprétait les instructions comme il l'entendait, qu'il s'agisse des buts de guerre ou de l'attitude à avoir envers les publications social-démocrates. Les journaux socialistes inspiraient traditionnellement à l'armée une grande méfiance, mais d'un autre côté, il fallait tenir compte de l'attitude patriotique de la majorité de la social-démocratie. En outre, comme le souligne également Wilhelm Deist, les possibilités d'obtenir des informations par l'intermédiaire des journaux des pays neutres étaient très importantes, les discussions parlementaires ne pouvaient pas être censurées. Des informations, totalement interdites en France, comme la publication des communiqués de guerre adverses, furent diffusées jusqu'à la fin de la guerre. Les journaux et périodiques étaient trop nombreux, trop décentralisés, la compétition entre eux était trop vive pour qu'une uniformisation de l'information pût être réalisée. Cela n'empêcha pas la censure, et la façon dont elle fonctionnait, d'être un des thèmes les plus impopulaires de la guerre.

La « manipulation de l'opinion » par la propagande ne put donc être réalisée que de façon limitée et partielle, d'autant que les conditions spécifiques à l'Allemagne la rendaient en partie inopérante. Comme l'affirme Kurt Koszyk[5], les gouvernements allemands, malgré ou à cause de leur façon d'agir, bureaucratique et autoritaire, étaient des gouvernements faibles et influençaient peu l'opinion. De plus, l'éloignement de la guerre du sol allemand en rendait plus lointains les effets cruels et affaiblissait la nécessité d'une censure rigoureuse. En revanche, comme l'ont dit des historiens britanniques[6] à propos de l'Angleterre, qui, dans une certaine mesure, se trouvait dans la même situation, la propagande ne peut faire disparaître les dures réalités de la guerre. Les questions du ravitaillement et de la montée rapide des prix en sont de bons exemples. D'un côté, les commandants de région faisaient censurer la nouvelle des troubles et des manifestations qu'elles provoquaient, de l'autre, ils laissaient passer les discussions à propos de la mauvaise organisation du ravitaillement : il n'était pas dans leur pouvoir de supprimer les causes du problème.

La propagande fut progressivement développée. Elle fut enlevée aux civils pour être confiée aux militaires. En juillet 1917, le haut commandement en prit directement le contrôle. Dans tous les corps d'armée, des officiers de propagande furent désignés. Tant en direction de l'armée que de l'arrière, un flot de propagande fut déversé, fondé sur des « instructions patriotiques » dont le leitmotiv était « la paix victorieuse ». Les moyens considérables consacrés à la propagande à partir de l'été 1917 ont-ils eu de l'effet sur la masse des soldats et des civils ? Pour W. Diest, il est probable qu'ils ont permis de stabiliser le moral de la partie de la population qui croyait encore à la possibilité d'une paix victorieuse, et, paradoxalement, ils ont aussi provoqué le brutal écroulement de l'opinion en octobre 1918, quand la réalité de la situation militaire a été connue.

La pratique de la censure a été très diverse : beaucoup plus stricte en France qu'en Angleterre, comme on pouvait s'y attendre, et de façon plus surprenante, qu'en Allemagne, contrairement à ce qu'on a cru en France. Les principes n'étaient pas très différents en France et en Allemagne, mais beaucoup plus faciles à appliquer dans un pays centralisé que dans un pays décentralisé, d'où une intensité de la censure très variable d'une région à une autre en Allemagne. L'attitude des journaux surtout a été très différente en France et en Allemagne[7]. Les journaux allemands ont combattu pour sauvegarder le maximum d'indépendance, afin de maintenir leur réputation auprès de leurs lecteurs ; ils estimaient que masquer la réalité leur faisait perdre de leur intégrité, alors que les journaux français ne manifestèrent pas un très grand souci de leurs lecteurs, ce qui explique d'ailleurs le discrédit• dont ils furent frappés. La principale préoccupation des journaux français n'est pas d'ordre éthique. Ils souhaitent simplement que les domaines de la censure soient plus étroitement délimités et, qu'en définitive, elle montre davantage de cohérence.

Il se dégage une idée commune de l'effort conjoint de la censure et de la propagande : dans les trois principaux pays en guerre, la tentative de créer une mentalité commune face à la guerre, dans l'ensemble a réussi, tout simplement parce qu'elle correspondait aux valeurs profondes des civilisations de ces pays. On a pu le constater pour les journalistes allemands[8], mais cela pourrait être appliqué aux autres pays, malgré les différences d'opinion des journaux, l'objectif commun était de contribuer à la victoire dans la guerre.

2 Propagande en direction de l'étranger

Les pays étrangers furent un autre objectif de la propagande de guerre des belligérants, et tout particulièrement les pays neutres. La notion de neutralité n'était pas nouvelle – la neutralité de la Belgique avait été proclamée depuis 1830, mais elle prend dans la Grande Guerre un sens particulier. Dans la plupart des conflits antérieurs, il y avait les belligérants et les autres pays – les plus nombreux – qui n'étaient pas concernés. Pendant la Grande Guerre, les non-belligérants, peu nombreux, sont étiquetés « neutres », mais cette notion n'est pas réellement admise par les belligérants. D'une façon ou d'une autre, il faut amener les « neutres » à participer au conflit, et à défaut d'y participer directement, à manifester clairement leur sympathie pour un camp. Que la notion de neutralité ne puisse être reconnue n'est pas seulement le résultat d'une attitude nouvelle, elle traduit la conception d'une guerre où chaque nation est si totalement engagée, où elle a sécrété une culture nationale si prégnante qu'il est devenu inadmissible qu'on puisse ne pas être d'un côté ou de l'autre. D'où, tout naturellement, la nécessité pour les belligérants d'aider les neutres à savoir quel est le bon camp, en développant une active propagande à leur usage. Les consciences des neutres devaient être mobilisées comme celles de l'intérieur. D'après Jean-Claude Montant[9], « la question des neutres peut être considérée comme l'une des causes profondes de la naissance de la propagande à l'étranger ». À côté du conflit armé, la guerre « fut une guerre de discours »[10].

L'Allemagne fut prête, la première, à lancer, et avec des moyens importants, ce qui apparut comme une formidable offensive morale. Dès le début de la guerre, elle organisa la propagande en direction de l'étranger, dont,

• **Le discrédit :** « Compromise, par devoir ou par inconscience, au service de la propagande, la presse française perdit, dans cette guerre, la confiance quasi instinctive que lui avaient accordée jusque-là ses lecteurs. » Pierre Albert in *Histoire générale de la presse,* (sous la direction de Claude Bellanger *et alii*), tome III, p. 427.

toutefois, une faiblesse était d'être répartie entre les Affaires étrangères, l'état-major impérial et des offices privés comme le Comité de guerre de l'industrie allemande. Le résultat fut néanmoins que se répandit, chez ses adversaires, une véritable psychose d'opérations occultes menées par l'Allemagne. Partout on voyait la « main de l'Allemagne ».

Dès 1914, le Royaume-Uni disposa d'un bureau de propagande, renforcé par la suite par deux autres services, le *Neutral Press* et le *Foreign Office News Department.* Une organisation unique fut, progressivement, mise en place, sous la direction du ministère des Affaires étrangères, le *Department of Information,* puis, au début de 1915, un véritable ministère de l'Information fut créé. En France également, il fallut beaucoup de temps pour aboutir à une organisation centrale qui fut la Maison de la Presse, créée au début de 1916 et qui subsista jusqu'en mai 1918, où un Commissariat général de la Propagande lui fut substituée, doublé d'ailleurs par un Centre d'action de propagande contre l'ennemi, relevant uniquement de la présidence du Conseil.

En Italie, la propagande de guerre fut assez tardive, car de l'été 1915 à la fin de 1916, hommes politiques, diplomates et généraux estimaient qu'il était tout à fait inutile de faire de la propagande à l'étranger. Leur conception traditionnelle des rapports internationaux ne supposait pas de faire appel aux opinions publiques, surtout celles de pays non belligérants, d'autant que les objectifs de guerre italiens étaient limités à la recherche d'avantages territoriaux. Longtemps la propagande resta le fait d'organismes privés, comme l'Union nationale des professeurs d'Université italiens qui disposait de peu de moyens, jusqu'à la création, à la fin de 1916, d'un ministère de la Propagande qui ne fit d'ailleurs pas encore preuve d'une grande efficacité. Après le désastre de Caporetto, le Premier ministre Orlando* créait en novembre 1917 un sous-secrétariat « pour la propagande de l'étranger et pour la presse » dont l'importance fut beaucoup plus grande[11].

* P. 249

Du côté allié, des conférences interalliées de propagande eurent lieu à trois reprises en 1918.

Au total, chez tous les belligérants, la nécessité de la propagande apparut. Nouveauté considérable dans la vie des peuples et dont les prolongements devaient être immenses. Cette propagande fut d'ailleurs facilitée par les progrès dans le domaine de la communication, TSF, téléphone, photographie, cinéma, agences d'informations aux réseaux internationaux, *Havas,* pour la France, *Reuter,* pour l'Angleterre, *Wolff,* pour l'Allemagne… Cette propagande se doubla de l'utilisation d'intellectuels de renom envoyés faire des conférences dans les pays neutres, de tournées artistiques, de représentations théâtrales, de concerts. Le philosophe français Henri Bergson• ou le musicien allemand Richard Strauss y jouèrent un grand rôle.

Dans le flot de brochures, articles, appels qui déferla sur l'Europe, les thèmes de propagande des deux camps furent assez différents : du côté des Alliés, à l'instar de la France, l'accent fut mis sur la guerre du droit, sur la justice, sur les droits des nationalités opprimées, tandis qu'étaient stigmatisées la *barbarie allemande,* les atrocités des *Huns,* comme disait la propagande britannique. Les Français faisaient volontiers appel aux idées de 1789. L'abandon du camp allié par la Russie et l'entrée des États-Unis dans la guerre permirent de renforcer l'idée d'une croisade pour la démocratie.

La propagande allemande pouvait plus difficilement jouer sur le registre de la libération des peuples. Les Allemands n'avaient pas eu dans le passé de « mission » particulière. Aussi, dans ce qui fut appelé, en Allemagne, les **Idées de 1914,** les intellectuels allemands, professeurs d'université, écrivains, s'employèrent à alimenter la propagande allemande en forgeant une idéologie qui puisse contrebattre celle des Alliés. Ils opposèrent la jeune culture allemande aux idées vieillies de la Révolution française. Thème plus efficace à l'intérieur qu'à l'étranger, mais dont l'avantage était de faire concevoir la guerre comme une guerre idéologique. C'était, en outre, une idéologie qui expliquait l'efficacité et la puissance allemande et qui pouvait servir de support à un des aspects importants de la propagande allemande, appelé par Jean-Claude Montant, l'aspect « terroriste », qui entendait se gagner les neutres en les impressionnant et en leur montrant de quel côté était l'avenir. Plus efficace pour ceux qui accusaient l'Allemagne d'agression était de démontrer qu'ils n'étaient pas les agresseurs, mais que l'Angleterre était le pays qui aspirait à la domination mondiale. La lecture de la presse allemande montre bien que l'adversaire principal (sauf sur le plan militaire) n'était pas la France, mais l'Angleterre, envers qui les Allemands, après avoir eu beaucoup de sympathie, développent une véritable haine : « Dieu punisse l'Angleterre » remplace souvent le bonjour habituel ! L'Angleterre est fréquemment montrée dans les caricatures, souligne E. Demm, comme le bourreau menant la France, la Russie, l'Italie à l'abattoir… Renversant la proposition initiale, l'Allemagne se présente comme ayant la mission de libérer le monde de la domination britannique. La propagande allemande conteste d'ailleurs vivement que l'Angleterre soit un État démocratique. Bien au contraire, affirme-t-elle, c'est un État aristocratique.

• **Henri Bergson** accomplit plusieurs missions pendant la guerre aux États-Unis. Pour la première à l'initiative d'Aristide Briand, il s'embarqua au Havre le 1er février 1917 et il resta en Amérique jusqu'au mois de mai 1917. Mission « secrète » qui faisait l'objet de gros titres dans la presse américaine… Une deuxième mission, à l'initiative de Georges Clemenceau, eut lieu en juin-août 1918. En fait, pendant l'une et l'autre mission, il prononça aux États-Unis des « discours de guerre » (voir Philippe Soulez, *Bergson politique,* PUF, 1989).

Les Idées de 1914

D'après E. Demm, les Idées de 1914 forment une idéologie qui se développe en une polémique permanente contre la Révolution française. Les idées de 1789 sont considérées comme « mortes » d'après Alfred Weber, professeur de sociologie à Heidelberg (à ne pas confondre avec Max Weber). Thomas Mann dénonce le « rhéteur-bourgeois républicain et franc-maçon de 1789 ». Le plus important des porte-parole des Idées de 1914, Rudolf Kjellen, qui était d'ailleurs un sociologue suédois, parle des « slogans usés de la Révolution française ». Face aux idées de 1789, liberté, égalité, fraternité, présentées comme « une chandelle tripartite [...] maintenant réduite à trois mèches fumantes [donnant] une lumière vacillante que la guerre est en train d'éteindre », est mise en valeur la supériorité de la jeune culture allemande fondée non plus sur les droits de l'homme, mais sur les devoirs de l'homme liés aux conceptions d'ordre, d'organisation et d'intégration sociale. Cela ne signifie pas de renoncer aux valeurs de démocratie et de liberté, mais au contraire de leur donner un contenu plus élevé.

La propagande italienne est un bon témoignage du rôle affecté à la propagande. Pendant longtemps, elle se contenta de populariser des revendications territoriales qui ne pouvaient avoir qu'un effet interne. C'est seulement après Caporetto qu'elle modifia son discours pour faire appel aux notions de démocratie et de combat pour les nationalités opprimées, ce qui avait des chances d'émouvoir les soldats de différentes nationalités de l'armée austro-hongroise. Mais c'était d'autant plus un acte de propagande que le ministre italien des Affaires étrangères, le baron Sonnino, était tout à fait hostile à la politique des nationalités !

Les belligérants influencèrent-ils les neutres européens, et même le cas échéant, les peuples du camp adverse ? Les conduisirent-ils à des interprétations du conflit qui leur soient favorables ? En d'autres termes, la propagande de guerre fut-elle efficace ?

Chacun des principaux belligérants fut convaincu, assez curieusement, que sa propagande était peu efficace, contrairement à celle de l'adversaire. Attitude que l'on retrouve aussi bien au Royaume-Uni, en France ou en Allemagne... Du point de vue français, une considération désabusée faite en 1915 par un député, Georges Leygues, l'exprime bien : « L'Allemagne a employé pour la mobilisation des idées la même méthode, la même ponctualité, la même rigueur que pour la mobilisation des armées... À l'armée la mieux organisée, elle a ajouté la machine à propagande la plus puissante. »
* P. 223 Ce à quoi l'homme politique allemand Erzberger* rétorque dans ses *Souvenirs :* « Faire de la propagande pendant la guerre a été la fonction la plus ingrate dont on pût charger un Allemand. »[11]

Qu'en fut-il en réalité ? Il n'est pas sûr que la propagande des uns ou des autres ait eu une grande influence, sauf à conforter les opinions de ceux qui étaient déjà convaincus. L'exemple de la Suisse le montre. Romain Rolland, qui passa la guerre dans ce pays, ne cesse de noter dans son *Journal des Années de guerre* l'opposition très violente entre la Suisse germanophone et la Suisse francophone. À la Suisse française « enragée » pour la France, il oppose la Suisse alémanique où se multiplient les manifestations en faveur de l'Allemagne. Pratiquement, jusqu'aux dernières semaines de la guerre, certains cantons restèrent « outrageusement germanophiles »[12]. En l'absence d'études de détail sur l'effet de la propagande sur les opinions publiques des pays neutres, il ne semble pas qu'elle ait eu beaucoup d'influence. Les réactions des neutres dans leur diversité semblent bien davantage le résultat de considérations intérieures. Ainsi, si on prend l'exemple des pays scandinaves, la droite danoise était fort hostile à l'Allemagne, tandis qu'en Suède, c'était plutôt la gauche. En Norvège, dans l'ensemble, l'opinion de droite ou de gauche penchait du côté des Alliés. En Espagne, en Grèce ou aux Pays-Bas, l'opinion était fort divisée. En Grèce, les partisans des Alliés se regroupaient autour du président du Conseil Venizelos* et les partisans de l'Allemagne autour de la famille royale d'origine germanique ; quant à la population, elle était globalement profondément indifférente. En Espagne, le seul consensus est dans la volonté de maintenir la neutralité et la division passe au milieu de la famille royale[13] ! Comme conclut Jean-Claude Montant, la propagande n'a pas pu avoir d'influence en profondeur, n'atteignant qu'une couche superficielle de la population.

* P. 65

La volonté de toucher les opinions par la propagande fut du point de vue de la culture européenne un fait d'une importance indéniable, mais, dans l'immédiat la meilleure propagande fut celle qui résultait de la réalité. Pendant la plus grande partie de la guerre, elle joua plutôt en faveur de la puissance allemande. Et, comme le disait l'organisateur de la propagande française en Italie, le grand italianisant Julien Luchaire, en novembre 1915 : « Naturellement la propagande n'impressionne pas comme le ferait une victoire ; mais elle provoque une évolution des esprits qui, pour être lente, n'en est pas moins profitable. »[14]

II. Les intellectuels

Les intellectuels avaient été sollicités d'apporter leur contribution à l'effort de guerre. D'une façon plus générale, dans les différents pays, l'effort de guerre ne se concevait pas sans que les intellectuels y prennent leur place. Et ce ne fut pas un élément négligeable de la culture de guerre que leur entrée en ligne.

1 Le sacrifice des intellectuels

La première contribution des intellectuels à la guerre fut d'abord celle de leur sacrifice• : la jeune génération fut largement sacrifiée, à la fois dans son présent et dans son futur, avec la mort d'écrivains déjà confirmés, Alain-Fournier•, Charles Péguy•, Ernest Psichari•, Louis Pergaud•, Guillaume Apollinaire•. Toute une génération fut fauchée avant de pouvoir être connue, 239 élèves de l'École normale supérieure dont 107 étaient en cours de scolarité en 1914 sur un total de 211, 340 anciens élèves de l'École libre des Sciences politiques, plus de 6000 instituteurs, 460 enseignants du secondaire, 260 professeurs de l'enseignement supérieur, le tiers des étudiants en théologie et 14 % des prêtres et séminaristes[15]. La France ne s'employa aucunement à protéger ses élites intellectuelles, ce qui ne fut pas le cas, du moins pour les artistes, dans les autres pays en guerre, en Angleterre, en Allemagne, en Autriche-Hongrie également, où de nombreux jeunes artistes furent renvoyés à l'arrière sous prétexte d'inaptitudes physiques.

Les cubistes et la guerre

Néanmoins, une nouvelle technique de guerre, le camouflage, permit, en France, à de nombreux artistes d'être protégés. La nature de la guerre conduisit très rapidement les hommes à chercher à se dissimuler, contrairement à la forme classique de la guerre où l'homme se devait de combattre debout. Très en retard sur les autres belligérants dans l'attribution aux soldats d'un uniforme peu voyant (le bleu-horizon n'étant d'ailleurs qu'un pis-aller alors que des recherches avaient conclu dès 1894 à la supériorité des couleurs brun « feuille-morte » et gris) la France prit, au contraire, l'initiative dans le domaine du camouflage[16]. Dès le 12 février 1915, la première équipe de camouflage était créée. De 30 hommes, elle devait passer progressivement à 3000. La naissance du camouflage provoqua une véritable symbiose entre la guerre et le courant le plus moderne des arts graphiques, le **cubisme.** Inventant d'abord l'art du faux en truquant le paysage, les camoufleurs intégrèrent les deux révolutions picturales les plus récentes, l'une portant sur la couleur, le fauvisme, l'autre portant sur la forme, le cubisme. Les recherches sur la désintégration des formes se révélèrent particulièrement utiles dans le domaine du camouflage. Conséquence, le camouflage fut confié à des artistes, dont beaucoup échappèrent ainsi aux dangers les plus immédiats, sans pourtant être victimes de l'accusation d'embusqués si forte et si contraignante dans la France en guerre. Assez curieusement, les artistes furent donc mieux protégés que les autres élites intellectuelles.

Dans tous les pays en guerre, des listes impressionnantes de jeunes intellectuels morts à la guerre peuvent être dressées. 55 membres du *Royal Institute of Chemistry* furent tués et, à propos de la mort d'un jeune physicien, H. G. J. Moseley – tué à 27 ans à Gallipoli en août 1915 – Ernest Rutherford, le prix Nobel de 1910, écrivit : « La mort prématurée d'un jeune homme d'un avenir aussi brillant fut partout reconnue comme une perte irréparable pour la science[17]. » Il n'est donc pas vrai que l'avenir a pu compenser les pertes intellectuelles de la Grande Guerre.

• **Le sacrifice des écrivains.** Après la guerre, il fallut les 3959 pages des cinq volumes de *l'Anthologie des écrivains morts à la guerre* pour rappeler le nom et les œuvres des 403 hommes de lettres français morts à la guerre. Avant le 31 décembre 1914, 133 écrivains étaient déjà morts à la guerre. Annette Becker, « La mort des écrivains », in *14-18, la Très Grande Guerre,* op. cit.

• **Alain-Fournier (Henri-Alban Fournier)** (1886-1914). Le célèbre auteur du *Grand Meaulnes,* paru en 1913. Sa mort prématurée ne lui a permis de laisser que cette unique œuvre. Il fut tué dès les débuts de la guerre le 22 septembre 1914 dans les bois de Saint-Rémy (Meuse) où son corps n'a été retrouvé qu'en 1991.

• **Charles Péguy** (1873-1914). Né à Orléans, dans une famille très modeste, orphelin de père l'année de sa naissance, il entre à l'École normale supérieure en 1894 pour en démissionner en 1897 et se consacrer à l'action politique et à une œuvre littéraire. Furieusement dreyfusard, il est adversaire de l'Église, de l'armée, du nationalisme. Son ralliement au nationalisme en 1905, puis au christianisme en 1908 fit sensation. En 1900, il fonde une maison d'édition, les *Cahiers de la Quinzaine,* où il publie une grande part de ses œuvres, ainsi que celles de nombreux écrivains contemporains. Au fil des années, il manifeste une « exaspération » nationaliste croissante, il accueille avec enthousiasme la guerre. Lieutenant d'infanterie, il est tué le 5 septembre 1914 à Villeroy, à proximité de Meaux.

• **Ernest Psichari** (1883-1914). Petit-fils de Renan, adolescent dans un milieu dreyfusard, sa conversion au nationalisme fit également sensation. Abandonnant des études de philosophie, il s'engage en 1903 dans l'artillerie coloniale. Il fait plusieurs séjours en Afrique et se convertit également au catholicisme. En 1912, il publie *L'Appel aux armes,* un roman fortement autobiographique, dans lequel il célèbre l'armée de métier, force au-dessus de la nation, seul refuge de la pureté. Il y tourne en dérision les idées humanitaires. Il faut se préparer à la guerre, pour la valeur même de la guerre. Son second ouvrage, *Le Voyage du Centurion,* ne sera publié qu'après sa mort en 1916. Il est tué, en effet, dès les premiers jours de la guerre, le 22 août 1914, à Saint-Vincent-Rossignol, près de Virton en Belgique.

• **Louis Pergaud** (1882-1915). Le célèbre auteur de *La guerre des boutons* (1912) est né dans le Doubs où il fut instituteur, avant d'être rédacteur à la Ville de Paris. C'est dans le Jura qu'il situe ses histoires de bêtes dont *De Goupil à Margot* qui lui valut le prix Goncourt en 1910. Il fut tué devant Marchéville-en-Woevre près de Verdun en 1915. Son corps n'a jamais été retrouvé.

• **Guillaume Apollinaire (Wilhelm Apollinaris de Kostrowitzky)** (1880-1918). Descendant d'une famille de nobles polonais, Apollinaire était déjà avant la guerre un poète connu dans les milieux d'avant-garde. Il avait publié en 1911 *Le Bestiaire, ou cortège d'Orphée.* Avec *Alcools* en 1913 et *Calligrammes* en 1918, il donnait deux œuvres majeures de la poésie moderne. Il était aussi un critique d'art réputé. Engagé dès le début de la guerre, il fut touché à la tête près de Berry-au-Bac, dans l'Aisne, au Nord de Reims, le 17 mars 1916. Trépané, il s'était remis de sa blessure lorsqu'il attrapa la grippe espagnole. Il mourut le 9 novembre 1918, deux jours avant l'armistice.

La première contribution des intellectuels à la guerre fut bien leur participation à la terrible échancrure que devait porter la pyramide des âges des pays belligérants et qui devait se reproduire, en s'estompant, de génération en génération. Il est évidemment impossible de calculer l'affaiblissement intellectuel que les pays européens ont subi du fait du sacrifice de leurs élites.

Néanmoins cette formidable saignée eut plus de conséquences pour l'avenir que dans l'immédiat. La plupart des intellectuels connus appartenaient à des classes d'âges qui les firent échapper au massacre. Comme le fait remarquer Jean-François Sirinelli, la mort au front en 1915 d'Albert Malet, le fondateur de la célèbre collection de manuels d'Histoire, connue pendant de longues années sous le nom de *Malet-Isaac,* n'est pas représentative. Engagé volontaire à 50 ans, il aurait pu échapper, comme la plupart de ses contemporains, aux effets directs de la guerre.

2 Intellectuels et cultures de guerre

En revanche, les intellectuels jouèrent un grand rôle dans la création d'une culture de guerre.

Le rôle des universitaires fut particulièrement important dans la mesure où ils fourbirent les armes idéologiques du combat patriotique. Cela fut particulièrement vrai dans deux pays où leur rôle, dans la société, était important, en France et en Allemagne. Ce furent des universitaires qui animèrent en France le *Comité d'Études et de documents sur la guerre*•, présidé par l'historien Ernest Lavisse• et dont le secrétaire était le sociologue Émile Durkheim•. Il publia de nombreuses brochures patriotiques, telles celle de Joseph Bédier•, *Les crimes allemands* ou celle de Ernest Lavisse et Charles Andler•, *Pratique et doctrine allemandes de la guerre.* Beaucoup de ses membres appartenaient à la gauche intellectuelle et avaient été dreyfusards. Parmi les universitaires, un rôle éminent fut joué par Henri Bergson• dont la notoriété était immense, et qui, dès le 8 août 1914, ouvrait une séance de l'Académie des Sciences morales et politiques en affirmant que l'Académie accomplissait « un simple devoir scientifique en signalant dans la brutalité et le cynisme de l'Allemagne, dans son mépris de toute justice et de toute vérité une régression à l'état sauvage ».

Les universitaires français ne prirent part qu'à peu ou pas de pétitions : leur quasi-unanimité patriotique, leur profonde conviction du bon droit de la France, leur semblèrent rendre inutile une affirmation qui, par nature, suppose une contestation qui n'existait pas[18].

Au contraire, l'intervention des intellectuels, et, en particulier, des universitaires allemands, se manifesta d'abord par la publication d'un célèbre manifeste qui, en octobre 1914, fut envoyé aux professeurs, aux artistes et aux savants du monde entier et qui entendait justifier la déclaration de guerre et la conduite des opérations militaires. Les plus grands parmi les intellectuels allemands• participent à ce que Thomas Mann a appelé le « service militaire des idées » :

• Le ***Comité d'Études et de documents sur la guerre*** **:** Il comptait parmi ses membres, outre Ernest Lavisse et Émile Durkheim, Charles Andler, Joseph Bédier, Henri Bergson, Émile Boutroux, Ernest Denis, Jacques Hadamard, Gustave Lanson, Charles Seignobos, André Weiss, tous professeurs à la Sorbonne ou au Collège de France, ou membres de l'Institut ou de l'Académie française.

• **Ernest Lavisse** (1842-1922). Le plus célèbre des historiens français de l'époque. Professeur à la Sorbonne, spécialiste de l'Allemagne, directeur de l'École normale supérieure, membre de l'Académie française, directeur de collections historiques telles *L'Histoire illustrée des origines jusqu'à la Révolution* ou *L'Histoire contemporaine de la France,* dénommée simplement « le Lavisse », auteur également de nombreux manuels destinés à l'enseignement primaire, il est devenu une sorte d'incarnation des valeurs morales et politiques de la IIIe République. On estime qu'il a joué un rôle important dans la formation patriotique de la jeunesse française.

• **Émile Durkheim** (1858-1917). Philosophe, il est le véritable fondateur de la sociologie en France et le maître de l'école française dans ce domaine. Sa chaire reçut en 1913 le libellé « chaire de sociologie de la Sorbonne ». Il avait publié en 1895 les *Règles de la méthode sociologique* et fondé l'année suivante *L'Année sociologique*. Pendant la guerre, avant de mourir prématurément, miné par la mort de son fils à la guerre (1916), il écrivit quelques textes de circonstance contre l'Allemagne, comme *Qui a voulu la guerre ?* en collaboration avec un autre professeur en Sorbonne, Ernest Denis.

• **Joseph Bédier** (1864-1938). Professeur de littérature française du Moyen Age au Collège de France (1903), il a renouvelé l'étude de la littérature médiévale. Il entra à l'Académie française en 1920. Par métier, il était peu engagé dans les affaires politiques, mais il explique dans son opuscule publié en 1915, *Les Crimes allemands, d'après les témoignages allemands* qu'il a voulu utiliser les mêmes méthodes scientifiques que dans son travail ordinaire. « Ce seront des textes sûrs, bien contrôlés, et j'ai pris le soin d'en faire la critique avec autant de minutie et de scrupule que naguère, lorsque, dans les travaux de la paix, je discutais l'authenticité d'une vieille chronique et l'authenticité d'une charte. » À l'appui de sa thèse, il n'a voulu utiliser que les documents trouvés sur des soldats allemands prisonniers ou morts et a refusé les témoignages de Français ou de Belges.

• **Charles Andler** (1866-1933). Professeur de littérature allemande à la Sorbonne, spécialiste de Nietzsche, socialiste, proche d'Albert Thomas, Charles Andler avait eu, avant la guerre, une vive polémique avec Jaurès sur la social-démocratie allemande. Ses fréquents voyages en Allemagne l'avaient convaincu qu'un fort courant chauvin circulait en Allemagne, y compris dans la social-démocratie et il dénonce ce socialisme impérialiste allemand dans deux articles, publiés en novembre et décembre 1912, dans *L'Action nationale.* Cette prise de position visait la politique de Jaurès qui entendait mener la lutte pour la paix, en accord et en confiance avec la social-démocratie allemande. Convaincu que les preuves d'Andler étaient « exagérées », Jaurès, pris par la campagne contre les trois ans et gêné par l'attitude de son contradicteur, répondit dans *L'Humanité* avec fermeté, mais tardivement et partiellement. La polémique Andler-Jaurès est un moment important de la vie du socialisme français à la veille de la guerre.

• **Henri Bergson** (1859-1941). Le plus célèbre des philosophes français de la période. Né à Paris de père polonais et de mère anglaise, professeur au Collège de France en 1900, président de l'Académie des Sciences morales et politiques et membre de l'Académie française en 1914, prix Nobel en 1928, grand-croix de la Légion d'honneur, il devait, victime des persécutions raciales, être enterré presque clandestinement en 1941. Antikantien, étranger à Hegel et ignorant Karl Marx, il s'est situé dans la lignée de la philosophie française, donnant une place particulière à la métaphysique et au spiritualisme. Il joue également un rôle politique pendant la Grande Guerre.

• Le romancier **Thomas Mann** (1875-1955) à l'encontre de son frère **Heinrich Mann** (1871-1950) participa au nationalisme ambiant, mais après la guerre, les deux frères se réconcilièrent dans l'adhésion à la République, puis dans l'hostilité à l'hitlérisme qui les obligea à quitter leur pays.

l'écrivain Thomas Mann lui-même, le sociologue Alfred Weber, le théologien Ernst Troeltsch•, renforcés par un écrivain britannique grand admirateur de l'Allemagne où il s'est depuis longtemps installé, Houston Stewart Chamberlain•. Dans les *Idées de 1914,* ces intellectuels développent l'idée d'une mission allemande chargée de changer spirituellement l'Europe, ce qui justifierait la volonté allemande de constituer autour d'elle une vaste *Mitteleuropa.*

3 Les écrivains français

Parmi les intellectuels, les écrivains furent évidemment conduits à être les porte-parole. L'exemple français est significatif[19].

Au début de la guerre, les écrivains, jusqu'à Anatole France, sont unanimes à communier dans le patriotisme de celui qui apparaissait, surtout dans ces circonstances, comme le chef de file de la littérature française, * P. 33 Maurice Barrès*. Écrivant presque quotidiennement dans *L'Écho de Paris,* Maurice Barrès exalte les « bonnes blessures », la gloire d'être défiguré par une balle en plein visage…, la gaîté des tranchées. De son côté, Anatole France rassemblait dans un recueil, *Sur la voie glorieuse* (1915), une série d'articles dans lesquels il dénonçait la barbarie et le militarisme allemand tout en louant l'armée et l'héroïsme français : « ils sont partis avec une gaîté charmante » disait-il des mobilisés français. Beaucoup d'écrivains français estimaient qu'ils avaient à être des « guides de la nation ». Le prix Goncourt de 1915 honorait René Benjamin qui, dans son roman *Gaspard,* décrivait une guerre en dentelles, où les hôpitaux étaient d'idylliques havres de repos, où, s'il arrivait aux combattants d'être tués, ils tombaient, des phrases patriotiques à la bouche… Dans ces premiers temps, il n'y a qu'un écrivain qui prenne quelque distance, Romain Rolland•. Dans un article publié par le *Journal de Genève* des 22-23 septembre 1914 et intitulé *Au-dessus de la mêlée,* il entend raisonner en Européen et déplorer cet affrontement entre peuples européens. Par la suite, les écrivains montrèrent plus de diversité et de nuances. Certains, comme Barrès•, continuèrent dans la voie du bellicisme cocardier, distribuant un message à la fois optimiste et héroïque, même si, au cours des années, il confie à ses carnets intimes ses interrogations. Tant de morts ne risquaient-ils pas de tuer une nation qu'ils avaient voulu sauver ? Beaucoup d'écrivains combattants entendent donner une description réaliste de la guerre. Ce fut le cas de Georges Duhamel dans la *Vie des Martyrs* (1917), Roland Dorgelès dans *Les Croix de Bois,* Maurice Genevoix dans *Sous Verdun* (1916) ou *Nuits de guerre* (1917) ou encore Henri Barbusse• dans *Le Feu,* qui obtient le prix Goncourt en 1916. À la description de la guerre, Henri Barbusse ajoutait un message de caractère internationaliste. Quant à

Romain Rolland, dont les prises de position avaient été mal accueillies par la presse française pendant l'automne 1914, il ne reprenait la plume qu'à la fin de 1916 pour lancer un message révolutionnaire et internationaliste, encore qu'il prenait rapidement ses distances avec la révolution bolchevique. D'autres écrivains préféraient garder le silence, Anatole France, de plus en plus pacifiste dans sa correspondance privée, Paul Valéry, André Gide.

Ce changement de tonalité d'une partie de la littérature a-t-il eu une influence et transformé sur le plan culturel l'effet de la guerre sur les populations ? Les soldats d'abord, l'ensemble de la population ensuite

---

• **Ernst Troeltsch** (1865-1923). Théologien et philosophe, il professa dans plusieurs universités allemandes, Heidelberg, Berlin… Il fut pendant la guerre victime d'un très vif conflit intérieur entre son patriotisme et son idéalisme chrétien, ce qui lui valut par la suite d'être considéré par les uns comme un nationaliste, par les autres comme un traître à la patrie allemande.

• **Houston Stewart Chamberlain** (1855-1927). Écrivain anglais établi en Allemagne, il fut naturalisé allemand en 1916, ce qui est exceptionnel, mais il avait pris fait et cause pour l'Allemagne, soutenant vigoureusement un vaste programme d'annexions. Gendre de Richard Wagner, auquel il a consacré plusieurs ouvrages, son œuvre essentielle, *Les Fondements du XIXe siècle,* dans la ligne de Gobineau, en fait un des fondateurs du racisme allemand. Il a d'ailleurs été considéré comme un des inspirateurs du national-socialisme.

• **Romain Rolland** (1866-1944). Professeur d'histoire de la musique à la Sorbonne, écrivain déjà célèbre en particulier avec la publication de *Jean-Christophe*, surpris par la guerre en Suisse, dégagé des ses obligations militaires, il décide d'y rester et séjourne pendant toute la guerre. Son article intitulé « Au-dessus de la mêlée » publié dans *Le Journal de Genève* des 22-23 septembre 1914, quand il fut connu en France, provoqua de violentes critiques. Si Romain Rolland fut défendu mollement par un journal comme *L'Humanité,* pratiquement toute la presse l'accusa d'être un mauvais Français en prétendant s'installer au-dessus de la mêlée. En réalité, Romain Rolland raisonnait en Européen – ce qui était rare à l'époque – et était déchiré par l'affrontement entre les jeunesses des différents pays européens. Un recueil de ses articles fut publié en France, en 1915, sous le titre général *Au-dessus de la mêlée* et connut un certain succès. Il eut tout de même le sentiment qu'il n'était guère entendu. En décembre 1914, dans son journal (*Journal des années de guerre*), il écrivait : « Je commence à me désintéresser de la ruine de ces peuples qui la veulent et même paraissent y prendre plaisir. »

• **Maurice Barrès :** Dans une étude publiée dans *L'Information Historique* (janvier-février 1969) et intitulée, « Maurice Barrès et les morts de la guerre de 1914-1918 », Maurice Baumont montre que pendant toute la guerre, Maurice Barrès a été pris entre un thème *mystique,* l'enrichissement de la patrie par le sacrifice des morts et un thème *physique,* l'appauvrissement de la patrie par tant de morts. Au fur et à mesure des années, c'est le thème *physique* qui est le plus fréquent dans les quatorze volumes des *Chroniques de la Grande guerre.* Il écrit ainsi le 31 mars 1916 : « Sommes-nous assez riches en hommes pour jeter indéfiniment dans cette fournaise tant d'existences précieuses, l'élite de la nation. » D'après Barrès, dit Maurice Baumont, c'est « la France qui risque de mourir ».

• **Henri Barbusse** (1873-1935). Journaliste, poète, écrivain naturaliste (*L'Enfer*), socialiste, il s'engage dès le début de la guerre, malgré une santé fragile qui l'avait fait réformer. Il reste au front de décembre 1914 à novembre 1916, mais, de plus en plus malade, il est d'abord versé dans la territoriale, puis réformé le 1er juin 1917. C'est en partie sur son lit d'hôpital qu'il écrit le livre qui devait le rendre célèbre *Le Feu,* paru d'abord en feuilleton dans *L'Œuvre,* entre août et novembre 1916. Le livre publié obtient le prix Goncourt en 1916 et 200000 exemplaires en furent vendus, entre décembre 1916 et juillet 1918… Si le message pacifiste que contenait la fin du livre ne fut guère entendu, le succès fut dû à la description réaliste de la guerre que Barbusse avait su faire. *Le Feu* constitue une véritable rupture dans la littérature de guerre. Par la suite, Henri Barbusse devait fonder l'Association républicaine des Anciens Combattants, puis adhérer au communisme. (Voir Stéphane Audoin-Rouzeau, « *Le Feu* de Barbusse, un Goncourt pour la révolte », in *14-18, la Très Grande Guerre,* op. cit.).

Le Manifeste des 93

« Appel au monde civilisé.

En qualité de représentants de la science et de l'art allemand, nous, soussignés, protestons solennellement devant le monde civilisé contre les mensonges et les calomnies dont nos ennemis tentent de salir la juste et noble cause de l'Allemagne dans la terrible lutte qui nous a été imposée et qui ne menace rien de moins que notre existence. La marche des événements s'est chargée de réfuter cette propagande mensongère qui n'annonçait que des défaites allemandes. Mais on n'en travaille qu'avec plus d'ardeur à dénaturer la vérité et à nous rendre odieux. C'est contre ces machinations que nous protestons à haute voix : et cette voix est la voix de la vérité.

Il n'est pas vrai que l'Allemagne ait provoqué cette guerre. Ni le peuple, ni le Gouvernement, ni l'empereur allemand ne l'ont voulue. Jusqu'au dernier moment, jusqu'aux limites du possible, l'Allemagne a lutté pour le maintien de la paix. Le monde entier n'a qu'à juger d'après les preuves que lui fournissent les documents authentiques. Maintes fois pendant son règne de vingt-six ans, Guillaume II a sauvegardé la paix, fait que maintes fois nos ennemis mêmes ont reconnu. Ils oublient que cet Empereur qu'ils osent comparer à Attila, a été pendant de longues années l'objet de leurs railleries provoquées par son amour inébranlable de la paix. Ce n'est qu'au moment où il fut menacé d'abord et attaqué ensuite par trois grandes puissances en embuscade, que notre peuple s'est levé comme un seul homme.

Il n'est pas vrai que nous ayons violé criminellement la neutralité de la Belgique. Nous avons la preuve irrécusable que la France et l'Angleterre, sûres de la connivence de la Belgique, étaient résolues à violer elles-mêmes cette neutralité. De la part de notre patrie, c'eût été commettre un suicide que de ne pas prendre les devants.

Il n'est pas vrai que nos soldats aient porté atteinte à la vie ou aux biens d'un seul citoyen belge sans y avoir été forcés par la dure nécessité d'une défense légitime. Car, en dépit de nos avertissements, la population n'a cessé de tirer traîtreusement sur nos troupes, a mutilé des blessés et égorgé des médecins dans l'exercice de leur profession charitable. On ne saurait commettre d'infamie plus grande que de passer sous silence les atrocités de ces assassins et d'imputer à crime aux Allemands la juste punition qu'ils se sont vus forcés d'infliger à des bandits.

Il n'est pas vrai que nos troupes aient brutalement détruit Louvain. Perfidement assaillies dans leurs cantonnements par une population en fureur, elles ont dû, bien à contre-cœur, user de représailles et cannonner une partie de la ville. La plus grande partie de Louvain est restée intacte. Le célèbre Hôtel de Ville est entièrement conservé : au péril de leur vie, nos soldats l'ont protégé contre les flammes. Si dans cette guerre terrible, des œuvres d'art ont été détruites ou l'étaient un jour, voilà ce que tout Allemand déplorera sincèrement. Tout en contestant d'être inférieur à aucune autre nation dans notre amour de l'art, nous refusons énergiquement d'acheter la conservation d'une œuvre d'art au prix d'une défaite de nos armes.

Il n'est pas vrai que nous fassions la guerre au mépris du droit des gens. Nos soldats ne commettent ni actes d'indiscipline ni cruautés. En revanche, dans l'Est de notre patrie la terre boit le sang des femmes et des enfants massacrés par les hordes russes, et sur les champs de bataille de l'Ouest les projectiles dum-dum de nos adversaires déchirent les poitrines de nos braves soldats. Ceux qui s'allient aux Russes et aux Serbes, et qui ne craignent pas d'exciter des mongols et des nègres contre la race blanche, offrant ainsi au monde civilisé le spectacle le plus honteux qu'on puisse imaginer, sont certainement les derniers qui aient le droit de prétendre au rôle de défenseurs de la civilisation européenne.

Il n'est pas vrai que la lutte contre ce que l'on appelle notre militarisme ne soit pas dirigée contre notre culture, comme le prétendent nos hypocrites ennemis.

Sans notre militarisme, notre civilisation serait anéantie depuis longtemps. C'est pour la protéger que ce militarisme est né dans notre pays, exposé comme nul autre à des invasions qui se sont renouvelées de siècle en siècle. L'armée allemande et le peuple allemand ne font qu'un. C'est dans ce sentiment d'union que fraternisent aujourd'hui 70 millions d'Allemands sans distinction de culture, de classe ni de parti.
Le mensonge est l'arme empoisonnée que nous ne pouvons arracher des mains de nos ennemis. Nous ne pouvons que déclarer à haute voix devant le monde entier qu'ils rendent faux témoignage contre nous. À vous qui nous connaissez et avez été, comme nous, les gardiens des biens les plus précieux de l'humanité, nous crions :
Croyez-nous ! Croyez que dans cette lutte nous irons jusqu'au bout en peuple civilisé, en peuple auquel l'héritage d'un Goethe, d'un Beethoven et d'un Kant est aussi sacré que son sol et son foyer. Nous vous en répondons sur notre nom et sur notre honneur. »

« Appel des intellectuels allemands aux nations civilisées », *La revue scientifique*, 1er juillet 1914 au 31 décembre 1914, p. 170-172.

Le Manifeste des Intellectuels allemands provoqua une riposte indignée de toutes les institutions académiques en France, dont les textes furent publiés en 1915 dans une brochure intitulée Déclaration de l'Institut et des Universités de France à propos du manifeste des intellectuels allemands. Il était joint également un certain nombre des discours prononcés à cette occasion dont celui d'Henri Bergson, le 12 décembre 1914 (en tant que président de l'Académie des Sciences morales et politiques) : « Je ne prévoyais pas que je viendrais à la séance la plus solennelle de l'année, mû par une force supérieure à ma volonté, jeter du haut de cette tribune, un cri d'horreur et d'indignation », celui d'Ernest Lavisse à la séance d'ouverture des Conférences des facultés : « L'Allemagne ne pouvait laisser le monde en paix qu'à condition qu'il subît le joug de son orgueil. L'orgueil allemand est aussi vieux que la nation même. Il est un mélange étrange de profane et de sacré, de thèses philosophiques et de réminiscences bibliques. »

avaient été assez rapidement indisposés par la littérature héroïque qui s'accordait mal avec ce que les premiers savaient directement de la guerre et ce que les seconds pouvaient en savoir. Les modifications du ton de la littérature sont simplement la conséquence des modifications de l'opinion. Un message franchement pacifiste n'aurait pas eu l'aval de la censure, mais peu d'écrivains auraient été prêts à l'écrire. Ce qui a changé, c'est beaucoup moins l'attitude face à la guerre que l'attitude face à la description de la guerre. Comme l'écrivit Henri Barbusse en 1918, « les soldats font leur devoir et le feront jusqu'au bout pour des raisons plus hautes que la peur de la misère, de la souffrance et de la mort ».

Dans leur immense majorité, les intellectuels, et les écrivains parmi eux, même s'ils sont consternés par l'horrible massacre, ont été, comme le reste de la nation, convaincus que la France ne devait pas être vaincue.

• **Rainer Maria Rilke** (1875-1926). Né à Prague, donc sujet autrichien, c'est un des plus grands poètes de langue allemande. Il ne cesse de circuler à travers l'Europe, sauf pendant la guerre qu'il passe à Munich.

Ce qui a été vrai des intellectuels et écrivains français l'a été, tout autant, des intellectuels et écrivains d'autres pays. Freud réagit, au début de la guerre, comme tous les Autrichiens, sans pour autant partager les ardeurs belliqueuses de grands intellectuels germaniques comme Thomas Mann ou Rainer Maria Rilke•. Il prit assez rapidement des distances avec les excès du patriotisme, sauf à intégrer la guerre dans son œuvre scientifique, mais jamais il ne remit en cause son appartenance nationale[20].

III. Les Églises

N'y a-t-il pas aussi, pour reprendre une expression d'Étienne Fouilloux, une « religion de guerre• » parallèlement ou à l'intérieur de la culture de guerre ?

La question des Églises pendant la guerre est d'autant plus complexe qu'elle doit appréhender les hiérarchies religieuses et les pratiquants des quatre principales religions concernées par le conflit – du moins en Europe – la catholique, la protestante, l'orthodoxe et la juive.

1 Le catholicisme

Pour le catholicisme[21], la situation fut paradoxale. D'un côté, le Saint-Siège fut très irrité par la guerre et, d'un autre, les Églises nationales se renforcèrent. La papauté, dans un premier temps, avec Pie X qui meurt le 20 août 1914, puis avec Benoît XV qui lui succède, souffre de son impuissance devant le conflit. D'après le cardinal archevêque de Paris, Léon Amette, le pape Pie X meurt de

Lettre au pape Benoît XV

« Très Saint Père,
Je crois remplir mon devoir et faire acte de dévouement filial envers le Saint-Siège, en vous faisant part respectueusement et en toute sincérité de l'impression produite en France par la publication d'un entretien que Votre Sainteté aurait accordé récemment à un rédacteur du journal La Liberté.
Parmi les catholiques, clergé et fidèles, cette impression est unanime, et c'est celle d'une peine profonde. […]
Assurément aussi, Votre Sainteté avait des motifs légitimes de désirer que l'Italie ne prît pas part à la guerre. Mais Votre Sainteté déclarant qu'elle a fait tous ses efforts pour empêcher cette participation, les adversaires en prirent prétexte pour lui reprocher de servir les intérêts de l'Autriche et de l'Allemagne. […]
Je le fais aussi parce que j'ai conscience que l'avenir de la religion en France est en jeu, et que, si rien ne venait modifier les dispositions présentes de la nation par rapport au Saint-Siège, les conséquences les plus fâcheuses pourraient en résulter. »

Extraits de la lettre du cardinal Amette.

Léon Amette (1850-1920) avait été nommé archevêque de Paris en 1908 et était cardinal depuis 1911.

n'avoir pu empêcher ce conflit. Quant à Benoît XV, il ne put éviter l'entrée de l'Italie dans la guerre. D'une façon générale, les interventions pontificales furent mal reçues. En France, en particulier, le pape est accusé de germanophilie. On lui reproche les efforts qu'il a déployés pour éviter l'entrée de l'Italie dans la guerre aux côtés des Alliés, même s'ils ont été vains. De même ses propositions de paix, en 1917, furent très clairement considérées comme favorables aux Puissances centrales. Le pape était conscient de son impopularité en France, mais il était convaincu de tenir la balance égale. Dans un Consistoire tenu le 22 janvier 1915, il rappelait qu'il avait « des fils nombreux dans les deux camps ». Mais, dans un conflit de ce type, toute autorité qui essaie de tenir la balance égale est déjà suspecte aux deux camps… Au surplus, la menace que faisait peser la guerre sur le pilier catholique de l'Europe qu'était la monarchie austro-hongroise n'était pas pour rien dans les tourments de la papauté.

Les Églises nationales pouvaient craindre de subir les conséquences de l'attitude pontificale. C'est ce que le cardinal Amette représenta à Benoît XV dans une lettre du 25 juin 1915. En fait, il n'en fut rien. Au contraire. Les catholicismes de trois des belligérants, l'allemand, le français et l'italien, connurent un rétablissement spectaculaire à la faveur de la guerre.

La première raison en est d'ordre institutionnel. Si on peut discerner dans les trois catholicismes nationaux des minorités pacifistes, dans leur immense masse, les catholiques ont adhéré, dans leurs pays respectifs, à la défense nationale et en ont pris leur part.

a. En France

4500 prêtres français disparaissent pendant la guerre, ainsi que 13000 séminaristes et 15000 adhérents de l'Association catholique de la Jeunesse française. Ils représentent un des groupes socio-professionnels les plus frappés, sinon le plus touché… Interrogation valable pour l'ensemble du

• **Une religion de guerre :** « […] "une véritable religion de guerre" […] qui serait la symbiose étroite, chez nombre de combattants, entre la foi des catéchismes judéo-chrétiens et le culte de la patrie. […] Religion qui serait aussi le champ de combat inexpiable entre les forces de la mort – la mort elle-même ou ses succédanés quotidiens, la peur et la souffrance – et les forces de vie malgré tout, qui vont du médiocre paratonnerre des amulettes à la vive croyance en une forme de résurrection, après l'ultime sacrifice. », (Étienne Fouilloux, introduction à Annette Becker, *La Guerre et la Foi. De la mort à la mémoire (1914-1930)*, Armand Colin, 1994).

• **Les aumôniers au front.** Un rapport de l'archevêché de Paris d'octobre 1915 distinguait plusieurs types de mauvais aumôniers : les « gaffeurs » au zèle maladroit et intempestif. Ils auraient voulu que les hommes communient plusieurs fois par jour ; ils les inondaient de médailles, de petits drapeaux du Sacré-Cœur, ils agaçaient les officiers. Il y avait encore les « vaniteux » qui jouaient « au soldat comme de petits garçons ». Ils portaient des galons sur leur soutane, sur leur calot, sur leur chemise. Une dernière catégorie était formée par les « mondains ». Ils prenaient les habitudes des officiers. Ils fumaient, buvaient, allaient même au café dans les villes.

pays : ce massacre des élites pouvait-il être compensé ? Probablement pas, mais, dans l'immédiat, le poids du sang signait la réintégration des catholiques dans la communauté nationale. Dans un État où l'Église, avant la guerre, était en quelque sorte enfermée dans le ghetto clérical, elle retrouve droit de cité. C'est ainsi qu'il fut demandé officiellement par le quai d'Orsay à Mgr Baudrillart, recteur de l'Institut catholique de Paris, d'avoir un rôle important dans l'animation de la propagande française à l'étranger et, par exemple, de donner chaque mois un article diffusé par 45 journaux des États-Unis et dans lequel le point de vue catholique était exprimé[22].

L'aspect le plus significatif est toutefois le renouveau de la foi que l'on peut constater à la fois chez les soldats et chez les civils. L'aumônerie militaire tient une grande place dans ce renouveau catholique. Ce fut l'armée française (avec l'armée italienne) qui compta le plus de prêtres et de religieux dans ses rangs, ne serait-ce que parce qu'ils étaient astreints au service militaire[23]. Leurs statuts furent très divers, combattants, brancardiers, aumôniers, et il y eut bien des tâtonnements et des difficultés dans l'organisation de l'aumônerie militaire, sans compter les protestations de certains journaux, quant à la présence trop pesante de l'Église catholique dans l'armée. *L'Humanité* s'insurge en février 1915 : le journal demande qu'on laïcise le front. En octobre 1915, un rapport de l'archevêché de Paris se montra sévère sur le comportement de nombreux aumôniers, trop peu « surnaturels », c'est-à-dire n'ayant pas assez le souci des âmes qui leur étaient confiées, intempestivement zélés, vaniteux, mondains, jouant aux soldats•… Malgré tout, dans ce contact direct avec les fidèles, très pieux lorsqu'il s'agissait d'unités bretonnes, véritables terres de mission dans d'autres cas, l'aumônerie put remplir sa mission. Le *Livret du soldat chrétien*, le *Livre de prières du soldat catholique* furent vendus en très grand nombre (150000 exemplaires pour ce dernier, rédigé en 1916).

L'Église donna une grande place aux enfants dans cette mobilisation patriotique, avec l'organisation de la prière des enfants pour la victoire nationale. Toute une série d'initiatives se firent jour : une des plus curieuses est celle de la « croisade des enfants », partie de Bordeaux et qui tendait à organiser les enfants en une sorte d'armée de la prière[24] pour la victoire de la France. L'Église évita néanmoins de noyer la religion dans le culte patriotique. Elle réaffirmait les devoirs des chrétiens, en dehors même de toute allusion à la guerre. De même, la littérature enfantine catholique adopta un esprit assez différent de la littérature laïque de même catégorie : comme nous le verrons, elle mit surtout l'accent sur l'idée du rachat collectif et individuel par la guerre.

En dehors même de cet apostolat, un regain de ferveur se manifeste de façon pratiquement spontanée : la « hantise de la mort », aussi bien à l'arrière qu'au front, nourrit ce réveil religieux. Même si les manifestations spectaculaires, églises pleines, grands pèlerinages, soldats se pressant aux offices en plein air, ne résistèrent pas à la durée de la guerre, la montée de la ferveur subsista, moins visible, mais plus profonde. Si l'on suit Annette Becker[25], on peut évidemment évoquer « la religion paratonnerre aux jours des grandes convulsions », la volonté de se mettre en règle avant de mourir, mais cela ne suffit pas, dit-elle, à expliquer une véritable explosion de dévotion, aussi bien sur le front qu'à l'arrière. Certes la véritable croyance appartient au plus intime de l'être et elle est difficile à saisir pour l'historien, mais il apparaît bien à travers les correspondances, les journaux intimes que s'est développée une « véritable spiritualité du front ». Dans les grands sanctuaires, comme dans les plus humbles, on peut y constater les traces d'une « intense vie des âmes de l'arrière ». Par analogie avec la terminologie américaine, on peut parler d'un véritable « réveil » par le nombre de ceux, et parmi eux d'intellectuels, qui retournent à la foi, manifestant une dévotion, non pas provisoire, mais qui irrigue littéralement le catholicisme de l'après-guerre•.

b. En Italie

En Italie, où l'influence et la profondeur de la foi restaient grandes, la situation institutionnelle d'un catholicisme maintenu par la volonté pontificale en dehors du fonctionnement de l'État, fut au niveau des simples gens un problème réglé par la guerre. Certes, il y avait eu des réticences du côté de l'Église à s'engager aux côtés d'une France anticléricale et contre la catholique monarchie autrichienne, mais, une fois l'Italie dans la guerre, les fidèles et le clergé y avaient participé sans hésitation. La création d'une aumônerie militaire comportant plus de 2500 prêtres illustra de façon particulièrement spectaculaire cette collaboration de l'Église et de l'État. Le patriotisme dont font preuve alors les catholiques ne pouvait manquer de se poursuivre par le « retour en force des catholiques dans la vie politique de la péninsule ».

c. En Allemagne

En Allemagne, le catholicisme, s'il était puissant, ne représentait pas, comme en France et en Italie, la religion dominante et s'était en quelque sorte trouvé mis en dehors de la communauté nationale par les luttes du *Kulturkampf ;* la guerre lui permit de se réconcilier tout à fait avec l'Empire.

• **La guerre et la foi.** Le philosophe chrétien Gabriel Marcel (1889-1973) écrivait dans *En chemin vers quel éveil ? (*Gallimard, 1971) : « Si je suis tenté de dire aujourd'hui que la guerre de 1914 a fait de moi un autre homme, c'est indiscutablement d'une part parce qu'elle a éveillé en moi un sens de la compassion dont il est probable que les germes existaient déjà, mais qui ne se seraient peut-être pas développés avec une telle intensité sans les tragiques événements auxquels j'ai assisté. »

Même si cela peut paraître paradoxal, les catholicismes européens, en s'identifiant aux intérêts nationaux de leurs pays respectifs engagés dans une lutte à outrance, connurent un approfondissement de la foi des fidèles dans les pays où elle était contestée.

L'exemple de l'Allemagne est tout à fait démonstratif. Avec 20000 prêtres et 20 millions de fidèles, des organisations de masse puissantes – la Ligue populaire pour l'Allemagne catholique regroupe plus de 500000 adultes et 4300 organisations – une presse très vivante, le catholicisme apparaît comme la principale force religieuse de l'Allemagne, une force jeune et active face à un protestantisme divisé et qui donnait l'apparence du déclin[26].

2 Le protestantisme

D'ailleurs, comme le pense Étienne Fouilloux, malgré certaines apparences, le protestantisme a été plus rudement touché par le conflit. Alors que les catholicismes nationaux, tout en défendant des causes différentes, ne s'étaient pas dressés les uns contre les autres, il n'en fut pas de même des protestantismes.

Au début du conflit, le 1er août 1914, une « conférence chrétienne pour la paix », principalement d'inspiration protestante, se réunit à Constance en Allemagne. Elle dut bientôt se disperser, et, si l'on suit Gerhart Besier, l'attitude des Églises protestantes parut incompréhensible[27]. Alors que, dans le prolongement de la réunion de Constance, on pouvait s'attendre à un engagement ferme contre la guerre, les Églises des différents États se rallièrent avec enthousiasme à la défense nationale dans leurs pays respectifs.

Les Églises allemandes adhérèrent avec une particulière ardeur aux *Idées de 1914*. L'Allemagne dans cette guerre accomplissait une mission divine. Les événements avaient un caractère sacré. C'est ce qu'affirme la « proclamation des 93 » hommes d'Église dont 13 théologiens. Elle dénonce le spectacle honteux de soi-disant défenseurs de la civilisation européenne qui lâchaient des « Mongols » et des « Nègres » sur la « race blanche ». Les protestants allemands s'en prirent avec une particulière animosité aux protestants britanniques.

De leur côté, les protestants britanniques, l'Église anglicane et les autres Églises se solidarisent entièrement avec leur gouvernement. Aux pamphlets des Églises allemandes, les pamphlets des Églises britanniques n'ont rien à envier. Du jour au lendemain, l'Empire prussien est devenu le Satan, la bête...

Par la force des choses, dans ce duel entre protestants britanniques et allemands, les protestants français jouent un moindre rôle, en raison de leur faible proportion dans la société française (1,5 % de la population). Leur engagement patriotique ne le cède cependant en rien, d'autant qu'ils ont le souci supplémentaire de ne pas donner prise à ceux qui laissent entendre qu'ils pourraient – en particulier les luthériens – être sensibles à l'influence allemande. Les différentes tendances du protestantisme français prennent position avec fermeté, y compris celle du « christianisme social » derrière le pasteur Wilfred Monod•. De nombreux écrits dénoncent l'attitude allemande et approuvent la « guerre juste » contre l'Allemagne. Les initiatives pacifiques des protestants des pays neutres, comme celles de Mgr Söderblom, archevêque d'Uppsala (Suède), sont rejetées souvent avec vigueur par les protestantismes des pays en guerre, d'autant qu'on ne croit pas vraiment à leur neutralité.

Dans chacun des pays, les Églises protestantes considérèrent que la défense de la patrie était une « mission morale ». Jamais, jusqu'à présent, elles n'avaient donné une dimension « morale » à la participation à un conflit armé. À partir de 1917, un nombre important de théologiens allemands souhaitèrent explorer les voies de la paix et de la réconciliation, mais leurs tentatives furent rejetées sans ménagements par les protestants britanniques, français et maintenant américains. Les manifestations de la religion de guerre des protestants, assez différentes de celle des catholiques, expliquent une perte sensible d'influence du protestantisme dans la période suivante, même si comme chez les catholiques, on aperçoit une montée de la ferveur, moins spectaculaire toutefois, compte tenu de la nature plus intériorisée du protestantisme.

3 Le judaïsme

L'attitude dans la guerre des Juifs, en particulier des Juifs français et allemands, se rapproche de celle des protestants français. C'est pour eux une nécessité impérieuse que leur sens national ne puisse être mis en doute. Les Juifs français, anglais, allemands adhérèrent sans hésitation et avec une ferveur particulière à la défense nationale (la situation des Juifs russes est différente en raison de la façon dont ils étaient traités dans l'Empire russe, et c'est ainsi que les Juifs de Varsovie accueillirent avec satisfaction l'arrivée des soldats allemands). D'ailleurs entre Juifs de France et Juifs d'Allemagne, le fossé n'avait cessé de s'agrandir depuis la guerre de 1870. Si on suit Philippe Landau, les Juifs français entendaient rejeter tout ce qui pouvait rappeler une origine allemande, alors que les Juifs allemands – malgré les restrictions dont ils étaient les victimes et malgré une conscience juive plus forte que chez les Juifs français – estimaient qu'ils pouvaient travailler à une fusion entre judaïsme et germanisme, que dans ses fondements religieux et humanistes, le judaïsme était complémentaire de la vocation civilisatrice de l'ordre allemand. De sorte que

• **Wilfred Monod** (1867-1943). Pasteur à l'Oratoire de Paris et professeur à la Faculté de théologie protestante de Paris, président des Églises réformées de France (1912), il participe à la naissance du christianisme social en plaidant pour l'engagement des chrétiens dans la réalité sociale. Par son éloquence, par ses nombreux écrits, il joue un rôle essentiel dans le protestantisme français de cette époque.

Prière du combattant juif avant la bataille

« Nous allons livrer bataille : l'engagement sera peut-être décisif. Grave et solennel pour les armées en présence, ce moment l'est aussi pour chacun des combattants, il l'est pour moi, Seigneur ! car cette prière que je t'adresse sera peut-être la dernière…

Dieu puissant, protège les armes de la France et donne-lui la victoire ! Tu le sais, elle ne s'arme que pour la justice, et elle n'abuse jamais de son triomphe. Elle n'est pas seulement avare du sang de ses enfants, elle est aussi ménagère de celui de ses ennemis, aussitôt qu'elle peut dire halte à son glaive ; magnanime envers les vaincus, elle honore, elle respecte le courage malheureux. Elle mérite de vaincre. Daigne en juger ainsi, mon Dieu, et puissé-je, pour ma faible part, contribuer au succès de cette grande journée !

Ne permets pas à mon bras de faiblir, ni à mon courage de chanceler un instant. À l'heure décisive, que j'exécute fidèlement les ordres de mes chefs, que je voie la mort sans pâlir, et que les projectiles ennemis, en sifflant à mes oreilles, ne fassent qu'exalter mon enthousiasme. Qu'une seule pensée me domine, qu'une seule image soit debout dans mon âme : la Patrie ! la Patrie qui m'a armé pour sa défense, pour qui je dois me battre et pour qui, s'il le faut, je saurai mourir. Si je meurs, ô mon Dieu, qu'il me soit permis, en ce moment suprême où je me recueille devant toi, de recommander à ta sollicitude les êtres chéris qui m'attendront en vain. Quand ils demanderont demain, ceux que j'aime le plus après toi et la France, quand ils demanderont : "Qu'est-il devenu ?" et qu'on leur répondra : "Mort au champ d'honneur !" ils se lamenteront, ils s'abandonneront à un affreux désespoir, ils te demanderont à grands cris l'objet de leur amour et de leurs espérances. Console-les, Seigneur ! prends-les sous ta garde ! Père de la veuve et de l'orphelin, appui du débile vieillard, ne les abandonne pas dans leur malheur et dans leur isolement !

Et puisque cette prière est peut-être un adieu à la vie, je ne veux pas quitter cette vie en soldat sans la quitter en Israélite. Je te demande donc humblement pardon des péchés que j'ai pu commettre, dans le cours de ma vie, envers toi ou envers les hommes : je te supplie de me recevoir dans ton éternelle miséricorde si le terme de mes jours est arrivé, et je renouvelle solennellement devant toi, Dieu d'Israël, l'acte de foi et d'amour, la formule sacrée qui doit nous suivre du berceau jusqu'à la tombe : "Écoute, Israël : le Seigneur est notre Dieu, le Seigneur est un !" »

In Ph. Landau « Religion et Patrie : les prières israélites pour la France » (Gd Rabbin de France, Alfred Lévy), *Pardès*, 1991, n° 14.

les Juifs n'eurent guère d'hésitation sur le bien-fondé de l'intervention de leurs pays respectifs. Comme le rappelle également Philippe Landau, une dizaine de Juifs figurent dans le *Manifeste des 93 intellectuels allemands* et, comme chez les protestants, on retrouve la même véhémence à l'égard de l'Angleterre, au point que le dirigeant sioniste Chaïm Weizmann aurait déclaré que « les intellectuels juifs allemands sont les plus arrogants et les plus agressifs »[28].

La recrudescence du patriotisme des Juifs de France est particulièrement forte avec la guerre. Le Grand Rabbin de France, Alfred Lévy, compose en 1915 la prière du Combattant : « Dieu puissant, protège les armes de la France et donne-lui la victoire ! Tu le sais, elle ne s'arme que pour la justice, et elle n'abuse jamais de son triomphe. »

Comme les desservants des autres religions, les rabbins voient, avec émerveillement, leurs synagogues se remplir à la faveur de la guerre. Comme pour les autres religions, la présence des aumôniers à l'armée permet un contact nouveau avec les fidèles. Néanmoins, la faible proportion de soldats juifs rend l'action des rabbins aumôniers plus aléatoire, sauf dans certaines unités, comme les régiments de Légion étrangère ou ceux d'Afrique du Nord, dans lesquels la proportion de soldats juifs était particulièrement élevée. Comme chez les protestants, cette ferveur nouvelle est étroitement imbriquée dans le patriotisme : foi et patrie sont indissolublement liées. Le caractère « nationaliste » de cette ferveur la rend moins spécifiquement religieuse que chez les catholiques. À l'instar du protestantisme, à terme, le judaïsme ne devait pas profiter – au plan strictement spirituel – de la guerre.

4 L'orthodoxie

Église d'État ou faisant partie du système d'État, l'Église orthodoxe, du moins l'Église orthodoxe russe, connaît, au niveau de ses hiérarchies et de ses pratiquants, des problèmes différents de ceux des autres Églises. Une réforme de l'Église orthodoxe avait été envisagée, mais le gouvernement avait empêché la tenue d'un concile en 1907, qui, finalement, ne put s'ouvrir qu'en… août 1917 ! Dans une société où la religion occupait une place formelle considérable – les soldats embrassaient le crucifix avant d'aller combattre – mais où les milieux cultivés, en particulier, n'avaient que sarcasmes et ironie pour une religion bonne tout juste à satisfaire les superstitions de populations urbaines ou paysannes arriérées, il est difficile de distinguer la place particulière qu'elle aurait pu avoir et de déceler une plus ou moins grande ferveur[29].

La « religion de guerre » s'est traduite à la fois par une recrudescence superficielle de la ferveur dans un premier temps, mais dans un second par un réel approfondissement de la foi ; ce fut plus vrai pour le catholicisme que pour les autres cultes. En revanche, paradoxalement d'une certaine façon, la guerre ne fut pas portée au débit des religions. Que les croyants d'une même religion aient dû se combattre férocement n'apparut pas spirituellement insupportable. La religion supporta mieux l'épreuve de la guerre que le socialisme international.

IV. L'école et les loisirs

1 L'école et la guerre en France

Davantage qu'en Allemagne ou en Angleterre, dans un pays comme la France, atteint directement par les combats, l'école et les enfants ont été particulièrement affectés par la guerre. Ceci peut expliquer que la France soit l'unique pays où des études sur ce sujet aient été menées.

La mobilisation fut décrétée en France très exactement le lendemain de la fin des classes. Les autorités eurent donc deux mois devant elles pour organiser la rentrée et trouver des moyens de remplacer les 30000 instituteurs mobilisés. Dès le 7 août, une circulaire du ministre de l'Instruction publique, Albert Sarraut*, invitait à ce que, dans les garderies de la période de vacances, d'autant plus nécessaires en période de mobilisation d'une partie de la population, il soit fait des lectures « de nature à faire comprendre aux enfants les événements actuels et à exalter dans leurs cœurs leur foi patriotique ». Le ministre prescrivait bientôt qu'il voulait que « le jour de la rentrée, la première parole du maître aux élèves hausse les cœurs vers la Patrie » et que « sa première leçon honore la lutte sacrée où nos armes sont engagées ». Il ajoutait : « La leçon du maître sera simple et forte » et devait célébrer le « noble souvenir » des premiers morts de la guerre « pour exalter leur exemple, en graver la trace dans leur mémoire ». Une circulaire du même ministre, en 1915, définissait clairement comment l'enseignement devait être présenté : « S'il est un maître dont je me refuse à concevoir un instant l'idée, ce serait l'éducateur français pour qui la guerre n'existerait pas, qui aurait continué à vivre de ses mêmes leçons et de ses mêmes devoirs et n'adresserait à ses élèves en ces heures décisives que des paroles inchangées. » Les *Bulletins départementaux*, destinés aux instituteurs publièrent des articles de notabilités intellectuelles comme Émile Durkheim ou Ernest Lavisse. Ils affirmaient, en janvier 1915, que le rôle de ceux qui ne combattent pas est aussi important que celui de ceux qui combattent. Dans les « conférences pédagogiques » auxquelles les instituteurs étaient astreints d'assister, l'inspecteur d'académie du département du Doubs[30], pour ne retenir que cet exemple, demande, en avril 1915, aux maîtres de réfléchir sur la façon dont ils doivent expliquer à leurs élèves les raisons de combattre, qu'une paix hâtive serait funeste, et sur la manière pour l'École de rendre hommage aux morts pour la patrie.

La guerre est très présente dans l'enseignement, celui de l'histoire servant « à former le sentiment patriotique et à faire comprendre les événements actuels », celui de la géographie permettant de localiser les événements militaires, celui de l'éducation morale et civique devant mettre l'accent sur « ce que nous devons à la patrie, la nécessité où nous sommes de lui être dévoués ». Lorsqu'a lieu une journée pour la Serbie, tous les enseignements de la journée ont trait à ce pays…

Les sujets d'examen ne sont pas en reste. Les candidats à une bourse d'enseignement primaire supérieur ont eu à traiter en 1917 : « Le *Loup et l'Agneau* appliqué à la guerre actuelle. Pensez surtout à la façon dont nos ennemis ont provoqué la guerre. »

Un ouvrage intitulé, *La grande guerre en composition française*[31] proposait, dès 1915, cinquante sujets avec corrigés du maître : le général Joffre*, les adieux d'un mobilisé, la lettre de l'absent, la bataille de la Marne. Les éditions Belin publiaient de G. Bruno (Augustine Fouillée), *Le tour de l'Europe pendant la guerre. Livre de lecture courante. Cours moyen,* qui, dès sa préface, expliquait : « Pas un Français ne doit ignorer les causes de la guerre barbare que nous subissons ; pas un Français ne doit les oublier. » L'école française alla d'ailleurs fort loin dans des textes qu'elle proposait aux enfants, certains décrivant la mort de façon quelquefois très réaliste et atroce. * P. 51

À vrai dire, à partir de 1916, la place de l'enseignement « patriotique » commença à décliner pour revenir à des thèmes plus habituels, mais les instituteurs et leurs élèves continuèrent à jouer un rôle très actif dans les quêtes patriotiques• et les œuvres pour les soldats.

2 Les enfants dans la guerre

Un livre pionnier de Stéphane Audoin-Rouzeau[32], s'est attaché à analyser la culture de guerre des enfants. Les thèmes que l'on retrouve dans la littérature enfantine, dans les illustrés, sont ceux du choc entre la civilisation et la barbarie, la défense de la liberté de tous les pays, la volonté belliqueuse de l'Allemagne, l'agression depuis longtemps préparée, les caractères spécifiques de l'Allemand – le *Boche* – sa gloutonnerie animale, sa brutalité, l'assassinat d'enfants, au point que l'extermination d'Allemands, comme dans les *Pieds-Nickelés,* peut se faire avec allégresse. Le discours britannique adressé aux enfants est assez proche. La guerre allemande est un déferlement de barbarie. C'est faire œuvre civilisatrice que de lutter contre l'Allemagne. Pour les enfants, comme pour les adultes d'ailleurs, l'Allemand est le *Hun.* Plus qu'en

• **Albert Sarraut** (1872-1962). Une des principales personnalités radicales de la IIIe République. Tandis que son frère Maurice se consacrait essentiellement au grand journal radical du Sud-Ouest, *La Dépêche de Toulouse,* Albert s'était plutôt voué à l'activité politique. Député de l'Aude de 1902 à 1924, puis sénateur du même département jusqu'à la Seconde Guerre mondiale, il avait commencé une carrière ministérielle avant 1914. Il est ministre de l'Instruction publique dans le gouvernement Viviani, du 3 août 1914 à octobre 1915. Engagé, il participe en 1916 à la bataille de Verdun avant d'être envoyé à la fin de l'année en Indochine comme Gouverneur général, poste qu'il avait déjà occupé dans le passé.

• De très nombreuses **« journées » de quêtes patriotiques** furent organisées, journée belge, journée du *75,* journée française, journée pour les orphelins, journée du Poilu, journée serbe... « Le paquet du soldat » et l'œuvre des pupilles de l'enseignement public sollicitèrent particulièrement les enfants des écoles.

Le tour de l'Europe pendant la guerre

Les éditions Belin avaient publié, en 1877, du même auteur, un ouvrage qui devait rencontrer un immense succès et connaître de multiples rééditions, *Le tour de la France par deux enfants* (sous-titre *Devoir et patrie*). Manuel de lecture, c'était en même temps un précis d'instruction civique et d'instruction patriotique. Dans la préface on pouvait lire : « On se plaint continuellement que nos enfants ne connaissent pas assez leur pays : s'ils le connaissaient mieux, dit-on avec raison, ils l'aimeraient encore davantage et pourraient encore mieux le servir. » C'était le but de l'ouvrage, le ton général étant donné dès le premier chapitre : « On se trouvait alors en 1871, peu de temps après la dernière guerre avec la Prusse. À la suite de cette guerre, l'Alsace et une partie de la Lorraine, y compris la ville de Phalsbourg [d'où allaient partir les deux enfants] étaient devenues allemandes ; les habitants qui voulaient rester français étaient obligés de quitter leurs villes natales pour aller s'établir dans la vieille France. »

Dans *Le tour de l'Europe,* on pouvait lire cette réflexion d'une des héroïnes du livre : « Ce que je trouve le plus inquiétant à penser, c'est que dans les consciences allemandes dévoyées, la droiture ne pourra renaître du jour au lendemain. Il faudra sans doute plusieurs générations pour relever un sens moral tombé si bas. Ce peuple est devenu la honte et le danger de l'Europe. »

France, la littérature enfantine se veut aussi didactique, dressant de façon assez austère des tableaux complets et explicatifs de la guerre, de l'armée, de la flotte.

La littérature enfantine allemande fut assez différente. Plus qu'à dénoncer les turpitudes de l'ennemi, elle s'employa à montrer le combat fraternel que menaient les peuples germaniques, l'Allemand et l'Autrichien, attaqués par une nuée d'ennemis menaçants. C'est un combat défensif que mène l'Allemagne encerclée par des adversaires acharnés à détruire la *Kultur* allemande. Parmi eux, celui qui est le plus détesté est le peuple britannique. « Dieu punisse l'Angleterre », proclame un de ces ouvrages. Comme en Angleterre d'ailleurs, cette littérature se donne un but d'information, très orientée évidemment, mais

* P. 89

racontant la guerre plus que ne l'imaginant : *L'Histoire du général Hindenburg**, *Prêts au combat* ou *Nos jeunes marins dans la guerre mondiale*…

Dans les deux camps, même dans les publications à l'usage des enfants, le langage est très brutal, mais il l'est davantage en France, qu'en Allemagne ou en Angleterre. Comme le souligne Stéphane Audoin-Rouzeau, « la culture de guerre française a véhiculé une violence spécifique de langage et d'image, à la fois plus insistante, plus fréquente et plus préoccupée de rabaisser l'ennemi ».

D'un pays à l'autre, cette littérature n'est pas d'une nature différente, mais elle peut être d'un degré différent. C'est en France que la mise en condition des enfants a été la plus poussée.

Les loisirs des enfants prirent aussi un tour guerrier. Les planches à découper proposées aux enfants en France leur permettaient d'habiller les soldats, de construire des tranchées, de présenter des scènes de combats. Des jeux traditionnels comme le jeu de l'oie sont modifiés. Dans des jeux de boules, la cible représente les responsables allemands. Il en est de même dans les différents pays. Les « jeux stratégiques » sont particulièrement prisés en Angleterre et en Allemagne. Les jouets de guerre tiennent une grande place dans les ventes. Stéphane Audoin-Rouzeau signale la militarisation des couvertures des catalogues, comme celui des *Jouets-Étrennes* du Printemps présentant un Père Noël soldat, en uniforme, avec une hotte d'où débordent les jouets guerriers.

La guerre ne pouvait manquer également de conduire à utiliser les enfants. En France, non seulement, ils quêtent lors des Journées patriotiques, mais les filles doivent tricoter pour les soldats, les élèves de toutes les classes participent à des travaux de jardinage et d'élevage. Il en fut de même en Allemagne, où les enfants participèrent particulièrement aux travaux agricoles. En Angleterre, ils collectèrent les vieux papiers et s'engagèrent dans l'Association pour les économies de guerre. La mobilisation des scouts, une institution déjà très développée, fut spécifique de l'Angleterre. Ils furent employés comme garde-côtes, comme adjoints aux forces de police, comme porteurs de messages pour le ministère de la Guerre… On demanda même aux jeunes Anglais de se préparer à la défense éventuelle du pays en entrant dans des clubs de tir.

Dernier trait des écrits destinés aux enfants, l'exaltation de jeunes héros, dont le plus grand nombre – ce n'est pas spécifique en fait de cette guerre – trichèrent sur leur âge pour pouvoir s'engager. On en connaît des exemples, aussi bien en Russie qu'en Serbie, en Allemagne, en Angleterre ou en France. En revanche, il est surprenant que, particulièrement en France, où les jeunes héros révolutionnaires, Bara et Viala, ont défié les années, les enfants-héros de la guerre de 1914 n'ont pas « survécu » à la fin de la guerre…

Une question en découle. Est-ce que cette culture de guerre a durablement marqué les enfants des pays belligérants ? Stéphane Audoin-Rouzeau pense que non et que finalement les enfants ont quitté assez vite le cadre qui avait été créé à leur intention ou qu'ils s'étaient créé eux-mêmes. De façon différente, on pourrait dire qu'ils ont cessé de « jouer à la guerre ».

3 Les loisirs

Depuis le XIXe siècle, l'Angleterre était la terre du sport par excellence et la plupart des sports pratiqués dans les autres pays ont été créés en Angleterre[33]. Dans ces conditions si, par nature, les loisirs, surtout dans une Europe en guerre, concernaient d'abord les enfants, il y avait au moins un pays, l'Angleterre, où le loisir sportif avait acquis une place particulière et concernait tout autant les adultes.

Dans les milieux populaires, les loisirs revêtaient essentiellement la forme du *pub* et du football. Comme le souligne Bruno Cabanes[34], depuis les années 1880, l'ambition de nombreux fondateurs de clubs ouvriers de football avait été de créer une récréation rationnelle pour les milieux populaires. En réalité, leurs objectifs avaient été détournés par la création d'un football professionnel au détriment du football amateur. Dans un premier temps, la guerre ne sembla pas devoir modifier les habitudes britanniques, mais il devint très vite choquant que des jeunes gens continuent de pratiquer professionnellement le football, au lieu de s'engager dans l'armée. Une campagne de presse conduisit, au printemps 1915, la *Football Association* à la suppression d'un événement national, la finale du championnat de football britannique. La disparition du football professionnel n'empêcha pas le maintien du football amateur, encore que, par la force des choses, surtout lorsque la conscription obligatoire fut établie, le nombre potentiel des joueurs et des spectateurs diminuât considérablement. Témoignage de la place prise par le sport et le football dans les mentalités britanniques, il se produisit un certain transfert de l'activité sportive à l'arrière-front où des matchs de football étaient fréquemment organisés et dans le vocabulaire sportif dont la presse usait : le champ de bataille était le nouveau terrain de jeu.

Si le gouvernement n'était pas intervenu dans le domaine sportif – une intervention de l'État prétendant dire au public ce qu'il devait faire serait apparue comme tout à fait contraire aux libertés britanniques –, il n'en fut pas de même pour les pubs. Les prix, la composition et la vente des alcools furent d'abord réglementés, puis les horaires d'ouverture des pubs. Les premières mesures datent du printemps 1915 et furent progressivement étendues à l'ensemble du pays. « À la fin de la guerre, note Bruno Cabanes, neuf Britanniques sur dix subissent les nouveaux horaires des pubs et boivent la *bière Lloyd George*, moins alcoolisée, et près de trois fois plus chère. » Dans ce domaine, les préoccupations n'avaient pas été seulement patriotiques, mais
* P. 129 surtout morales, Lloyd George* considérant l'alcoolisme comme plus dangereux encore pour l'Angleterre que l'Allemagne !

En France comme en Allemagne, la mobilisation générale avait, dès les débuts de la guerre, éliminé la pratique sportive, le *Tour de France*, pour prendre cet exemple, ne reprenant qu'en1919•.

En revanche, un domaine des loisirs pouvait se maintenir en activité malgré la guerre, celui des spectacles. Les music-halls, quand ils furent autorisés à rouvrir en France furent étroitement surveillés, car, en France comme en Angleterre, la guerre provoque une poussée de moralisation. L'exemple de la Comédie-Française est une bonne illustration du théâtre en France pendant la guerre[35]. Fermée jusqu'à nouvel ordre le 3 août 1914, elle fut autorisée à rouvrir, ainsi que les autres théâtres, le 23 novembre, d'abord seulement en matinée, puis en soirée également. Au cours des années de guerre, les représentations purent être perturbées par des problèmes de chauffage, d'éclairage, en particulier en 1917, par les bombardements en 1918, mais le théâtre fonctionna à peu près normalement. En matière de programmes, deux périodes sont très distinctes. Jusqu'en 1916, la Comédie-Française s'assigna un rôle patriotique, « soutenir les âmes par la mâle et noble poésie ». Les pièces classiques, à qui on donne un sens patriotique, comme *Horace* – où Horace est maintenant préféré à Curiace –, des pièces patriotiques, comme *Patrie* de Victorien Sardou ou *L'ami Fritz* d'Erckmann-Chatrian, obtiennent un grand succès. Les textes de pièces où il était fait allusion à l'Allemagne d'une façon non péjorative, sont modifiés... À partir de 1916, les programmes se transformèrent : les spectateurs allèrent au théâtre pour se distraire, alors qu'au début de la guerre, on se rachetait d'aller au théâtre en y voyant des spectacles patriotiques. En décembre 1917, une audition d'œuvres de poètes tombés au champ d'honneur n'attira qu'un public clairsemé !

• **Le *Tour de France*** cycliste, créé en 1903, venait de se terminer, quelques jours avant le début de la guerre en juillet 1914, par la victoire du Belge Thys. Les vainqueurs de 1907 et 1908, Lucien Petit-Breton, et de 1910, Octave Lapize, furent tués tous les deux en 1917 et celui de 1909, François Faber dès 1915.

Chapitre 6

L'année 1917

Le 1er janvier 1917, la guerre durait depuis vingt-neuf mois et, en période de guerre, le temps est psychologiquement plus long. L'année 1916 avait été décevante pour les deux camps. Les habitants de l'Europe pouvaient douter qu'il y eût une solution au conflit qui dévastait le continent. L'instituteur de Plougenast, une petite localité des Côtes-du-Nord, avait profité du jour de l'an pour rendre visite aux parents de ses élèves. Il avait trouvé presque partout « découragement et désillusion ». Il était urgent pour les autorités militaires et civiles de chercher le moyen de forcer la décision.

I. Comment gagner la guerre ?

1 Les plans alliés pour 1917

Le commandant en chef des armées françaises, le général Joffre*, n'avait pas perdu confiance. Il était persuadé que les Allemands ne disposaient plus des moyens de résister à une seconde bataille de la Somme. Dès le 16 novembre 1916, il avait réuni une conférence à son quartier général de Chantilly à laquelle participèrent le chef des armées britanniques, le général Douglas Haig*, ainsi que les chefs de missions, en France, des différentes armées alliées. Ils s'affirmèrent convaincus que les Allemands préparaient une nouvelle offensive et décidèrent de les devancer en passant à l'attaque dès la première quinzaine de février. Fixé par une instruction du 27 novembre, le plan du général Joffre prévoyait une vaste offensive qui devrait être prête pour le 1er février. Tandis qu'au nord, une première attaque britannique et française, entre l'Oise et Arras, fixerait les forces allemandes et les obligerait à dégarnir leur front de Champagne, le groupe des armées françaises du Centre porterait le coup principal entre Craonne et Reims. La partie centrale du front entre Oise et Craonne, la région du Chemin des Dames, considérée

* P. 51
* P. 119

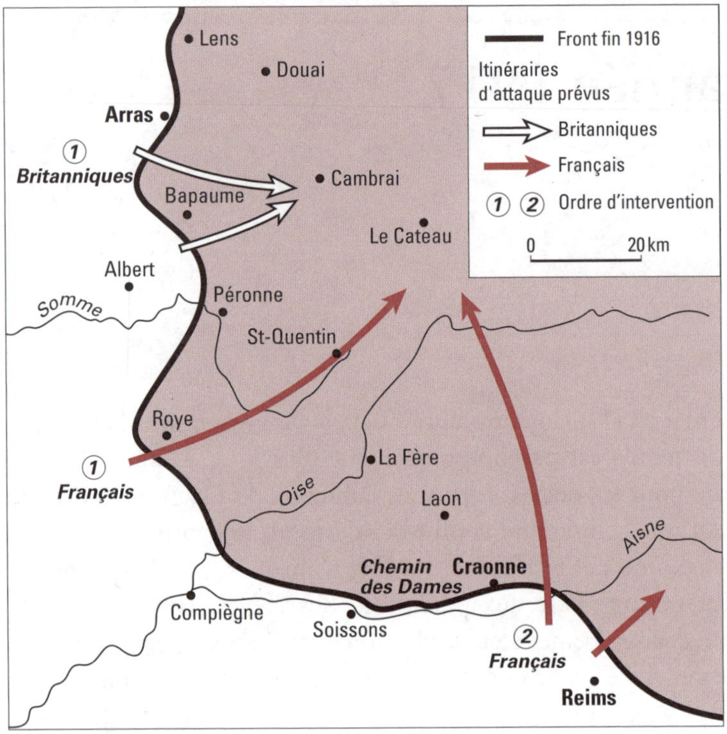

Le plan du général Joffre

en raison du relief comme inabordable, serait ainsi débordée de part et d'autre. Le résultat serait l'écroulement de l'ensemble du dispositif allemand.

Les Italiens devaient continuer à attaquer sur le front de l'Isonzo et les Russes, dont on pensait qu'ils avaient retrouvé des capacités offensives, pourraient attaquer au printemps.

Les projets du général Joffre rencontrèrent deux obstacles. Le premier, comme nous l'avons vu précédemment, fut la déroute de l'armée roumaine. Le 6 décembre 1916, Bucarest était occupée et les débris de l'armée roumaine ne purent se maintenir en Bessarabie que grâce aux secours envoyés par les Russes. Les deux tiers de l'armée roumaine étaient détruits et les ressources en blé et en pétrole de la Roumanie tombèrent entre les mains des Puissances centrales. Comme le souligne le général Delmas[1], l'intervention roumaine n'avait finalement eu d'autre conséquence pour la Russie que de l'obliger à allonger son front de 400 kilomètres, depuis le golfe de Riga jusqu'à l'embouchure du Danube. Dans ces conditions, il était plus difficile pour la Russie de mettre sur pied un programme offensif. Néanmoins, le 31 décembre 1916, le tsar Nicolas II avait réuni, à Mohilev, son quartier général, un conseil de guerre pour en décider, mais la nouvelle de l'assassinat de Raspoutine* l'oblige à regagner immédiatement sa capitale et, en l'absence du chef d'état-major, le

* P. 137

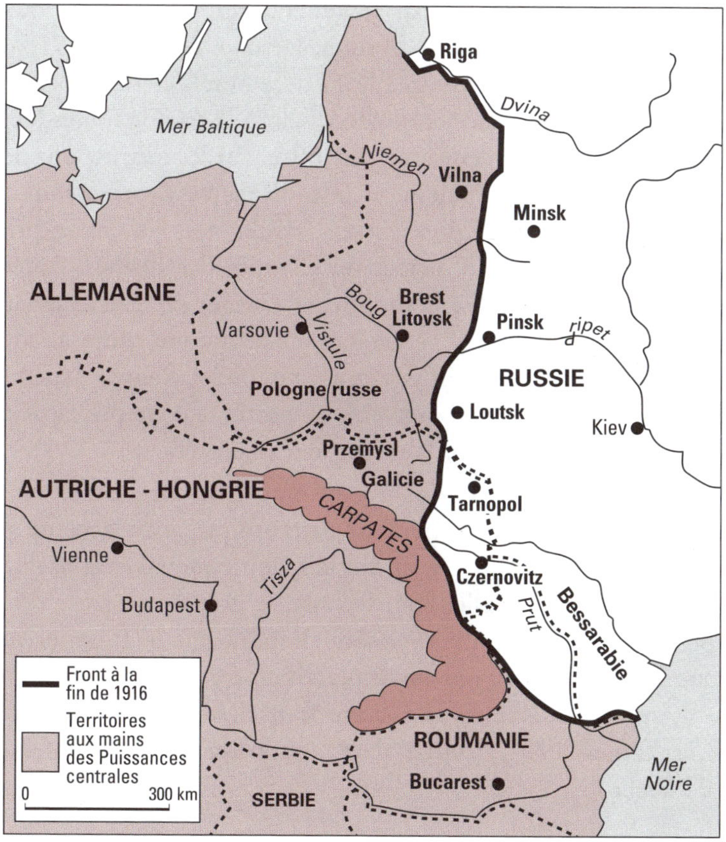

Le front russe après la défaite roumaine

général Alexeiev, malade, aucune décision n'est prise, d'autant que le commandement russe n'est pas très sûr de l'état d'esprit des soldats.

Le deuxième obstacle est le remplacement du général Joffre lui-même. Lors du *Comité secret* du 21 novembre au 7 décembre 1916, le haut commandement avait été mis sévèrement en cause par un nombre de députés de plus en plus important. Au Sénat, Clemenceau avait vivement attaqué la façon dont la guerre était conduite. Le ministère Briand n'avait conservé qu'une majorité diminuée et, pour ne pas être renversé, Aristide Briand* dut sacrifier Joffre. Nommé maréchal de France• et dépossédé de la réalité de ses * P. 29

• Pendant la suite de la guerre, le général Joffre, devenu maréchal le 25 décembre 1916, ne joua plus un grand rôle. Il fut envoyé en mission aux États-Unis en 1917 et il y reçut un accueil enthousiaste. Il fut élu à l'Académie française en 1918 et défila aux côtés de Foch à la tête des armées alliées le 14 juillet 1919. Lorsqu'il mourut en 1931, il lui fut fait de grandioses funérailles nationales. Il reste assez représentatif des généraux français de la Grande Guerre, solides, compétents, mais dépourvus du génie qui leur aurait permis de résoudre les problèmes posés par une forme de guerre imprévue.

* P. 115 pouvoirs, Joffre était remplacé par le général Robert Nivelle*, qui s'était illustré en dirigeant la bataille de Verdun, lorsque, le 1er mai 1916, il avait * P. 115 remplacé le général Pétain*. Nommé le 12 décembre à la tête des armées du Nord-Est, et non pas, comme son prédécesseur à la tête de toutes les armées françaises, il remanie le plan envisagé par Joffre. Par les instructions des 28 et 30 décembre, il prévoyait également une offensive de diversion franco-britannique de l'Oise à la région d'Arras, tandis que l'offensive principale aurait lieu au Centre, dans le secteur du Chemin des Dames. Après qu'un groupe d'armées y aurait réalisé la rupture, une armée de réserve serait lancée dans la brèche pour en assurer l'exploitation. Enfin, une autre attaque était prévue, comme dans le plan Joffre, entre Craonne et Reims. Aspect le plus étonnant de ce nouveau plan, il prévoyait de porter le coup principal dans un secteur considéré comme inabordable par le plan précédent !

Plusieurs fois reportée, l'offensive ne put avoir lieu en février et fût décidée pour avril. Le gouvernement britannique avait accepté pour la première fois que le commandant anglais, le général Douglas Haig, fût subordonné au général Nivelle. Pour le reste, le projet était très critiqué par de nombreux généraux, dont le général Pétain, par le Premier ministre * P. 129 britannique Lloyd George*, qui aurait préféré une grande offensive en Italie, * P. 145 et par le nouveau ministre de la Guerre français du gouvernement Ribot* constitué le 20 mars 1917, Paul Painlevé•, qui n'avait aucune confiance dans le général Nivelle.

2 Le plan allemand

Contrairement au commandement français, le commandement allemand ne croyait plus que la décision se ferait sur terre. Le haut commandement alle-* P. 89 mand, formé, depuis le 29 août 1916, par les généraux Hindenburg* et Ludendorff, considérait qu'avec 152 divisions à l'Ouest face aux 180 alliées (110 françaises, 63 britanniques, 6 belges et 1 russe), il n'avait pas les moyens de vaincre, et que, même si Hindenburg et Ludendorff se désintéressaient du front oriental, au moins pour le moment, après avoir été les partisans actifs de lui faire jouer le rôle primordial quand ils y commandaient, les 86 divisions qui s'y trouvaient ne pouvaient être diminuées.

a. La bataille du Jutland

Hindenburg et Ludendorff ne croyaient pas non plus que la décision se ferait sur mer après l'échec de 1916. Depuis le début de la guerre, la flotte de haute-mer allemande, basée à Kiel, et la *Home Fleet* britannique, dont la majeure partie se trouvait à Scapa Flow (dans les îles Orcades), se faisaient face, mais l'empereur Guillaume II* et l'Amirauté allemande avaient longtemps hésité à prendre le risque d'une sortie de la flotte. Le nouveau commandant en chef de la flotte allemande, depuis le début de 1916, l'amiral Scheer•, imagine un plan dont l'objectif était de réduire l'écart de puissance entre les deux flottes et donc de permettre de rompre le blocus. Par une attaque de diversion, il voulait attirer une partie de la flotte britannique dans un piège formé par le gros de la flotte allemande. S'il pouvait réussir plusieurs entreprises de ce genre, la flotte anglaise se trouverait ainsi progressivement réduite. Mais ce plan échoua. Les Anglais avaient détecté la sortie de la flotte allemande. Au piège allemand, les Britanniques répondirent par un contre-piège. La flotte allemande sortait le 31 mai 1916, mais, au large de la presqu'île du Jutland, les Anglais attiraient la flotte allemande dans un piège constitué par le gros de la flotte britannique. La trop grande prudence de l'amiral Jellicoe• ne lui permit pas d'accabler la flotte allemande. Elle put rompre le combat et se réfugier dans ses ports dans la nuit du 1er juin 1916. Les pertes anglaises avaient été supérieures aux pertes allemandes, mais la flotte allemande n'osa plus sortir de ses ports jusqu'à la fin de la guerre. Les Anglais conservaient la maîtrise de la mer du Nord.

* P. 25

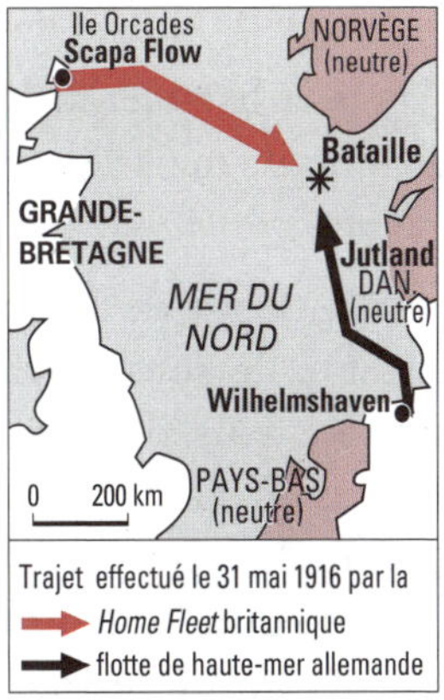

La bataille de Jutland

• **Paul Painlevé** (1863-1933). Après une brillante carrière universitaire, il devient professeur de mathématiques à la Sorbonne en 1903. Il pressent le développement de l'aéronautique. L'affaire Dreyfus le conduit à s'intéresser à la politique, dans le camp dreyfusard. En 1910, il fut élu, à Paris, député républicain-socialiste, une petite formation entre les socialistes et les radicaux. Il resta député jusqu'en 1928. Ministre de la Guerre de mars à septembre 1917, président du Conseil, de septembre à novembre de la même année, il est renversé et cède la place à Clemenceau. Il eut encore une importante carrière politique après la guerre. Il était un des dirigeants de la gauche les plus en vue.

• **Reinhard Scheer** (1863-1923). Fils d'un instituteur, il entre dans la marine en 1879. Contre-amiral en 1910, connu pour son énergie et la dureté de la discipline qu'il imposait, les marins l'avaient surnommé « l'homme au masque de fer »... Le 15 janvier 1916, il recevait le commandement de la flotte de haute mer avec laquelle il livrait la bataille du Jutland, la seule grande bataille navale de la guerre. Sa très grande réputation, à la suite de cette bataille, est très usurpée. En au moins deux occasions, il faillit bien provoquer l'anéantissement de sa flotte. Il réprima très violemment une mutinerie en août 1917, mais, en 1918, devant l'hostilité des marins, il ne put conduire une dernière sortie.

• **John Jellicoe** (1859-1935). D'une famille de marins, entré dans la marine de guerre en 1872, il reçut, le 4 août 1914, le commandement en chef de la Grande Flotte. C'est à ce titre qu'il livra la bataille du Jutland. L'opinion britannique lui reprocha les pertes très lourdes subies par la flotte et considéra qu'il n'avait pas la stature de Nelson. Pour lui retirer son commandement, il fut promu, en novembre 1916, premier Lord de la mer et s'occupa dorénavant de la guerre sous-marine. En désaccord avec le gouvernement sur le système des convois, il perdit ce poste en décembre 1917.

b. La guerre sous-marine

Après la bataille du Jutland, ce n'était donc pas *sur* la mer que la guerre se gagnerait, mais le commandement allemand est convaincu de pouvoir la gagner *sous la mer.*

Au début de la guerre, les différentes marines possédaient un certain nombre de **sous-marins•**, considérés seulement comme d'autres navires de guerre, mais il apparut rapidement qu'ils pouvaient être de redoutables navires de combat. Il n'avait pas été prévu, toutefois, de les utiliser contre des navires de commerce. L'établissement d'un blocus de plus en plus hermétique par les Alliés conduisit les responsables allemands à l'idée d'utiliser les sous-marins contre le trafic commercial allié. Néanmoins, les sous-marins que possédait l'Allemagne, au début de la guerre, n'étaient ni assez performants, ni assez nombreux pour obtenir des résultats décisifs. Les inconvénients, en outre, n'étaient pas négligeables. Le principal était de risquer de dresser les neutres contre l'Allemagne, et, au premier chef, les États-Unis. Quand, le 7 mai 1915, le paquebot britannique *Lusitania,* fut torpillé, avec 128 Américains parmi les 1198 passagers qui trouvèrent la mort, les protestations américaines furent d'une grande vivacité. Les autorités allemandes étaient peu à peu contraintes d'imposer de plus en plus de restrictions à l'activité des sous-marins. Pendant l'été 1916, les opérations sous-marines avaient été pratiquement suspendues.

À la fin de l'année 1916, les Allemands disposent d'un grand nombre de sous-marins (150) et les performances des *U-Boote* ont considérablement progressé. Le haut commandement est alors persuadé qu'il a les moyens de couler 600000 tonnes de navires par mois. En près de six mois, l'Angleterre sera obligée de capituler ou, tout au moins, de négocier un arrêt de la guerre. L'Angleterre vaincue, la guerre serait achevée victorieusement.

Le torpillage du Lusitania

Le *Lusitania,* un navire de 32000 tonnes, était le plus grand paquebot de la compagnie britannique *Cunard.* Il achevait sa traversée entre New York, d'où il était parti le 1er mai 1915, et Liverpool, quand il fut torpillé, à proximité du sud de l'Irlande, le 7 mai, par l'*U 20* du commandant Schweiger.

Ce torpillage du navire britannique provoqua une grande indignation, en particulier aux États-Unis, contre les méthodes de guerre allemandes. Le *Times* affirme que le torpillage « a placé toute la race allemande hors la loi ». Des travaux récents montrent que l'amirauté britannique n'avait pas pris toutes les mesures nécessaires pour empêcher ce torpillage. Certes, Turner, le commandant du *Lusitania,* avait été averti de la présence de sous-marins, mais on lui laissa prendre une route au milieu de la Manche alors qu'il aurait fallu l'envoyer plus au Nord et le paquebot n'avait pas reçu d'escorte.

Ce projet se heurtait aux hésitations de Guillaume II et aux graves réticences du chancelier Bethmann Hollweg*, ainsi que du ministre des Affaires étrangères austro-hongrois, le comte Czernin•. Outre des raisons de morale internationale et l'idée qu'ils se faisaient de l'Allemagne, ils ne sont pas convaincus de l'efficacité de la guerre sous-marine et sont au contraire convaincus qu'elle provoquera l'entrée des États-Unis dans la guerre. Les partisans de la guerre sous-marine rétorquent que la guerre sera gagnée avant que les États-Unis puissent réellement intervenir. À la suite d'une campagne de pétitions dénonçant le blocus criminel infligé par l'Angleterre à la population allemande et du ralliement du *Zentrum* à l'idée de la guerre sous-marine, le *Reichstag* lui est majoritairement favorable. Lors d'une conférence, tenue à Pless• le 9 janvier 1917, l'Empereur donne son accord, le chancelier cède, tout en concluant que « c'en est fait de l'Allemagne ». Quant au ministre autrichien, il ne se rallia à la décision que « le cœur gros »[2]. Le 1er février 1917, l'Allemagne déclenchait la guerre sous-marine à outrance.

* P. 45

II. La déroute des plans

Une nouvelle fois, comme en 1914, des plans au succès assuré connurent une véritable déroute.

• En 1914, la France disposait de 76 **sous-marins**, l'Angleterre de 85 et l'Allemagne de seulement 25. Le terme de *U-Boote* (*Unterwasser-Boote*) désigne les sous-marins allemands. Les efforts portèrent sur les sous-marins de croisière pour en augmenter le rayon d'action, ainsi que l'armement, en particulier le nombre de torpilles qu'ils pouvaient emporter. Le nombre de sous-marins était d'autant plus important qu'une proportion assez faible pouvait être utilisée en même temps (environ un tiers), les navires ne pouvant rester très longtemps en mer. Ces *U-Boote* de 1917 sont de grosses unités (pour l'époque) de 750 à 850 tonnes, dotées d'excellents moteurs, armées de 10 à 18 torpilles et d'un ou plusieurs canons (voir Michèle Battesti, « La guerre sur mer » *in* Paul-Marie de la Gorce, *op. cit.).*

• **Ottokar Czernin (comte)** (1872-1932). Diplomate descendant d'une ancienne famille de noblesse de Bohème, d'opinions très conservatrices, très proche de l'archiduc assassiné François-Ferdinand, il fut choisi comme ministre des Affaires étrangères par le nouvel empereur Charles. À la fois plus énergique et plus souple que Berchtold, mais aussi plus imprévisible et plus pessimiste, il voulait convaincre le partenaire allemand de faire la paix, même en perdant l'Alsace-Lorraine et en rétablissant la Belgique, mais en recevant en contrepartie de larges territoires polonais. Czernin dut abandonner ses fonctions en avril 1918 quand furent connus les contacts qu'il avait eus avec Sixte de Bourbon.

• **Pless,** petite ville de Haute-Silésie (en polonais, Pszczyna), très proche d'Auschwitz, devenue tristement célèbre comme centre de camps d'extermination nazis pendant la seconde Guerre mondiale.

1 L'échec de la guerre sous-marine

La campagne sous-marine allemande avait pourtant bien commencé, avec des résultats spectaculaires : dès le mois de février, 540000 tonnes de navires étaient coulées, en mars, 578000 tonnes, en avril, 874000. Les objectifs prévus étaient largement dépassés. Grâce à la censure, la panique ne s'empara pas de la population britannique, mais les milieux dirigeants étaient véritablement angoissés. Pour l'amiral Jellicoe, à cette cadence de pertes, l'Angleterre était en train de perdre la guerre.

Le plan allemand fut pourtant déjoué.

2 L'entrée en guerre des États-Unis

La première conséquence de la guerre sous-marine fut en effet l'entrée en guerre des États-Unis.

* P. 71

Le président des États-Unis, Woodrow Wilson*, avait été réélu, en novembre 1916, avec le slogan : « *He kept us off war* » (« il nous a maintenus hors de la guerre »). Le défi allemand lui posait un grave problème de conscience. L'indépendance et le prestige des États-Unis étaient en jeu, les idéaux de la démocratie étaient violés, les droits des neutres bafoués (encore que de ce point de vue les Alliés n'avaient pas été très scrupuleux). Au surplus, les intérêts économiques américains risquaient d'être gravement lésés par l'arrêt des exportations.

Le télégramme du secrétaire d'État allemand aux Affaires étrangères, Zimmermann•, pour pousser le Mexique à un conflit avec les États-Unis, intercepté et publié par les Britanniques, choqua gravement l'opinion publique américaine.

Le télégramme Zimmerman

Le 16 janvier 1917, un télégramme était envoyé à l'ambassadeur d'Allemagne aux États-Unis, le comte Bernstorff, l'informant du début de la guerre sous-marine totale à partir du 1er février 1917 et le paragraphe suivant était ajouté : « *Nous faisons au Mexique une proposition d'alliance sur la base suivante : faire la guerre ensemble, faire la paix ensemble, une aide financière substantielle et la compréhension de notre part que le Mexique veuille reconquérir les territoires perdus au Texas, au Nouveau-Mexique et en Arizona.* » Le télégramme était intercepté en même temps par les services américains et britanniques. Wilson hésitait à l'utiliser, mais les journaux, informés par les Anglais, le publièrent.

Zimmermann reconnaissait rapidement l'authenticité du télégramme et démissionnait au mois d'août 1917.

Le 2 avril 1917, comme l'avaient prévu et redouté les adversaires de la guerre sous-marine, les États-Unis entraient dans la guerre. À défaut d'avoir une importance immédiate sur le plan strictement militaire, l'intervention américaine se traduisit par la mise à la disposition des Alliés de la flotte de commerce américaine, des navires allemands réfugiés dans les ports américains en 1914, des flottes de commerce des nombreux pays d'Amérique latine qui emboîtèrent le pas aux États-Unis. En outre, par tout un éventail de moyens de pression, les Anglais obligeaient les flottes des pays neutres à reprendre la mer. Les Alliés recevaient ainsi le concours d'un tonnage bien supérieur à celui que les Allemands pouvaient détruire.

Parallèlement, des méthodes efficaces furent mises au point pour lutter contre les sous-marins. Une mesure qui se révéla extrêmement utile fut de regrouper les navires de commerce en convois escortés par des navires de guerre. Les sous-marins ne pouvaient plus agir qu'en plongée et étaient beaucoup moins efficaces. Les Alliés mirent progressivement en ligne des milliers de petits navires d'escorte. Véritable mutation des marines alliées, qui, jusque-là, souligne Philippe Masson, avaient été constituées autour des grands navires de combat.

À partir de l'été 1917, les pertes dues aux sous-marins ne sont plus que de 3 à 400 000 tonnes par mois, ce qui était supportable. En revanche, le nombre de sous-marins détruits ne cessa de s'accroître•. La guerre sous-marine restait redoutable, mais elle n'était plus de nature à assurer la victoire allemande.

3 Le désastre du Chemin des Dames

À l'échec du plan allemand d'Hindenburg-Ludendorff, correspondit l'échec encore plus rapide et plus retentissant à court terme du plan Nivelle•.

• **Arthur Zimmermann** (1864-1940). Diplomate issu des classes moyennes, ce qui a pu ralentir son ascension, fonctionnaire discret qui est nommé sous-secrétaire d'État aux Affaires étrangères en 1911. En novembre 1916, il est le premier roturier à devenir secrétaire d'État aux affaires étrangères, succédant au précédent ministre, von Jagow, cette promotion étant due à sa prise de position en faveur d'une guerre sous-marine à outrance. Pour parer au risque d'une entrée en guerre des États-Unis, il s'emploie à mettre sur pied une combinaison mexicaine et japonaise contre les États-Unis.

• **Pertes des sous-marins allemands :** 1917 : 1er semestre : 20. 2e semestre : 45. 1918 : 67

• **Le plan Nivelle** Dans une note rédigée pour la Conférence de Londres du 15 janvier 1917, le général Nivelle affirmait : « Nous romprons le front allemand quand nous voudrons, à condition de ne pas nous attaquer au point le plus fort et de faire l'opération par surprise et attaque brusquée en 24 ou 48 heures… Cela fait, le terrain sera libre pour aller où on voudra, à la côte belge comme à la capitale, sur la Meuse et sur le Rhin. Il y aura alors une splendide moisson de gloire pour les armées britanniques et françaises. » (Cité par Guy Pedroncini, « Les mutineries de 1917 dans l'armée française », in *Historiens-Géographes*, juillet-août 1987, *Sur l'année 1917*).

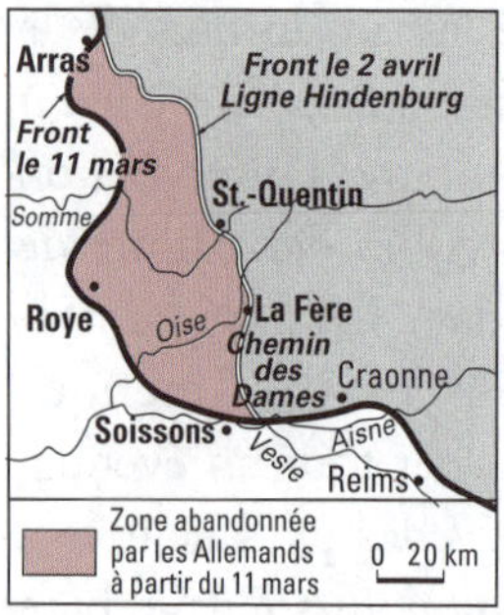

Le recul du front allemand

Ordre Général n° 75

Aux Officiers,
Sous-Officiers
et Soldats
des Armées Françaises :

L'heure est venue

Confiance et Courage

Vive la France !

Général R. NIVELLE.

Ordre du jour du Général Nivelle (15 avril 1917)

Le scepticisme était fort répandu dans les milieux militaires ou gouvernementaux à propos du plan Nivelle, malgré la confiance qu'affichait son auteur, mais son exécution fut encore compromise par la décision de Ludendorff de rectifier le front allemand. Le retrait du saillant Arras-Roye-Soissons permettait d'économiser des effectifs. Ce recul de 40 kilomètres sur des positions solidement préparées eut lieu à partir du 11 mars 1917, sans être en rien troublé par les forces adverses. Pour l'offensive Nivelle, cela signifiait que, si elle était maintenue, elle aurait en partie lieu contre des positions inconnues jusqu'alors. Le général Nivelle ne pensa pas, pour autant, qu'il devait retarder la date de l'offensive. Elle le fut néanmoins pour des raisons météorologiques.

L'offensive britannique de diversion débuta le 9 avril dans la région d'Arras et obtint certains succès. En vingt jours, elle pénétra d'une dizaine de kilomètres dans les positions allemandes.

L'attaque principale fut déclenchée, une semaine plus tard, le 16 avril en direction du Chemin des Dames. La surprise devait venir de l'emploi des chars. Déjà les Anglais les avaient utilisés, sans succès, en 1916. Baptisée « artillerie d'assaut », cette nouvelle arme avait réussi à attirer l'intérêt de Joffre et, au début de 1917, l'armée française disposait de 208 chars, des chars *Schneider* de 13,5 tonnes et des chars Saint-Chamond de 23 tonnes. Ce sont les chars Schneider qui sont engagés à Berry-au-Bac, le 16 avril. Lourds, peu maniables, très lents, ils sont d'autant plus vulnérables que les réservoirs d'essence étaient à l'avant… Certains chars purent franchir la troisième et la quatrième ligne allemande, mais restèrent tout à fait isolés, et l'expérience se termina par un échec sanglant : près de 60 % des chars engagés furent détruits et leurs équipages souvent anéantis•.

L'échec des chars ne fut qu'un des aspects de l'échec de l'ensemble de l'offensive. Il apparut, très rapidement, que la rupture était impossible. À la fin de la première journée, l'avance avait été de 500 mètres au lieu des 10 kilomètres prévus. La faiblesse – pour ménager la surprise – de la préparation d'artillerie, fut cause de pertes énormes : en deux semaines, jusqu'au 30 avril, les pertes françaises s'élevèrent à 147000 hommes dont 40000 morts. En fait, les Allemands avaient eu du mal à résister, leurs pertes avaient également été considérables et Ludendorff avait dû engager toutes ses réserves. Dans d'autres batailles, le chiffre des pertes alliées avait été du même ordre, mais la désillusion fut à la hauteur des espoirs mis dans cette offensive. Nivelle parvient bien à emporter quelques succès tactiques dans les jours suivants : l'imprenable Craonne est enlevé, mais le 15 mai, l'offensive était arrêtée. Il était relevé de son commandement et remplacé par le général Pétain.

Effet le plus redoutable de l'échec du plan Nivelle, une partie de l'armée française n'était plus moralement en état de combattre, comme le montrèrent les mutineries.

Assez paradoxalement, la défaite française redonnait sa liberté d'action au commandement britannique. Le général Haig engageait une première action offensive le 7 juin au sud d'Ypres, puis une grande offensive dans les Flandres qui devait durer du 16 juillet au 10 novembre 1917. Peu considérée dans l'historiographie française, cette « troisième bataille d'Ypres », ou bataille de Passendale, est au cœur de l'histoire britannique de la guerre. Les objectifs du général Haig n'étaient pas très nets, mais la bataille tourna rapidement à la bataille d'usure. Aux prises avec l'adversaire et un terrain qui était un véritable bourbier en raison de la disparition du système de drainage, les Britanniques (Anglais, Irlandais, Néo-Zélandais, Canadiens...) finirent par prendre Passendale• (repris par les Allemands quelques mois plus tard !), mais ils n'avaient en rien réussi la percée. Ils avaient en revanche subi d'immense pertes, 250000 tués et blessés. En fait, même si Haig prétendit par la suite qu'il avait gagné la guerre en menant cette bataille ininterrompue, les historiens britanniques sont en général très sévères pour cette bataille « pour rien », « un monument d'inutilité » dit Jay Winter[3], « une part de coupable sottise » dit Trevor Wilson[4]. En Angleterre, le nom de Haig reste très largement celui d'un « synonyme d'exercice inhumain du commandement » (Jay Winter). Sur le plan stratégique, les pertes subies par les forces anglaises pesèrent d'autant plus lourd que les Allemands allaient pouvoir compenser les leurs par le retour de leurs troupes de Russie : il est difficile de dire si, à terme, la troisième bataille d'Ypres a fait gagner la guerre aux Alliés, mais dans l'immédiat, elle a bien failli la leur faire perdre...

• **L'échec des blindés.** Cet échec fut tout de même « la date et le lieu de naissance de la future arme blindée française », général Jean Delmas, in *Historiens et Géographes*, op. cit.,

• **Passendale :** ou Passchendaele, une commune belge de Flandre occidentale, d'environ 3000 habitants, située au Nord-Est d'Ypres.

4 La révolution en Russie

Troisième volet de l'échec des plans pour 1917, **la situation en Russie.** Alors que les Alliés avaient intégré dans leurs plans la possibilité pour les Russes d'attaquer avec efficacité au printemps, la situation fut bien différente.

À la fin de 1916, la situation était fort tendue en Russie, mais les révolutionnaires, tant à l'extérieur qu'à l'intérieur, ne croyaient guère à l'imminence d'une révolution. Les classes moyennes étaient beaucoup plus inquiètes et bien des hommes politiques songeaient à la nécessité d'éliminer un tsar incapable. La révolution éclata de façon presque impromptue et de manière à peu près spontanée, comme si elle avait jailli de la masse de la population. Les principaux événements se déroulèrent entre le 23 et le 26 février 1917. Ils débutent à Petrograd par des manifestations, principalement des femmes qui réclament du pain et du charbon – il fait -20 °C – renforcées par les ouvriers de la grande usine Poutilov, licenciés à la suite d'une grève, et d'autres entreprises. Le gouvernement et le commandement militaire sont assez hésitants à prendre le risque d'engager une répression de grande ampleur. Les heurts entre manifestants et soldats font cependant 169 morts et 1000 blessés, mais les soldats sont peu combatifs et, à partir du 26, ils commencent à passer du côté des manifestants. Le 27 février, c'est le gros de la garnison de Petrograd qui rejoint les manifestants, transformant ainsi des émeutes en révolution. En fait, de part et d'autre, on analyse mal la situation. Des dirigeants bolcheviks sont persuadés que le tsar va lancer une répression de grand style et écraser ce début de mouvement révolutionnaire, tandis que le tsar croit qu'il suffit qu'il en donne l'ordre pour que cessent les troubles, ce qu'il fait par un télégramme du 26, que les autorités locales sont bien incapables d'appliquer. Le 27, il n'y a pratiquement plus d'autorité à Petrograd, le pouvoir s'est volatilisé, tandis que le tsar qui essaie de rejoindre sa capitale, depuis son quartier général, en est empêché par les cheminots qui bloquent les voies et par des soldats insurgés.

Les députés de la *Douma* sont également hésitants : ils constituent cependant un comité provisoire qui, le 1er mars, se transforme en gouvernement provisoire. Gouvernement assez modéré, composé surtout d'octobristes (centre-droit) et de cadets (centre-gauche). Il est présidé par un libéral, le prince Georges Lvov•. Les deux hommes forts en sont le ministre des Affaires étrangères, le cadet Paul Milioukov, un historien réputé, et le ministre de la Guerre, l'octobriste Alexandre Goutchkov*, un industriel. Des Soviets formés d'ouvriers et de soldats de Petrograd, dirigés principalement par l'aile modérée des socialistes, les mencheviks, se sont constitués parallèlement au gouvernement.

* P. 143

Le 2 mars, sous la pression de la plupart des généraux commandant les différents fronts, le tsar Nicolas II est contraint d'abdiquer. Il le fait en faveur de son frère, le grand-duc Michel•, qui refuse. *De facto,* il n'y a plus de pouvoir monarchique. Les provinces se rallient au nouveau pouvoir. La rapidité avec laquelle il s'efface témoigne du délabrement du pouvoir tsariste. En fait, son seul soutien aurait pu être l'armée, mais l'absence d'autorité des officiers sur les soldats, en raison du fossé qui s'était creusé entre eux, ne le permit pas.

Le renversement du tsarisme fut accueilli avec satisfaction par les Alliés, d'autant que l'établissement de la démocratie en Russie renforçait leur camp. Il faisait disparaître la contradiction qui consistait à prétendre lutter pour la démocratie, tout en étant allié avec un pays qui en était encore loin. En outre, la révolution de Février et les hommes qui en sont sortis vainqueurs, font croire que la guerre sera menée beaucoup plus vigoureusement et plus efficacement. La presque totalité de la presse française salue favorablement l'événement, même si certains journaux marquèrent de la réserve envers ce qui était, tout de même, une révolution populaire• !

Croire que les problèmes de la Russie avaient été réglés par un simple changement de pouvoir et que les Russes ne demandaient rien d'autre que d'être engagés plus vigoureusement dans la guerre relevait d'une grave erreur de jugement. Erreur de jugement d'autant plus compréhensible chez les Alliés, qu'elle était celle des deux ministres russes les plus concernés,

---

• **Gheorghi Lvov (prince)** (1861-1925). D'une vieille famille aristocratique, le prince Lvov siégea avec les constitutionnels-démocrates (cadets) lors de la *Douma* de 1906. Pendant la guerre, il fut porté à la présidence de l'Union panrusse des *Zemstvos* qui s'est employée à pallier la carence des services de l'État. Après la révolution de mars 1917, il devient le chef du gouvernement provisoire, mais rapidement débordé par les événements, il cède la place à Kerenski au mois de juillet. Après la révolution bolchevique, il se réfugia en France.

• **Alexsandrovitch Michel** (1878-1918). Avant même la Révolution, des hommes politiques comme Goutchkov, des généraux comme Broussilov et Alexeiev avaient pensé substituer à Nicolas II, son frère le grand-duc Michel. Mais, au moment de la révolution de février, quand Nicolas II abdiqua en sa faveur, il refusa le trône parce qu'il craignait pour sa vie. Il fut assassiné par les bolcheviks en 1918.

• **La presse française et la révolution de 1917.** Un journal de province, qui se situait très à droite, *L'Avenir du Plateau Central,* écrivait : « Ce n'est pas une révolution qu'a faite le peuple russe, c'est une évolution. Il a changé de gouvernement pour se débarrasser de l'influence allemande. » Son concurrent radical, *Le Moniteur du Puy-de-Dôme,* affirmait de son côté : « Les traîtres sont en prison et seront châtiés. Les patriotes sont désormais les maîtres. C'est un peuple nouveau qui se lève dans le rayonnement de la liberté reconquise. » Une synthèse de la presse française conclut : « La note dominante est la joie de voir notre alliée enfin délivrée de l'influence allemande et libre de se consacrer toute entière à la guerre. »

Milioukov et Goutchkov. Le premier est, en effet, persuadé, que, comme en 1792, en France, la révolution provoquera un élan patriotique et que la victoire soudera le peuple russe autour du gouvernement. En réalité, les soldats « votent avec leurs pieds », c'est-à-dire qu'ils sont nombreux à déserter et à regagner leurs régions d'origine pour participer au partage des terres. De son côté, Goutchkov, contrairement à ses espoirs, est incapable de rétablir la discipline dans l'armée.

Le *prikaz* n° 1 (l'ordre n° 1), lancé par le Soviet de Petrograd dès le 27 février, et qui ne concernait que la garnison de Petrograd, se répand comme une traînée de poudre dans l'ensemble de l'armée. Des comités de soldats élus devaient diriger les unités, sauf dans le service, au sens strict du terme, où subsisterait la discipline militaire habituelle. Dans la pratique, les soldats pouvaient évaluer tout ordre qui leur était donné. Les officiers avaient perdu toute possibilité de commander. En quelques mois, l'armée avait cessé d'être une force combattante. Prétendre continuer la guerre dans ces conditions était du domaine de l'utopie.

Néanmoins, dans une note du 9 avril 1917, le ministre des Affaires étrangères, Milioukov, maintenait la position de la Russie pour une paix victorieuse, ce qui provoque un conflit avec le Soviet. La crise se dénoue par la formation d'un nouveau gouvernement provisoire, sans Milioukov ni Goutchkov. Constitué le 6 mai, ce gouvernement, toujours présidé par Lvov, s'ouvre sur sa gauche avec l'entrée de ministres socialistes. L'homme fort du gouvernement est maintenant Alexandre Kerenski, un socialiste-révolutionnaire, qui a pris les portefeuilles de la Marine et de la Guerre. L'objectif de la politique étrangère du nouveau gouvernement est de faire pression sur les gouvernements en guerre pour obtenir la paix : il propose une paix sans annexions, ni indemnités, position très différente de celle de Milioukov, mais qui ne donne pas de résultats. Toutefois, sortir de la guerre impliquait de rompre la solidarité avec les Alliés, de prendre contact avec les Allemands, ce à quoi le gouvernement provisoire se refusait. Il fallait donc continuer la guerre.

Face à 120 divisions allemandes et autrichiennes (dont 83 allemandes), il y avait 180 divisions russes, mais dans un état avancé de décomposition. La mission militaire française en Russie ne pensait pas que l'armée russe fût capable de mener une offensive, malgré les souhaits du haut commandement français. Kerenski croit, tout de même qu'on peut lui demander un dernier effort. Après une tournée sur le front où il estime être parvenu à convaincre les soldats, le « persuadeur en chef », comme on l'a surnommé, Kerenski donna l'ordre au
* P. 117 général Broussilov* de passer à l'offensive. Déclenchée le 1er juillet en Galicie contre les Austro-Hongrois, elle obtient d'abord quelques succès, mais les soldats refusent bientôt de continuer. Le 29 juillet, le général allemand Hoffmann qui commande le front de l'Est, déclenche une contre-offensive et provoque la débandade des troupes russes qui abandonnent tout le terrain conquis en 1916.

Seul succès, très relatif, des plans alliés, la mission française en Roumanie, commandée par le général Berthelot•, a réussi à remettre sur pied une petite armée roumaine – 12 divisions – qui tente, au mois de juillet, une attaque à partir de la Moldavie, sans résultats. De même, l'armée d'Orient commandée par le général Sarrail* et composée de 24 divisions, françaises, britanniques, serbes, russes et grecques avait attaqué, au même moment que l'offensive Nivelle, mais son offensive est presque tout de suite contenue par les Bulgares. Le moral de ces troupes, très hétéroclites, est faible. Des mutineries ont lieu parmi les soldats français (à l'instar de ce qui se passe en France), les soldats russes sont surtout préoccupés par les événements de leur pays. * P. 119

L'armée italienne a, quant à elle, de nouveau attaqué au mois de mai, au-delà de l'Isonzo, mais n'a que très peu progressé.

À la fin du printemps, au début de l'été 1917, les espoirs des différents belligérants de vaincre, grâce à leurs nouveaux plans, sont à peu près réduits à néant.

• **Paul Milioukov** (1859-1943). Brillant historien d'idées libérales, il est parmi les fondateurs en 1905 du parti constitutionnel démocrate (cadet) qui se situe au centre-gauche et entend transformer la vie politique russe. Député à la Douma depuis 1907, lorsque la guerre éclate, il se prononce pour un soutien actif de la défense nationale, mais, dès 1915 il critique vivement la façon dont la guerre est menée. Tout naturellement, après la révolution de février, il entre dans le gouvernement provisoire dont il est ministre des Affaires étrangères et la principale personnalité. Mais, peu conscient de la réalité, sans se soucier d'autres réformes, il entend mener la guerre avec détermination pour réaliser les objectifs de la russie, en particulier la main mise sur les Détroits, ce qui provoque un vif conflit avec le Soviet de Moscou. De grandes manifestations l'obligent à quitter le gouvernement. Après la révolution d'octobre, menacé, il doit quitter la Russie et se réfugier en France où il mena une carrière d'historien et de journaliste.

• **Alexandre Kerenski** (1881-1970). Fils d'un administrateur scolaire, jeune avocat, très éloquent, il adhère au Parti socialiste-révolutionnaire. Il est compromis dans un complot pour assassiner le tsar, ce qui lui vaut d'être arrêté en 1906. Il est élu à la *Douma* de 1912, comme représentant du Parti trudovik, parti socialiste rural issu du Parti socialiste-révolutionnaire, mais qui en rejette la pratique violente. Ses positions ne sont pas toujours très claires. Il refuse de voter les crédits de guerre en 1914, mais il est partisan de l'effort de guerre contre l'Allemagne. Il aspire à une révolution inspirée de la Révolution française. Après la révolution de Février, à la fois membre du gouvernement provisoire et membre influent du Soviet de Petrograd, son rôle ne cesse de grandir jusqu'en juillet où il prend la tête du gouvernement provisoire. Agé de 36 ans lorsqu'il est renversé par la révolution bolchevik, il consacra le reste de sa vie à justifier son comportement en 1917. Ayant fui la Russie, il quitta l'Europe au début de la Seconde Guerre mondiale pour les États-Unis où il mourut à 89 ans.

• **Max Hoffmann** (1869-1927). Ayant servi dans l'état-major dans la section russe, il était considéré comme un expert des questions russes. Sa corpulence trompait sur ses qualités intellectuelles mais c'était un des plus brillants esprits de l'armée allemande. Convaincu de l'importance des chemins de fer dans la guerre, c'est sur ses plans qu'Hindenburg et Ludendorff gagnèrent la bataille de Tannenberg. Colonel en 1916, bientôt général, il devait accéder au commandement du front de l'Est. Signataire du traité de Brest-Litovsk, en grave désaccord avec les ambitions territoriales qu'il jugeait chimériques de Ludendorff, il consacra son activité après la guerre à écrire un ouvrage *La Guerre des occasions manquées,* très critique pour Hindenburg et Ludendorff.

• **Henri Berthelot** (1861-1931). Avant d'être envoyé en Roumanie il fut aide-major-général en 1914 et à ce titre, un des principaux collaborateurs de Joffre.

III. Le trouble des peuples

C'est probablement en France que les effets directs de l'échec des plans de 1917 furent les plus évidents. La déception fut à la mesure des espoirs que l'offensive Nivelle avait soulevés dans l'opinion•.

1 La crise française

Malgré la censure de la presse, l'arrière fut rapidement au courant de l'échec. Les communiqués ne faisaient état que de la conquête de quelques lambeaux de terrain et les récits des blessés étaient répercutés par des correspondances privées. Quant aux soldats, ceux qui avaient été engagés, même si chacun ne connaissait qu'un très petit morceau du champ de bataille, ils étaient tout de même bien placés pour se rendre compte de ce qui s'était passé…

a. Les mutineries

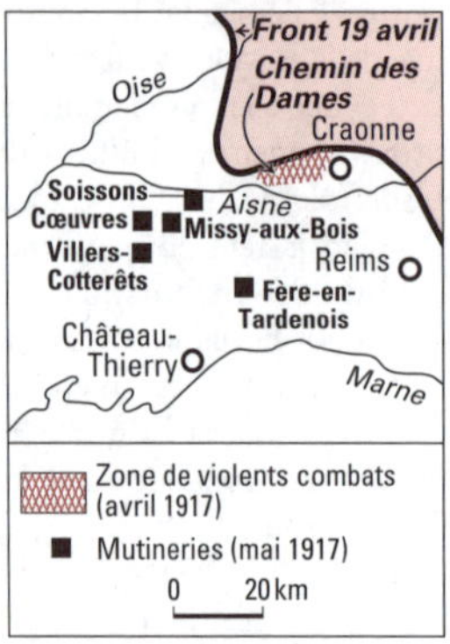

Les mutineries

Conséquence, l'armée fut secouée par ce que l'on appela pudiquement la « crise d'indiscipline » et qui fut, dans la réalité, la mutinerie d'une partie d'entre elle. Ces événements sont bien connus grâce aux travaux de Guy Pedroncini[5].

Dès le 17 avril, le lendemain du début de l'offensive, un premier incident collectif• eut lieu. « Les combattants eurent l'impression que le 16 avril avait été un jour de massacre[6]. » Les mutineries se développèrent principalement en mai et en juin. Elles s'apaisèrent ensuite, encore que des soubresauts isolés se poursuivirent jusqu'en janvier 1918. Au total, on a dénombré 250 actes d'indiscipline, affectant plus ou moins gravement 68 divisions, soit les deux tiers de l'ensemble de l'armée, mais de façon très différente suivant les unités. Cinq divisions furent particulièrement touchées. L'épicentre du phénomène se situa entre Soissons et Reims, même si des manifestations d'indiscipline furent signalées, à l'Ouest de Soissons et à l'Est de Reims, jusqu'au front de Lorraine. On a compté 40000 mutins, chiffre assez théorique : beaucoup de petites agitations n'ont pas été recensées parce que les officiers subalternes préférèrent, quand c'était possible, éviter de les signaler et il y eut tout un dégradé dans l'attitude des soldats. Quoi qu'il en ait été, les mutins « activistes » sont restés extrêmement minoritaires par rapport à la masse des troupes. Dans les secteurs non touchés par ces événements, ils ont souvent été totalement ignorés.

Les mutins manifestèrent rarement des sentiments révolutionnaires. Dans quelques cas seulement, ils brandirent des drapeaux rouges, chantèrent l'*Internationale*, menacèrent de marcher sur Paris, crièrent « Vive la Paix ». Les officiers furent rarement pris à partie, sauf un général, le général Bulot, commandant une brigade de la 41e division d'Infanterie et qui était accusé d'être particulièrement peu économe du sang de ses hommes. En revanche, les mutins exigeaient que cessent des attaques aussi sanglantes qu'inutiles, que les conditions de vie et en particulier le régime des permissions soient améliorées. Contrairement à ce que prétendirent la plupart des généraux, ces mutineries ne furent pas la conséquence d'une propagande pacifiste venue de l'arrière.

Les Conseils de guerre prononcèrent 3427 condamnations sur environ 4000 cas qui leur furent soumis, dont 554 à la peine de mort. 49 furent réellement exécutés. Répression relativement modérée, compte tenu des conditions du moment. Le nouveau chef de l'armée, le général Pétain, était partisan du rétablissement d'une discipline rigoureuse, il était convaincu, comme les autres généraux, de l'influence néfaste de l'arrière, des syndicalistes, de certains ministres comme le ministre de l'Intérieur Malvy• ; il était cependant conscient de la lassitude physique et morale des soldats, après plus de deux ans d'une guerre terrible. Il ne croyait pas que la solution soit seulement dans la répression, mais bien davantage dans des mesures qui amélioreraient les conditions de vie des soldats de première ligne, et en cessant de procéder à des opérations sans utilité.

Les mutineries de 1917 sont devenues emblématiques de la guerre pour toute une littérature engagée. En réalité, comme l'a souligné Jean-Pierre Azéma[7], il ne faut, ni sous-estimer, ni surestimer le poids d'un événement

---

• **Les espoirs français :** Peu avant l'offensive d'avril 1917, un rapport de la Commission du contrôle postal de Bordeaux disait ceci : « La note dominante est la confiance absolue, aussi bien dans la population de l'arrière que chez les soldats du front. » « On se prépare, écrit un soldat, à la marche en avant. » Voilà ce que tout le monde souhaite ardemment, car « il faut en finir ». « Cette phrase résume nettement l'opinion générale à la veille de l'offensive. » (cité par John Horne, « Information, opinion publique et l'offensive Nivelle du 16 avril 1917 », in *Images 1917*, BDIC, 1987.)

• Dans des armées aussi nombreuses, des incidents individuels ont lieu de façon très fréquente. Ce qui fait la mutinerie, c'est l'**acte collectif d'indiscipline**.

• **Louis Malvy** (1875-1949). Député radical-socialiste du Lot de 1906 à 1919 et de 1924 à la fin de la IIIe République, secrétaire d'État à la Justice en 1911 à 36 ans. Très proche de Joseph Caillaux, il eut un peu le même parcours. Alors que Caillaux, au début de la guerre, était écarté des affaires à la suite du procès de son épouse, Malvy est ministre de l'Intérieur du gouvernement Viviani et il conserve cette fonction jusqu'en 1917. Obligé de démissionner devant les attaques de Clemenceau, compromis par ses relations avec le journal *Le Bonnet rouge* dont les liens avec l'Allemagne sont prouvés, jugé par le Sénat formé en Haute Cour, condamné à cinq ans de bannissement pour avoir « méconnu les devoirs de sa charge », s'il retrouva son siège de député à son retour en France, il ne put jouer dorénavant un rôle important.

Lettres de soldats pendant les mutineries

Je vais vous dire que nous avons refusé de monter en ligne mardi soir, nous n'avons pas voulu marcher, nous nous sommes mis presque en grève, et beaucoup d'autres régiments ont fait comme nous [...]. Ils nous prennent pour des bêtes, nous faire marcher comme cela et pas grand-chose à manger ; et encore se faire casser la figure pour rien ; ou on serait monté à l'attaque, et il en serait resté la moitié et on n'aurait pas avancé pour cela. [...] Peut-être que vous ne recevrez pas ma lettre, ils vont peut-être les ouvrir [...]. Moi je m'en moque, j'en ai assez de leur guerre. »

Un soldat de la 10e compagnie du 36e R.I.

D'un sergent du même régiment : « *Des événements très regrettables se sont passés tout dernièrement au régiment, je me contenterai de vous dire que ma conscience est tranquille, n'ayant rien à me reprocher [...]. N'exagérons pas toutefois les faits, d'autant plus que le calme est revenu.* »

Cité par G. Pedroncini, 1917,
Les Mutineries de l'armée française, op. cit.

qui n'a guère été compris de l'arrière et qui n'a mobilisé qu'une fraction assez faible de l'armée. Les combattants ont surtout voulu dire qu'ils en avaient assez d'être sacrifiés par un commandement qu'ils jugeaient incompétent.

L'efficacité de la censure permit que le commandement allemand ignorât la gravité de la crise qui affectait l'armée française. L'offensive anglaise dans les Flandres, même si ce n'était pas son but, permit de dissimuler l'effacement, rendu nécessaire, au moins provisoirement, de l'armée française.

En revanche, les troubles du front ne furent pas ignorés de l'opinion française, ne serait-ce que par la constatation des graves désordres auxquels les soldats permissionnaires se livraient dans les gares traversées, les déprédations subies par les wagons, le refus de saluer les officiers... Il fallut d'ailleurs des mois pour que les permissionnaires retrouvent un comportement plus habituel. Le *Bulletin sur la situation morale à l'intérieur*, de février 1918, établi par les services de l'armée, attribue aux permissionnaires un excellent moral, d'autant qu'ils avaient même recommencé à saluer leurs supérieurs !

La crise militaire ne fut, en réalité, qu'un des aspects de la crise traversée par l'ensemble du pays.

b. Les grèves

La crise fut aussi **sociale.**

Jusqu'à la fin de 1916, l'activité syndicale et les mouvements sociaux avaient été très faibles. En revanche, en janvier 1917, des grèves assez importantes eurent lieu dans la région parisienne. Les premières sont celles des ouvrières de la haute couture, puis d'une série d'usines de guerre, comme *Panhard-Levassor*. Elles furent principalement le fait d'ouvrières, voire d'ouvriers « civils », mais les ouvriers « mobilisés » continuèrent le travail. Elles furent motivées par des revendications salariales, conséquence de la hausse des prix – le pouvoir d'achat avait baissé d'environ 10,5 % depuis le début de la guerre. Le mouvement fut rapidement circonscrit. Le ministre de l'Armement, le socialiste Albert Thomas*, intervint avec vigueur pour que soient institués un minimum des salaires et une procédure d'arbitrage obligatoire en cas de conflit. * P. 141

L'importance des rassemblements du 1er mai 1917 trahit, pour la première fois depuis le début de la guerre, la fermentation qui commençait à régner dans les milieux ouvriers, d'autant que la hausse des prix a pris, depuis quelques semaines, un rythme insupportable : en taux annuel, l'indice des prix de 13 denrées alimentaires à Paris augmente de 100 % entre avril et juillet.

Au mois de mai, les ouvrières de la haute couture donnent de nouveau le signal de la grève qui s'étend d'abord à tous les secteurs de l'habillement. À la fin du mois, elle gagne un très grand nombre d'établissements travaillant pour la Défense nationale. Au total, environ 100000 grévistes dans la région parisienne, sans compter ceux des villes de province, touchées aussi par la grève, comme Toulouse. Dans ces grèves, pas de mot d'ordre politique, les revendications sont purement corporatives et la reprise du travail est en général rapide dans chaque entreprise, aussitôt que satisfaction est obtenue. Sous la pression du gouvernement, les patrons acceptaient assez vite les revendications qui leur étaient présentées. Sans que ces mouvements atteignent une ampleur immense – les ouvriers « mobilisés » n'y prennent toujours pas part – le plus significatif était que l'interdit implicite de faire grève en temps de guerre, en particulier dans des établissements travaillant pour la Défense nationale, n'était plus de mise.

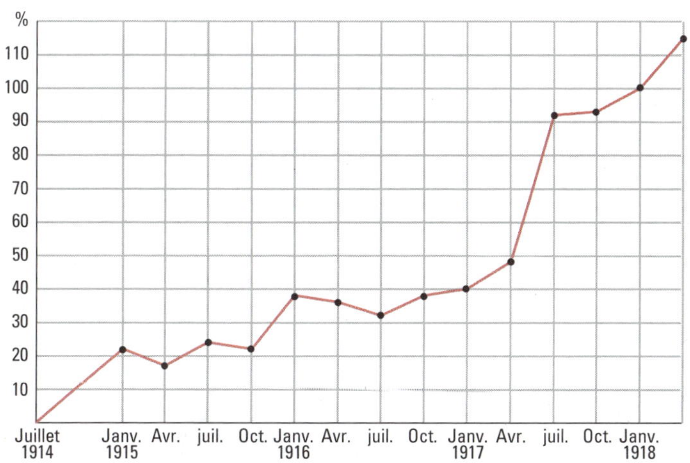

Augmentation des prix de 13 denrées alimentaires à Paris.
(D'après la Statistique Générale)

c. La crise morale

Cette crise sociale n'avait pu se développer que parce que le pays tout entier traversait une crise morale. D'après une enquête ordonnée aux préfets le 10 juin 1917 par le ministère de l'Intérieur[8], le moral des Français était évidemment variable d'un département à l'autre, mais il était globalement « mauvais » ou « médiocre » dans à peu près la moitié des départements (44). Les classes moyennes souffraient souvent sur le plan matériel, mais leur moral restait ferme. Dans les campagnes, l'augmentation des prix de vente des produits n'empêchait pas une profonde lassitude, mais les centres ouvriers provoquaient chez de nombreux préfets une vive inquiétude. La liste était longue des villes « contaminées » par l'agitation où l'on s'indignait de la longueur de la guerre, de la cherté de la vie, des bénéfices faits par les industriels et où les idées pacifistes et « internationalistes » faisaient leur chemin. Les préfets donnaient l'alarme, sans croire qu'il y avait vraiment risque de rupture de la communauté nationale. Le risque révolutionnaire n'existait pas – pas encore – mais l'aspiration à la paix était très forte. D'après le contrôle postal, le courant défaitiste (la paix à n'importe quel prix) reste toujours très faible, toutefois l'affirmation de la volonté d'une paix victorieuse connaît une baisse très forte au mois de juin – effet de l'offensive manquée d'avril. Elle remonte pendant l'été et retombe fortement au mois de septembre. Parallèlement, le souhait d'une paix « blanche », en augmentation forte en juin, diminue pendant l'été, pour augmenter à nouveau à l'automne. Le moral des Français avait donc connu une chute brutale, d'abord en juin, s'était s'amélioré pendant l'été, pour retomber en septembre à l'approche du quatrième hiver de guerre.

Le désir de paix chez les Français d'parès le contrôle postal

1917 (en +)	Juin	Juillet	Août	Septembre
Désir de paix sans précisions	47,09	40,42	45,29	52,68
Paix victorieuse	34,47	47,58	41,37	29,19
Paix blanche	13,13	7,58	10,20	17,06
Paix à tout prix	5,29	4,40	3,11	1,05

D'après J.-J. Becker, *Les Français dans la Grande Guerre*, Robert Laffont, 1980.

d. Instabilité gouvernementale

La crise fut aussi **politique.**

Quatre gouvernements se succédèrent pendant l'année 1917. Le gouvernement Aristide Briand, remanié en décembre 1916, tombait, un peu par hasard, au mois de mars 1917 à la suite d'un différent entre le ministre de la

Extrait du rapport du préfet de l'Isère

Grenoble, le 17 juin 1917

Le Préfet du département de l'Isère à Monsieur le Ministre de l'Intérieur,

Direction de la Sûreté générale

« J'ai l'honneur de répondre, ci-après, aux questions posées par votre télégramme circulaire confidentiel du 10 juin courant.

[…] L'état d'esprit de la population de l'Isère est loin d'être satisfaisant et [que] l'énergie morale dont cette population avait donné l'exemple a subi une dépression générale depuis deux mois. C'est aujourd'hui une lassitude qui confine au découragement et qui a pour cause bien moins les restrictions apportées à l'alimentation publique et les difficultés d'approvisionnement que la déception causée par l'échec de l'offensive de nos armées en avril, le sentiment que des fautes militaires ont été commises, que des pertes élevées ont été subies sans profit appréciable, que tout effort nouveau serait sanglant et vain. L'inaction de la Russie, dont le concours effectif paraît maintenant bien hypothétique, a encore accentué le découragement des esprits. Les propos tenus par les soldats venant du front sont en grande partie la cause de cet affaissement moral de la population : ces propos, tenus en chemin de fer, dans les gares, dans les cafés à l'arrivée, puis au village, donnent une impression déplorable de la mentalité d'un trop grand nombre de mobilisés. Chacun raconte et amplifie tel incident fâcheux, telle erreur commise par les chefs, tel combat sanglant demeuré inutile, tels actes d'indiscipline commentés comme des actes de courage et d'énergie. Ces propos, complaisamment écoutés par des auditeurs déjà énervés ou déprimés, sont colportés et naturellement exagérés, et accroissent le mécontentement et l'inquiétude. Chaque jour se produisent dans les lieux publics, en particulier dans les grandes gares et dans les trains de chemin de fer, des incidents qui dénotent chez les mobilisés le plus regrettable état d'esprit.

Dans les campagnes, l'énervement est moins sensible que dans les villes ; les paysans travaillent, mais ils ne cachent pas que "ça dure trop" ; ils sont las des efforts continus auxquels ils sont contraints pour faire produire la terre, de l'insuffisance de la main-d'œuvre agricole et de la charge si lourde que font peser sur eux les réquisitions ; ils deviennent de plus en plus méfiants, indifférents aux idées d'efforts collectifs et de la solidarité mutuelle, aux appels patriotiques, pour ne songer qu'à leurs intérêts immédiats et à leur propre sécurité.

Les cultivateurs se plaignent plus que jamais du renchérissement de toutes choses, bien qu'ils subissent peut-être moins que d'autres la majoration du coût de la vie et que leurs produits se vendent à des prix de plus en plus élevés. Néanmoins, c'est encore dans la population rurale que l'on trouverait le plus de sang-froid et de résignation.

Dans les villes, et en particulier dans les centres industriels, la population, plus impressionnable, est plus nerveuse : les ouvriers, les gens du peuple s'indignent de la longueur de la lutte, supportent impatiemment la cherté croissante de la vie, s'irritent de voir les gros industriels de la région travaillant pour la guerre faire des profits considérables, et de plus en plus travaillés par des propagandistes du parti socialiste unifié, adhérent aux idées internationalistes. Influencés par la révolution russe, ils rêvent déjà de comités d'ouvriers et de soldats, et de révolution sociale. Ces sentiments se manifestent ouvertement dans les réunions fréquentes que tiennent les ouvriers, sous prétexte d'intérêts économiques ou syndicalistes, et dans leur journal Le Droit du peuple*, qui poursuit d'ailleurs habilement sa campagne pacifiste et internationaliste.*
Cet état d'esprit, l'accroissement incessant de la cherté de la vie, ont provoqué un mouvement de revendications d'augmentations de salaires auxquelles les patrons ont sagement donné satisfaction dans une large mesure, mais

le calme qui a suivi l'obtention de majorations de salaire légitimes n'est que momentané. La cherté des vivres augmente sans cesse, et constatation pénible, chaque relèvement de salaires concédé aux ouvriers s'est immédiatement traduit par une augmentation corrélative des denrées, des pensions et des logements. Déjà les ouvriers des usines travaillant pour la Défense nationale trouvent insuffisant à Grenoble et dans la région le nouveau bordereau de salaires appliqué depuis deux mois à peine ; ils réclament aujourd'hui une indemnité de cherté de vie de 2F par jour et laissent clairement entendre que, s'ils n'obtiennent pas satisfaction, il y aura des troubles dans la rue ; certains sont allés même jusqu'à dire qu'ils savaient où trouver des armes au besoin, faisant allusion aux fabriques de grenades et d'explosifs des faubourgs de Grenoble. Je sais bien que ces propos ont, sans doute, été tenus dans le but d'intimider la population civile, mais il est symptomatique néanmoins qu'ils aient été tenus. Quand ils n'osent pas parler eux-mêmes, les propagandistes des usines mettent en avant les femmes qui travaillent avec eux et qui, risquant moins, gardent moins de retenue dans leurs menaces. Les revendications des ouvriers mobilisés d'usines de guerre ont été transmises au ministère de l'Armement, et un certain nombre d'agitateurs ont été renvoyés – non pas sur le front, ce serait dangereux, mais dans d'autres usines, en divers points du territoire. Le calme règne donc, actuellement, mais il est à craindre qu'il ne soit que momentané.

Si un mouvement ouvrier venait à se produire dans les usines de guerre de Grenoble et des centres industriels du département, il serait fort difficile et extrêmement hasardeux d'essayer d'en avoir raison par la force : la police locale serait insuffisante, même renforcée par la gendarmerie. [...]
Pour conclure, j'estime que la situation actuelle, tant au point de vue moral qu'au point de vue social, sans être inquiétante, est loin d'être bonne et qu'elle doit être envisagée comme sérieuse et comportant des mesures de prudence, et au besoin d'énergie.
Ce qu'il faudrait pour relever les courages affaissés, pour redonner confiance dans l'avenir, ce serait un succès de nos armées, une sérieuse offensive russe, ou simplement un recul des armées allemandes... »

J.-J. Becker, *Les Français dans la Grande Guerre*, Robert Laffont, 1980.

Guerre, le général Lyautey*, et la Chambre des députés. La démission d'Aristide Briand était déjà pourtant la marque d'une « crise de confiance »[9], car le président du Conseil avait senti, dès décembre 1916, qu'un nombre grandissant de députés, non seulement à gauche, mais aussi à droite, doutait de la politique militaire suivie. Le ministère suivant, dirigé par Alexandre Ribot, était orienté au centre-droit, et n'était guère conforme à la majorité de
* P. 13
la Chambre (Alexandre Ribot, désigné par Poincaré*, n'avait d'ailleurs pas pu obtenir la majorité en juin 1914). Cette innovation traduisait, en quelque sorte, le glissement de l'Union sacrée vers la droite. Il ne dura que du 20 mars au 7 septembre 1917, moins de six mois et eut une vie difficile. Le ministre de l'Intérieur, le radical Louis Malvy, inamovible à ce poste depuis 1914, était de plus en plus accusé de faiblesse envers les milieux syndicalistes ou socialistes et les menées pacifistes. Il fut acculé à la démission (31 août) par une très violente attaque de Clemenceau : « Je vous reproche de trahir les intérêts de la France. » L'ensemble du gouvernement suivait bientôt. Il était

remplacé par un gouvernement dont le chef, Paul Painlevé, était fortement marqué à gauche. Il n'en subissait pas moins l'hostilité des socialistes qui lui reprochaient d'avoir confié les Affaires étrangères à Alexandre Ribot, coupable d'avoir refusé leurs passeports aux socialistes qui voulaient aller à la conférence de Stockholm. Le refus des socialistes de participer et le départ – à contrecœur – d'Albert Thomas du ministère de l'Armement marquèrent la fin de l'union sacrée *au plan politique.* Ce gouvernement• ne dura même pas deux mois (12 septembre-7 novembre). Il était le premier et le seul gouvernement de la guerre à être renversé, victime d'une coalition hétéroclite des socialistes, des députés du centre et de la droite. Georges Clemenceau• forma le quatrième gouvernement de l'année 1917 !

Cette instabilité était, sans aucun doute, le contrecoup de la grave crise d'incertitude que traversait le pays.

2 Problèmes allemands

L'opinion allemande ne prit conscience que plus tardivement de l'impasse dans laquelle le pays était engagé, quand la guerre sous-marine ne donna pas les résultats escomptés. En revanche, la situation matérielle de la population civile était devenue assez vite préoccupante. Dès 1915, des femmes avaient manifesté contre l'augmentation des prix et le manque de ravitaillement. Les premières grèves eurent lieu en 1916 à Berlin, en Westphalie et en Silésie. Mouvements spontanés, mais soutenus rapidement par l'aile gauche du parti social-démocrate. L'hiver 1916-1917 fut très dur : le gel des canaux pendant

• **Hubert Lyautey** (1854-1934). Saint-Cyrien, officier de cavalerie, monarchiste, attiré par les questions intellectuelles et morales, il écrit un article célèbre : « Du rôle social de l'officier dans le service militaire universel », publié en 1891 dans *La Revue des Deux Mondes.* Il fit l'essentiel de sa carrière outre-mer, en Indochine, à Madagascar et fut nommé, en 1912, résident général de France au Maroc. Une fois la guerre commencée, il resta au Maroc, dont il poursuivit la conquête, sauf pendant les quatre mois (décembre 1916-mars 1917) où il fut ministre de la Guerre dans le gouvernement Briand. Il était très hostile à l'offensive Nivelle, mais avant de pouvoir l'empêcher, il quitta le gouvernement après une altercation avec des parlementaires. Il retourne alors au Maroc où il resta encore huit ans. Il fut fait maréchal de France en 1921.

• **Le gouvernement Painlevé :** fut renversé par 277 voix contre 186. Paradoxalement, ce sont 76 voix socialistes qui provoquèrent la chute d'un gouvernement dont le chef se situait très à gauche.

• **Georges Clemenceau** (1841-1929). En 1917, Clemenceau a 76 ans quand il est appelé à diriger le gouvernement. Il est à la fin d'une longue carrière politique où il avait longtemps été le chef de l'extrême-gauche. Président du Conseil de 1906 à 1909, il n'en avait pas tiré une très grande gloire. Il apparaissait davantage comme un démolisseur que comme un constructeur. Patriote intransigeant, pendant toute la guerre il critique âprement la façon dont la France est gouvernée. Président du Conseil de novembre 1917 à janvier 1920, il acquiert une immense popularité dans le pays qui voit en lui l'homme qui a permis la victoire. Mais il n'est pas aussi populaire dans les milieux politiques et il n'est pas élu président de la République en 1920.

plusieurs semaines paralysa une partie des transports. Les difficultés du ravitaillement, le manque de pommes de terre, avaient fait surnommer cette période l'« hiver des navets ». Dans ces conditions, l'annonce d'une baisse de la ration de pain avait suffi à mettre le feu aux poudres : un vaste mouvement de grèves balaya le pays, en mars à Hambourg, Leipzig, Halle, Brunswick et Magdebourg, en avril à Berlin avec 300000 grévistes. En juin-juillet, les mineurs et les métallurgistes de Haute-Silésie et de Westphalie se mirent en grève à leur tour, suivis en août par les ouvriers de l'industrie chimique du centre de l'Allemagne. Ces grèves n'avaient pas seulement des objectifs matériels, elles réclamaient aussi une démocratisation du régime politique. En particulier, à Berlin, s'était constituée une organisation des délégués révolutionnaires des usines de Berlin (*Revolutionäre Obleute*), créée par des militants syndicalistes hostiles à la « paix civile ». Elle s'était étendue à toutes les usines d'armement de la région de Berlin en 1916 et ramifiée en province.

* P. 93

Ces puissants mouvements sociaux n'étaient pas sans conséquence sur le moral et la vie politique en Allemagne. Contrairement à une vision habituelle, le troisième haut commandement•, après ceux de Moltke et de Falkenhayn*, ne disposa jamais de pouvoirs illimités, ne serait-ce que parce que Guillaume II résistait à toute ingérence des généraux dans la vie politique. En outre, Hindenburg et Ludendorff devaient tenir compte de l'état de l'opinion•, et l'échec de la guerre sous-marine avait provoqué une importante chute du moral de l'Allemagne. Avant même toutefois que cet échec ne fût ressenti par l'opinion, la politique allemande oscillait entre trois pôles : le haut commandement appuyé sur tous les éléments conservateurs et nationalistes du pays, la majorité du *Reichstag* qui avait progressivement évolué vers une paix de compromis et le chancelier Bethmann Hollweg. Comme le régime n'était pas parlementaire, l'influence du *Reichstag* n'était pas déterminante. En revanche, une très vive opposition se développa entre le pouvoir militaire et le pouvoir politique. Ludendorff et son conseiller politique, le colonel Bauer, reprochaient à Bethmann Hollweg moins ses positions publiques – car s'il était très vraisemblablement partisan d'une paix de compromis, il le manifestait peu – que d'avoir une attitude molle qui avait engendré une « perte de confiance » dans l'opinion. Pour l'état-major, il fallait manier vigoureusement la censure avec comme objectif de maintenir à l'intérieur la volonté de vaincre et de donner l'impression que la combativité allemande n'avait pas faibli. Le chancelier pensait, au contraire, qu'il fallait être tolérant envers les opinions divergentes et agir pour regrouper la majorité de l'opinion autour du gouvernement. C'est ainsi que des mesures furent prises pour que dans l'enseignement de l'histoire, le sentiment monarchique fût exalté. Le chancelier estimait surtout qu'il fallait faire preuve de compréhension envers la social-démocratie. Face à la gauche révolutionnaire ou pacifiste – en mars 1917, un certain nombre de députés socialistes partisans de la paix venaient de créer un nouveau parti, le Parti socialiste indépendant, l'USPD – Bethmann Hollweg cherchait à faire que la social-démocratie conserve le soutien des masses ; en particulier, il avait voulu s'opposer à la décision des autorités militaires d'interdire la publication de l'**appel de Copenhague,** lancé le 27 mars 1917 par les socialistes russes et parlant de paix sans annexions ni indemnités.

En fait, le différend portait sur les **buts de guerre de l'Allemagne.**

La question[10] peut se résumer ainsi. Tout au début de la guerre, le 9 septembre, avant la bataille de la Marne, au moment où la victoire apparaissait écrasante et immédiate, le « programme dit de septembre » avait été élaboré. Il était l'expression des idées des chefs militaires, des hauts fonctionnaires, des grands industriels et il semble avoir recueilli le soutien d'une large fraction de l'opinion. La France devait être affaiblie définitivement, elle devait être placée sous la dépendance économique de l'Allemagne par un traité de commerce. D'importants territoires devaient lui être enlevés : Belfort, le bassin minier de Briey-Longwy, le versant Ouest des Vosges, la côte entre Dunkerque et Boulogne. Quant à la Belgique, amputée de Liège et d'Anvers, elle serait occupée militairement et intégrée à l'espace économique allemand, tandis que le Luxembourg entrerait dans l'Empire allemand. Une *Mitteleuropa* serait constituée par rassemblement de la plus grande partie de l'Europe dans une union douanière, sous direction allemande. La Russie serait refoulée vers l'Est : la Pologne et les États baltes seraient placés sous l'influence allemande. Dans le domaine colonial, l'acquisition du Congo permettrait à l'Allemagne de disposer d'un vaste domaine africain d'un seul tenant, une véritable *Mittelafrika.*

En fait, pour le chancelier Bethmann Hollwegg, l'intérêt de ce programme de septembre se trouvait, non pas dans les intérêts territoriaux et annexionnistes, plus ou moins contradictoires, mais dans les aspects économiques[11] : assurer la sécurité et la prépondérance de l'Allemagne par la création d'une Europe économique sous influence allemande. En dépit des

---

• **3e haut commandendement :** C'est la façon dont on désigne dans l'historiographie allemande le commandement de Hindenburg-Ludendorff, après ceux de Moltke (premier haut commandement) et de Falkhenhayn (deuxième haut commandement).

• **Chute du moral :** Dans des passages non publiés de ses mémoires posthumes, le chancelier Bethmann Hollweg écrivait : « J'étais habitué à voir, en temps de guerre, le moral de la nation osciller d'un extrême à l'autre. Mais à présent un abattement qui n'avait jamais été aussi fort et qui suscitait les plus vives inquiétudes, s'était soudainement emparé de tout le pays. » (*Œuvres posthumes,* Archives fédérales de Cologne, cité par Wolfgang Mommsen, « La chute du gouvernement Bethmann Hollweg », in *Revue d'Histoire moderne et contemporaine,* janvier-mars 1968, « L'année 1917 »).

apparences, ce programme de septembre traduisait l'opposition de Bethmann Hollweg à la « fureur annexionniste » des pangermanistes.

Dans les milieux dirigeants allemands, comme dans l'opinion, deux tendances s'affrontaient. Une première entendait intégrer une Allemagne économiquement libérale dans un monde libéral, ce qui conduisait à la nécessité d'une entente avec l'Angleterre. Elle était représentée surtout par la bourgeoisie libérale, l'aile droite de la social-démocratie, les industries électriques et chimiques, les banques liées au capital anglo-saxon. C'était l'opinion de Bethmann Hollweg… Une autre tendance était franchement « annexionniste », à la fois à l'Ouest aux dépens de la France et de la Belgique, et à l'Est, aux dépens de la Russie. L'Angleterre était également visée : il fallait l'abaisser durablement et la rejeter hors du continent. Cette seconde tendance était celle de l'industrie lourde et des chefs militaires. Dans son aspect oriental, elle reflétait plutôt le sentiment des *Junkers,* grands propriétaires terriens qui avaient pour objectif, en acquérant des vastes terres agricoles, de maintenir l'équilibre entre une Allemagne de l'Ouest industrielle et urbaine et une Allemagne de l'Est agricole.

À vrai dire, une très grande majorité de l'opinion est, à des degrés divers, « annexionniste », convaincue que seuls des avantages importants, territoriaux, financiers, économiques, assureraient à la fois la sécurité de l'Allemagne et sa prospérité matérielle. Plus la guerre se prolonge, plus les sacrifices consentis ont été considérables, plus une « paix blanche » paraît inacceptable.

Au début de 1917, la révolution en Russie crée des conditions nouvelles. La guerre pourrait cesser sur le front oriental, ce qui permettrait de sortir de l'impasse de la fin de 1916, où la carte de guerre était très favorable à l'Allemagne, sans qu'elle ait pour autant la possibilité de terminer victorieusement la guerre. Mais les « annexionnistes » n'entendent pas renoncer aux annexions à l'Est. Lors d'une rencontre avec les dirigeants autrichiens à Kreuznach• en mai 1917, un vaste programme d'annexions à l'Est est établi : pour l'Allemagne, la Pologne russe, la Lituanie et la Courlande•, pour l'Autriche, la Serbie et la Roumanie… Programme évidemment tenu secret et que Bethmann Hollweg accepte, tout en le contestant. D'où le conflit avec l'état-major qui ne veut pas que l'on discute publiquement des conditions de paix et surtout qu'on laisse la gauche modérée mettre en cause le principe des annexions.

L'attitude du chancelier, même si une partie des discussions restaient confidentielles, lui faisait perdre la confiance aussi bien des modérés que des extrémistes et d'une façon générale de l'opinion. D'autant que la politique de Bethamnn Hollweg et la tactique des partis de gauche s'étaient rejointes sur un compromis, le soutien accordé au gouvernement en échange de l'obtention d'une réforme électorale en Prusse. Or, ce sur ce point essentiel, Bethmann Hollweg

La motion de paix du Reichstag

« Le Reichstag décide :
Au seuil de la quatrième année de guerre, comme au 4 août 1914, est toujours en vigueur pour le peuple allemand la parole du discours du trône : "Nous ne sommes pas menés par le besoin de la conquête". L'Allemagne a pris les armes pour la défense de sa liberté et de son indépendance, pour l'intégrité de ses possessions territoriales.
Le Reichstag est désireux d'une paix reposant sur l'accord et la réconciliation durable des peuples. Les acquisitions territoriales obtenues de force ainsi que les violations politiques, économiques et financières sont incompatibles avec une telle paix.
Le Reichstag refuse aussi les plans qui se construisent après la guerre sur des barrières économiques et l'animosité des peuples. La liberté des mers doit être assurée. Seule la paix économique préparera une communauté de vie amicale des peuples de la terre. Le Reichstag favorisera énergiquement la création d'organisations juridiques internationales. Cependant, aussi longtemps que les gouvernements ennemis ne prêtront pas attention à une telle paix, aussi longtemps qu'ils menaceront de conquête et de violation l'Allemagne et ses alliés, le peuple allemand rassemblé se dressera comme un seul homme, et combattra jusqu'à ce que son Droit à la vie et au développement ainsi que celui de ses alliés soit assuré.
Le peuple allemand dans son unité est invincible. Le Reichstag en cela, sait qu'il ne fait qu'un avec les hommes qui, dans le combat héroïque, protègent la Patrie. La gratitude impérissable du peuple entier envers eux est certaine. »

n'a rien pu obtenir de l'empereur, sauf l'affirmation du bout des lèvres d'une timide position de principe sur l'établissement ultérieur d'un suffrage égalitaire.

Arguant de cette perte de confiance de l'opinion, le haut commandement obtient enfin de Guillaume II qu'il renvoie le chancelier qui démissionne le 13 juillet 1917. Six jours plus tard, le 19 juillet, la majorité du *Reichstag*, socialistes, progressistes, *Zentrum*, votait, à l'instigation du député du centre, Erzberger, une motion réclamant une paix de réconciliation, sans conquêtes ni indemnités de guerre. À vrai dire, la pensée des auteurs de la motion était plus ambiguë qu'il n'y paraissait, car, à défaut d'annexions, il n'écartait pas, comme le dit Erzberger•, la protection des frontières allemandes par la « voie de la compréhension »[12].

• **Bad-Kreuznach :** une petite ville au nord du Palatinat.
• **La Courlande** était le nom donné à une partie des régions baltes située juste au nord de la Lituanie.
• **Matthias Erzberger** (1875-1921). Originaire du Wurtemberg, fils d'artisan, il est journaliste catholique à Stuttgart et est élu député au *Reichstag* en 1903. Il appartient à l'aile gauche du *Zentrum*. Pendant la guerre, il est chargé de la propagande en Espagne et auprès du Vatican. Son initiative en faveur de la résolution pour la paix votée par le *Reichstag*, le 19 juillet 1917, est due à l'influence de l'empereur d'Autriche et de son ministre des Affaires étrangères. Secrétaire d'État dans le cabinet Max de Bade, il devait présider la Commission d'armistice et à ce titre signer l'armistice de Rethondes. Ministre dans les gouvernements dirigés par les socialistes Scheidemann, puis Bauer, il fut partisan de la signature du traité de Versailles. Cela lui valut d'être assassiné par deux officiers d'une organisation terroriste, en 1921. (Voir Georges Castellan, *L'Allemagne de Weimar (1918-1933)*, Armand Colin, 1969).

La thèse de Fritz Fischer

Le professeur de l'université de Hambourg provoqua une très grande surprise en Allemagne en publiant, en 1961, *Griff nach der Weltmach* (*Les buts de guerre de l'Allemagne impériale*), bientôt complété, en 1969, par *Krieg der Illusionen* (*La Guerre des illusions*), ainsi que par les travaux de ses élèves dont Immanuel Geiss. Il développait la thèse que la responsabilité de l'Allemagne, et en particulier de l'impérialisme allemand, était totale dans l'éclatement de la guerre. Alors que la grande majorité des Allemands avaient une parfaite bonne conscience quant aux responsabilités de la guerre de 1914, les travaux de Fischer provoquèrent un formidable débat. Ses ouvrages furent réédités plusieurs fois et traduits en de nombreuses langues. Les historiens français, qui voyaient dans les travaux de Fischer la confirmation de ce qu'ils avaient dit depuis longtemps sur de nombreux points, trouvèrent tout de même qu'il exagérait. Voir sur ce grand débat historiographique, Jacques Droz, *Les causes de la Première Guerre mondiale. Essai d'historiographie*, Seuil, 1973.

* P. 25

Néanmoins, à l'initiative de l'amiral Tirpitz* et des pangermanistes, se crée le Parti de la patrie (*Vaterslandpartei*) qui rassemble bientôt 1250000 membres en faveur d'une paix victorieuse et qui développe une immense propagande dans le pays, étouffant les prises de position d'une contre-ligue favorable à un compromis. Ces derniers sont présentés « comme des défaitistes et de mauvais patriotes » (Pierre Guillen).

Le nouveau chancelier, Michaelis•, imposé par le haut commandement, avait pour mission d'éliminer les mollesses du front intérieur et restaurer la volonté de résistance.

Il ne semble pas qu'on puisse suivre totalement le célèbre historien allemand Fritz Fischer, d'après qui, du début à la fin de la guerre, les gouvernants allemands ont été partisans de larges annexions. Les réalités ont été plus complexes et l'idée d'annexions considérables n'était pas dans la pensée de Bethmann Hollweg ; mais après sa chute, les buts de guerre annexionnistes l'emportent nettement et ils sont largement soutenus par l'opinion, qui continue à y voir le seul moyen de sauvegarder pour l'avenir la sécurité de l'Allemagne.

Le haut commandement allemand, après avoir fait croire que la guerre sous-marine suffirait à l'emporter, est convaincu, maintenant, qu'un quatrième hiver de guerre est nécessaire et que c'est la faute du gouvernement Bethmann Hollweg d'avoir fait croire le contraire – mais il a réussi, malgré la dépression qu'a connue l'opinion allemande, à en rassembler derrière lui la majorité.

3 L'affaiblissement de l'Autriche-Hongrie

Pendant l'année 1917, l'Autriche-Hongrie ne connut pas de mouvements sociaux importants, alors que paradoxalement les difficultés économiques devenaient de plus en plus grandes[13]. La double monarchie souffrait de ce que des historiens autrichiens appelleront la « tragédie de l'épuisement ». L'évolution de l'Autriche-Hongrie avait néanmoins été contrastée : elle avait connu d'abord une période de croissance économique, stimulée par les énormes demandes de l'armée, baptisée la « floraison fictive ». Cette situation s'était détériorée de deux façons. D'abord, en raison de l'inflation, phénomène assez courant chez les belligérants, mais que les pouvoirs publics renoncent pratiquement à contrôler à partir de l'été 1917, entraînant une baisse considérable du niveau de vie des populations urbaines. Plus gravement, ensuite, en raison de la crise des transports. Les chemins de fer, compte tenu des moyens de transport nécessaires à l'armée, sont incapables, à la fin de 1917, d'assurer plus de la moitié des transports nécessaires. L'approvisionnement des villes et de Vienne en particulier devient de plus en plus aléatoire. Des grandes métropoles des pays belligérants, Vienne est celle qui souffrit le plus de la guerre. En outre, la Hongrie qui dispose d'une partie des stocks agricoles ne participe qu'avec mauvaise volonté au ravitaillement de l'ensemble du pays.

Sur le front italien, les soldats, pour la moitié slaves, tenaient solidement. Leur comportement est plus inégal sur le front russe, des unités slaves et en particulier tchèques, ont fait défection au cours de l'offensive russe de juin 1917, encore que ce fût moins le fait de la propagande nationaliste que de la lassitude due à l'insuffisance des rations alimentaires que recevaient les soldats...

Les perturbations de l'Autriche-Hongrie en 1917 tiennent davantage à la direction du pays qu'à l'agitation de ses peuples. Avant même sa mort en novembre 1916, l'empereur François-Joseph ne croyait plus à la possibilité d'une issue victorieuse, son petit-neveu Charles•, son jeune successeur – il a trente ans en 1917 – pas davantage. Les militaires lui reprochent de prendre des mesures qui, selon eux, sapaient le moral de l'armée et la cohésion du pays.

• **Georg Michaelis** (1857-1936). D'une vieille famille de fonctionnaires prussiens, il fait une honorable carrière de fonctionnaire, sans éclat particulier. Pendant la guerre, il s'occupe surtout des problèmes de ravitaillement. Ce fut une très grande surprise quand il fut choisi par Ludendorff pour succéder au chancelier Bethmann Hollweg. À la grande déception de l'état-major, il fut incapable de s'imposer à des milieux politiques qu'il connaissait mal et de contrôler la majorité parlementaire qui lui était opposée. Son incapacité le contraignit à abandonner son poste de chancelier, dès le 31 octobre 1917.

• **Charles 1er** (1887-1922). Dans la mesure où les enfants de l'archiduc François-Ferdinand, issus d'un mariage « morganatique », ne pouvaient accéder au trône, à la suite de l'attentat de Sarajevo, l'archiduc Charles, un autre neveu de l'empereur François-Joseph était devenu l'héritier du trône. Officier de cavalerie, sa position d'héritier présomptif lui valut une rapide carrière et lui permit d'exercer des commandements en Galicie et en Italie.

4 L'agitation en Italie

L'Italie connut une année 1917 plus difficile que l'Autriche-Hongrie. La situation de l'Italie[14] peut être résumée en trois propositions :

– une population civile *inquiète et agitée* par les rapides transformations que la société connaissait du fait de la guerre ;

– une *incompréhension* proche du conflit entre l'armée et le pays ;

– une *grave démoralisation* des soldats.

L'incompréhension entre l'arrière et le front est d'abord due à l'hostilité et au mépris que le commandant en chef, le général Cadorna*, professe envers les hommes politiques. Il estime que ce sont les faiblesses du gouvernement qui provoquent la montée du mécontentement dans le pays. En revanche, beaucoup d'hommes politiques soupçonnent Cadorna de visées dictatoriales et pensent qu'il faudrait s'en débarrasser. Ils s'inquiètent de l'importance des influences religieuses dans son entourage. Le fossé entre le front et l'arrière traduit également le sentiment des officiers et des soldats que le pays ne participait pas à la guerre sauf pour en tirer profit. Les soldats, souvent des paysans, risquaient leur vie pour 50 centimes par jour, alors que les ouvriers dispensés de faire la guerre recevaient des salaires qu'ils estimaient considérables.

* P. 99

En réalité, l'arrière était très instable. Cette instabilité était la conséquence de la rapidité des transformations économiques. L'industrie italienne, pour répondre aux besoins de l'armée, a connu une progression étonnante, en particulier dans les industries mécaniques et électriques. Les usines *Fiat,* qui produisaient 3000 véhicules en 1913, en fabriquent 25000 en 1918. De 10000 obus par jour, on est passé à 88000. Les grandes sociétés, *Fiat, Ansaldo* font d'immenses bénéfices. La société change avec l'entrée des femmes dans la vie industrielle, en particulier dans les usines d'armement. Ces seules usines, qui employaient 80000 femmes en 1916, en ont embauché 180000 en 1918. Les salaires ont également augmenté, d'autant que l'État, devenu le moteur de l'économie, paye largement.

L'agitation la plus grave eut lieu à Turin en août 1917. Elle dura cinq jours, il y eut 35 morts et un très grand nombre de blessés. Une très violente répression fut menée par les soldats qui considéraient les ouvriers comme des profiteurs et des embusqués. Que ces événements aient eu lieu dans un des principaux centres ouvriers d'Italie où l'industrie d'armement avait pris une place considérable, fit croire que le prolétariat se trouvait à l'avant-garde de la lutte contre la guerre. En réalité, cette révolte populaire fut provoquée par la pénurie de pain et elle ne fut pas le fait des grandes usines, dont les ouvriers, dans un premier temps, refusèrent de se mettre en grève. Toutefois, pendant l'été 1917, de très nombreuses grèves ont lieu dans les centres industriels de Lombardie, du Piémont, de Toscane, de Campanie. Les plus importantes se produisaient à Gênes et en Ligurie. Conséquence de l'écart croissant entre le niveau de vie des milieux populaires et celui des catégories favorisées, cette agitation traduit aussi la montée d'un sentiment d'opposition à la guerre.

Néanmoins, l'agitation contre la guerre fut plus le fait des campagnes que des ouvriers. Agitation endémique et spontanée de femmes qui réclament la paix et le retour de leurs maris. Nombreuses manifestations n'ayant pas de lien entre elles. « Petits incendies qui se répandaient tout le temps, s'allumaient spontanément, n'étaient coordonnés par personne et se poursuivaient pendant quelques heures » (Piero Melograni). La guerre a enrichi les campagnes, beaucoup de paysans achètent de la terre, mais, comme dans les villes, cela ne rend pas la guerre populaire. En outre, les masses paysannes ne sont pas indifférentes au message du pape Benoît XV, qui, au mois d'août 1917, qualifie la guerre de « massacre inutile »[15]. Il est moins sûr que la propagande socialiste, bientôt dénoncée comme responsable des difficultés de l'Italie, ait eu beaucoup d'influence. Les socialistes italiens opposés à la guerre ont adopté des mots d'ordre assez modérés : « ni adhérer, ni saboter ». Néanmoins, un important dirigeant socialiste italien, Claudio Treves, dans un discours prononcé à la Chambre le 12 juillet, s'écrie : « Le prochain hiver, finies les tranchées. »

À l'instabilité de l'arrière correspond la démoralisation de l'avant, non pas due à une quelconque influence pacifiste – la propagande socialiste dans l'armée était inconsistante et les nouvelles de la révolution russe n'eurent que peu d'effets – mais à la façon dont la guerre était menée. Malgré la volonté offensive du général Cadorna, l'armée était restée inactive de novembre 1916 à mars 1917, mais, pendant la dixième bataille de l'Isonzo au mois de mai – 128 000 morts et blessés – pendant la bataille dite du Mont Ortigara, au mois de juin, puis, pendant la onzième bataille de l'Isonzo, dite de Bainsizza, au mois d'août – 100 000 pertes – l'armée italienne ne cessa d'accepter d'extraordinaires sacrifices pour des résultats peu importants. Trieste n'était toujours pas prise. Les méthodes de commandement étaient particulièrement insensibles aux souffrances ou au bien-être des soldats, sans même que soit fait le minimum d'efforts pour convaincre les soldats des raisons de se battre. Le général Cadorna avait réussi à creuser un fossé avec le pays, mais aussi entre l'armée et lui. La discipline n'était maintenue que par une « répression d'une incroyable dureté »[16].

Se rendant mal compte de l'affaiblissement de l'armée italienne, inquiet de ses attaques successives, auxquelles il n'était pas sûr de pouvoir toujours répondre, le commandement austro-hongrois souhaitait passer à la contre-offensive avec l'aide des Allemands. Jusque-là, le commandement allemand s'y était montré peu favorable, mais Ludendorff finalement accepta.

L'arrivée de neuf divisions allemandes ne pouvait passer inaperçue et l'attaque austro-allemande n'aurait pas dû être une surprise. Pourtant, la bataille, dite de Caporetto, qui débute le 24 octobre 1917, tourne au désastre pour l'armée italienne. La puissance de l'artillerie allemande dans un premier temps, puis l'utilisation d'une nouvelle tactique (mise au point en Russie dans la bataille de Riga) provoquent l'écroulement du front italien : l'armée allemande avait remplacé l'assaut frontal par l'attaque des points les plus faibles du dispositif de l'adversaire, puis par l'enveloppement de ses positions. Un phénomène d'inondation, en quelque sorte. Dans cette région montagneuse, contrairement à toutes les lois de la guerre, les Allemands n'hésitèrent pas à attaquer par les fonds des vallées, enveloppant l'adversaire installé sur les hauteurs.

L'armée italienne n'eut que peu de pertes – 11000 morts et 22000 blessés – mais elle abandonna 300000 prisonniers et 3000 canons au cours d'une véritable déroute. Ce ne fut pas, comme Cadorna le prétendit, une sorte de grève des soldats, se rendant sans combattre, une défaite due à l'« ennemi intérieur ». L'armée italienne, moralement affaiblie, avait été submergée par les qualités militaires d'un adversaire contre lequel elle n'avait, jusque-là, jamais encore combattu. L'avance austro-allemande ne put être arrêtée sur le Piave, 150 kilomètres plus à l'Ouest, qu'au mois de novembre, en partie grâce à l'envoi d'urgence de 11 divisions françaises et anglaises, soit environ 130000 hommes.

IV. Les hésitations des dirigeants

La situation permet de comprendre qu'en 1917, plus ou moins sincèrement, différentes tentatives de paix eurent lieu.

À vrai dire, pendant toute la guerre, il y eut de nombreux contacts. Dès le mois de septembre 1914, le président des États-Unis, Wilson avait fait sonder les principaux belligérants sur les possibilités de rétablir la paix ; au mois d'octobre 1914, le roi d'Espagne, Alphonse XIII, avait cherché à rassembler les neutres pour qu'ils agissent collectivement en faveur du rétablissement de la paix ; en février et en décembre 1915, le roi de Suède, Gustave V, et le roi d'Espagne prirent des contacts secrets, respectivement en Russie et en Autriche. En septembre 1916, le chef du bureau de presse français à Berne, Émile Haguenin[17], chercha à prendre des contacts avec les Allemands. D'une façon générale la Suisse fut l'endroit idéal pour des contacts de toutes sortes, secrets et officieux entre représentants des belligérants et des neutres…

Un des facteurs du succès ou de l'échec de négociations était la « carte de guerre ». Or, pendant toute la guerre, elle fut favorable aux Puissances centrales et à l'Allemagne en particulier, ce qui ne la conduisait pas à accepter des conditions de paix défavorables à ses intérêts. D'où deux blocages qui se révélèrent incontournables, la question d'Alsace-Lorraine et la question belge.

Entre août 1914 et juillet 1916, les gouvernements français n'avaient pas discuté de buts de guerre. Ils avaient également souhaité qu'on n'en parle pas dans la presse puisque la position de la France restait purement et simplement qu'elle avait été victime d'une agression, et donc qu'elle ne pouvait avoir d'autre objectif, que de se défendre, à une exception près toutefois, l'Alsace-Lorraine. Un consensus s'était rapidement imposé, il n'était pas question de faire la paix sans obtenir le retour de l'Alsace-Lorraine. Comme l'a dit Marc Bloch•, « l'image de l'Alsace-Lorraine surgit brusquement, dès les premiers combats de 1914, de l'ombre discrète où quelques jours plus tôt on la voyait encore ensevelie ». Si l'on suit Pierre Renouvin[18], la restitution de l'Alsace-Lorraine apparut très vite, comme un objectif sur lequel **il ne pouvait y avoir aucun compromis.** Quant aux allusions d'hommes comme Maurice Barrès*, à la possible conquête de la rive gauche du Rhin, cela ne concernait en rien les milieux gouvernementaux. En revanche, sans qu'il y ait de débat parlementaire, mais en laissant la presse libre d'en parler, à partir de juilllet 1916, le gouvernement Aristide Briand discuta de buts de guerre et souhaita que des échanges de vues aient lieu avec les Alliés. On évoqua la Sarre, la rive gauche du Rhin…

* P. 33

Dans les premiers mois de 1917, la révolution en Russie et l'échec de l'offensive Nivelle firent de nouveau passer à l'arrière-plan les discussions sur les buts de guerre. Lors de la présentation de son ministère, le 20 mars 1917, le nouveau président du Conseil, Alexandre Ribot, affirma que le but de la France était d'obtenir la restitution de l'Alsace-Lorraine, « avec les réparations et les garanties nécessaires », mais qu'elle répudiait tout « esprit de conquête », formule qui n'avait pas eu d'ailleurs l'aval du président de la République, Raymond Poincaré.

Le deuxième blocage tenait à la Belgique. Pour le Royaume-Uni entré en guerre pour la défense de la Belgique, il ne pouvait être question d'accepter aucune solution où la Belgique resterait dans l'orbite allemande.

Un troisième blocage existait encore, mais dont on peut penser que les Alliés franco-anglais en auraient, le cas échéant, tenu moins compte, même si la France et l'Angleterre s'y étaient engagées formellement par le traité de

• **Marc Bloch** (1886-1944). Un des plus célèbres historiens français. Engagé dans la Résistance, il fut fusillé par les Allemand pendant l'été 1944. Son livre, *L'Étrange défaite,* publié en 1946, est constitué par ses réflexions sur la défaite de 1940, mais comporte des retours sur la guerre précédente.

Londres, du 26 avril 1915 : l'Italie se refusait à envisager toute solution qui ne prévoyait pas l'acquisition des terres irrédentes, c'est-à-dire l'achèvement de l'unité italienne, en particulier avec la région de Trieste.

Dans ces conditions, des négociations n'avaient guère de chance d'aboutir. D'ailleurs, chacun des belligérants était très circonspect quant à des discussions de paix qui auraient pu avoir comme seul résultat d'ébranler le moral des soldats, à qui on aurait fait miroiter la fin de la guerre.

Les tentatives de négociations

Elles furent pourtant nombreuses et d'origines et de caractères divers.

a. Tentatives belges

Les premières tentatives de négociations furent celles du roi des Belges, Albert Ier* (à l'insu de son gouvernement). * P. 83 Ce n'est que de façon récente, à la suite de la publication de ses *Carnets* écrits pendant la guerre, que l'on sait que l'image d'Albert Ier, véhiculée jusqu'à nos jours, celle du « roi-chevalier », ne correspondait guère à la réalité. Alors qu'il était représenté en saint Georges voulant lutter jusqu'au bout pour terrasser le dragon, il n'avait d'autre ambition que de rétablir la paix au plus vite. Son seul véritable souci n'était pas de faire la guerre et il fit tous ses efforts pour maintenir l'armée belge et le territoire belge en dehors des grandes batailles. Il n'avait aucune confiance dans les chefs militaires français ou britanniques, il se méfiait des régimes démocratiques, il était convaincu que la France et l'Angleterre n'avaient aucune chance de vaincre et que la seule politique à suivre était celle de la recherche d'un compromis avec l'Allemagne, envers qui il avait infiniment plus d'admiration, sinon de sympathie, qu'envers les Alliés. L'attitude très patriotique du primat de Belgique, le cardinal Mercier, l'irritait. Dans ces conditions, dès l'automne 1914 et jusqu'à la fin de 1916, des contacts eurent lieu, notamment par l'intermédiaire d'hommes d'affaires, avec des représentants allemands. Les plus importants eurent lieu à l'initiative allemande pendant l'automne 1916. Ces contacts n'aboutirent pas : contrairement à ce que croyait Albert Ier, l'Allemagne n'avait aucune intention de rétablir le statut antérieur de la Belgique. Si elle pouvait admettre une autonomie interne de la Belgique, elle entendait l'intégrer dans un ensemble allemand. Des propositions impossibles à faire accepter par l'opinion belge en pays occupé, surtout après la conduite de l'armée allemande, lors de la traversée de la Belgique en août 1914[19].

De la fin de 1916 à la fin de 1917, les tentatives de paix qui partirent plusieurs fois de Belgique[20] furent le fait des Puissances centrales, de l'Alle-

Extraits des Carnets d'Albert 1er (17 octobre 1915)

« La fortune sourit de plus en plus aux Empires centraux. Mais là aussi, il y a de l'ordre et de l'unité dans l'action, dans le commandement, dans les efforts diplomatiques et militaires. Tandis que chez les alliés, tout est livré aux hommes politiques, aux irresponsables et aux incapables. Les souverains russe et anglais sont des nullités qui ferment l'avenir de leur pays à des perspectives heureuses, sinon exemptes de catastrophes. Pour la Belgique, le moment arrivera, de plus en plus, de savoir quel chemin facilitera ou permettra la restitution des frontières. L'inféodation complète au vaincu sera la plus mauvaise des attitudes. » Un mois plus tard, il écrivait : *« Pour nous, il est plus que temps de s'orienter vers les moyens de retrouver nos frontières que nos alliés ne peuvent nous reconquérir. »*

Albert Ier, *Carnets et correspondances de guerre (1914-1918)*, présentés par Marie-Rose Thielemans, Document Duculot, 1991.

magne et surtout de l'Autriche-Hongrie, des neutres comme les États-Unis, de la papauté, ainsi que de certains socialistes.

b. Tentatives américaines

Le président des États-Unis avait demandé, le 18 décembre 1916, à tous les belligérants de préciser les conditions de rétablissement de la paix. Cela devait permettre de définir une paix « sans annexion, ni indemnité ». L'Allemagne rejetait la proposition américaine dès le 26 décembre ; quant aux Alliés, qui n'avaient pas défini de buts de guerre, ils répondirent par la définition de grands principes, l'évacuation des pays envahis, leur restauration et les dédommagements auxquels ils avaient droit, l'émancipation des peuples balkaniques, ce qui mettait directement en cause la survie de l'Autriche-Hongrie et n'était pas de nature à inciter son gouvernement à la paix. Cette initiative américaine eut, dans l'immédiat, d'autant moins d'importance que quelques semaines plus tard les États-Unis eux-mêmes entraient dans la guerre…

c. Tentatives autrichiennes

Ce fut d'Autriche que vint une des tentatives de paix les plus importantes. Le nouvel empereur, Charles Ier, souhaitait vivement le rétablissement de la paix, compte tenu de l'épuisement du pays. Une négociation s'engagea par l'intermédiaire de ses beaux-frères, les princes Sixte et Xavier de Bourbon-Parme, frères de son épouse Zita. Sixte de Bourbon-Parme était officier dans l'armée belge. Des contacts eurent lieu entre les deux princes et des émissaires autrichiens en Suisse, puis directement à Vienne avec l'Empereur et le ministre des Affaires étrangères, le comte Czernin. Charles estimait que les revendications françaises sur l'Alsace-Lorraine étaient « justes » et que la Belgique devait être rétablie dans son statut antérieur, mais il n'avait aucun moyen d'obliger l'Allemagne à faire ces concessions, d'autant que – ce qu'avaient espéré les Alliés – il se refusait à une paix séparée. Le gouvernement autrichien se refusait également à envisager toute concession envers l'Italie. Dans ces conditions, lors d'une rencontre (dont l'objet principal était les questions du Moyen-Orient) entre Alexandre Ribot, Lloyd Georges et le ministre des Affaires étrangères italien, le baron Sonnino, à Saint-Jean-de-Maurienne (26 avril 1917), sous la pression italienne, les propositions autrichiennes furent rejetées. Les représentants français étant très réservés, les Britanniques étant seuls partisans de continuer les conversations, il fut donc décidé de ne pas poursuivre des négociations qui pourraient être dangereuses.

d. Tentatives socialistes

Après l'échec des tentatives autrichiennes, celle des socialistes furent très différentes. Non plus des conversations secrètes, mais un appel public aux peuples à travers un projet de *Conférence socialiste internationale* à **Stockholm,** résultat des initiatives diverses et concurrentes, entre mars et mai 1917, du parti socialiste américain, du comité exécutif de l'Internationale, d'un comité socialiste hollando-scandinave et enfin du Soviet de Petrograd. Avec plus ou moins de bonne foi ou d'arrière-pensées – un socialiste français, comme Albert Thomas, pensait qu'une réunion socialiste internationale serait la meilleure façon de démontrer la mauvaise foi allemande – la plupart des partis socialistes, sauf le parti socialiste belge qui refusait de siéger à côté d'Allemands, acceptèrent le principe de la rencontre, au cours du printemps et de l'été. Le début de la Conférence, de renvoi en renvoi, fut finalement fixé au 9 septembre 1917, mais elle n'eut pas lieu. Un certain nombre de responsables socialistes avaient pu gagner Stockholm, mais les gouvernements alliés refusèrent leurs passeports aux délégués de leurs pays pour se rendre à une conférence dans laquelle ils voyaient principalement une « manœuvre allemande ». En France, en particulier, Alexandre Ribot se montra intraitable. Mais l'échec, comme le souligne Madeleine Rébérioux[21], fut provoqué par la faible influence du mouvement socialiste, d'autant qu'après la vague pacifiste du printemps et du début de l'été, les opinions se sont ressaisies. De larges secteurs ouvriers des pays alliés sont très hostiles à cette initiative. Ainsi, au Royaume-Uni, les gens de mer refusèrent de transporter le dirigeant socialiste McDonald, les gaziers, les mineurs... se prononcent successivement contre la conférence de Stockholm.

e. Tentative pontificale

Au moment où Stockholm échouait, les efforts de la papauté n'avaient pas plus de succès. Après des sondages menés par le nonce Pacelli•, auprès des seules Puissances centrales, le pape Benoît XV publiait, le 15 août 1917, une note en cinq points pour le rétablissement d'une paix « juste et durable » : arbitrage et réduction des armements, liberté des mers, renonciation aux indemnités, évacuation réciproque des territoires conquis, indépendance de la Belgique. Cette note donna l'impression d'être favorable aux Puissances centrales. Elle fut sèchement repoussée par la France et l'Italie, puisqu'il n'était fait mention, ni de l'Alsace-Lorraine, ni des terres irrédentes. L'Angleterre, de son côté, rappela que le rétablissement de l'indépendance de la Belgique était son but de guerre essentiel. En définitive, l'Allemagne fit échouer la tentative pontificale, en refusant, après avoir hésité, de s'engager sur l'indépendance de la Belgique.

f. Tentative allemande

La dernière grande tentative de paix fut d'origine allemande. Lors de l'entrevue de Kreuznach (voir page 222), entre dirigeants allemands et autrichiens, qui avaient prévu de larges annexions à l'Est, certaines concessions avaient été envisagées à l'Ouest, rendre par exemple un petit morceau de territoire au Sud-Ouest de l'Alsace. Des tentatives d'approche furent faites à l'initiative du baron de Lancken•, directeur de la section politique du gouvernement général allemand en Belgique et ancien conseiller de l'ambassade de Paris, par l'intermédiaire de personnalités belges, le baron Coppée, président des charbonnages de Belgique et la comtesse de Mérode – née La Rochefoucauld, elle était d'origine française – en direction d'Aristide Briand. Aristide Briand, qui n'est plus président du Conseil depuis le 18 mars, accepte le projet de rencontrer en Suisse le baron de Lancken, le 22 septembre 1917. Il en informa le gouvernement mais Alexandre Ribot s'y opposa, craignant que cette rencontre ne soit un piège destiné par des révélations ultérieures à jeter la zizanie entre les Alliés. En réalité, ce n'était pas un piège, mais la rencontre n'avait pas d'objet, car, entre-temps, les autorités allemandes avaient même renoncé à proposer une rectification de frontière dans la région de Mulhouse. Le 9 octobre, le secrétaire d'État Kuhlmann affirmait au *Reichstag* que l'Allemagne ne ferait jamais de concessions à propos de l'Alsace. Les Alliés, Italiens et Britanniques, s'étaient également montrés fort hostiles à la tentative allemande.

• **Eugenio Pacelli** (1876-1958). Plus tard, en 1939, Eugenio Pacelli devint le pape Pie XII, mais il avait fait précédemment une partie importante de sa carrière dans les affaires internationales. Entré très tôt à la Secrétairerie d'État, il fut nommé nonce en Bavière en 1917, fonction qu'il exerça à Berlin en 1920.

• **Le baron Oskar von Lancken** fut à plusieurs reprises chargé de missions secrètes par la diplomatie allemande. Ainsi déjà en 1911, il avait été l'interlocuteur direct du président du Conseil français, Joseph Caillaux, sans passer par le ministère des Affaires étrangères.

La multiplication des tentatives de paix au cours de l'année 1917, malgré leur échec – et à vrai dire leur impossibilité de réussir – illustrent bien les hésitations à poursuivre une guerre aussi effroyable. Les dirigeants des pays européens sont pris entre d'insurmontables contradictions. Ils croient d'un côté, qu'après tant de sacrifices, il n'est pas possible de conclure une paix blanche ou même négociée, que les peuples ne le permettraient pas. Le *Kronprinz*• écrit à l'empereur Charles que « le peuple allemand lapiderait un chancelier qui chercherait à faire des propositions semblables », tels que des sacrifices sérieux à propos de l'Alsace-Lorraine[22]. D'un autre côté, beaucoup d'entre eux se rendent compte que les pays européens risquent de connaître un effondrement économique et démographique et qu'un compromis serait nécessaire. Comme l'a montré Jean-Claude Allain[23], ce fut le cas de Joseph Caillaux* dès 1916. Des documents allemands montrent que les dirigeants allemands pensent qu'il exprime l'avis d'une fraction importante du personnel politique français, qui n'ose pas le dire[24]. Certains, comme l'empereur d'Autriche, voyaient monter le risque de la révolution et les événements de Russie n'étaient pas pour les rassurer.

* P. 247

V. La chute de la Russie

Pour la plupart des pays en guerre, l'année 1917 fut une année difficile, surtout le printemps ou l'été pour la France et l'Allemagne, l'automne pour l'Italie, mais le souci majeur des Alliés fut leur crainte de plus en plus fondée de perdre l'allié russe, tandis que c'était un grand soulagement pour l'Allemagne et pour l'Autriche-Hongrie d'espérer voir disparaître leur front oriental.

1 La déliquescence des gouvernements provisoires

Le gouvernement provisoire russe est dans une situation chaque jour plus précaire. L'impasse sur le plan militaire à la suite de l'échec de l'offensive Broussilov n'est qu'une des difficultés qu'il ne peut résoudre. Depuis le mois de mars, les paysans ont commencé à s'emparer des terres, alors que le gouvernement entend que les choses se fassent de façon légale, mais la première réunion du *Comité national agraire,* qui devait organiser la réforme agraire, n'a lieu que le 19 mai. Les conflits sont nombreux entre patrons et ouvriers, sans que le gouvernement intervienne. Les peuples allogènes s'irritent de la lenteur avec lesquels leurs problèmes, renvoyés à la future Assemblée constituante, sont envisagés. En fait, le gouvernement est très indécis sur ce qu'il doit faire, renvoyant la plupart des problèmes à plus tard. Entre ministres cadets et ministres socialistes, les conflits sont permanents.

2 La crise de juillet

Les conditions étaient réunies pour qu'une nouvelle secousse grave ait lieu, ce fut la « crise de juillet » (1917). À l'origine, une partie des soldats de la garnison de Petrograd qui craignent d'être renvoyés au front et que la discipline ne soit rétablie dans l'armée. À la tête du mouvement, des soldats bolcheviks et anarchistes qui veulent en finir avec le gouvernement provisoire. En même temps, le mouvement socialiste éclate. D'un côté, les socialistes-révolutionnaires, les mencheviks qui se sentent tout autant menacés que les ministres « bourgeois », de l'autre, les bolcheviks soutenus par les groupes anarchistes. À vrai dire, les dirigeants bolcheviks ont une attitude assez ambiguë face à un mouvement animé par leurs militants. Certes, ils approuvent le mot d'ordre de renversement du gouvernement provisoire, mais ils l'estiment prématuré et ils préféreraient freiner le mouvement. Lénine* se fait aussi invisible qu'il peut, Trotski* sauve la vie du ministre * P. 9, 151 socialiste-révolutionnaire de l'agriculture Tchernov•. D'ailleurs le mouvement est plus le fait des soldats que des ouvriers.

Les 3 et 4 juillet, de grandes manifestations de soldats et de marins en armes se déroulent. Le désordre est à son comble. Des affrontements opposent soldats fidèles et soldats mutinés, 40 morts et 80 blessés, mais la situation est retournée par l'arrivée du front de troupes fidèles au gouvernement provisoire. Un partie des soldats mutinés rejoignent leurs unités et changent de camp.

La crise de juillet se termine par un fiasco pour les révolutionnaires. Le gouvernement reprend les choses en mains en faisant arrêter quelques-uns des dirigeants bolcheviks, Trotski, Zinoviev*, tandis que Lénine s'enfuit en * P. 151

• ***Kronprinz*** : était le titre donné au prince héritier du royaume de Prusse et donc de l'empire. Fils aîné de Guillaume II, Frédéric-Guillaume (1882-1951) avait été considéré comme très proche des pangermanistes et favorable à la guerre. Pendant la guerre, il exerça des commandements, principalement dans la région de Verdun. Il commanda le groupe d'armées qui livra la bataille de Verdun en 1916. Il abdiqua en même temps que son père en 1918, dut s'exiler un certain temps en Hollande, avant de rentrer en Allemagne en 1922.

• **Viktor Tchernov (Cernov)** (1876-1952). Un des principaux dirigeants du Parti socialiste-révolutionnaire qui avait beaucoup d'influence dans le monde paysan. Il fut le théoricien des socialistes-révolutionnaires et joua un rôle très important dès 1902. Opposé à la guerre, exilé en Suisse, proche alors de Lénine, il participe à la conférence de Zimmerwald. Après la révolution de février 1917, il est nommé, en mai, ministre de l'Agriculture du gouvernement provisoire, mais il ne peut réaliser la réforme agraire radicale qu'il souhaitait. Après la victoire des bolcheviks, il est porté à la présidence de l'Assemblée constituante lorsqu'elle se réunit. Il émigre à Paris, puis à New York.

Finlande. Le journal bolchevik, la *Pravda*•, est interdit. Les dirigeants bolcheviks, à qui on faisait porter la responsabilité de l'affaire, avaient bien senti la réalité de la situation : le gouvernement provisoire était encore soutenu par la majorité de la population. Même dans la garnison de Petrogad, les révolutionnaires ne formaient au mieux qu'une petite minorité, quelle que fût sa violence. En outre, si l'armée n'est plus guère en état de combattre, la population reste profondément patriote. Au moment où se déroule la contre-offensive allemande après l'offensive Broussilov au mois d'août, la publication de documents prouvant que Lénine avait reçu des subsides allemands provoque une grande indignation.

3 Kerenski au pouvoir

La crise de juillet est essentielle dans l'histoire de la révolution russe, qui aurait pu changer de sens à ce moment. Une sorte de front antibolchevique s'était alors constitué depuis la droite jusqu'aux mencheviks. Mais, dans la pratique, le gouvernement Lvov avait été trop secoué pour rester en place. Le 24 juillet, Lvov abandonnait la direction du gouvernement et était remplacé par Kerenski qui constituait le troisième gouvernement provisoire dont il était à la fois le Premier ministre et le ministre de la Guerre. Le gouvernement comprenait encore quelques ministres cadets, mais il était principalement formé de ministres socialistes-révolutionnaires et mencheviks. Ce gouvernement ne dura qu'un peu plus d'un mois, jusqu'au 26 août. Comme le précédent, il est incapable de résoudre quelque problème que ce soit, en en rejetant la solution à plus tard. Kerenski, pourtant très populaire, ne cesse de louvoyer entre la gauche et la droite, sans prendre les moyens d'exercer une véritable autorité. En définitive, il se révèle beaucoup plus comme un homme de discours que comme un d'homme d'action. Il sait davantage ce qu'il ne veut pas que ce qu'il veut. Il ne veut pas poursuivre l'avantage pris sur les bolcheviks – Kerenski est d'ailleurs le moins antibolchevik des membres du gouvernement – il ne veut pas non plus que l'autorité du gouvernement soit soumise à celle des Soviets et il rejette le double pouvoir que ceux-ci veulent imposer, il ne veut pas non plus satisfaire aux réclamations du centre et de la droite qui demandent que l'ordre soit rétabli dans le pays et dans l'armée. En fait, il est très isolé, tandis qu'une opposition militaire croissante se rassemble autour du général Kornilov.

4 L'échec de Kornilov et la victoire de Lénine

Le 1er août, Kerenski avait appelé au commandement suprême de l'armée en remplacement du général Broussilov, le général Kornilov•, d'origine populaire cosaque, considéré comme un des généraux « démocrates » de l'armée. Aimé de ses soldats, dépourvu de tout sens politique, sorte de général Boulanger, il est peu adapté à la mission qu'il entend se donner : rétablir l'ordre dans le pays et dans l'armée. Il croit pouvoir compter sur Kerenski et le 28 août, il déclenche une tentative de coup d'État. Kornilov veut faire avancer des troupes vers Petrograd, mais les cheminots empêchent le passage des trains de soldats. Ces troupes, moins sûres que Kornilov ne le croyait, se démoralisent et ne parviennent pas à atteindre Petrograd. Kornilov est bientôt arrêté.

Pour faire face au coup d'État, Kerenski avait dû en appeler aux forces révolutionnaires, et en particulier aux bolcheviks, qui, après un moment d'abattement, sont parvenus à accroître de nouveau leur influence dans les masses. Des armes leur sont distribuées, les dirigeants arrêtés sont libérés, et le 1er septembre Trotski devient le président du Soviet de Petrograd où les bolcheviks sont maintenant en majorité.

Pendant que les bolcheviks renforçaient leur position, le gouvernement Kerenski se délitait. Un certain nombre de ministres avaient démissionné au moment du coup d'État, il fallut un mois pour que se constitue un nouveau gouvernement (27 septembre). Mais ce nouveau gouvernement Kerenski n'est plus qu'une ombre de gouvernement. Quant à l'armée, elle a fait un nouveau

---

• **La *Pravda*** (*La Vérité*) créée par les bolcheviks en 1912, fut très souvent interdite. Après la révolution d'Octobre, elle devint l'organe officiel du pouvoir soviétique.

• **Lev Kornilov** (1870-1918). D'origine cosaque, Kornilov avait reçu une formation d'officier d'état-major. Officier de renseignement pendant la guerre de Mandchourie, il fut attaché militaire à Pékin de 1907 à 1911. Au début de la guerre, il est à la tête d'une brigade de la 8e armée commandée par le général Broussilov. Réputé pour sa ténacité et sa bravoure, il l'est aussi pour sa grossièreté et ses fréquentes insubordinations. Pendant les offensives austro-allemandes de mai 1915, il est envoyé dans les Carpates et fait prisonnier. Au bout d'un an, il parvient à s'évader et revient en Russie où il est considéré comme un héros. Il se rallie d'abord à la révolution de Février dont il espère qu'elle permettra à la Russie de participer plus activement à la guerre. Il est choisi pour commander le district militaire de Petrograd, mais il n'est pas autorisé à utiliser les méthodes qu'il estime nécessaires pour rétablir l'ordre dans la garnison. Il démissionne et retourne sur le front. Il se distingue à la tête de la 8e armée, lors de l'offensive Broussilov du 1er juillet 1917 et au mois d'août, Kerenski lui confie le commandement suprême de l'armée. Il ne cesse d'appeler au rétablissement de la discipline, demande l'utilisation de la peine de mort dans l'armée, que l'on puisse se servir des mitrailleuses et des canons contre les troupes qui battent en retraite sans ordre, que la loi martiale soit proclamée sur les lignes de chemins de fer. Naïf en politique, il s'engage dans une confrontation compliquée avec Kerenski. Il masse des troupes à proximité de Petrograd avec le consentement de Kerenski, mais, contre son avis, il veut marcher sur la capitale au début de septembre. Kerenski fait alors appel aux Soviets pour lutter contre Kornilov et il se met ainsi dans les mains des bolcheviks. Le « putsch » de Kornilov échoue. Les troupes particulièrement sûres de la « division sauvage » du général Krymov (Tatars, Ossètes, Tchétchènes) sont désagrégées par la propagande adverse. Kornilov est arrêté. Bientôt libéré, il gagne la région du Don, après la révolution d'Octobre, pour constituer une nouvelle armée qui chasserait les bolcheviks et reprendrait la guerre contre les Allemands, mais il est tué en avril 1918 dans un accrochage entre forces blanches et forces rouges.

Le marxisme et l'insurrection

Lettre de Lénine au comité central du POSDR

« Une des pires déformations du marxisme, celle qui est peut-être la plus répandue par les partis "socialistes" dominants, c'est le mensonge opportuniste prétendant que préparer l'insurrection comme un art, est du "blanquisme".

[...]

Toutes les prémisses objectives d'une insurrection victorieuses sont réunies. Nous avons les avantages exceptionnels d'une situation où seule notre victoire dans l'insurrection mettra fin aux hésitations qui excèdent le peuple, qui sont pour lui la pire torture ; où seule notre victoire dans l'insurrection fera échouer la comédie de la paix séparée, dirigée contre la révolution ; elle la fera échouer en proposant ouvertement une paix plus complète, plus juste, plus rapide, une paix favorable à la révolution.

Enfin seul notre Parti, après avoir vaincu dans l'insurrection, peut sauver Petrograd, car si notre offre de paix est repoussée et si nous n'obtenons pas même un armistice, nous deviendrons des "partisans de la défense nationale", nous nous mettrons à la tête des partis de guerre ; nous deviendrons le parti "de guerre" le plus acharné, nous ferons la guerre d'une façon vraiment révolutionnaire. Nous enlèverons tout le pain et toutes les bottes aux capitalistes. Nous leur laisserons des croûtes, nous les chausserons de laptis. Tout le pain et toutes les chaussures, nous les donnerons au front.

Et nous garderons alors Petrograd. La Russie a encore d'immenses ressources matérielles et morales pour une guerre vraiment révolutionnaire. Aussi y a-t-il 99 chances sur 100 que les Allemands nous accorderont au moins un armistice. Or, obtenir, maintenant un armistice, c'est déjà vaincre le monde entier !

Conscients de la nécessite absolue d'une insurrection des ouvriers de Petrograd et de Moscou pour sauver la révolution et pour sauver la Russie d'un partage "séparé" entre les impérialistes des deux coalitions, nous devons tout d'abord, à la Conférence, adopter notre tactique politique aux conditions de l'insurrection qui monte ; nous devons ensuite prouver que nous ne faisons pas que souscrire verbalement à l'idée de Marx sur la nécessité de regarder l'insurrection comme un art.

À la Conférence, nous devons, dès le début, souder la fraction bolchevique, sans courir après le nombre, sans craindre de laisser les hésitants dans le camp des hésitants : là ils seront plus utiles à la cause de la révolution que dans le camp des combattants résolus et pleins d'abnégation.

Nous devons rédiger une brève déclaration au nom de la fraction bolchevik, en soulignant de la façon la plus incisive l'inopportunité des longs discours et des "discours" en général, la nécessité d'une action immédiate pour le salut de la révolution, la nécessité absolue d'une rupture complète avec les impérialistes anglo-français qui préparent le partage "séparé" de la Russie, la nécessité du passage immédiat de tout le pouvoir à la démocratie révolutionnaire dirigée par le prolétariat révolutionnaire.

Notre déclaration doit formuler cette conclusion d'une façon aussi brève et incisive que possible, en connexion avec notre projet de programme : la paix aux peuples, la terre aux paysans, confiscation des scandaleux bénéfices capitalistes, mesures de rigueur contre le sabotage scandaleux de la production par le capitalistes.

Plus brève, plus incisive sera cette déclaration, et mieux cela vaudra. [...]

La question ainsi posée, toute l'activité de notre fraction étant concentrée dans les usines et les casernes, nous choisirons le moment propice pour déclencher l'insurrection.

Et pour considérer l'insurrection en marxistes, c'est-à-dire pour la considérer comme un art, nous devons en même temps, sans perdre une minute, organiser un état-major des détachements insurrectionnels, répartir nos forces, dépêcher les régiments sûrs vers les points les plus importants, cerner Alexandrinka, occuper Petropavlovka, arrêter l'État-major général et le gouvernement, envoyer contre les élèves-officiers et la division sauvage des détachements capables de sacrifier leur vie plutôt que de laisser l'ennemi passer vers les centres importants de la ville. Nous devons mobiliser les ouvriers armés, les appeler à un dernier combat acharné, occuper d'un coup le télégraphe et le téléphone, installer notre état-major insurrectionnel au Central téléphonique, le relier par téléphone à toutes les usines, à tous les régiments, à tous les points où se déroulera la lutte armée, etc.

Tout cela naturellement n'est dit qu'à titre d'indication pour montrer qu'à l'heure où nous sommes, on ne saurait rester fidèle au marxisme, rester fidèle à la révolution, sans regarder l'insurrection comme un art. »

Septembre 1917

Conseils d'un absent

« J'écris ces lignes le 8 octobre, sans grand espoir qu'elles soient déjà le 9 entre les mains des camarades de Petrograd. Il est possible qu'elles arrivent trop tard, puisque le Congrès des Soviets de la région du Nord est fixé au 10 octobre. J'essaierai cependant de donner mes "conseils d'absent", pour le cas où l'action probable, imminente des ouvriers et des soldats de Petrograd et des "alentours" n'auraient pas encore eu lieu.

Que tout le pouvoir doive passer aux Soviets, cela est évident. Il doit être non moins certain pour tout bolchevik que le pouvoir révolutionnaire prolétarien (ou bolchevik, c'est la même chose aujourd'hui) est assuré de la sympathie la plus grande et de l'appui sans réserve de tous les travailleurs et exploités du monde entier, notamment dans les pays belligérants, et parmi la paysannerie russe en particulier. Ces vérités sont trop universellement connues et depuis trop longtemps démontrées, pour qu'il vaille la peine de s'y arrêter.

Il faut retenir un point, qui probablement pour plus d'un camarade, n'est pas tout à fait clair, savoir : le passage du pouvoir aux Soviets signifie aujourd'hui, pratiquement, l'insurrection armée. Chose qui paraît évidente, mais à laquelle tous n'ont pas encore assez réfléchi. Renoncer maintenant à l'insurrection armée, ce serait renoncer au principal mot d'ordre du bolchevisme (tout le pouvoir aux Soviets) et à tout l'internationalisme prolétarien révolutionnaire, en général.

Mais l'insurrection armée est une forme particulière de la lutte politique : elle est soumise à des lois particulières, qu'il importe de méditer attentivement. Karl Marx a exprimé cette pensée avec un relief saisissant quand il écrit : "Comme la guerre, l'insurrection [armée] est un art."

[...]

Marx a résumé les enseignements de toutes les révolutions sur l'insurrection armée en citant le mot de Danton, le plus grand maître de la tactique révolutionnaire que l'histoire ait connu : "de l'audace, encore de l'audace, toujours de l'audace".

Appliqué à la Russie et à octobre 1917, cela veut dire : offensive simultanée, la plus soudaine et la plus rapide possible, sur Petrograd, venant absolument du dehors et du dedans, des quartiers ouvriers et de Finlande, de Reval et de Cronstadt, offensive de toute la flotte, concentration de forces de beaucoup supérieures aux 15-20000 hommes (peut-être davantage) de notre "grande bourgeoisie" (élèves-officiers) et de nos "troupes vendéennes" (une partie des cosaques), etc.

Combiner nos trois forces principales : la flotte, les ouvriers et les unités de troupes, de façon à occuper à tout prix et à conserver, quelles que soient les pertes que cela puisse coûter : a) le téléphone ; b) le télégraphe ; c) les gares ; d) les ponts en premier lieu.

Choisir les éléments les plus résolus (nos "troupes de choc", la jeunesse ouvrière et les meilleurs matelots) et en former de petits détachements chargés d'occuper les points les plus importants et de participer partout à toutes les opérations décisives, par exemple : encercler et isoler Petrograd, la prendre par une attaque combinée de la flotte, des ouvriers et des troupes, – tâche qui exige de l'art et une triple audace.

Former des détachements composés des meilleurs ouvriers qui, armés de fusils et de

grenades, marcheront sur les "centres" de l'ennemi (écoles d'élèves-officiers, télégraphe, téléphone, etc.) et encercleront, sous le mot d'ordre : périr jusqu'au dernier, plutôt que de laisser passer l'ennemi.
Espérons que si l'insurrection est décidée, les dirigeants sauront appliquer efficacement les grands préceptes de Danton et de Marx. Le triomphe de la révolution russe et de la révolution mondiale dépend de deux ou trois jours de lutte. »

Octobre 1917, *Œuvres choisies*, t. II, éd. fr., in *Lénine*, Éditions en Langues étrangères, Moscou, 1947.

pas dans la voie de la désagrégation. La confiance déjà faible des soldats dans leurs officiers s'est encore affaiblie. On peut considérer que l'armée russe n'est plus une force utilisable, ni face à l'ennemi, ni à l'intérieur. Il n'y a plus véritablement d'armée, mais seulement des unités plus ou moins autonomes. Les officiers sont impuissants, les soldats, au mieux, se désintéressant de la lutte pour le pouvoir. Il en est de même de la majorité de la garnison de Petrograd qui est neutre, tandis qu'une minorité est à fond du côté bolchevique. Kerenski ne peut plus compter, le cas échéant, sur un appui militaire ; beaucoup d'officiers considèrent qu'il les a trahis au moment du putsch Kornilov.

À la fin du mois de septembre, le pouvoir est à prendre, mais les bolcheviks sont très divisés. Maîtres des Soviets des deux capitales, et de ceux d'une cinquantaine de villes importantes, la majorité des dirigeants bolcheviks croyait que le pouvoir leur tomberait dans les mains, sans action violente. Le congrès pan-russe des Soviets qui devait se réunir le 20 octobre leur confierait de former un nouveau gouvernement, ce qui éviterait de prendre les risques d'une insurrection – les mauvais souvenirs de juillet étaient encore là. De plus des facteurs imprévus pouvaient survenir. Le point de vue de Lénine, toujours réfugié en Finlande, est différent. Il croit à la nécessité de l'insurrection. Tout au long des mois de septembre et d'octobre, il invite ses camarades à passer à l'action. On ignore quand Lénine se décide à venir lui-même à Petrograd – il était sous le coup d'un mandat d'arrestation, même s'il était improbable qu'il y ait eu quelqu'un pour l'exécuter – et finalement il arrache au Comité central la décision de l'insurrection•. Elle débute le 24 octobre et triomphe sans grande opposition le lendemain. Les ministres sont arrêtés. Kerenski a pu s'enfuir pour essayer de prendre la tête de troupes, mais il n'en trouve pas qui veuillent le suivre. Quant aux généraux, ils se désintéressent de l'événement. L'insurrection est encore moins visible que celle de février, sauf à Moscou où se déroulent huit jours de combats acharnés pour le contrôle du Kremlin.

Un nouveau gouvernement provisoire, dénommé **Conseil des commissaires du peuple•**, est constitué sous la présidence de Lénine, avec Trotski aux

Affaires étrangères. Dans un premier temps, les bolcheviks prennent assez facilement le contrôle de l'ensemble du pays, dans une sorte d'indifférence, d'autant que les élections à l'Assemblée constituante qui se déroulent au mois de décembre sont un triomphe pour les socialistes-révolutionnaires : 16500000 voix contre 8800000 pour les mencheviks et 9 millions pour les bolcheviks. Les bolcheviks se sont emparés, sans grande opposition, d'un pays qui était très loin d'être derrière eux. Un de leurs premiers actes fut de dissoudre l'Assemblée constituante, dès le soir de sa réunion, le 5 janvier 1918•.

Maîtres du pouvoir, les bolcheviks devaient le conserver. En fait, bien que globalement minoritaires, la répartition des suffrages dans le pays ne leur était pas défavorable. Largement battus chez les paysans, ils étaient majoritaires dans les centres industriels et pratiquement majoritaires dans l'armée, en particulier dans les unités proches de Moscou et de Petrograd. Néanmoins, depuis le début des événements, les soldats avaient fait preuve d'une très grande versatilité. La dictature que les bolcheviks mettent en place très rapidement : suppression de la liberté de la presse, suppression des autres formations politiques – le Parti cadet est supprimé dès le mois de décembre, puis les autres formations politiques dans les premiers mois de 1918 – création d'un embryon de police politique, la « Commission pan-russe extraordinaire de lutte contre la contre-révolution et le sabotage », la *Tchéka*, n'aurait pas été suffisante pour qu'ils se maintiennent au pouvoir, si, contrairement à leurs prédécesseurs, ils ne s'étaient très rapidement attaqués aux deux problèmes majeurs, le problème de la terre et le problème de la guerre. Partisans de la collectivisation des terres, Lénine et les bolcheviks comprennent qu'elle est impossible pour le moment. Le « décret sur la terre » permet, dans la pratique, aux paysans de se partager la propriété nobiliaire – ce qu'ils

• **L'insurrection des 24 et 25 octobre** est – du moins à Petrograd – un coup d'État où les bolcheviks, appuyés par les gardes rouges des usines et des soldats peu nombreux, ne rencontrent à peu près aucune résistance. L'épisode le plus célèbre, la prise du Palais d'Hiver où siégeait le gouvernement provisoire, après que le croiseur *Aurora* ait tiré quelques salves – à blanc ! – a coûté la vie à 6 défenseurs et à aucun assaillant. Il n'en fut pas de même à Moscou, où la victoire des bolcheviks fut le résultat de combats sanglants, ainsi que dans de nombreuses villes. (Voir Nicolas Werth, *Histoire de l'Union soviétique*, PUF, 1990)

• **Le Conseil des commissaires du peuple.** Uniquement composé de bolcheviks, le nouveau gouvernement comprenait 15 ministres. Outre Lénine, président et Trotski aux Affaires étrangères, les principaux étaient :
– Guerre : Antonov-Ovsenko ;
– Instruction publique : Lounatcharski ;
– Intérieur : Rykov ;
– Agriculture : Milioutine ;
– Nationalités : Staline.

• **L'Assemblée constituante.** Sur un total de 707 élus, il y avait 175 bolcheviks, 370 socialistes-révolutionnaires, 40 socialistes-révolutionnaires de gauche (alliés aux bolcheviks), 16 mencheviks…
L'Assemblée constituante annula immédiatement les décrets pris par les bolcheviks à la suite de la révolution d'Octobre, mais l'Assemblée fut empêchée de se réunir après sa première séance.

avaient déjà largement entrepris. Pour l'essentiel, les bolcheviks se contentent de suivre et d'approuver le mouvement. Cela donne, en général, peu de terres en plus aux paysans, mais dans l'immédiat, ils sont satisfaits.

5 La Russie sort de la guerre

La question fondamentale était pourtant celle de la guerre. Comme l'a souligné Annie Kriegel, « les bolcheviks, à leur prise de pouvoir, savent que le jugement du peuple russe à leur égard est suspendu à leur capacité de résoudre la question décisive de l'heure : celle de la guerre »[25]. Très tôt, Lénine avait défendu l'idée de transformer la « guerre impérialiste » en une « guerre révolutionnaire », c'est-à-dire de pousser à la révolution chez les différents belligérants. C'est le sens du « décret sur la paix »•. Appelant à ouvrir sans délai des négociations pour une juste paix démocratique, il était davantage destiné à agir sur les opinions publiques que sur les gouvernements. En fait, l'appel rencontra aussi peu d'écho dans les gouvernements que dans les opinions publiques. Même si pour Lénine, la révolution en Russie n'était que le premier pas de la révolution mondiale, faire sortir la Russie de la guerre ne pouvait se résoudre que par un accord avec les adversaires de la Russie, l'Allemagne et l'Autriche-Hongrie.

Du côté allemand, les dernières grandes opérations militaires en Russie dataient de l'été 1917. Le 1er septembre, au nord du front, une armée commandée par le général von Huttier, après une préparation d'artillerie très brève et très violente, franchissait la Dvina et s'emparait de Riga, ainsi que, dans les jours suivants, des îles qui commandaient l'accès au golfe de Finlande.

Cette opération de Riga – très facile en elle-même – fut fort importante du point de vue tactique, car c'est là que les Allemands mirent au point la nouvelle méthode d'attaque qui fit merveille, quelques semaines plus tard contre les Italiens à Caporetto et, quelques mois plus tard contre les Anglais, puis les Français sur le front occidental.

Au plan stratégique, la route de Petrograd était ouverte, car l'armée russe n'était plus en état de combattre. Comme le souligne Jean Delmas[26], « tous les observateurs étrangers présents en Russie s'accordent à dater de septembre 1917, la totale désintégration de l'armée russe ». L'affaire Kornilov a consacré la rupture définitive entre soldats et officiers.

Le 20 septembre, le général Neissel, nouveau chef de la mission militaire française en Russie était arrivé à Petrograd. Il était chargé par le gouvernement français de « rendre aux armées russes leur valeur guerrière ». Dès son premier contact avec le ministre de la Guerre russe, ce dernier lui montra l'impossibilité de sa mission : « À l'heure actuelle, les officiers sont absolument hors d'état de se faire obéir eux-mêmes. » Avant la révolution d'Octobre, la Russie avait déjà quitté la guerre (J. Delmas). Les Alliés ne purent que rester spectateurs, convaincus que le peuple russe voulait la paix et qu'il n'y avait aucun moyen pour l'obliger à combattre.

Malgré le souhait du commandant du front de l'Est, le général Hoffmann, le haut commandement allemand n'a pas voulu en finir avec la Russie en marchant sur Petrograd. Le général Ludendorff considérait que la guerre se gagnerait à l'Ouest et qu'en transférant les troupes qui se trouvaient en Russie, elle pourrait être gagnée rapidement. Effectivement ce sont en partie des troupes venues de Russie qui permirent la victoire de Caporetto et, en mars 1918, 42 divisions venues du front oriental se trouvaient sur le front occidental.

Du côté germano-autrichien comme du côté soviétique, on souhaitait engager des négociations de paix. La première rencontre entre des délégations des deux antagonistes• eurent lieu à Brest-Litovsk, le 3 décembre 1917. Le 15 décembre, un armistice pour 4 semaines, renouvelable, était conclu. De part et d'autre, on fait traîner les choses. La tactique du côté russe est de refuser toute concession territoriale, tout en lançant des appels au prolétariat mondial, le but étant que la révolution éclate, en particulier en Allemagne, avant que les négociations puissent être conclues. Du côté germano-autrichien, où on est davantage pressé d'en finir, on est conduit à atermoyer faute d'accord sur les objectifs. Le haut commandement allemand souhaite obtenir de très larges annexions – attitude à vrai dire contradictoire avec la nécessité d'en terminer vite pour transférer le maximum de soldats à l'Ouest. Pour les diplomates autrichiens, l'essentiel est moins de conclure un traité définitif que d'obtenir rapidement le ravitaillement dont l'Empire a cruellement besoin. C'est à peu près aussi le point de vue du secrétaire d'État allemand : placer sous l'influence allemande l'Ukraine, séparée ainsi du reste de l'ancien Empire russe, afin d'y puiser le ravitaillement nécessaire. Pour le reste, il n'y a pas d'urgence puisque la Russie est bien incapable de reprendre la lutte.

En février 1918, dans les discussions internes aux germano-autrichiens, la position des militaires allemands l'emporte : en finir tout de suite, tout en imposant de très larges annexions.

• « Le gouvernement ouvrier et paysan issu de la révolution du 25 octobre, appuyés sur les Soviets, invitait tous les peuples et leurs gouvernements à ouvrir sans délai les négociations d'une juste paix démocratique, sans annexions ni indemnités, sur la base du droit des nations opprimées à disposer d'elles-mêmes. »

• **Les délégations aux négociations de Brest-Litovsk :** – du côté soviétique : Joffé, Kamenev, Radek, bientôt rejoints par Trotski ;
– du côté germano-autrichien, le général Hoffmann, le secrétaire d'État allemand aux Affaires étrangères, Richard von Kühlmann et le ministre autrichien des Affaires étrangères, le comte von Czernin.

Quant aux dirigeants bolcheviks, ils ne sont pas moins divisés, entre ceux qui, avec Lénine, estiment que l'essentiel, pour le moment, est de sauver la révolution et qu'il est d'autant plus nécessaire de faire de larges concessions qu'en Russie même, la contre-révolution commence à s'organiser• ; ceux qualifiés de « communistes de gauche » autour de Boukharine•, pour qui il est impossible d'accepter les conditions allemandes et veulent en appeler au patriotisme russe pour déclencher une guerre révolutionnaire si les Allemands attaquent ; un troisième groupe autour de Trotski propose une voie moyenne, « ni paix, ni guerre » : se contenter de déclarer que la guerre est terminée, que l'on s'en retire unilatéralement, en faisant le pari que les Allemands n'oseront pas attaquer par crainte de déclencher la révolution chez eux.

Le point de vue de Trotski a failli l'emporter, car le secrétaire d'État Kühlmann penchait pour accepter cette paix *de facto,* mais le 16 février 1918, le gouvernement soviétique est mis au pied du mur par un ultimatum le sommant d'accepter les conditions de paix allemandes. Faute de réponse, le 18 février, l'armée allemande passe à l'offensive et progresse sans rencontrer de résistance.

Après des discussions dramatiques et de très nombreuses péripéties, le comité central bolchevique décidait d'accepter des conditions que les Allemands avaient encore aggravées. La paix, dite de **Brest-Litovsk,** était signée le 3 mars•.

Dans l'impossibilité de ramener la Russie dans la guerre, les Alliés avaient déployé de grands efforts pour reconstituer une armée roumaine en Moldavie, mais, à la suite du traité de Brest-Litovsk, la Roumanie ne pouvait que capituler à son tour. La Roumanie signait le 7 mai 1918 le traité de Bucarest.

La liquidation du front de l'Est entre l'été 1917 et le printemps 1918 était, en principe, une immense victoire pour les Puissances centrales, mais les appétits annexionnistes du commandement allemand l'obligeaient à maintenir des troupes nombreuses dans les territoires conquis. Quarante divisions allemandes restent à l'est, en particulier en Ukraine. À certains moments du printemps 1918, 10 ou 20 divisions de plus auraient permis à l'Allemagne de vaincre à l'Ouest…

• **La guerre civile.** En fait, la guerre civile a commencé dès le mois de novembre 1917, mais la première armée « blanche » se constitue dans les régions cosaques du Don. Une « armée des volontaires », uniquement formée d'officiers, d'abord commandée par le général Kornilov, puis, après sa mort (avril 1918) par le général Denikine, s'est rassemblée dès l'hiver 1917-1918. L'Ukraine et la Finlande avaient proclamé leur indépendance…

• **Nicolaï Boukharine** (1888-1938). Fils d'instituteurs, bolchevik depuis 1906 – il a alors 18 ans – il est un des plus brillants des dirigeants bolcheviks. Théoricien et homme d'action, il se trouvait en Autriche en 1914, d'où il est expulsé vers la Suisse. Il est aux États-Unis au moment de la révolution de Février, d'où il rentre en Russie. Dès juillet-août 1917, il est membre du comité central du parti bolchevique. Il fut exécuté en 1938.

• **Le traité de Brest-Litovsk :** prévoyait l'abandon par la Russie de la Finlande, de l'Ukraine, des Pays Baltes, de la Pologne, plus, dans les régions caucasiennes, de Batoum et de Kars en faveur de la Turquie.

Chapitre 7

Le dernier quart d'heure

Le 8 mars 1918, Georges Clemenceau* proclamait devant les députés français : « La Russie nous trahit, je continue de faire la guerre. La malheureuse Roumanie est obligée de capituler, je continue de faire la guerre, et je continuerai jusqu'au dernier quart d'heure, car c'est nous qui aurons le dernier quart d'heure. » * P. 219

Cette déclaration, même si elle faisait preuve d'une confiance que le président du Conseil n'avait peut-être pas, symbolisait la volonté de combattre jusqu'au bout, en France et chez les autres belligérants, après les hésitations de 1917.

I. Combattre jusqu'au bout ?

Deux ou trois ans s'étaient écoulés, avant que de véritables gouvernements de guerre ne se soient mis en place et que les paysages politiques se recomposent, après la rupture avec les héritages et les habitudes du temps de paix.

La confiance de Clemenceau ?

Le général Henri Mordacq (1868-1943) commandait la 24e division quand Clemenceau qui formait son ministère l'appela auprès de lui comme chef de son cabinet militaire. Dans les souvenirs qu'il a laissés de cette période, il écrit ceci :

« *Le 23 [mars], dans la soirée, M. Clemenceau et moi partions pour Compiègne où se trouvait à cette date le GQG (général Pétain). Nous y dînâmes. Le moral y était bas, on s'y montrait plutôt pessimiste. Toutes les nouvelles qui arrivaient du front anglais étaient identiques. Les troupes ne tenaient pas ; elles se retiraient crânement, lentement, mais leur front paraissait complètement enfoncé. Au GQG, on ne semblait avoir aucune confiance dans une résistance sérieuse de leur part. Bref, en rejoignant Paris, dans la nuit, nous emportions une impression plutôt pénible et je me rappelle encore cette phrase de M. Clemenceau dans la voiture où nous étions assis côte à côte, nous livrant à des pensées assez sombres : "Après une entrevue pareille, il faut vraiment avoir l'âme chevillée pour avoir encore confiance."* »

Henri Mordacq, *Le ministère Clemenceau, journal d'un témoin*, tome I (novembre 1917-avril 1918), Plon, 1930, p. 227-228.

Mise à part la rupture révolutionnaire en Russie et sa sortie de la guerre, ailleurs des pouvoirs forts et personnalisés émergèrent, bien décidés à mener la lutte sans faiblesses.

1 Des gouvernements de guerre

En Allemagne, les personnalités du temps de paix disparurent ou passèrent à
* P. 45 l'arrière-plan, comme le chancelier Bethmann Hollweg* démissionnaire en
* P. 25 juillet 1917 ou comme l'empereur Guillaume II*, dont l'autorité s'estompe. Le pouvoir est passé à peu près complètement entre les mains de l'état-
* P. 89 major, c'est-à-dire celles d'Hindenburg* et surtout de Ludendorff qui établissent une dictature larvée sur le pays. Néanmoins, le chancelier qu'ils ont
* P. 225 choisi, Georges Michaelis*, fonctionnaire à peu près inconnu et « insignifiant » (P. Guillen) et qui leur est tout dévoué, ne put rester à son

Malvy et Caillaux

Louis Malvy avait souhaité que soit constituée une commission parlementaire chargée d'examiner s'il y avait lieu de le mettre en accusation. Cette commission jugea qu'elle ne pouvait se prononcer sur le fond. Par 13 voix contre 4 et 9 abstentions, elle invita la Chambre des députés à ordonner la mise en accusation de Malvy. Réuni en Haute Cour, le Sénat décida le 28 janvier 1918 d'instruire l'affaire. Le procès eut lieu du 16 juillet au 4 août 1918. Malvy fut reconnu « non coupable d'intelligence avec l'ennemi », mais « d'avoir, dans ses fonctions de ministre de l'Intérieur, de 1914 à 1917, méconnu, trahi et violé les devoirs de sa charge ». Il fut condamné à cinq ans de bannissement, peine qu'il passa à Saint-Sébastien en Espagne. À son retour, il fut réélu député en 1924, en 1932 et 1936. En 1926, Briand avait cru pouvoir l'appeler au ministère de l'Intérieur, mais cette nomination souleva de si violentes protestations qu'il fut rapidement amené à démissionner. Il ne joua plus de rôle important, encore qu'il fût président de la Commission des Finances de la Chambre des députés jusqu'en 1936. Son dernier acte politique fut de voter les pleins pouvoirs au maréchal Pétain, le 10 juillet 1940. Il mourut en 1949.

Joseph Caillaux• fut féru toute sa vie de propos « abrupts et intempestifs » (J.-C. Allain). Ainsi, lors d'une mission au Brésil en 1914, il avait dit : « Notre guerre contre l'Allemagne est une folie et un crime, nous tirons les marrons du feu pour l'Angleterre. » (Cité par Jean-Baptiste Duroselle, *Histoire de la Grande Guerre, op. cit.*, p. 189). Il entretint pendant la guerre des correspondances avec différents sujets ennemis, un espion d'origine hongroise lié au diplomate allemand Lancken, un banquier de Mannheim, M. A. Marx. Après son arrestation, on trouva dans le coffre d'une banque à Florence, un dossier appelé « Rubicon » où ses adversaires voulurent voir un plan pour s'emparer du pouvoir.

Encore qu'il n'ait pas été le seul homme politique à avoir eu des liens avec certains d'entre eux, il se trouve que Caillaux avait entretenu ou continuait d'entretenir des relations avec la plupart des inculpés des procès de trahison ou d'espionnage qui eurent lieu en 1917 ou 1918, en particulier avec l'homme d'affaires Paul Bolo• ou avec l'équipe du *Bonnet Rouge* créé par Miguel Almereyda• en 1914.

poste que trois mois en raison de l'hostilité du *Reichstag*. Il fut remplacé en octobre 1917 par une personnalité plus importante, Georg Hertling•, président du Conseil bavarois et membre du *Zentrum*. Le gouvernement qu'il constitua comprenait des personnalités de la majorité du *Reichstag* et son programme comportait, comme le souhaitait le *Reichstag*, des réformes politiques et la recherche d'une « juste paix ». Assez paradoxalement, la mainmise de l'état-major sur l'Allemagne est accompagnée d'une ébauche de régime parlementaire, ce qui peut apparaître contradictoire, mais c'était plus une apparence qu'une réalité. Très âgé, Hertling n'a guère d'autorité et ne met pas en cause celle de l'état-major.

L'autorité de l'état-major est donc très forte, mais deux correctifs sont nécessaires. Ludendorff était aussi brillant stratège que « pitoyable politique », incapable de prévoir la conséquence de ses actes (Marlis Steinert,

---

• **Joseph Caillaux** (1863-1944). Après que la Chambre des députés eut levé son immunité parlementaire, il fut arrêté le 14 janvier 1918 pour « intelligence avec l'ennemi ». Il fut jugé par le Sénat, réuni en Haute Cour, et définitivement condamné, en février 1920, à trois ans d'emprisonnement et à la privation de ses droits politiques. Son emprisonnement préventif couvrait la durée de sa condamnation, mais Caillaux ne put reprendre sa carrière politique qu'après le vote d'une loi d'amnistie par la Chambre à majorité de gauche élue en 1924. Élu sénateur de la Sarthe, en 1925, il fut de nouveau ministre des Finances en 1925 et 1926, sans grand succès. Par la suite, inamovible président de la Commission des Finances du Sénat, il défendait des positions de plus en plus conservatrices. Il vota les pleins pouvoirs au maréchal Pétain en 1940 et mourut en novembre 1944, oublié.

• **Paul Bolo** (?-1918). D'origine lyonnaise, Bolo avait reçu le titre de pacha du Khédive d'Égypte avant la guerre. Il menait une vie fastueuse dont il fut découvert qu'elle était financée par de l'argent allemand qui servit également à acheter un important quotidien, *Le Journal*. Arrêté, Bolo Pacha fut condamné à mort le 14 février 1918 et exécuté.

• **Miguel Almereyda** (1883-1917). De son vrai nom Eugène Bonaventure Vigo, Almereyda, oscillant entre socialisme et anarchisme, était un aventurier de la politique, haut en couleurs, mais il avait de considérables besoins d'argent. Il fut d'abord un des principaux lieutenant de Gustave Hervé au temps de l'antimilitarisme et un des rédacteurs de la *Guerre Sociale*. Il fonda ensuite le *Bonnet rouge* qui se situe également à l'extrême gauche, tout en défendant les idées de Caillaux. Très patriote au début de la guerre, le journal vire par la suite au pacifisme et est soupçonné – à juste titre – de recevoir de l'argent allemand. Tandis que certains de ses collaborateurs furent condamnés à mort et exécutés, Almereyda, arrêté le 7 août 1917, était retrouvé mort quatre jours plus tard dans sa cellule. Officiellement, il s'était suicidé.

• **Georg von Hertling (comte)** (1843-1919). Professeur de philosophie, il enseigne à l'université de Bonn à partir de 1867, puis à celle de Munich en 1882. Catholique, il se consacre surtout à la défense de la religion catholique à l'époque du *Kulturkampf* mené par Bismarck. Progressivement, il s'engage dans la vie politique. Il est député au *Reichstag* au titre du *Zentrum* de 1877 à 1890, puis de 1896 à 1912. En 1912, il devient ministre-président du royaume de Bavière. Il ne joue aucun rôle au moment de l'éclatement de la guerre, mais en juillet 1917, on le mentionne comme un possible successeur de Bethmann Hollweg. En novembre 1917, il accepte de succéder au chancelier Michaelis. Chancelier pendant un an, son gouvernement n'est pas un succès. Âgé (74 ans) et en mauvaise santé, peu soutenu par son propre parti, il ne peut s'opposer aux volontés du général Ludendorff, en particulier en ce qui concerne les annexions à l'Est et les traités écrasants de Brest-Litovsk et de Bucarest. Peu convaincu qu'il était fait pour cette fonction, il se retire facilement le 3 octobre 1918, devant un nouveau chancelier, Max de Bade.

Hitler) et la force de l'état-major reposait certes sur l'appui des forces conservatrices, agrariens, grands industriels, haute fonction publique et chefs militaires, mais aussi sur le soutien majoritaire de l'opinion allemande, dans la mesure où elle l'estimait capable d'aboutir rapidement à une paix victorieuse. Encore fallait-il être capable de ne pas la décevoir.

En France et en Angleterre, les recompositions politiques, dont le but était de soutenir des gouvernements décidés à donner une impulsion plus vigoureuse à la conduite de la guerre, furent particulièrement nettes. Au Royaume-Uni, elle s'était faite dès la fin de 1916 (voir ch. 4), en France, elle attendit la fin de 1917 avec la formation du gouvernement Clemenceau.

* P. 201
* P. 13

Après la chute de Painlevé*, Clemenceau fut appelé par Raymond Poincaré* à former le gouvernement. Celui-ci le détestait et n'était pas sûr de ses capacités, mais avait le sentiment qu'il ne lui était pas possible de faire autrement, en raison de la pression de l'opinion•. Quand il se présenta devant la Chambre des députés le 16 novembre 1917, Clemenceau obtint une très large majorité : 418 voix contre 65 dont 64 socialistes, et 40 abstentions, les autres socialistes et un certain nombre de radicaux. La majorité s'était d'autant plus déportée vers la droite qu'elle soutenait unanimement Clemenceau, alors que bien des radicaux avaient voté pour lui sans conviction. Certes, la rupture de l'union sacrée, au plan politique, n'était pas son fait. Les socialistes avaient déjà refusé de soutenir le précédent gouvernement et Clemenceau avait souhaité que des socialistes entrent dans son gouvernement, ce qu'ils refusèrent. Beaucoup d'entre eux lui manifestèrent une forte hostilité. De même, Clemenceau choisit plutôt ses ministres parmi les radicaux, mais dans la pratique, ce fut bien avec son ministère qu'il y eut glissement d'une majorité plutôt à gauche à une majorité plutôt à droite.

Autre grand changement, le style du gouvernement. Clemenceau gouverna avec un très petit nombre de très proches collaborateurs. Avec lui, le président du Conseil cessa d'être une sorte d'arbitre. Il concentra la plus grande partie des pouvoirs entre ses mains, sans pour autant qu'il soit exact de parler de dictature. Le président du Conseil se présenta devant le Parlement autant de fois que nécessaire, n'hésitant pas, malgré la lourdeur de ses charges, à participer aux séances des commissions parlementaires. Dans son action, Clemenceau appliqua les deux grandes idées développées dans sa déclaration ministérielle, « Je fais la guerre » et « Le pays connaîtra qu'il est défendu ». Faire la guerre, cela ne signifiait pas seulement, fournir au haut commandement tous les moyens dont il avait besoin, Clemenceau intervient aussi de très près dans les questions strictement militaires et dans le choix des généraux. Le deuxième point était pour Clemenceau également essentiel : même s'il ne croyait pas à une influence déterminante des courants pacifistes dans les mutineries du printemps, il estimait que le pacifisme, ou tout ce qui pouvait y ressembler, conduisait à « l'esprit d'abandon » auquel il fallait mettre fin. Il croyait que conduire la guerre jusqu'à la victoire, c'était affaire de volonté et qu'il fallait combattre tout ce qui pouvait miner la volonté nationale. Pour ces raisons, il mit une véritable passion à combattre ceux dont il estimait qu'ils étaient des dangers pour la cohésion de la communauté nationale, au premier rang Joseph Caillaux et Louis Malvy*. Malvy avait anticipé l'action de Clemenceau en demandant lui-même à être déféré devant la Haute Cour, et, dès le 11 décembre, des poursuites étaient engagées contre Caillaux. Le 14 janvier 1918, il était arrêté. Jean-Claude Allain l'affirme[1] : « En 1918, Caillaux n'est nullement pacifiste et ne l'a jamais été », mais son approche de la situation était différente de celle de Clemenceau. Il était très sensible à la gravité des pertes démographiques et matérielles que provoquait la continuation de la guerre. Au surplus, on pouvait lui reprocher un certain nombre d'imprudences verbales ou écrites, ainsi que de connaître, d'avoir ou d'avoir eu dans son entourage des personnages suspects de trahison ou convaincus d'avoir touché de l'argent allemand. Pour Clemenceau, en dehors d'une quelconque culpabilité, il était devenu le symbole de ce relâchement qu'il combattait. Dans le débat parlementaire qui devait décider de poursuites contre l'ancien président du Conseil, Clemenceau affirma que « le gouvernement ne resterait pas une minute de plus », si la Chambre s'y opposait.

* P. 213

L'Italie connut aussi un net affermissement de l'action gouvernementale pour que la guerre soit menée plus vigoureusement. Le président du Conseil, Paolo Boselli*, avait été renversé par une majorité massive de députés (314 voix contre 96) à la suite du désastre de Caporetto. Le ministre de l'Intérieur Vittorio Orlando• – un homme politique sicilien relativement jeune, 57 ans –

* P. 133

• **Clemenceau et la pression de l'opinion.** Dans ses *Mémoires* (*L'année trouble)* Raymond Poincaré, en date du 26 octobre (p. 336), consigne ce qu'il a dit à Barthou, un autre candidat au pouvoir : « Dans les circonstances actuelles, Clemenceau est sans doute l'homme le plus nettement désigné. Il a des qualités qui, dans le trouble où nous sommes, auront raison de ses défauts. Il est avant tout patriote. » Après avoir reçu Clemenceau le 14 novembre, il note : « Il est engraissé. Sa surdité a augmenté. L'intelligence est intacte. Mais sa santé ? Sa volonté ? Je sens de plus en plus le péril de l'aventure. Mais le diable d'homme a pour lui l'opinion des patriotes et, si je ne l'appelle pas, sa force légendaire fera la faiblesse des autres. » (p. 367). Cité par Jean-Baptiste Duroselle, « Le difficile avènement de Clemenceau », in *Historiens et Géographes,* « Sur l'année 1917 », juillet-août 1917.

• **Vittorio Emmanuele Orlando** (1860-1952). Professeur de droit, d'origine sicilienne, député à partir de 1897, plusieurs fois ministre dans les gouvernements Giolitti avant la guerre, favorable à l'intervention de l'Italie, il occupe différentes fonctions ministérielles dans les gouvernements de guerre. Ministre de l'Intérieur dans le gouvernement Boselli, controversé pour sa politique de persuasion plus que de répression, il s'affirme partisan de renforcer vigoureusement l'effort de guerre italien, tout en respectant les libertés démocratiques. Ses discours de tonalité « churchillienne » aident à restaurer la situation en Italie après Caporetto.

fut appelé à former le nouveau gouvernement. Mis à part les socialistes qui restaient hostiles à la guerre, le nouveau gouvernement constitua une « coalition patriotique », formé par un dosage d'hommes d'expérience et d'hommes nouveaux appartenant à la plupart des tendances politiques. Il se consacra à la remise en ordre civile et militaire du pays et profita de « l'extraordinaire sursaut d'énergie de toute la population »[2]. Au début de 1918, l'Italie jouit d'« une situation politique et militaire relativement stable »[3].

2 Les peuples en 1918

À la fin de 1917, au début de 1918, dans tous les pays belligérants, ceux qui détiennent l'autorité sont décidés à combattre jusqu'au bout, mais les peuples ont-ils retrouvé la même volonté ? En Russie également, les gouvernements provisoires avaient souhaité combattre jusqu'au bout, mais ils en avaient été empêchés et la victoire du bolchevisme avait été largement favorisée par leur volonté de mettre fin à la guerre. Ailleurs, la révolution pouvait-elle être l'alternative à la guerre ?

Il est vrai que les mouvement sociaux se multiplient et souvent se radicalisent en 1918.

En Italie néanmoins les mouvements « neutralistes » se sont affaiblis. Pour l'opinion, la guerre n'est plus cette guerre à laquelle la majorité des Italiens était en fait hostile. Elle est devenue une guerre de défense, une guerre nationale contre un adversaire qui apparaît comme l'ennemi héréditaire. Au plan économique et social, des efforts sont faits pour améliorer l'aide aux familles des soldats, des comités se créent, à la fois publics et privés pour soutenir la mobilisation matérielle et morale du pays. « Tout concourt à modifier le climat dans la société et dans les rapports entre gouvernants et gouvernés. »[4] On assiste à une remobilisation des esprits : des hommes de culture venus d'horizons politiques divers y participent, développant moins les idées d'autorité et de discipline, mais de solidarité. Vraie dans le pays, cette nouvelle attitude est particulièrement sensible dans l'armée, où des débats associent soldats et officiers, enclenchant un processus de démocratisation assez étranger jusqu'alors à l'Italie et assurant « la promotion des soldats au rang de citoyens » (Mario Isnenghi).

Avec des composantes différentes, on peut comparer au calme italien le **calme britannique.** L'armée britannique avait changé, à partir de 1916, puisque, devant le ralentissement du mouvement d'engagement volontaire, il avait fallu recourir à la conscription. Le *Military Service Act* de janvier 1916 permet d'appeler à servir dans l'armée tous les célibataires et les hommes mariés, sans enfants, de 18 à 41 ans ; une deuxième loi de juin 1916 étend le service militaire à tous les hommes entre ces deux âges et en avril 1918, l'âge de conscription fut compris entre 18 et 50 ans. Tous les hommes mobilisables ne le furent pas pour autant. Le niveau des exemptions physiques fut pendant longtemps très élevé. De même, les exemptions furent très nombreuses pour tous ceux dont le travail était nécessaire à la défense nationale, en particulier les ouvriers des usines d'armement, de la grosse métallurgie, des mines, des chemins de fer, de l'agriculture. Une partie notable des conscrits potentiels resta éloignée de l'armée. Toutefois, d'après Ian Beckett[5], sur les 5700000 soldats que compta l'armée britannique pendant la guerre, 2500000 furent recrutés après juin 1916.

Le comportement d'une armée jusque-là fondée sur le volontariat en a-t-il été modifié ? Des officiers britanniques ont souvent mis en cause leur qualité et leur capacité, sans en faire véritablement la démonstration. En réalité, il apparaît que cette « nouvelle » armée était de composition sociologique assez semblable à celle des volontaires, avec une légère progression de la proportion d'employés de commerce et de fonctionnaires et l'attitude de l'armée a été assez uniforme depuis le début jusqu'à la fin de la guerre. Les troubles qui se produisirent pendant plusieurs jours au camp d'Étaples, en septembre 1917, furent provoqués par la discipline brutale que la police militaire faisait régner dans ce camp et ne furent pas particulièrement dus aux conscrits.

L'armée britannique n'a connu aucune mutinerie : les soldats montrèrent un grand sens de la discipline, tout en protestant vivement quand ils estimaient que leurs droits étaient mis en cause. À l'inverse des autres armées à dominante paysanne, l'armée britannique était une armée à dominante citadine et ouvrière. Les ouvriers étaient habitués à la fois à la discipline des usines et à défendre leurs droits. D'une certaine façon, l'attitude était assez semblable à l'armée et à l'intérieur, celle de syndicalistes, faisant leur travail, ne remettant pas en cause la guerre, mais exigeant le respect d'un cadre légal strict.

L'agitation sociale en Grande-Bretagne ne fut pas pour autant inexistante. Comme pendant la première partie de la guerre, les grèves furent assez nombreuses, 75 pour le seul mois de septembre 1917. Mais ces grèves ne peuvent d'aucune façon être assimilées à des protestations contre la guerre. Elles étaient provoquées, par exemple, par les disparités de salaires entre mineurs et travailleurs des usines d'armement ou traduisaient la volonté de certains syndicats d'être habilités à choisir les travailleurs de leurs professions qui seraient recrutés par l'armée.

La crise sociale la plus violente eut lieu dans les Midlands et dans le Nord de l'Angleterre en juillet 1918. Elle fut suscitée par des dispositions nouvelles concernant les certificats de travail. Le ministre des Munitions, qui était

Le début des grèves en Autriche

14 janvier 1918. Wiener Neustadt (Basse Autriche). Les usines *Daimler.*

« La nouvelle se répand dans toute l'Autriche : la ration de farine tombe de 200 grammes à 165 grammes par jour. La lassitude est générale. Depuis décembre, des chutes de neige exceptionnelles, comme on n'en n'avait plus vues depuis seize ans, rendent la vie encore plus difficile. Les trains, usés par les années de guerre, tombent en panne ; le charbon et la nourriture parviennent en retard. Dans les maisons non chauffées, l'estomac creux, la population est à bout. Même les fêtes de fin d'année, Noël et la nouvelle année, si enracinées dans les traditions, n'ont pas été dignement célébrées. On en a assez de cette guerre, que nos maris, nos fils reviennent. Et, là-bas, à Brest-Litovsk, qu'attendent-ils pour faire la paix ? Encore la faute des Prussiens !

À 10 heures, à la fabrique des locomotives, un groupe d'ouvriers se met en grève. Tout comme à l'usine de radiateurs Daimler, *à la fabrique de munitions Roth, à l'usine d'avions. Le mouvement semble spontané. Surprise, la police locale accuse un agitateur bien connu, Eduard Schönfeld, un employé de la caisse de maladie qui est en contact avec le groupe d'extrémistes de Koritschoner. Des tracts ont été distribués chez Daimler, demandant de créer des conseils de soldats et d'ouvriers, sur le modèle russe. Mais il n'y a rien de commun entre ces révolutionnaires isolés et l'énorme ampleur du mouvement.*

Vers midi, dix mille jeunes ouvriers manifestent devant l'Hôtel de ville pour réclamer l'ancienne ration de pain et la livraison de fruits et de légumes. Les délégués ouvriers, dépassés, suivent leurs troupes. Impatients, les manifestants brisent les vitres à coups de pierres. Les autorités font appel à l'armée pour faire évacuer la place.

La grève gagne dans la journée les villes ouvrières de Neunkirchen, Saint-Polten, et les aciéries de Ternitz. »

Bernard Michel, La Chute de l'Empire austro-hongrois (1916-1918), *Robert Laffont, 1991,* p. 142.

alors Winston Churchill•, réagit d'ailleurs vigoureusement en menaçant les grévistes de les envoyer à l'armée. C'était la première fois qu'une telle menace était agitée. La grève s'arrêta et les dispositions contestées furent rapportées.

Assez curieusement, la situation sociale, tout en étant fréquemment agitée, rappelle le temps de paix. Elle n'avait rien de révolutionnaire. Le principal souci des syndicats était que la guerre ne soit pas utilisée pour remettre en cause les avantages acquis.

Ailleurs, la situation politique et sociale fut souvent beaucoup plus agitée.

En 1918, le signal de mouvements sociaux directement liés à la guerre fut donné par l'**Autriche-Hongrie.** À Vienne et dans les villes autrichiennes, la situation matérielle, ravitaillement et chauffage en particulier, étaient extrêmement pénibles. À cela s'ajoutèrent les conditions d'un hiver particulièrement rude, le plus rude que l'on ait connu depuis une génération, rendant encore plus graves les problèmes de transport et plus aléatoire l'arrivée du ravitaillement. Or, au même moment, la façon dont se déroulent les négociations de Brest-Litovsk provoque l'irritation de l'opinion publique autrichienne. Alors que le général allemand Hoffmann* ralentit les négociations pour satisfaire à volonté du haut commandement d'obtenir de grandes

* P. 211

annexions, les Autrichiens voudraient une paix rapide qui permettrait d'améliorer le ravitaillement. Le 13 janvier 1918, les socialistes autrichiens organisèrent de grands meetings de protestation. Le 14 janvier, les grèves commencèrent de façon spontanée, semble-t-il, aux usines *Daimler*, de Wiener Neustadt•. Le 16 janvier, le journal socialiste *Arbeiter Zeitung* appela les ouvriers à mettre fin à la guerre. Ce même jour, la grève se répandit dans Vienne où il y eut, le lendemain, 200000 grévistes. Le 18, la grève gagna la capitale hongroise, en particulier les usines de Csepel•. Il apparaît très vite que le Parti social-démocrate modéré qui s'est rallié au mouvement est dépassé et débordé. Sur le modèle russe, des conseils d'ouvriers et de soldats, assez minoritaires, apparaissent. L'empereur avait le sentiment qu'une révolution pouvait éclater, que l'Autriche-Hongrie ressemblait à la Russie de la fin du règne de Nicolas II. Le mouvement de grèves a gagné aussi les usines tchèques, mais assez curieusement les Tchèques, pour qui déjà la question nationale est la plus importante, restèrent très en retrait par rapport aux Allemands d'Autriche et aux Hongrois.

Finalement, les gouvernements autrichiens et hongrois parvinrent à convaincre les dirigeants socialistes qu'ils œuvraient pour la paix, pour l'amélioration du ravitaillement, en même temps qu'ils acceptaient une série de réformes, le suffrage universel pour les élections municipales, la démilitarisation des usines de guerre... Le principal dirigeant socialiste, Victor Adler*, inquiet du tour pris par les événements, craignant qu'une révolution en Autriche se traduise par la transformation du pays en champ de bataille entre les Allemands et les Alliés, incite les ouvriers à reprendre le travail, ce qu'ils firent à partir du 21 janvier. * P. 157

En ce début du mois de janvier 1918, la combinaison des problèmes dus à l'hétérogénéité de l'Empire, aux négociations de Brest-Litovsk et à la situation matérielle très pénible des populations urbaines, et en particulier des ouvriers, avait créé une situation explosive. La révolution avait menacé, mais les éléments les plus radicaux avaient finalement été « coiffés » par les modérés. C'était pourtant, en dehors de la Russie, l'avertissement le plus grave qu'un belligérant ait reçu.

Les troupes ramenées du front pour faire face à la situation n'avaient pas eu à intervenir, mais la situation ne redevint pas parfaitement calme. De

• Rendu responsable de l'échec des Dardanelles, **Winston Churchill** avait dû abandonner le ministère de la Marine. Ce fut Lloyd George qui le rappela au gouvernement en juillet 1917, en tant que ministre des Munitions.

• **Wiener Neustadt :** important centre industriel de trente mille habitants, à une cinquantaine de kilomètres au sud de Vienne.

• **Csepel :** une grande île de soixante kilomètres de longueur sur le Danube à la sortie de Budapest. De grandes usines métallurgiques y avaient été créées au début du XXe siècle.

façon larvée, mais avec une moindre apparence révolutionnaire, l'agitation sociale se poursuit. L'agitation gagna également l'armée où des troubles se produisirent par exemple à Mostar (Bosnie) en janvier et février 1918. La mutinerie la plus grave débuta le 1er février 1918 dans les équipages de la flotte à Cattaro•. L'agitation se développa aussi parmi les soldats prisonniers en Russie, lors de leur rapatriement à partir de mars 1918 : ils croyaient en avoir fini avec leurs obligations militaires. Beaucoup d'entre eux avaient été, en outre, imprégnés par les théories bolcheviques. Les incidents eurent lieu en Bohême-Moravie, en Galicie, en Slovaquie. Pour l'essentiel, l'armée restait solide, mais l'opinion était de plus en plus réservée sur la continuation de la guerre. L'idée de la formation d'États-nations correspondant aux différentes ethnies de l'Empire se répandait. Les chefs militaires cherchèrent à renforcer le moral de l'armée et du pays en créant en mars 1918 une « Organisation de défense contre la propagande ennemie » afin de rétablir la ferveur patriotique, mais les effets en furent « décevants » (Nicole Piétri).

À peine le mouvement de grève s'était-il éteint en Autriche-Hongrie, qu'à la fin du mois de janvier 1918, il prenait vigueur en **Allemagne** où il fut, dans une certaine mesure, l'écho du mouvement autrichien. Les conditions de ravitaillement n'avaient cessé de s'aggraver•, la ration normale d'un adulte n'était plus que de 1300 calories. Les conditions matérielles suffisaient à maintenir le mécontentement des milieux populaires, attisé par la seconde révolution russe et l'exemple des ouvriers austro-hongrois. Au surplus, il existait en Allemagne, tant au plan politique qu'au plan syndical, une organisation de caractère révolutionnaire.

Dès le mois de décembre 1914, le député social-démocrate Karl
* P. 155 Liebknecht* avait refusé de voter les crédits de guerre. Un très petit nombre
* P. 155 de socialistes s'étaient réunis autour de lui, Rosa Luxemburg*, Franz
* P. 155 Mehring, Clara Zetkin*. Ils publièrent une série de *Lettres politiques* dans lesquelles ils exprimaient leur opposition à la guerre. Le 1er mai 1916, Karl Liebknecht avait été arrêté et condamné à quatre ans de prison, à la suite d'une manifestation à Berlin où il avait crié « À bas la Guerre ». En juillet 1916, c'était au tour de Rosa Luxemburg d'être à nouveau arrêtée, après l'avoir été déjà en 1915. Le 20 novembre 1916, les *Lettres politiques* prirent le nom de *Spartakus,* d'où le nom de « spartakistes » donné aux socialistes d'extrême-gauche qui luttaient contre la guerre et qui, en 1917, se reconnurent dans les bolcheviks russes.

D'autres députés socialistes avaient, au fur et à mesure, refusé les crédits militaires. Expulsés du Parti social-démocrate, ils se réunirent à Gotha les 6 et 7 avril 1917 pour fonder le Parti social-démocrate-indépendant (USPD). Parmi eux, quelques-uns des plus célèbres théoriciens socialistes, Karl

Kaustsky, Eduard Bernstein* et Hugo Haase qui avait été le président du groupe parlementaire… Pour disposer d'un cadre légal qui favoriserait leur propagande, les spartakistes, qui étaient des révolutionnaires, adhérèrent au Parti socialiste indépendant. Quelques socialistes, situés encore plus à l'extrême-gauche, les *Linksradikalen,* n'acceptèrent pas ce compromis avec des socialistes modérés. * P. 155

Au plan syndical, une organisation, les *Revolutionäre Obleute* (les délégués révolutionnaires), s'était étendue en 1916 à l'ensemble de l'industrie de l'armement de la région berlinoise, et s'était ensuite ramifiée en province. Proches de l'aile gauche des socialistes indépendants, quelquefois spartakistes, les délégués révolutionnaires, qui disposaient d'une forte capacité de mobilisation des ouvriers, entendaient maintenir leur indépendance par rapport aux organisations politiques. Encouragées par les socialistes indépendants et les spartakistes, organisées par les délégués révolutionnaires, les grèves commencèrent à Berlin le 28 janvier 1918. Ce fut un mouvement très puissant, rassemblant environ un million d'ouvriers à Berlin et dans 18 autres villes dont Kiel, Hambourg, Halle, Magdebourg, de même que dans des villes qui n'avaient guère connu de mouvements de contestation jusqu'alors, Cologne, Münster, Lubeck, Nuremberg. La Ruhr en revanche fut assez peu touchée. Un comité central de grève fut élu par les usines en grève qui établit un programme de revendications à la fois matérielles, comme l'amélioration du ravitaillement, et politiques, l'établissement d'une paix sans annexions, la libération des prisonniers politiques… Un comité d'action de 11 membres fut désigné par ce comité central pour diriger le mouvement avec la collaboration de trois socialistes indépendants et de trois socialistes majoritaires, dont le principal dirigeant social-démocrate,

• **Cattaro :** Un des importants ports militaires de l'Empire austro-hongrois situé à son extrémité méridionale au fond des bouches du Kotor sur l'Adriatique. La mutinerie partit du navire-amiral, le *Saint-Georges,* le 1er février 1918 et dura jusqu'au 3 février. Les équipages comprenaient des Allemands, des Hongrois, des Italiens… et environ un tiers de Slaves du Sud, Serbes, Croates ou Slovènes. Provoqués par les excès de la discipline, la mauvaise nourriture, l'exaspération due à l'impression d'inutilité des exercices, les marins réclamaient de meilleures conditions de vie, mais leurs revendications avaient aussi un tour politique. Ils réclamaient la paix sur la base des revendications russes, le droit des peuples à disposer d'eux-mêmes… La répression fut très forte. Dès le 11 février, des exécutions avaient lieu, mais une grande partie des procédures n'était pas achevée quand la guerre se termina. D'après Nicole Piétri (« La chute de l'Empire d'Autriche-Hongrie », *in* Paul-Marie de la Gorce, *op. cit.,* p. 518-519), « les sentiments nationaux ne paraissent pas avoir joué […] un rôle déterminant, sans avoir été […] totalement absents ». Le principal meneur était un Tchèque, le premier maître Franz Rasch, originaire de Moravie.

• **Les « rutabagas » :** Les autorités avaient diffusé un texte expliquant avec minutie 23 façons d'accomoder les rutabagas, depuis les « escalopes » juqu'aux « compotes »… (Voir Gilbert Badia, *Les Spartakistes,* 1966, Collection « Archives », Julliard, p. 21.)

Friedrich Ebert•. Inquiété par ce mouvement, Ebert voulait surtout le canaliser et l'empêcher de prendre un tour révolutionnaire. Dès les premiers jours de février, le travail avait repris partout. Ce fut le mouvement le plus important de la guerre. S'il fut très clairement politique, il ne fut finalement guère révolutionnaire. Le commandement avait réagi avec beaucoup de vigueur. Hindenburg exigea qu'aucune concession ne soit faite aux grévistes, les journaux socialistes furent suspendus, les ouvriers militarisés.

Malgré ses aspects politiques, ce mouvement, provoqué surtout par la misère, était resté assez isolé. D'après Georges Badia, la « grande majorité du peuple » croit vraisemblablement toujours à la victoire militaire. Quand la défaite vint, de façon subite, elle provoqua la stupéfaction de tous les cadres du pays qui n'avaient même jamais envisagé la possibilité de la défaite.

Les mouvements sociaux terminés dans les Puissances centrales, c'est en **France** qu'ils prenaient le relais.

En dehors de la région parisienne, le bassin de Saint-Étienne était devenu le principal centre des industries d'armement. Cette région était restée calme jusqu'à une grande grève des métallurgistes qui s'y déroula du 27 novembre au 6 décembre, à la suite du rappel à l'armée de Clovis Andrieu•, le principal dirigeant syndical de la région. Dans les premiers mois de 1918, c'est presque au grand jour qu'un mouvement de caractère révolutionnaire se prépare dans la Loire. Les manifestations qui ont lieu sont politiques, elles veulent imposer la paix au gouvernement et se réfèrent à la révolution bolchevique. Néanmoins, l'action des révolutionnaires est freinée par le *Comité de défense syndicaliste* qui partage leur point de vue, mais qui veut coordonner un mouvement général pour l'ensemble de la France. Dans la pratique il n'y parvient pas : la grève débute le 13 mai dans la région parisienne aux usines Renault, elle fait boule de neige avec plus de 100000 grévistes, puis décline. Le 18 mai, le mouvement est terminé, juste au moment où il débute dans la Loire. Il devait durer une dizaine de jours jusqu'au 28 mai. Mouvement massif des métallurgistes des usines d'armement, il était très politique. Le mot d'ordre était « la grève jusqu'à la paix » ! La censure empêcha que l'ampleur du mouvement fût connue, mais dans bien d'autres régions de France, l'agitation ou les mouvements de grève furent souvent considérables, en Seine-Inférieure, dans la Nièvre, à Bourges, à Lyon, dans le Gard, dans l'Isère…

À la différence des grèves de 1917, ces mouvements eurent un contenu révolutionnaire. Les raisons de leur échec sont multiples. L'habileté du gouvernement Clemenceau qui, bien loin de réprimer avec violence, laissa le mouvement s'essouffler avant de procéder à un certain nombre d'arrestations ou de renvois d'ouvriers à l'armée. Le refus de la grande majorité des autres catégories ouvrières de se joindre à un mouvement, qui fut très symbolique, puisqu'il concernait les métallurgistes des usines d'armement, mais qui, de ce fait, représenta seulement une fraction du monde ouvrier. Les divisions du mouvement ouvrier : seule la minorité représentée par le *Comité de défense syndicaliste* soutient ce mouvement. Des hommes, comme Merrheim* ou Bourderon*, qui, dès le début de la guerre, ont pris leur distance avec l'union sacrée, y sont opposés. Ils rejettent un mouvement dont l'issue serait, non pas la paix, mais la défaite de la France, point de vue, également, de la majorité des socialistes et de la majorité de la CGT. Position aussi de la « minorité »• socialiste conduite par Jean Longuet* qui souhaitait rechercher les voies de la paix avec plus de fermeté et s'opposait aux « jusqu'au-boutistes », mais Longuet• avait toujours indiqué avec fermeté qu'il restait partisan de la Défense nationale.

* P. 151, 151

* P. 155

• **Friedrich Ebert** (1871-1925). Fils d'un tailleur du Palatinat, lui-même bourrelier, il adhère dès 1889 au syndicat. En 1893, il est fonctionnaire du Parti social-démocrate et monte dans la hiérarchie du Parti. Député au *Reichstag* en 1912, il devient, en 1913, président du parti à la mort de Bebel dont il était un des proches collaborateurs. Hostile à la guerre, il vote pourtant les crédits militaires et se rallie à l'union nationale par crainte du tsarisme. Il est pendant la guerre le dirigeant le plus en vue de la majorité des sociaux-démocrates.

• **Clovis Andrieu** (1876-1936). Originaire de la Somme, ouvrier charpentier en fer, secrétaire de la Chambre syndicale des charpentiers en fer de la Seine avant la guerre, il avait été mêlé à l'affaire du *Sou du soldat.* Présenté comme une œuvre de solidarité de la CGT envers les jeunes soldats syndiqués, animé par un des secrétaires de la CGT, Georges Yvetot, violemment antimilitariste, le *Sou du soldat* était considéré par les autorités comme un des importants vecteurs de l'antimilitarisme en direction des soldats. En 1913, des poursuites sont engagées contre 18 dirigeants de la CGT au titre du *Sou du soldat,* parmi lesquels Clovis Andrieu. Mis en liberté provisoire après cinq mois de détention, les inculpés sont jugés le 26 mars 1914 : 12, dont Andrieu, sont condamnés à 8 mois de prison et 100 francs d'amende, mais à la suite de l'appel, le jugement définitif n'a pas lieu avant la déclaration de guerre (voir Jean-Jacques Becker, *Le Carnet B,* éditions Klincksieck, 1973). Mobilisé, Andrieu fut bientôt affecté à Firminy où il devient secrétaire du Syndicat des métaux. C'est à ce titre qu'il est le dirigeant le plus en vue des mouvements de grève dans la Loire à la fin de 1917 et en 1918. Arrêté le 25 mai 1918, il est libéré le 15 février 1919. Très favorable à la révolution bolchevique, il reste malgré tout un syndicaliste-révolutionnaire et, entre la CGT majoritaire et la CGTU de tendance communiste, il se trouve marginalisé. Son rôle décroît dans le département, d'autant qu'il est progressivement atteint de cécité. Peu connu, Clovis Andrieu est une des personnalités majeures du mouvement ouvrier en France pendant la guerre. (Voir Jean Maitron, *Dictionnaire biographique du mouvement ouvrier français,* Éd. de l'Atelier, vol. 17 : « 1914-1939, de la Première à la Seconde Guerre mondiale », dir. J. Maitron, Cl. Pennetier).

• **La minorité socialiste :** La « minorité » n'avait cessé de se renforcer à l'intérieur du parti socialiste français de 1916 à 1918. Un conseil national du parti socialiste des 28-29 juillet 1918 constatait que la « minorité » était devenue majoritaire et le Congrès du parti, en octobre 1918, enregistrait que l'ancienne minorité était devenue officiellement la « majorité » et prenait la direction du parti.

• Dans son journal *Le Populaire,* **Jean Longuet** écrivait le 30 mars 1918 : « Devant un semblable péril [c'est le moment des grandes offensives allemandes], il n'y a pas un seul socialiste, ni un seul internationaliste, qui puisse exprimer une autre pensée immédiate que celle de la résistance, la nécessité pour tout le pays de tenir devant la ruée germanique. Si grande que soit notre haine de la guerre, notre horreur devant les carnages atroces [...], il y a quelque chose qui nous est plus odieux que la guerre elle-même, c'est l'idée que les démocraties de l'Occident pourraient tomber sous le talon de fer du militarisme prussien. »

Quant à la CGT, lors de son congrès de juillet 1918 à Clermont-Ferrand, la majorité favorable à la Défense nationale l'emportait largement sur les défaitistes. Merrheim et Bourderon, qui avaient été en 1915 à Zimmerwald, qui étaient pacifistes, mais non défaitistes, la rejoignent.

Dernière raison de l'échec du mouvement, son ambiguïté : même les « défaitistes » n'osaient pas dire clairement qu'ils l'étaient ; ils n'étaient pas du tout sûrs d'être suivis par les masses ouvrières, d'où une certaine contradiction dans leurs propos.

En ces premiers mois de 1918, une ligne invisible ne peut toujours pas être franchie, celle du sentiment national. Depuis la fin de 1917, le gros de l'opinion française, tout en ne voyant pas très bien comment il serait possible de vaincre, n'est pas décidé pour autant à céder. Il s'installe dans une sorte de morosité, de résignation patriotique. On continue la guerre, même s'il est facile d'imaginer que le moral n'est pas extrêmement élevé. On continue parce qu'il n'y a pas d'autre solution.

En cette année 1918, en Allemagne, en Autriche-Hongrie, en France, la tentation révolutionnaire commence à apparaître. Des mouvements sociaux importants lui donnent quelque consistance, mais elle est encore le fait de faibles minorités. Comportement nouveau et considérable, souvent occulté au profit de l'année 1917 probablement moins importante, sauf pour la Russie. Il prouve que la continuation d'une guerre sans perspectives pouvait bientôt être mise en cause, mais, dans l'immédiat, dans leur grande majorité, les peuples belligérants n'avaient pas changé d'avis : ils devaient **tenir.**

II. L'Allemagne joue…

1 Les projets des belligérants

Au début de l'année 1918, la situation des Allemands était sensiblement plus favorable que celle des Alliés. Ils n'ont pu transférer sur le front occidental que 43 divisions, mais ils disposent ainsi de 192 divisions, soit 3500000 hommes[6], face à 171 divisions alliées, 99 françaises, 58 britanniques, 2 portugaises et 12 belges, soit un avantage d'environ 400000 d'hommes. L'armée allemande disposait d'une autre supériorité : elle était placée sous un commandement unique, alors que les forces alliées dépendaient de trois commandements, sur le seul front français. L'armée française du Nord et du Nord-Est – ce qui exclut les troupes de Salonique ou d'Italie – était commandée par Pétain*. Foch*, lui, occupait les fonctions de chef d'état-

* P. 115, 77

major général, ce qui ne correspondait pas à des attributions précises. Il était une sorte de conseiller du ministre de la Guerre. Les forces britanniques et portugaises• étaient commandées par le maréchal Haig*. Quant aux troupes belges, elles étaient sous l'autorité du roi Albert*. Ni le maréchal Haig, ni le général Pétain ne souhaitaient le commandement unique. Ils estimaient qu'ils pouvaient s'aider si nécessaire, mais qu'il n'y avait pas besoin que l'un soit subordonné à l'autre. Ils croyaient davantage à la coopération. À un niveau supérieur aux chefs d'armées, il existait cependant, depuis la fin de 1917, un conseil supérieur de guerre interallié (CSG), où les différents gouvernements étaient représentés. Son conseil exécutif était composé des généraux Wilson• (Royaume-Uni), Bliss• (États-Unis), Cadorna* (Italie), sous la présidence de Foch. Il avait pour tâche de réfléchir à la stratégie des Alliés. C'était un organisme d'études et non de décision.

* P. 119
* P. 83
* P. 99

2 Les projets des Alliés

Parmi les chefs alliés, un seul croit à la possibilité d'une stratégie offensive : le général Foch. Sans cela, estime-t-il, les troupes se démoraliseront. Pour la réaliser, il faut créer un commandement unique et il tente d'en convaincre Clemenceau qui serait assez partisan de sa stratégie volontariste, mais qui, dans l'immédiat, ne croit pas à la possibilité du commandement unique.

• **Le Portugal** entra dans la guerre à la suite d'une déclaration de guerre de l'Allemagne le 9 mars 1916. Les démocrates, gauche du Parti républicain, au pouvoir, étaient partisans d'une participation au conflit qui renforcerait leur légitimité, mais cela avait peu d'écho dans les masses rurales. Ce ne fut qu'au début de 1917 que le corps expéditionnaire portugais débarqua à Brest. Mais le désordre, et quelquefois l'anarchie de la vie politique portugaise, ne facilitèrent pas l'effort de guerre. C'est un corps expéditionnaire au moral affaibli qui fut pulvérisé par l'offensive allemande sur la Lys, le 9 avril 1918. Par la suite, les débris des troupes portugaises furent intégrés dans les forces britanniques.

• **Sir Henry Wilson** (1864-1922). Officier d'état-major, il servit pendant la guerre des Boers. Avant la guerre, il avait été partisan de liens militaires étroits avec la France et avait établi des relations amicales avec Ferdinand Foch. Pendant la guerre, il occupa un très grand nombre de fonctions. Il fut un des premiers à être convaincu de la nécessité d'un Conseil suprême interallié. En février 1918, il devint, à la demande de Lloyd George, chef de l'état-major impérial. À la conférence de Doullens le 26 mars, il fut favorable à ce que le commandement des forces alliées soit confié à son vieil ami, le général Foch. Après la victoire, il étant très opposé à la Société des Nations, partisan de mesures très rudes contre les Irlandais, devint député conservateur, mais fut assassiné en 1922 par des membres du *Sinn Fein*. Il n'avait pas été un très grand général, ce fut davantage un politicien habile qu'un soldat.

• **Howard Bliss** (1853-1930). Sa carrière fut surtout celle d'un professeur de science militaire ou d'administrateur. En septembre 1917, il devint chef d'état-major de l'armée américaine. Il fut très tôt partisan d'un commandement unifié, tout en étant opposé à un amalgame des forces américaines aux forces alliées. Il fut assez habile pour éviter les heurts avec le général Pershing et se conduire comme son subordonné. Il fut par la suite un ardent partisan de la Société des Nations.

Pour les commandements italien et britannique, l'offensive est hors de question, si peu de temps après Caporetto et après Passendale. Le roi Albert Ier• y est également hostile. Convaincu de la supériorité écrasante des Allemands, il voudrait négocier immédiatement une paix de compromis. Par n'importe quel moyen, il veut éviter toute provocation qui conduirait les Allemands à éliminer ce qui reste de l'armée belge.

Le général Pétain est aussi un fervent partisan de la défensive. Plutôt que de rêver à l'offensive, il lui paraît urgent de se préparer à contenir l'offensive allemande qui ne peut manquer d'avoir lieu au printemps. La nouvelle méthode qu'il préconise est de ne pas s'accrocher à une première ligne où la défense est inutile et coûteuse en hommes. Il faut être prêt à l'abandonner pour résister sur une seconde ligne, située quatre ou cinq kilomètres en arrière. Après avoir tenu face au coup de boutoir allemand, il sera alors possible de passer à l'offensive avec le concours des Américains et des chars. Idée qui a été schématisée pour la postérité par la formule : « J'attends les Américains et les chars »[7].

a. Les Américains

Le commandant en chef du corps expéditionnaire américain, le général Pershing•, avait comme instruction de coopérer avec les forces des Alliés, tout en conservant son autonomie. De là naquit un long malentendu entre commandement français et commandement américain.

Du côté français, on avait espéré que les soldats américains pourraient être utilisés, aussitôt débarqués, pour boucher les trous des unités françaises ; du côté américain, c'était une solution inacceptable : en attendant que l'armée américaine soit en état de tenir son propre front, les troupes américaines qui seraient engagées ne pourraient l'être que de façon autonome, au moins au niveau de la division. Dans ces conditions, des divisions américaines n'apparurent sur le front – en petit nombre – qu'à partir du mois d'avril 1918. Elles étaient armées pour l'essentiel par l'industrie française, mais l'allant et le courage de leurs soldats compensèrent mal l'inexpérience de leurs états-majors.

La participation américaine fut donc réduite sur le terrain dans un premier temps, mais elle fut très vite essentielle au plan stratégique : tandis que les effectifs combattants de l'armée allemande fondaient, les Alliés savaient qu'ils disposeraient d'un réservoir à peu près inépuisable de troupes nouvelles, à partir de l'été, et encore mieux, à partir de l'automne 1918.

Les premiers soldats américains avaient débarqué à Saint-Nazaire au mois de juin 1917, mais ce ne fut que très lentement que leurs effectifs

L'emploi des chars : les batailles de la Malmaison et de Cambrai

La bataille de **La Malmaison** (du nom d'une petite localité située entre Laon et Reims, sur le front du Chemin des Dames, illustré par l'échec d'avril 1917) eut deux caractéristiques. D'abord ce fut une opération à objectifs limités, dans l'espace et dans le temps, voulue par le général Pétain pour redonner confiance aux soldats par un succès obtenu avec des pertes limitées, ensuite une opération de caractère très industriel. Cette bataille très brève fut alimentée par 300 trains de munitions, avec un canon, dans certains endroits, par 5 mètres de front. Lors de l'assaut, 6 groupes de chars furent employés avec un certain succès.

La bataille de La Malmaison se déroula du 23 au 26 octobre 1917, après une préparation d'artillerie très violente du 17 au 22 octobre. Le front d'attaque fut de 11 kilomètres. Beaucoup plus coûteuse pour les Allemands que pour les attaquants français, ayant obtenu la réduction d'un saillant adverse très dangereux pour le dispositif français, elle avait nécessité l'utilisation de 2 850 000 obus et coûté 600 millions de francs, à peu près 10 % du budget total de la France en 1914.

La bataille dite de **Cambrai** est plus novatrice que celle de La Malmaison et plus ambitieuse. Le commandement britannique a comme objectif de rompre le front allemand à hauteur de Cambrai, puis d'exploiter cette rupture à l'aide de plusieurs divisions de cavalerie. La nouveauté consiste dans un emploi massif de chars attaquant par surprise sans préparation d'artillerie. Le 20 novembre 1917, 400 chars soutenus par 300 avions et huit divisions d'infanterie partent à l'attaque, précédés d'un barrage roulant. L'objectif est atteint dans un premier temps, le front allemand est rompu, mais la cavalerie est évidemment incapable d'exploiter. Dès le 30 novembre, les contre-attaques allemandes leur avaient permis de reprendre le terrain perdu.

Les trois belligérants tirèrent des conclusions opposées de cette bataille de Cambrai. Les Anglais et les Allemands considérèrent les uns et les autres qu'ils avaient remporté un grand succès ; pour les uns, les chars ayant montré leur capacité à rompre le front adverse, pour les autres que l'artillerie avait finalement été supérieure aux chars et que la production de chars n'était pas très utile. Quant aux Français, ils croyaient à l'utilité des chars, mais après une préparation d'artillerie et en liaison étroite avec l'infanterie.

• À la suite d'une proposition allemande d'avoir des conversations, **Albert Ier** adresse une note au ministre des Affaires étrangères, Paul Hymans, le 30 mars 1918 : « Un refus catégorique, tel que le propose M. Hymans, pourrait avoir pour notre armée les plus graves conséquences ; je tiens à le dire : nous ne sommes pas les plus forts et, quand elle le voudra, l'Allemagne peut battre notre armée et nous chasser du territoire national. Telles sont les conséquences que peut entraîner un refus dédaigneux. » (*Albert Ier*, op. cit., p. 457).

• **John Pershing** (1860-1948). Fils d'un commerçant, élève de West Point où il fut également instructeur, il devait servir à Cuba, au Mexique, aux Philippines. Il fut attaché militaire au Japon pendant la guerre russo-japonaise et nommé brigadier général par le président Théodore Roosevelt en 1906, ce qui le fit passer devant de nombreux officiers qui avaient un grade supérieur au sien. Ayant perdu sa femme et trois filles dans un incendie en 1915, il devint extrêmement taciturne. Il reçut le commandement du corps expéditionnaire américain le 26 mai 1917 et défendit avec une grande fermeté l'idée que les troupes américaines devaient combattre indépendamment. À son retour aux États-Unis, il reçut le grade de général des armées, grade qui n'avait plus été attribué depuis Washington. Ce n'était pas un très grand stratège, mais un maître tacticien.

devinrent conséquents. En revanche, en avril 1918, les débarquements hebdomadaires étaient de 30000, en juin, de 60000•.

D'après des statistiques pas toujours cohérentes, on peut estimer que le corps expéditionnaire comprenait un million d'hommes en juillet 1918, deux millions en novembre.

Cette arrivée massive bouleverse les rapports de forces : jusqu'au mois de juin, l'infanterie allemande dispose de la supériorité numérique, mais les rapports s'inversent pendant le mois de juillet. En novembre, il y avait sur le front 1485000 fantassins alliés contre 886000 Allemands (André Kaspi).

b. Les chars

Les premières utilisations des chars n'avaient pas été très heureuses[8], mais du côté allié, on avait persévéré. Pour les Français, lors de la bataille de La Malmaison, en octobre 1917, les chars se montrèrent utiles. Lors de la bataille de Cambrai, en novembre 1917, les chars britanniques, précédés d'un barrage roulant, sans qu'il y ait eu préparation d'artillerie, surprennent l'adversaire et progressent de plusieurs kilomètres dans les lignes allemandes. Les Allemands, après que les chars ont été obligés de s'arrêter, reprennent bientôt le terrain perdu et le commandement en tire la conséquence qu'avec du sang-froid, l'infanterie peut neutraliser les chars. Dans ces conditions, il ne croit pas nécessaire de les faire fabriquer en grandes quantités. Les premiers chars allemands – très peu nombreux – n'apparaissent qu'à l'extrême fin de la guerre. Les Britanniques sont convaincus du contraire. Toutefois, à côté des chars lourds, les *Mark* (26 à 28 tonnes) qu'ils améliorent progressivement, ils lancent la fabrication de chars moyens destinés à l'exploitation. Du côté français, on croit de moins en moins dans les chars lourds. On ne construit que 400 *Schneider* (13,5 t) et 400 *Saint-Chamond* (23 t). En revanche, on croyait bien davantage aux chars légers, une sorte de « fantassin blindé ». En 1918, plus de 3000 chars légers *Renault* (8,5 t) avaient été fabriqués.

3 Les projets des Allemands

Si la défensive était de rigueur pour les Alliés, les Allemands ne pouvaient qu'adopter la stratégie inverse. Il leur fallait remporter la victoire décisive au printemps, au plus tard pendant l'été, avant que les troupes américaines n'arrivent sur le champ de bataille, profitant du transfert à l'Ouest d'une partie des troupes du front russe.

La tactique que veut employer Ludendorff est au point : elle a été brillamment expérimentée à Riga et à Caporetto. Les meilleures divisions, une cinquantaine, les divisions dites mobiles, avaient été entraînées pour s'enfoncer dans les positions adverses, sans se laisser arrêter par les noyaux de résistance qui devaient être submergés par l'avance générale du front. Il s'agit, par un phénomène de marée, d'envelopper les secteurs les plus solides en empruntant les chemins les plus faciles. Les attaques devaient être précédées par une formidable concentration de tirs d'artillerie, avec emploi massif d'obus toxiques, mais très brève pour ne pas ruiner l'effet de surprise. Ces attaques étaient couvertes par une aviation puissante.

Caractère très nouveau de ce type d'offensive, une grande liberté était laissée aux troupes d'assaut, de sorte que le commandement ne pouvait savoir comment l'attaque allait se développer. En quelque sorte, la tactique commandait à la stratégie.

D'ailleurs, si la tactique de rupture est au point, la stratégie l'est moins dans la mesure où les problèmes de l'exploitation ne sont pas réglés. Même à Caporetto où l'avance a été considérable, les réserves italiennes ont finalement pu colmater la brèche et l'attaque a dû s'arrêter. Les réserves transportées par chemins de fer ou par camions continuent d'arriver plus vite que ne progressent les troupes d'assaut. La percée, à laquelle tous les chefs militaires rêvaient depuis le début de la guerre, restait impossible, sauf épuisement des réserves de l'adversaire. Or le système Ludendorff comportait une grande faiblesse à laquelle il lui était impossible de remédier. Ses disponibilités en divisions d'assaut, en artillerie et en aviation ne lui permettaient de lancer qu'une offensive à la fois et l'obligeaient à laisser passer un certain laps de temps entre deux offensives pour pouvoir déplacer troupes et matériel.

4 Les assauts allemands de 1918

a. L'offensive en Picardie : « la grande bataille » (Ernst Jünger)

La première offensive, lancée par Ludendorff, le 21 mars 1918, fut la démonstration des forces et des faiblesses de sa méthode. Les soldats allemands qui y participent ont la conviction que c'est l'attaque décisive. Elle a lieu entre la Scarpe au Nord et l'Oise au Sud, entre Arras et La Fère, sur la partie du front tenue par les Britanniques. On l'appelle quelquefois deuxième

---

• **Les débarquements américains en 1918 :** Mars : 62000. Avril : 120000. Mai : 214000. Juin : 237000. Juillet : 246000. Août : 279000.

D'après André Kaspi, *Le Temps des Américains, le concours américain à la France,* Publications de la Sorbonne, 1976.

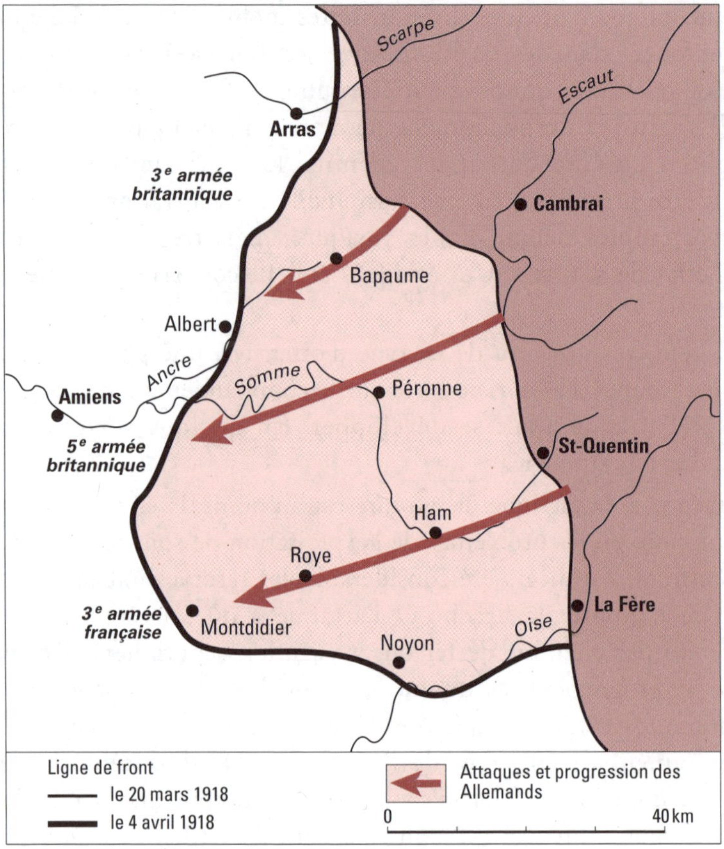

L'offensive en Picardie

bataille de la Somme, à l'envers puisque ce sont les Allemands qui attaquent.Des deux armées britanniques attaquées, au Nord de la Somme, la 3e armée du général Byng• recule, tandis qu'au sud la 5e armée du général Gough• est enfoncée, d'où l'idée de Ludendorff de pousser en direction d'Amiens et surtout de séparer l'armée anglaise de l'armée française, ce qui permettrait de les écraser séparément.

Le succès de l'offensive allemande divise profondément les chefs alliés. Pour les généraux britanniques, il faut défendre coûte que coûte Amiens et les ports de la côte et ils ont besoin pour cela de renforts français. Pour Pétain, il faut d'abord couvrir Paris et pour cela, il ne peut sacrifier ses réserves. Quant à Foch, il estime qu'il est indispensable de maintenir la liaison entre les forces britanniques et les forces françaises. Finalement, avec quelque retard, Pétain accepte de sacrifier une partie de ses réserves.

« La grande bataille »

« Je m'assis sur un escalier d'abri à côté de mes deux officiers, pour attendre l'heure H, cinq heures cinq, où devait commencer la préparation d'artillerie. Le moral s'était un peu éclairci, car la pluie avait cessé et la nuit étoilée promettait un matin sec. Nous passâmes notre temps à fumer et à bavarder. On déjeuna à trois heures, et on se tendit les gourdes à la ronde. Aux premières lueurs de l'aube, l'artillerie ennemie prit une telle activité que nous craignîmes que l'Anglais n'eût éventé la mèche. Quelques-unes des nombreuses piles de munitions dispersées à travers le terrain volèrent en l'air. Peu de temps avant l'heure H, on diffusa le radiogramme suivant : "S. M. l'empereur et Hindenburg se sont rendus sur le théâtre des opérations." Il fut salué d'applaudissements.

L'aiguille avançait toujours ; nous comptâmes les dernières minutes. Enfin elle atteignit cinq heures cinq. L'ouragan éclata.

Un rideau flamboyant monta en l'air, suivi d'un rugissement soudain, tel que nous n'en avions jamais entendu. Un tonnerre à rendre fou, qui engloutissait dans son roulement jusqu'aux coups de départ des plus grosses pièces, fit trembler le sol. Le grondement mortel des innombrables canons, derrière nous, était si terrible que même les pires batailles que nous avions subies nous semblaient en comparaison un jeu d'enfant. Ce que nous n'avions osé espérer se produisit : l'artillerie ennemie se tut ; elle avait été annihilée d'un seul coup gigantesque. Nous ne tînmes plus dans nos abris : debout sur les défenses, nous contemplâmes, éberlués, le mur de feu haut comme une tour, dressé sur les tranchées anglaises, et qui se voilait de nuées ondoyantes, rouges comme du sang. »

Ernst Jünger, *Orages d'acier*, trad. H. Plard, Ch. Bourgois éd., 1974.

b. Le commandement unique

Il était toutefois de plus en plus difficile de mener la guerre en ordre dispersé, une simple coordination ne suffisait plus. Le 26 mars, à Doullens• dans la Somme, à quelques kilomètres du front, les dirigeants alliés, angoissés par une avance allemande dont personne ne savait si elle pourrait être arrêtée,

---

• **Julian Byng** (1862-1935). Joueur de polo émérite, très populaire pour son sens de l'amitié et sa personnalité charmante, officier de cavalerie, il a servi aux Indes, a pris part aux campagnes du Soudan et d'Afrique du Sud. Général, il commandait en Égypte quand la guerre éclata en Europe. Il participa à la première bataille d'Ypres, à la campagne des Dardanelles. En 1917, il s'empara de la crête de Vimy, participa à la bataille de Cambrai et prit cette même année le commandement de la 3e armée qui reçut le choc de l'offensive allemande du 21 mars 1918. Il fut un des bons généraux britanniques.

• **Sir Hubert de la Poer Gough** (1870-1963). Officier de cavalerie, gravement blessé pendant la guerre des Boers il fut professeur à l'École d'état-major. Très impopulaire pour son arrogance, impétueux, peu soucieux des pertes subies, il participa, dans cet esprit, aux batailles d'Ypres et de la Somme. La 5e armée qu'il commandait est dangereusement étirée quand elle reçoit le choc de l'offensive du 21 mars 1918. Rendu responsable de la défaite, le général Gough fut relevé de son commandement par le gouvernement britannique.

• Petite ville de 6000 habitants, à une trentaine de kilomètres au Nord d'Amiens, à peu de distance du front. Les participants à la réunion s'étaient donné rendez-vous, à 11 heures, à la mairie de **Doullens**. En attendant les derniers arrivés, ils se promenaient « par groupes, fiévreusement, en s'arrêtant de temps en temps pour écouter le canon allemand qui tonnait non loin vers l'Est » (Général Mordacq, *op. cit.*, p. 242).

sont réunis. Du côté britannique, le ministre de la Guerre, lord Milner•, le général Wilson, le général Haig, du côté français, Poincaré, Clemenceau, Loucheur•, Foch, Pétain. Ils décidèrent de confier à Foch la mission de « coordonner l'action des armées alliées sur le front Ouest ». Cela ne sembla pas suffisant à Clemenceau. Le 3 avril, à Beauvais, que le Premier ministre britannique Lloyd George* n'a pu atteindre qu'en traversant la zone où l'armée britannique battait en retraite, Foch fut chargé de la « direction stratégique » des opérations militaires. Le 14 mai, il devait recevoir le titre de « commandant en chef des armées alliées en France ».

* P. 129

Après plus de trois ans de guerre commune, l'offensive allemande avait imposé l'établissement d'un commandement unique, mais, dans l'immédiat, ses effets étaient désastreux pour les Alliés. Les pertes britanniques étaient de 160000 hommes, à quoi s'ajoutaient 90000 prisonniers. La poche allemande avait une profondeur de 60 km. Une telle avance ne s'était jamais vue depuis 1914 sur le front occidental.

Pour le commandement allemand, le succès était important mais il était loin d'être décisif. Les pertes avaient été également très lourdes et affectaient les meilleures divisions. L'espoir et l'enthousiasme que les soldats allemands avaient mis dans cette attaque ne pouvaient que provoquer une certaine désillusion. Quand le lieutenant Jünger, qui a participé ardemment à la bataille avant d'être blessé, apprend en Allemagne où il se rétablissait que l'offensive était arrêtée, il estime pour la première fois que la défaite était possible.

c. L'offensive en Flandre

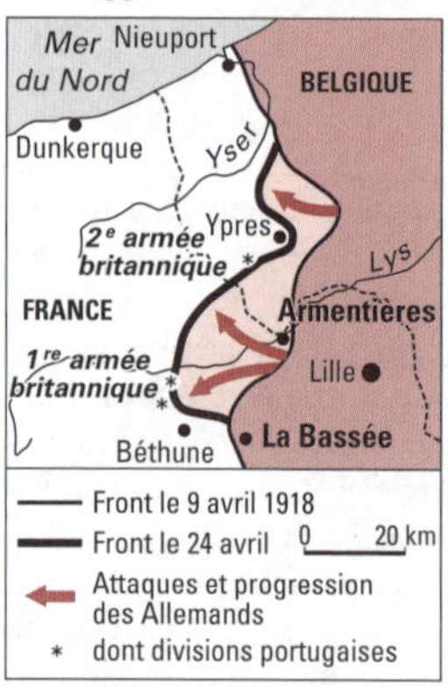

L'offensive en Flandre

Néanmoins, l'arrêt de la bataille en Picardie avait eu aussi pour objectif de permettre la préparation d'une seconde offensive. Le 9 avril, l'armée allemande attaquait en Flandre, sur 40 km, entre Armentières et La Bassée. Le front d'attaque avait cependant dû être raccourci, en raison des pertes subies en Picardie. Le même scénario se renouvela. Le front est percé – deux divisions portugaises qui étaient en position sur le front britannique sont dispersées – mais le projet d'atteindre Dunkerque échoue. Des réserves françaises envoyées d'urgence ont permis de colmater la brèche. Après quelques jours de bataille d'usure, Ludendorff suspend l'attaque (24 avril).

Ces deux offensives ont convaincu le général Foch qu'une troisième allait se produire pour accabler l'armée britannique. Pour y parer, il concentre les réserves dont il dispose derrière le front anglais.

La défaite est possible

« Cependant une ombre tomba sur ces journées, car nous pûmes bientôt conclure des communiqués que l'offensive avait été enrayée et que, stratégiquement parlant, elle se soldait par un échec. C'est ce que me confirmèrent les journaux français et anglais que je feuilletai dans les cafés de Berlin. La grande bataille marqua aussi un tournant dans ma vie intérieure, et non pas seulement parce que désormais je tins notre défaite pour possible. »

Ernst Jünger,
Orages d'acier, op. cit.

d. L'offensive en Champagne

Pour Ludendorff, c'est l'occasion de changer de point d'attaque. Les réserves françaises ayant été aspirées vers le Nord, il pense attaquer en Champagne, de Montdidier à Reims. Soigneusement préparée, dans le plus grand secret, cette troisième offensive est déclenchée le 27 mai, suivant les mêmes principes que les précédentes. La surprise est totale. Face à 30 divisions allemandes, il n'y a que 7 divisions françaises. C'est un Caporetto français, disent les Italiens. L'ampleur du succès est bien supérieure à ce qu'attendait le commandement allemand et le général Pétain ne peut obtenir les renforts nécessaires. Foch reste persuadé qu'il s'agit d'une diversion. Il n'avait pas tout à fait tort. C'en était bien une dans l'esprit de Ludendorff, mais le chef allemand persistant à

• **Alfred Milner (Lord)** (1854-1925). Né en Allemagne, fils d'un médecin britannique, condisciple et ami à Oxford d'Asquith et d'Arnold Toynbee, il est resté un des symboles de l'impérialisme britannique. Dans des écrits posthumes, il le proclame : « Je suis un impérialiste et pas un petit Anglais, parce que je suis de la race des patriotes britanniques. » Attiré, à la fois, par les questions financières et les questions impériales, il est Inspecteur général des Finances d'Égypte (1888), puis sous-secrétaire d'État aux Finances dans le gouvernement égyptien jusqu'en 1892, ensuite contrôleur-général des Impôts directs en Angleterre (1892-1897). Son rôle principal eut lieu en Afrique du Sud où il est envoyé comme haut commissaire en 1897 et où il devait rester jusqu'en 1905. Il est partisan de la guerre pour régler la situation et maintenir la domination britannique sur ces régions. Après la guerre des Boers, il fut le créateur du dominion britannique. Très conservateur, très opposé au parlementarisme, il est écarté des affaires par la victoire libérale de 1906. Lorsque le 9 décembre 1916, Lloyd George crée un cabinet de guerre de cinq membres, il appelle pour en faire partie Milner à qui tout l'oppose, mais dont il apprécie la forte personnalité. Milner prend rapidement la première place dans le cabinet de Guerre. Il est tout à fait hostile aux méthodes de guerre d'usure du général Haig et son rôle est décisif à Doullens pour que le commandement unique soit constitué, puis confié à son vieil ami, Foch. En avril 1918, il devient ministre de la Guerre. Après la guerre, il fut ministre des Colonies. (Voir Vladimir Halpérin, *Lord Milner et l'évolution de l'Impérialisme britannique*, PUF, 1950).

• **Louis Loucheur** (1872-1931). Polytechnicien, il se trouve à la tête d'une importante société de travaux publics lorsque la guerre éclate. Il comprend vite que cette guerre doit être une guerre industrielle. Après diverses missions, il est nommé sous-secrétaire d'État à l'Armement et aux Fabrications de guerre, de décembre 1916 à septembre 1917, date à laquelle il succède à Albert Thomas au ministère de l'Armement, poste qu'il conserve dans le gouvernement Clemenceau. Il est également membre du comité de Guerre et c'est à ce titre qu'il participe à la conférence de Doullens. Une des principales personnalités de l'équipe de Clemenceau. Élu député du Nord en 1919, il occupe jusqu'à sa mort de nombreux postes ministériels, en général techniques.

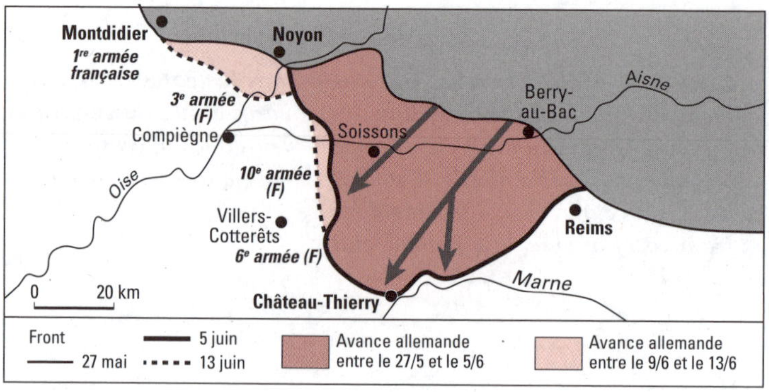

L'offensive en Champagne

subordonner la stratégie à la tactique, les conditions lui paraissent favorables pour pousser l'attaque. Le 30 mai, les troupes allemandes ont atteint la Marne. Lorsque l'attaque allemande s'arrête le 5 juin, les Allemands ont creusé une poche de 60 km de profondeur et fait 50000 prisonniers.

Dès le 9 juin, la seconde phase de l'opération se déroule entre Montdidier et Noyon en direction d'un petit affluent de l'Oise, le Matz. Mais de violentes contre-attaques menées par le général Mangin• permettent d'arrêter cette nouvelle offensive dès le 12 juin.

Une nouvelle fois, l'attaque allemande n'avait pas été décisive, mais la prochaine pouvait être la bonne. Malgré la montée en ligne de quelques divisions américaines, les réserves alliées avaient fondu dans la bataille. En réalité, les succès allemands avaient été obtenus à un prix trop élevé. Ludendorff n'a pas les moyens de compenser les pertes subies, mais à Paris on voit une autre réalité. Clemenceau a bien du mal à défendre Foch et Pétain, qui se sont laissés surprendre, contre la colère des parlementaires. L'affolement a été grand. Pétain avait un moment demandé au gouvernement de quitter Paris, il avait même envisagé de replier le front français en abandonnant les Vosges, la Lorraine, Nancy et Reims… L'ordre – non exécuté – d'avoir à évacuer Reims avait été donné par le général Franchet d'Esperey*…

* P. 93

L'arrivée des Allemands à proximité de Paris est d'autant plus ressentie que la capitale est bombardée par un canon géant, surnommé la *Grosse Bertha*, qui tire depuis la forêt de Compiègne. À vrai dire, ces tirs ont commencé le 23 mars – au moment de l'offensive en Picardie et non de l'offensive en Champagne – et ils devaient durer jusqu'au 8 avril. La pression morale sur les Parisiens est encore accrue par les raids aériens des *Gothas*, en particulier celui de la nuit du 30 au 31 janvier. Le moral des Parisiens est incontestablement ébranlé. Des départs massifs ont lieu vers la province au mois de mars, plus qu'au mois de juin d'ailleurs, mais l'avance allemande a provoqué une grande anxiété•.

En ce mois de juin 1918, le destin hésite.

La Grosse Bertha

Le 23 mars 1918, on a d'abord cru que les premiers obus tombés entre 8 heures et 8 heures 30 du matin étaient des bombes jetées par des avions se trouvant à très haute altitude, mais militaires et experts se rendaient compte assez vite qu'il s'agissait d'obus tirés par un canon géant baptisé *Bertha* ou la *Grosse Bertha,* du nom de la fille de l'industriel Krupp. En fait, il s'agissait de plusieurs canons appelés par les Allemands *Lange Max* (*Max le Long*) qui tiraient des obus de 108 kg depuis la forêt de Saint-Gobain à 140 kilomètres de Paris. Du 23 mars au 8 avril 1918, ces canons tirèrent 303 obus sur Paris et sa banlieue, tuant 255 personnes et en blessant environ 621.

Le vendredi 29 mars (Vendredi saint), un obus atteignit vers 15 heures 30, au moment de l'office des Ténèbres, l'église Saint-Gervais, située juste derrière l'Hôtel de Ville. Il y eut 88 morts, soit presque le tiers de tous les morts dus aux *Grosses Berthas* et à peu près autant de blessés, surtout des femmes, des enfants, des personnes âgées. (Voir Annette Becker, « La Grosse Bertha frappe Saint-Gervais », in *14-18, La Très Grande Guerre,* op. cit.)

III. ... et perd

Guy Pedroncini le montre bien[9] : en ce mois de juin 1918, tout le monde se trompe ou hésite.

Remarquable tacticien, Ludendorff n'arrive pas à déterminer une stratégie et surtout à s'y tenir. Il croit toujours que la bataille décisive doit se jouer en Flandre, mais il estime nécessaire de la faire encore précéder d'une nouvelle attaque sur le front français, ne serait-ce que pour éliminer le saillant de

• **Charles Mangin** (1866-1925). Saint-Cyrien, il fit la plus grande partie de sa carrière aux colonies. Il participa à l'expédition Marchand, mais il servit aussi en Afrique occidentale, en Indochine, au Maroc. Il se fit le propagandiste d'une grande armée recrutée dans les territoires africains, la « force noire ». Promu général, il appartenait au début de la guerre à l'armée Lanrezac, participa à l'offensive d'Artois en 1915. Réputé pour sa bravoure, son agressivité, mais aussi pour sa capacité à accepter de lourdes pertes, commandant fréquemment des troupes africaines, il ne fut pas sans responsabilités dans l'idée répandue qu'elles étaient employées sans ménagements. Commandant le 5e corps d'armée à Verdun, il se livra à d'inutiles et sanglantes contre-attaques en avril 1916. Ses méthodes lui furent reprochées par le général Pétain. Protégé par Nivelle, il joua un rôle important dans la reprise du terrain perdu à Verdun. Nivelle lui confia le rôle principal dans l'offensive du Chemin des Dames en avril 1917. Après la défaite, c'est son armée, la 6e, qui fut le principal centre des mutineries. Mangin fut relevé de son commandement, mais l'année suivante, il dirigea à la tête de la 10e armée la contre-attaque victorieuse de juillet 1918. Il fut, suivant les cas, considéré comme un « héros » de la Grande Guerre ou un « boucher ». Commandant les forces d'occupation en Allemagne, il fut relevé de son commandement par Clemenceau à la suite de ses interventions pour soutenir le mouvement séparatiste rhénan.

• Les rapports de la préfecture de police sur l'**état moral des Parisiens** indiquent par exemple qu'au Palais de Justice, « l'anxiété est peinte sur tous les visages », un chroniqueur de Vierzon raconte : « Alors recommence, chaque matin, comme aux jours tragiques de 1914, le pieux pèlerinage du communiqué officiel affiché au Bureau de postes ; alors on se précipite chaque soir à la gare, à l'arrivée du train de Bourges qui apporte avec *La Dépêche du Berry* les nouvelles de la dernière heure. »

Les Gothas

Pendant longtemps les belligérants ne disposèrent pas du matériel nécessaire pour opérer de véritables bombardements. En outre, Clemenceau était opposé aux bombardements des villes qu'il considérait comme contraires au droit des gens. En revanche, vers la fin de la guerre, les Anglais (Clemenceau protesta contre leurs bombardements des villes allemandes) et les Allemands pratiquèrent de nombreux bombardements. Depuis 1917, les Allemands disposaient d'un avion de bombardement efficace, le Gotha GV. C'est avec des avions de ce type qu'ils multiplient les bombardements sur Paris en 1918. Le 30 janvier, un bombardement fait 45 morts. Le 11 mars, la nuit fut tragique. Les Gothas visent en particulier le ministère de la Guerre où les Allemands pouvaient penser que Clemenceau résidait, mais si le nombre de victimes dû au bombardement fut de 29 tués et 50 blessés, à la suite de l'affolement dans la station de métro Bolivar, 60 personnes furent étouffées et 31 gravement blessées.

Pendant les premiers mois de 1918, Londres fut également victime des raids aériens allemands : dans la nuit du 28 au 29 janvier, un raid fit 58 morts et 173 blessés. Une bombe explosa dans une cave où 500 personnes s'étaient réfugiées, faisant à elle seule 38 morts et 85 blessés. D'autres raids en janvier, février, mars, eurent des résultats négligeables, en revanche, en mai, les bombardements firent près de 200 victimes.

Château-Thierry dangereux pour l'armée allemande. En outre, cela doit permettre d'aspirer les réserves alliées vers le Sud. Foch est également convaincu que, malgré la surprise de mai, c'est en Flandre qu'aura lieu la prochaine offensive allemande. Peu doué pour la défensive, il prépare tout de même une offensive, en confiant à la 10e armée du général Mangin de préparer une attaque sur le flanc Ouest de la poche de Château-Thierry. Quant à Pétain, médiocre dans l'offensive, mais excellent dans la défensive, il parvient à imposer à ses chefs d'armée de résister sur la deuxième position, ce qu'il n'avait pu obtenir du général Duchêne•, que Clemenceau, qui s'insère de plus en plus dans la conduite directe de la guerre, relève de son commandement. Cette volonté de s'arc-bouter sur la première position avait provoqué le désastre.

Même s'il donne l'impression d'être incertain sur la stratégie à suivre, le haut commandement allemand est assuré de la proche victoire. Certes, il est conscient que le manque d'effectifs l'a empêché de transformer des offensives victorieuses en offensives décisives, mais il sait que, dans l'immédiat, l'adversaire n'est pas mieux loti. Il ne croit pas que l'entrée en ligne de divisions américaines peu expérimentées puisse changer les choses avant un certain temps. Du moins, il veut le croire.

Ce n'est pas l'avis d'autres dirigeants allemands. Le prince Ruprecht de Bavière• a écrit au chancelier le 1er juin 1918 qu'il faut chercher une solution négociée et qu'il faut prendre contact avec l'ennemi avant l'arrivée massive des Américains. C'est aussi l'avis du secrétaire d'État aux Affaires étrangères Richard von Kühlmann. Il a profité d'une conférence relative aux échanges de prisonniers de guerre à La Haye pour faire savoir au délégué anglais que l'Allemagne serait prête à abandonner la Belgique pour faire la paix. Il est convaincu que la guerre ne peut plus être gagnée militairement et qu'il faut profiter des circonstances favorables pour réaliser une paix de compromis avantageuse, fondée sur le principe de l'abandon des conquêtes à l'Ouest contre le maintien des conquêtes à l'Est. Il est également convaincu que la restauration d'une Belgique indépendante serait suffisante pour que les Anglais acceptent de négocier.

Les positions de Kühlmann ne sont toutefois pas celles de l'état-major qui n'entend sacrifier aucune conquête, ni à l'Est, ni à l'Ouest. Le conflit couve et éclate au grand jour lorsque, le 24 juin, le ministre déclare devant le *Reichstag* : « On ne peut guère compter qu'une solution absolue soit obtenue par des décisions militaires seules, sans négociations diplomatiques. »[10] Pour le quartier général, c'est un langage inacceptable. Ce sont des propos « défaitistes » qui « minent le moral de l'armée ». Le grand quartier général exige la démission de Kühlmann remplacé le 8 juillet par l'amiral von Hintze•.

1 La deuxième victoire de la Marne

L'option militaire se traduit par la préparation d'une double offensive, baptisée *Friedensturm,* « assaut pour la paix ». Une première attaque dans la région de Reims avait pour objectif avoué de faire tomber le saillant de Reims et pour objectif à peine caché de provoquer l'écroulement du front français ; une deuxième attaque, en Flandre, légèrement décalée dans le temps avait pour but d'accabler l'armée britannique.

• **Denis Auguste Duchêne** (1862-1950). Son titre de gloire le plus connu est d'avoir ignoré les ordres de Pétain lors de l'attaque allemande en juin 1918 et d'être ainsi en partie responsable du désastre, ce qui lui valut de perdre son commandement.

• **Ruprecht de Bavière** (1869-1955). Fils du roi de Bavière, il avait suivi une carrière militaire. En 1914, il commande la 6e armée allemande en Lorraine où il gagne la bataille de Morhange, puis sur la Somme et sur différentes parties du front. Un des meilleurs chefs d'armée, également sensible à l'épuisement des troupes et à la faim à l'arrière. D'où son effort pour qu'on profite des victoires du printemps 1918 pour des négociations de paix et que « les Prussiens ne combattent pas jusqu'au dernier Bavarois ». Quand son père, Louis III, abdiqua, il se retira de la vie publique. Il refusa par la suite de s'associer à toute tentative de restauration et s'intéressa aux arts.

• **Paul von Hintze** (1864-1941). D'une grande prétention, von Hintze, fils d'un marchand de tabac – il fut anobli par la suite – fit d'abord carrière dans la Marine qu'il quitta avec le grade de contre-amiral pour entrer dans la carrière diplomatique. Il fut successivement ambassadeur à Mexico (1911-1914), en Chine (1914-1917) et en Norvège (1917-1918). Quand il remplaça Kühlmann, à la surprise générale, il favorisa une politique de coopération avec les bolcheviks. Au moment de la défaite, il conseilla de mettre sur pied un gouvernement d'apparence parlementaire, démissionna le 3 octobre 1918, conseilla à Guillaume II de se faire tuer à la tête de ses troupes et, devant le refus du souverain, organisa son départ pour les Pays-Bas.

En réalité, Ludendorff ne dispose plus des moyens de ses ambitions, ce qui explique la longueur du délai nécessaire – plus d'un mois – entre la précédente et la nouvelle offensive. L'adversaire a eu le temps de reconstituer des réserves.

Néanmoins le commandement allemand est suffisamment convaincu qu'il tient la victoire pour qu'un observatoire ait été aménagé à proximité du front, d'où l'empereur Guillaume II pourrait voir la bataille.

L'offensive déclenchée le **15 juillet en Champagne** présente deux faiblesses. Le commandement allemand ne peut lancer dans l'assaut des effectifs suffisants pour que la supériorité numérique, outre les qualités manœuvrières des meilleures troupes, assure le succès de la percée. La quantité des forces en infanterie et en artillerie qu'il peut utiliser est très inférieure à ce qu'elle avait été pour les assauts antérieurs. Deuxième faiblesse, l'attaque a été détectée par les Alliés. Comme, ainsi que nous l'avons vu, le général Pétain a pu faire triompher son point de vue selon lequel l'essentiel de la résistance ne doit pas avoir lieu sur la première position plus ou moins anéantie par les tirs ennemis, mais sur une deuxième position loin en arrière, souvent beaucoup moins affectée, l'offensive allemande risque de tomber dans le vide.

Dès le premier jour, l'offensive en direction de Reims a échoué, elle s'est brisée sur la seconde position française. En revanche elle progresse au Sud. Les troupes allemandes franchissent la Marne et peuvent installer une tête de pont. Inquiet, Pétain veut annuler la contre-offensive française qui se prépare. Foch• annule son ordre, et, le 18 juillet, la contre-offensive française, conduite par les généraux Mangin et Degoutte•, débouche de la forêt de Villers-Cotterets sur le flanc de la poche de Château-Thierry.

La contre-offensive franco-américaine (16 divisions dont 3 américaines) **du 18 juillet marque le tournant de la guerre à l'Ouest.** Sans préparation d'artillerie, le front allemand est enfoncé et dans les jours qui suivent, les forces allemandes doivent repasser la Marne et se retirer en direction de l'Aisne. Cette deuxième victoire de la Marne est un tournant parce qu'elle traduit la supériorité numérique croissante des Alliés, matérialisée par l'apparition substantielle sur le front de troupes américaines. Dorénavant, elles vont faire pencher la balance de façon irréversible du côté des Alliés.

Elle est également un tournant au point de vue stratégique : pour la première fois depuis 1917, les Alliés reprennent l'initiative qu'ils ne devaient plus abandonner.

Elle est enfin un tournant au point de vue technique parce que le succès a été dû en partie à plus d'un millier de chars, surtout des chars Renault, qui ont précédé et accompagné l'infanterie, et à la place considérable de l'aviation. Depuis le début de la guerre, le rôle de l'aviation a beaucoup changé. C'est en 1917[11] que le rôle de l'aviation a pris une nouvelle dimension. Elle

Le mémoire du Kronprinz

« À la fin de juillet, le Kronprinz de Prusse, qui commande l'un des groupes d'armée, adresse à l'Empereur un mémoire. Désormais, dit-il, les forces de l'armée allemande, tant au point de vue des effectifs que de l'encadrement en officiers, ne feront que décroître, tandis que les forces adverses, grâce à l'apport américain, seront en progrès continu. "Plus la guerre se prolonge et plus ces données exercent leur influence : ainsi le front ennemi de l'Ouest sera plus fort." L'armée allemande est réduite à la défensive. Elle peut, certes, la prolonger longtemps, en évacuant progressivement les territoires français et belge. Pourtant le moral de l'armée et de la population civile s'affaiblira : un mouvement pacifiste se développera. Et si, finalement, la paix est "mauvaise", c'est au régime impérial que l'on s'en prendra. "On peut s'attendre à un mouvement dirigé contre la dynastie, sous l'impulsion des idées démocratiques et communistes." Pour éviter d'en venir là, "il faut négocier", en renonçant à toute annexion directe ou indirecte "à l'Ouest". Le Kronprinz espère que l'Allemagne pourra conserver l'Alsace-Lorraine. »

D'après P. Renouvin,
L'armistice de Rethondes, op. cit.

reçoit un rôle d'appui tactique, elle intervient directement dans la bataille, en mitraillant et en bombardant les unités adverses. Pour les troupes au sol, c'est un nouveau danger pendant longtemps inconnu. Il leur faut se protéger contre l'action des avions. À partir de la bataille de Cambrai en 1917, cette nouvelle arme devient d'un emploi courant. On est loin du combat « chevaleresque » et d'intérêt militaire réduit de la première partie de la guerre. Une division aérienne française, regroupant 600 avions, et donnant au commandement français une arme non négligeable, est créée le 15 mai 1918. La supériorité aérienne des Alliés, à partir du printemps 1918, leur assure la maîtrise du ciel. Elle est un élément important dans le changement des rapports de forces. La construction et le remplacement d'avions très vite dépassés fut pour les trois principaux belligérants le résultat d'un immense effort industriel que la supériorité économique de la France et de l'Angleterre leur permit de gagner.

• **Foch et Pétain :** Depuis la fin de la Grande Guerre, les spécialistes d'histoire militaire se sont partagés en deux camps, les encenseurs de Foch et les thuriféraires de Pétain. On peut remarquer que, si l'armée française a produit dans cette période de nombreux généraux d'une grande qualité, elle n'a pas disposé de grands stratèges. Dans cette période décisive de la fin du printemps-début de l'été 1918, les deux grands chefs ont eu leur grandeur et leur faiblesse. D'un côté, Foch, tout entier empreint d'esprit offensif, n'a su ni prévoir, ni s'opposer aux offensives allemandes, de l'autre, Pétain, tout entier empreint de prudence, a su contenir les offensives allemandes, mais n'aurait pas été capable de saisir l'occasion d'une contre-offensive qu'il jugeait prématurée.

• **Jean Degoutte** (1866-1938). Saint-Cyrien, officier d'infanterie, sa carrière avant la guerre a eu lieu surtout outre-mer. Général en 1916, il s'était distingué lors de la bataille de La Malmaison.

L'échec de l'offensive du 15 juillet, du *Friedensturm,* a fait renoncer le commandement allemand à la seconde manche en Flandre. Elle n'a pas pour autant brisé l'armée allemande et la seconde victoire de la Marne a montré aussi que les forces alliées manquaient de qualités manœuvrières. D'après l'étude du général Gambiez et du colonel Suire[12], il a fallu 17 jours à l'infanterie française, à partir du 18 juillet, pour reconquérir le terrain conquis en 6 jours par l'infanterie allemande, à la suite de son offensive du 27 mai. Par la suite, les infanteries alliées• continuèrent de se montrer incapables d'utiliser les méthodes d'infiltration de l'infanterie allemande. Au lieu de faire preuve d'initiative, les unités devaient s'arrêter sur chaque objectif, en attendant de nouvelles instructions. L'historien australien Trevor Wilson note la même incapacité des troupes britanniques à rompre le front adverse et à faire autre chose qu'« un lent travail de bûcheron ».

Gagner militairement la guerre était devenu impossible pour l'Allemagne, mais elle pouvait espérer ne pas l'avoir encore perdue. L'armée allemande n'avait plus les moyens de passer à l'offensive, mais elle avait encore ceux de résister, à moins que le moral de l'armée ne s'écroule.

D'un côté comme de l'autre, on se prépare encore à une longue campagne : personne ne voit l'issue avant… 1919.

Du côté allemand, le général Ludendorff, disent certains, est un « homme brisé »[13]. En fait, si cela est exact, il semble s'être repris assez vite. Le fils du *Kaiser,* le *Kronprinz,* longtemps si belliqueux, est maintenant convaincu qu'il faut faire la paix le plus rapidement possible, en renonçant à toute annexion à l'Ouest et en espérant pouvoir conserver l'Alsace-Lorraine. Il l'exprime dans un mémoire adressé à son père à la fin du mois de juillet. Ce n'est pas l'avis de Ludendorff, persuadé que les capacités offensives des forces alliées sont épuisées et que, de son côté, l'armée allemande doit être bientôt capable à la fois de se défendre et de mener de petites opérations offensives. Cela lui permettra de montrer que l'armée allemande n'est pas surclassée.

2 La question des effectifs et l'accord germano-russe

La situation des effectifs est évidemment grave : depuis le 21 mars, l'armée allemande a perdu 126 000 tués, 101 000 disparus (souvent prisonniers) et 765 000 blessés qui sont d'ailleurs en grande part « récupérés ». Elle peut en revanche, compter, mais de façon lente, sur le retour des prisonniers allemands libérés par la Russie et, dès la fin de l'automne, sur les 300 000 hommes de la classe 1900 qui viennent d'être mobilisés et doivent alors être aptes au combat. En outre, une solution apparut qui diminua la gravité de la situation des effectifs.

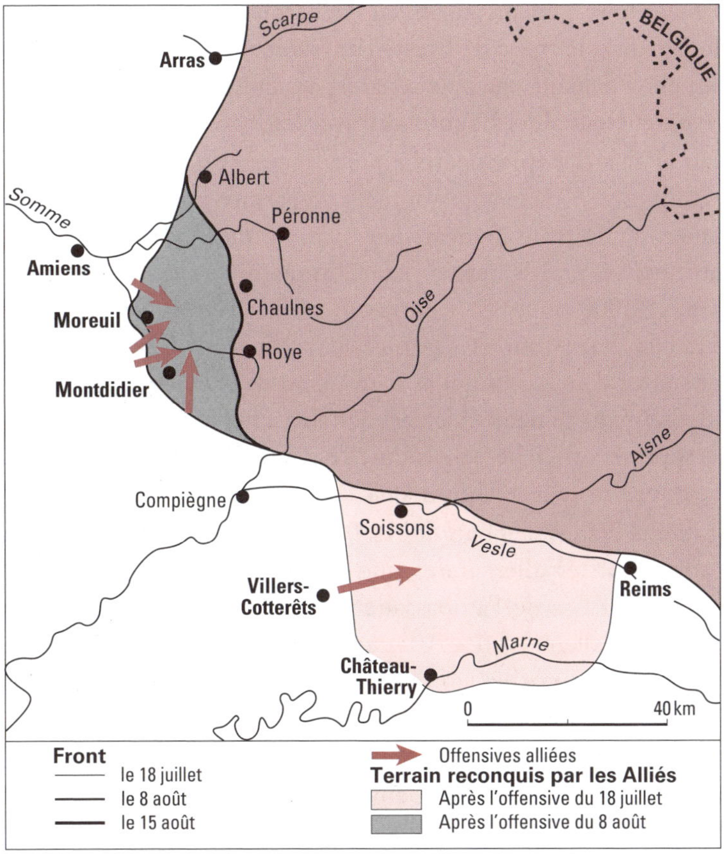

Les offensives alliées des 18 juillet et 8 août 1918

Depuis la révolution bolchevique, des projets avaient été faits du côté des Alliés pour rétablir un front à l'Est, ou tout au moins pour imposer à l'Allemagne de maintenir des effectifs importants pour garder ses conquêtes de l'Est. Deux hypothèses possibles se présentent : s'entendre avec le gouvernement soviétique ou avec les forces « blanches » qui s'organisaient.

Au moment des négociations de Brest-Litovsk, quand les bolcheviks se déchiraient sur l'acceptation des conditions allemandes, le Comité central avait décidé de faire appel à la mission militaire française•. Le temps que les

• **Les faiblesses de l'infanterie :** « Les malhabiles fantassins alliés avancent cinq fois moins vite que ne le faisait l'excellente infanterie allemande. », Jean Doise et Maurice Vaïsse, *Diplomatie et outil militaire (1871-1939)*, Imprimerie nationale, 1987, p. 260.

• **La mission militaire française :** Au nom du comité central du Parti bolchevik, Lénine avait formulé cette décision de la façon suivante : « Donner pleins pouvoirs au camarade Trotski pour accepter l'aide des brigands de l'impérialisme français contre brigands allemands. » (Cité par Annie Kriegel, *Aux origines du communisme français (1914-1920)*, tome 1, Mouton, 1964, p. 183).

premiers bataillons français et anglais débarquent quelques semaines plus tard à Mourmansk, le traité de Brest-Litovsk était signé. Considérant que les bolcheviks, en concluant une paix séparée, avaient gravement trahi l'Entente, les Alliés cherchèrent alors à s'entendre avec les forces blanches.

Il y eut d'abord l'épisode tchèque : au printemps 1918, une légion tchèque, composée d'anciens prisonniers de l'armée austro-hongroise, devait être ramenée sur le front français par la route de l'Océan Pacifique, après avoir emprunté le Transsibérien. Mais, après divers incidents, cette force importante – 30000 hommes – entre en conflit avec les Soviets et, pour les combattre, fait demi-tour et s'avance vers Moscou. Les Alliés comptent également sur les volontaires qui se regroupent dans la région du Don sous le commandement du général Alexeiev, ancien chef d'état-major de l'armée russe. La rupture officielle se produit le 2 août, quand un gouvernement antibolchevique s'installe à Mourmansk sous la protection des soldats alliés.

Avant même cet événement, dès le 1er août, le gouvernement bolchevik a proposé aux autorités allemandes une action commune contre les Alliés. Contrairement à l'avis de l'ambassadeur allemand à Moscou, Karl Hellferich•, le ministère allemand des Affaires étrangères et l'état-major sont partisans d'accepter ce rapprochement. Un accord germano-soviétique est signé le 27 août•. Dans la pratique, cela permettait le transfert à l'Ouest d'une partie des troupes allemandes qui stationnaient encore en Russie.

Le commandement allemand pouvait donc espérer disposer de nouveau assez rapidement d'effectifs suffisants.

3 « Le jour de deuil de l'armée allemande »

La plus grave erreur de Ludendorff fut de croire que les armées alliées étaient incapables de passer à l'offensive.

Or le 24 juillet, Foch avait réuni les commandants en chef alliés, Pétain, Haig, Pershing, à son quartier général du château de Bombon•, pour leur donner ses directives. Elles prévoyaient une série d'attaques partielles. Il s'agissait maintenant de passer de la défensive à l'offensive, sans que pour autant une offensive générale victorieuse puisse être envisagée avant 1919.

Un des premiers objectifs envisagés était de réduire la poche créée en Picardie par les Allemands lors de leur offensive du 21 mars. L'attaque devait être franco-anglaise et se produire à la jointure des deux armées dans la région de Montdidier. Déclenchée le 8 août par le maréchal Foch• sur un front relativement étroit qui s'étendit les jours suivants, depuis l'Oise au Sud jusqu'à la Scarpe au Nord, cette attaque suivit le schéma classique. Elle s'enfonça dès le premier jour assez profondément dans les lignes allemandes (10 à 12 km), mais la bataille se poursuivit pendant une grande partie du mois d'août sans apporter de changements notables. La percée ne put être réalisée.

La date du 8 août est néanmoins capitale dans l'histoire de la guerre.

Contrairement à ce que pensait Ludendorff, les Alliés étaient d'ores et déjà capables de passer à l'offensive et leur attaque avait été une surprise complète. L'essentiel pourtant est que, pour la première fois depuis le début de la guerre, les troupes allemandes avaient donné des signes de défaillance. « Jour de deuil de l'armée allemande », dit Ludendorff ; « Notre premier grand malheur », dit Hindenburg. Non seulement de nombreux soldats s'étaient laissés faire prisonniers sans grande résistance – des groupes de soldats s'étaient rendus à des isolés – mais des soldats en retraite avaient traité de « briseurs de grève » les unités envoyées à la rescousse. Défaillances encore très minoritaires, mais extrêmement inquiétantes pour le commandement. Ludendorff comprend qu'au mieux, il peut espérer organiser la défensive, mais que l'offensive est exclue. Il est donc également exclu de pouvoir gagner la guerre. Il devait écrire plus tard que cette bataille du 8 août marquait « l'effondrement de notre force combative ». Conscient de ses erreurs d'analyse, Ludendorff offrit sa démission à l'Empereur qui la refusa.

4 Continuer la guerre ?

Au même moment, l'opinion publique fléchissait en Allemagne. Le ravitaillement est de plus en plus catastrophique. Au mois d'août, la presse parle

• **Karl Hellferich** (1872-1924). Fils d'industriel, après des études d'économie, il fut directeur du chemin de fer de Bagdad, puis de la *Deustche Bank* à Berlin. Ambitieux et arrogant, il personnifie les entreprises économiques d'une Allemagne en pleine expansion. Secrétaire au Trésor en 1915, ministre de l'Intérieur et chancelier-adjoint en 1916, il réprime avec violence les menées de la gauche socialiste. Bien qu'il ait été opposé à la guerre sous-marine à outrance qui risquait d'entraîner une rupture avec les États-Unis, il est l'adversaire déterminé de toute idée de négociations ou de recherche de la paix. Ambassadeur à Moscou après l'assassinat du comte von Mirbach, il travaille activement à favoriser une contre-révolution, d'où son rappel dès lors que le secrétaire d'État aux Affaires étrangères, von Hintze, voulait coopérer. Adversaire violent de la République de Weimar, se réjouissant des assassinats d'Erzberger et de Rathenau, sa mort dans un accident de chemin de fer est accueillie avec soulagement par beaucoup.

• **Accord germano-soviétique :** Toute une série de dispositions permettaient à l'Allemagne d'éviter qu'un front oriental ne se recrée et au gouvernement bolchevik de diminuer la pression qu'il subissait de toutes parts. Une annexe secrète prévoyait une coopération de fait : ainsi l'Allemagne ne favorisait pas en Ukraine la formation d'un État indépendant, elle recevait l'autorisation de chasser les troupes franco-anglaises de la côte mourmane (à moins que les Soviétiques n'y parviennent assez vite) ; elle promettait d'aider les bolcheviks à « étouffer le soulèvement du général Alexeiev ».

• **Le château de Bombon :** à quelques kilomètres de Melun, château du XVIIe siècle, servit de quartier général à Foch, de juillet à octobre 1918.

• Le 6 août, **Foch,** deuxième après Joffre, avait reçu le « bâton » de maréchal de France des mains du président de la République.

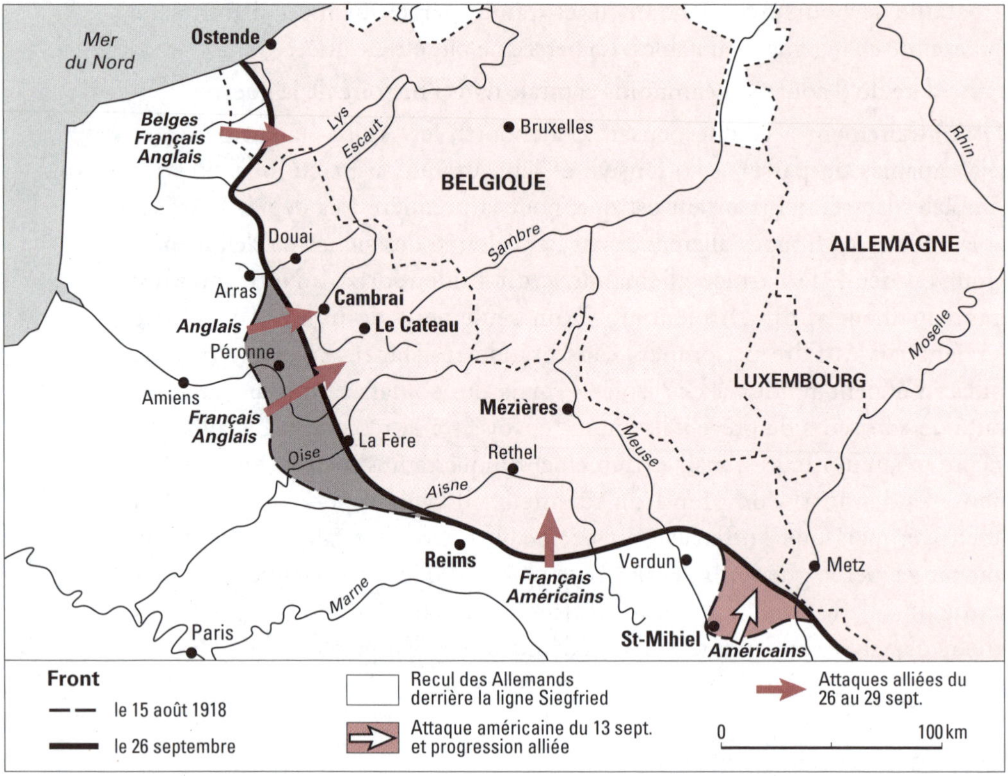

L'offensive de septembre 1918

de « rations de famine ». Pire, la situation ne s'améliore pas avec la « soudure ». La récolte roumaine a été mauvaise et les envois depuis l'Ukraine sont faibles. Les journaux signalent la « nervosité » de l'opinion. Les milieux politiques critiquent la politique imposée par l'état-major. Pourquoi continuer une guerre qu'on ne peut plus gagner ?

Le 14 août 1918, une conférence réunit, au grand quartier général allemand de Spa, au Nord des Ardennes belges, à peu de distance de Liège, l'Empereur et son fils, le chancelier Hertling, le ministre des Affaires étrangères Hintze, Ludendorff et Hindenburg et conclut qu'il faudrait engager une négociation « au moment opportun ». Le changement d'attitude est plus apparent que réel car il n'est toujours pas question de renoncer à la Belgique. Ce n'est qu'un mois plus tard, le 12 septembre, après de nouvelles conversations entre l'état-major et le gouvernement, que ce dernier peut annoncer que l'Allemagne serait prête à une paix blanche, ce qui signifie renoncer à la Belgique, mais conserver l'Alsace-Lorraine. Malgré de très fortes pressions du gouvernement austro-hongrois qui estime indispensable d'arrêter la guerre le plus vite possible, les autorités allemandes ont été convaincues par l'état-major qu'il n'y avait pas urgence. Elles sont par ailleurs persuadées qu'il suffit de lâcher sur la Belgique car, pensent-elles, ni le Royaume-Uni, ni les États-Unis, n'ont l'intention de combattre pour l'Alsace-Lorraine.

La position de l'état-major allemand est confortée par l'absence de signes de dangers imminents pendant la plus grande partie du mois de septembre. Dès le 2 septembre, Ludendorff a fait procéder à un raccourcissement du front en faisant retirer l'armée allemande sur la position Siegfried à peu près rectiligne entre Reims et Ostende. Une seule opération importante : l'armée américaine est chargée le 13 septembre de résorber la hernie de Saint-Mihiel, qui, au Sud-Est de Verdun, fait une large saillie dans les lignes françaises.

Néanmoins, grâce à l'entrée en ligne de divisions américaines de plus en plus nombreuses, Foch dispose de réserves suffisantes pour pouvoir attaquer sur l'ensemble du front. Il peut donc renoncer à des attaques partielles qui laissaient à l'adversaire la possibilité d'amener les réserves nécessaires. Foch dispose au mois de septembre des effectifs suffisants pour faire ce que Ludendorff n'avait pu faire au printemps et dont il croyait encore les alliés incapables.

D'après le plan de Foch, quatre offensives seraient déclenchées à un jour d'intervalle. Le 26 septembre, Français et Américains attaquent entre Verdun et Reims dans la direction générale de Mézières ; le 27 septembre les Anglais attaquaient dans le Nord en direction de Cambrai ; le 28 septembre, un groupement interallié, belge, français et anglais attaquait en Flandre et enfin, le 29 septembre, Français et Anglais attaquaient en direction du Cateau. Cette quadruple offensive menée sur un front de 350 km remporte des succès inégaux. La première sur Mézières échoue, en particulier du fait des inextricables encombrements qui se produisent sur les arrières de l'armée américaine.

Néanmoins, une formidable victoire psychologique vient couronner un succès militaire relatif. Affolé par cette attaque générale et craignant de voir l'ensemble de son front s'écrouler, dès le 28 septembre, le commandement allemand estime qu'il faut demander l'armistice sans délai sous peine d'une catastrophe militaire.

IV. La défaite des puissances centrales

Au moment où l'armée allemande était progressivement repoussée sur le front français, la situation des alliés de l'Allemagne devenait de plus en plus critique et leurs raisons de continuer la guerre de moins en moins assurées.

La défaite de la Bulgarie

1 L'Autriche-Hongrie aux abois

Depuis son accession au trône impérial, comme le souligne Jean Bérenger[14], l'empereur Charles Ier « ne songeait qu'à faire sortir son pays indemne de la guerre », mais il se refusait à une paix séparée, en trahissant son alliée. Tout en souhaitant profondément la paix, Charles n'acceptait pas de jouer le rôle qu'avait été celui de la Russie dans le camp de l'Entente. D'ailleurs, les succès allemands du printemps 1918 avaient fait croire au gouvernement austro-hongrois que l'Allemagne était encore capable de vaincre, en même temps que le traité de Brest-Litovsk avait diminué la charge de l'Autriche-Hongrie. Les Allemands avaient, en outre, profité de la polémique entre le comte * P. 203 Czernin*, ministre des Affaires étrangères austro-hongrois, et Clemenceau•, qui avait affaibli la position politique et morale de l'Autriche-Hongrie pour lui imposer les accords de Spa (15 mai 1918). Ils prévoyaient une entente plus étroite entre l'Allemagne et l'Autriche-Hongrie sur les plans militaire, politique et économique.

À la suite du retournement de la situation militaire pendant l'été 1918, l'empereur Charles était revenu à l'idée que la guerre ne pouvait plus continuer, d'autant que le dernier effort offensif de l'armée austro-hongroise sur le front italien s'était soldé par un grave échec. Le 15 juin 1918, une double offensive avait été lancée à partir du Tyrol et sur le front du Piave. Décelée, l'offensive du Tyrol échoua immédiatement face à des troupes françaises et britanniques ; celle du Piave, après des succès initiaux, avait été également refoulée par le général Diaz. Le 22 juin, les territoires conquis sur la rive droite du Piave avaient dû être abandonnés et l'offensive arrêtée. Les pertes avaient été considérables. On avait attribué l'insuccès aux mauvaises conditions météorologiques, mais « la vérité était que l'armée mal nourrie, sans réserves de munitions, démoralisée, était incapable de prendre l'offensive. Elle doit se limiter désormais à des opérations de défense » (B. Michel).

À l'arrière, les incidents se multiplient : mutineries, refus de monter en ligne, désertions en masse. En septembre 1918, il y a 230000 déserteurs qui, surtout dans le Sud-Est de la monarchie, sont quelquefois organisés en unités et disposent d'un armement important. Même si l'explosion sociale du début de l'année avait pu être contenue, l'opinion est de plus en plus hostile à la continuation de la guerre et rend responsable la monarchie de la catastrophe que représentait cet interminable conflit. La situation matérielle ne cesse de se dégrader, l'inflation galope. En juillet 1918, les dépenses d'une famille viennoise ont été multipliées par 15 par rapport à 1914, alors que les salaires n'ont que peu augmenté. Le loyalisme des populations, qui avait été un objet d'étonnement, est en train de disparaître.

L'empereur Charles et son gouvernement sont maintenant persuadés qu'il est impossible de passer l'hiver et malgré l'opposition allemande – l'état-major affirme que ce n'est pas la première fois que les pronostics autrichiens sont aussi pessimistes – le 14 septembre 1918, le gouvernement austro-hongrois publie une note proposant aux belligérants des conversations de paix. L'Allemagne peut maintenant craindre d'être abandonnée par son alliée.

2 La Bulgarie capitule

Le 15 septembre l'**armée d'Orient** passait à l'offensive.

Les troupes alliées de Salonique étaient restées longtemps à peu près inactives. Néanmoins, le général Franchet d'Esperey, qui en avait reçu le commandement à

• La polémique Clemenceau-Czernin : le ministre autrichien des Affaires étrangères, le comte Czernin, avait prétendu avoir reçu des offres de négociations de la part de Clemenceau. Clemenceau fit savoir que c'était un mensonge, mais qu'en revanche l'empereur Charles avait bien fait des offres de négociations à la France où il envisageait que l'Alsace-Lorraine lui soit rendue. Il parlait des « justes revendications françaises ». Cette offre, faite derrière son dos et prouvée de façon irréfutable par Clemenceau, avait été très mal reçue par le gouvernement allemand.

* P. 119

la place du général Guillaumat*, lui-même successeur du général Sarrail*, dispose d'une armée importante, 670000 hommes, bien qu'assez hétéroclite, puisque composée de 8 divisions françaises, 6 serbes, 4 anglaises, 1 italienne, à quoi étaient venues s'ajouter 9 divisions grecques, à la combativité d'ailleurs douteuse. Lorsque le gouvernement grec a décrété la mobilisation générale en janvier 1918, 28 % des mobilisés n'ont pas répondu pas à l'ordre d'appel[15].

Ludendorff a refusé tout renfort à l'armée germano-bulgare – à peu près totalement bulgare en réalité – qui lui faisait face. Son moral est très bas. Mal nourrie, mal vêtue, minée par une propagande pacifiste efficace, affectée d'un taux élevé de désertion, l'armée bulgare n'est plus véritablement en état de résister. Dès le premier jour, Français et Serbes enfoncent le front adverse en son milieu. La cavalerie française, commandée par le général Jouinot-Gambetta*, s'engouffre dans la brèche. Le 29 septembre, elle s'empara d'Uskub (Skoplje) sur le Vardar, à 130 km de son point de départ. L'ensemble du front bulgare s'écroula. Ludendorff accepte enfin d'envoyer des renforts allemands et autrichiens, mais il aurait fallu trois semaines pour qu'ils arrivent. Or dès le 25 septembre, le commandement bulgare a adressé une demande d'armistice au commandement français. Le roi Ferdinand de Bulgarie est d'autant plus enclin à cesser la guerre que les Allemands n'ont pas fait droit à sa revendication sur la Dobroudja roumaine. Le 30, l'armistice était signé.

Les conséquences de la débâcle bulgare étaient particulièrement graves. L'Autriche-Hongrie pouvait maintenant être attaquée par le Sud et les Alliés étaient en mesure d'atteindre le territoire roumain, d'où l'Allemagne tirait son carburant.

3 L'Empire turc, la déroute au Proche-Orient

Le mois de septembre avait été également très défavorable au Proche-Orient. Depuis octobre 1917, partie d'Égypte, l'armée britannique du général Allenby* progressait en Palestine. Le 9 décembre, elle avait pris Jérusalem. Renforcés par des troupes arabes, les Britanniques étaient de nouveau passés à l'offensive le 19 septembre 1918. Surprenant l'adversaire par une préparation d'artillerie extrêmement brève (un quart d'heure), ils enfoncent le front turc. Là encore, comme dans les Balkans, le rôle de la cavalerie a été important. Une grande partie des troupes turques capitule et les Britanniques s'emparent de Damas le 1er octobre. L'état-major allemand du général Liman von Sanders* qui commandait les troupes ottomanes essaie en vain d'en rassembler les débris.

* P. 23

4 L'Allemagne demande l'armistice

Dans les derniers jours de septembre 1918, la situation était devenue catastrophique sur tous les fronts. C'est dans la nuit du 1er au 2 octobre que les troupes britanniques s'emparent de Saint-Quentin. On comprend que le grand état-major allemand ait pensé qu'il était tout à fait urgent d'envoyer une demande d'armistice.

Dans un premier temps, le 28 septembre au matin, Ludendorff avait estimé qu'une demande de **paix** immédiate était indispensable, mais avant la fin de la journée, il se rend compte que cette demande ne pourra être prise au sérieux que s'il s'agit d'une demande d'**armistice.** Le lendemain 29, l'empereur acceptait, mais une telle démarche ne peut être faite que par un chancelier appuyé sur une majorité parlementaire et elle avait plus de chance d'être reçue si elle était adressée au président des États-Unis, Wilson. Malgré les objurgations de plus en plus pressantes de Ludendorff qui craint une catastrophe imminente sur le front, il fallut plusieurs jours pour que la demande d'armistice puisse avoir réellement lieu. Un nouveau chancelier est choisi pour remplacer le chancelier Hertling, tout à fait opposé à un gouvernement parlementaire. Ce fut le prince Max de Bade•, apparenté à la famille

• **Louis Guillaumat** (1863-1940). Saint-Cyrien, officier d'infanterie, il commande une division en 1914 et apparaît comme un des bons généraux français. Lorsqu'en 1917, Pétain reçoit le commandement de l'armée française, les opérations bien conduites par Guillaumat pour la reprise de la cote 304 et du Mort-Homme font partie du retour à la confiance après la période des mutineries. En récompense, il reçoit le commandement de l'armée d'Orient en décembre 1917, en remplacement du général Sarrail, avec comme mission de resserrer les liens avec les Alliés dans la région et de préparer une vigoureuse offensive, mais Pétain le rappelle au moment de la crise provoquée par les offensives allemandes du printemps 1918. Il sera une des figures majeures de l'armée après la guerre.

• **François Léon Jouinot-Gambetta** (1870-1923). Général en 1917, affecté à l'armée d'Orient, sa brigade (1er et 4e régiments de chasseurs d'Afrique et un régiment de spahis marocains) accomplit en 1918 la seule grande opération de cavalerie de la guerre, du moins en Europe. Partis le 23 septembre 1918, ses cavaliers atteignaient, un mois plus tard, le 21 octobre, le Danube.

• **Edmund Allenby** (1861-1936). Prétendant descendre de Cromwell, connu pour ses violences verbales et surnommé « le taureau », général depuis 1905, il participa à la guerre sur le front français de 1914 à 1917 où il commanda la 3e armée à partir de 1915. Ses performances militaires ne furent pas remarquables et une profonde antipathie réciproque le séparait du général Haig. Cela explique qu'il ait été transféré en 1917 en Égypte. Dans ce nouvel emploi, il révéla des qualités d'homme de guerre et fut l'auteur de la défaite turque dans les pays arabes. Après la guerre, il fut haut commissaire en Égypte.

• **Max de Bade** (1867-1929). Le prince Maximilien de Bade était l'héritier présomptif du grand-duc Frédéric II de Bade depuis 1907. Il ne joue aucun rôle, comme les autres princes allemands, dans l'éclatement de la guerre, mais, comme les autres, il est convaincu du bon droit de l'Allemagne. Humaniste, il s'intéresse au sort des prisonniers de guerre et, dès 1915, il pense qu'une paix de conciliation serait nécessaire. Déjà considéré comme un possible successeur de Bethmann-Hollweg, il est appelé à la chancellerie dans des circonstances désespérées parce qu'il est le seul homme qui puisse agréer, à la fois, à l'Empereur, au haut commandement et à une majorité parlementaire, d'où l'ironie que le premier cabinet parlementaire d'Allemagne ait été confié à un prince de la famille impériale. En mauvaise santé, à des moments décisifs, ainsi du 22 au 29 octobre, gravement malade il ne peut exercer ses fonctions. Au début novembre, il essaye de sauver le principe monarchique en mettant en place une régence, mais, dans la pratique, il ne peut que subir les événements, quoi que les monarchistes aient pu lui reprocher plus tard. Ce n'était pas un homme d'action, ni un grand homme d'État, mais il était sensible, honnête, loyal et il accompagna, au mieux, cette période de transition de la monarchie à la république.

Première note allemande au président Wilson

5 octobre 1918

« Le gouvernement allemand prie le président des États-Unis de prendre en main le rétablissement de la paix, de donner avis de cette démarche à tous les États belligérants, et de les inviter à désigner des plénipotentiaires à l'effet des négociations. Le gouvernement allemand accepte comme base des négociations de paix le programme exposé par le président des États-Unis d'Amérique dans son message du 8 janvier 1918 au Congrès et dans ses autres déclarations ultérieures, notamment dans son discours du 27 septembre. En vue d'éviter une plus longue effusion de sang le gouvernement allemand propose la conclusion immédiate d'un armistice général sur terre, sur mer et dans les airs. »

Prince Max de Bade, Chancelier de l'Empire, in P. Renouvin, *L'Armistice de Rethondes*, op. cit.

impériale, considéré comme un idéaliste et un libéral, qui avait manifesté sa désapprobation pour la guerre sous-marine à outrance et demandé en 1917 une paix de compromis. Néanmoins, il est hostile à la demande d'armistice : il estime qu'elle met l'Allemagne en état de faiblesse et qu'une demande de paix serait suffisante. Il s'incline finalement, mais la rédaction de la demande d'armistice demanda encore quelque temps pour satisfaire à la fois le nouveau gouvernement et le haut commandement. Ce ne fut donc que dans la nuit du **3 au 4 octobre** que la note est envoyée à l'ambassade allemande en Suisse qui la fait transmettre à l'ambassade américaine par l'entremise du gouvernement suisse.

La volonté de demander l'armistice fut incontestablement celle du haut commandement, encore que le 3 octobre, les angoisses de Ludendorff se soient un peu calmées : l'offensive anglaise s'essouffle dans la région de Saint-Quentin. Ailleurs, en Argonne, en Flandre, la situation ne s'aggrave pas. D'ailleurs, dans l'esprit des généraux allemands, cette demande d'armistice signifiait un arrêt des combats et non pas une capitulation. Ils ne concevaient toujours pas de rendre l'Alsace-Lorraine.

Durant plus d'un mois, les opérations militaires se poursuivirent parallèlement aux échanges diplomatiques, avant qu'un armistice puisse être conclu.

5 L'évolution de la situation militaire au mois d'octobre 1918

a. À l'Ouest

Sur le front occidental, la situation militaire évolue lentement. Deux points de vue, une fois de plus, s'opposent.

Pétain, maintenant « offensif », est partisan d'une grande opération stratégique à partir de la Lorraine. Si elle réussissait, elle prendrait le gros de l'armée allemande à revers, l'acculant à un gigantesque Sedan ou au moins à

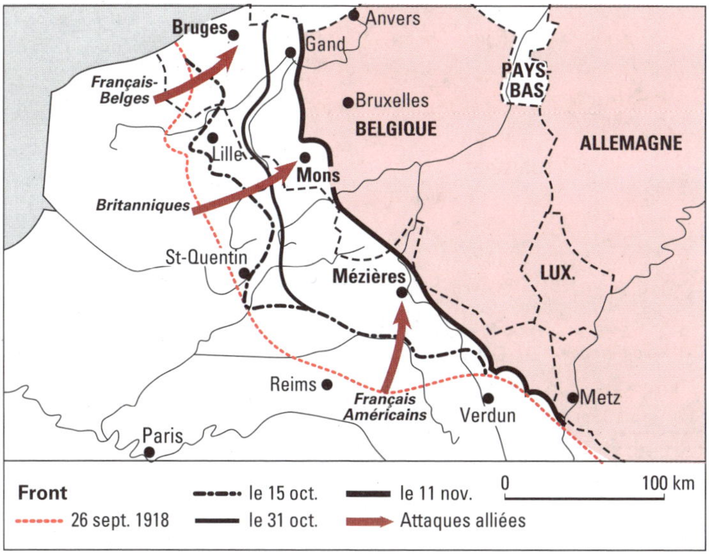

L'offensive d'octobre 1918

un recul précipité et catastrophique[16]. En outre, cette offensive, surtout française, marquerait le rôle de la France dans la victoire finale.

Foch est partisan d'une offensive générale sur l'ensemble du front qui contraindrait les Allemands à reculer. Néanmoins l'échec de l'attaque sur Mézières a empêché de couper la grande rocade ferroviaire qui, de Metz à Lille, en passant par Mézières, court à l'arrière du front allemand et permet au commandement de continuer à alimenter ses troupes.

Du côté allemand, deux thèses s'opposent également : Ludendorff est partisan de reculer aussi lentement et progressivement que possible, de combattre pied à pied avant de céder le terrain, d'abord en direction d'une seconde ligne de défense à peu près aménagée, la position Hermann, puis plus tard en direction d'une position Anvers-Meuse, dont la construction vient tout juste de commencer. D'autres généraux auraient souhaité un retrait immédiat sur cette ligne. L'avantage était de raccourcir considérablement la ligne de front, mais Hindenburg et Ludendorff s'y opposèrent. L'effet en aurait été déplorable sur le moral intérieur de l'Allemagne ainsi que sur celui des soldats, sans compter la nécessité d'abandonner tant de matériel qu'il deviendrait impossible de continuer la guerre.

Vers le 10 octobre, Foch détermine trois axes de progression : à l'Ouest, le groupe d'armée franco-belge doit avancer en direction de Bruges ; au centre, l'armée britannique doit marcher vers Mons ; à droite, les Franco-Américains doivent tenter d'atteindre Mézières. La progression est plus lente à l'Est qu'à l'Ouest. La résistance tenace de l'armée allemande ne permet

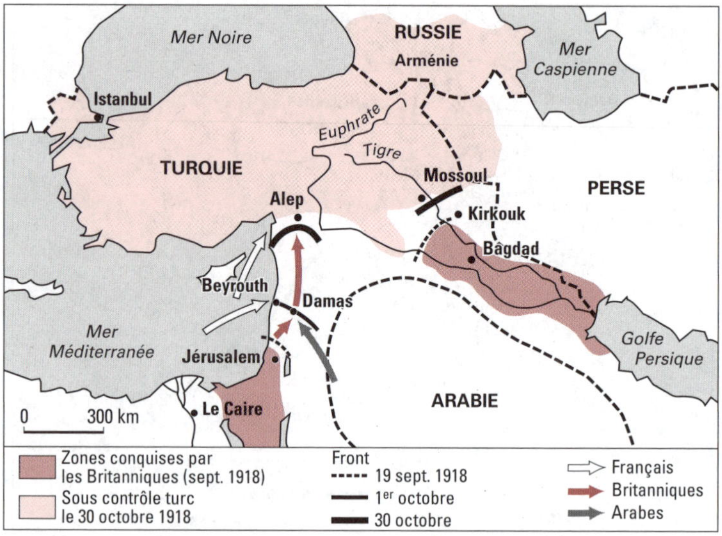

Le front turc en septembre-octobre 1918

jamais d'opérer une percée. Néanmoins, les Allemands quittent Lille, après quatre années d'occupation, dans la nuit du 17 au 18 octobre.

Le maréchal Foch ne pense toujours pas que la victoire puisse avoir lieu avant 1919, il n'est plus cependant opposé à une grande attaque à partir de la Lorraine. Les plans du général Pétain étaient prêts, mais les préparatifs indispensables ne permettaient pas de prévoir le début de cette nouvelle offensive avant le 14 novembre. Elle ne doit pas, dans la conception de Foch, provoquer la décision, il ne croit pas à la vaste percée stratégique. Comme le souligne Pierre Renouvin : « le généralissime [...] n'attachait pas une importance primordiale à une entreprise dont les résultats, à son avis, ne pouvaient pas être considérables. »[17]

Du côté allemand, on croit pouvoir passer l'hiver et reconstituer une partie des forces pendant ce temps. Du côté allié, on croit aussi qu'un nouvel hiver de guerre sera nécessaire. Les autres théâtres d'opérations en décidèrent autrement.

b. Sur les autres fronts

La **Turquie** était dans une situation épouvantable. Sur 3 millions de mobilisés depuis 1914, 350000 avaient été tués, 500000 morts de maladie et 500000 autres avaient déserté et vivaient souvent en hors-la-loi dans les montagnes. Le massacre des Arméniens avait fait entre 600000 et 1500000 victimes, plusieurs centaines de milliers d'autres s'étaient réfugiés en Russie. Des centaines de milliers de Turcs avaient fui les régions caucasiennes quand les Russes s'y étaient avancés et, à leur tour, les Arméniens en avaient massacré plusieurs dizaines de milliers. Les populations grecques des côtes de la mer Égée ont été transférées vers l'intérieur, et en 1918 les civils turcs fuient les régions arabes de l'Empire. La désorganisation économique est totale, les populations civiles sont décimées par la famine et les épidémies[18].

Après la capitulation bulgare, la situation de la Turquie était devenue intenable. Ce ne sont plus seulement les provinces arabes qui sont perdues, c'est le cœur même de l'Empire avec Istanbul et les Détroits qui est menacé. Les forces turques disponibles pour défendre Istanbul sont insuffisantes pour faire face à une attaque de l'armée d'Orient.

Le 7 octobre, Clemenceau avait donné l'ordre à Franchet d'Esperey de préparer une offensive contre Istanbul. En réalité, le gouvernement britannique n'apprécie pas cette opération à dominante française. Un accord est conclu : ce sont des troupes sous commandement britannique qui doivent opérer en direction des Détroits[19]. Mais, entre-temps, la situation intérieure de la Turquie a évolué.

Rendu responsable de la situation, ce même 7 octobre 1918, le gouvernement jeune-turc d'Enver Pacha* doit démissionner. Tandis qu'Enver Pacha * P. 63
prend la fuite à bord d'un navire allemand en compagnie de nombreux dirigeants jeunes-turcs parmi lesquels Djemal Pacha et Talaat Pacha, le nouveau chef du gouvernement, Izzet Pacha•, qui avait désapprouvé la politique turque depuis 1914, et en particulier l'entrée en guerre, cherche à entrer en contact avec les dirigeants alliés, espérant qu'une rapide sortie de la guerre lui permettra d'obtenir un meilleur traitement pour son pays.

La prise de contact entre négociateurs turcs et alliés dura plusieurs semaines et, pendant ce temps, la situation de **l'Autriche-Hongrie** s'était dégradée très rapidement. La double monarchie était confrontée, en même temps, au risque de désagrégation interne et à la défaite militaire.

Dans la première quinzaine d'octobre, des mouvements révolutionnaires éclatent dans tout l'Empire. Les unes après les autres, les différentes nationalités annoncent leur intention de devenir indépendantes, depuis les Polonais de Galicie au Nord jusqu'aux Slaves du Sud en passant par les Tchèques et les Slovaques. Des *conseils nationaux* prennent le pouvoir. Les dirigeants

---

• **Ahmed Izzet Pacha** (1864-1937). Né à Monastir dans la Macédoine turque, il fit une carrière militaire très rapide, devint général en 1905. De 1891 à 1894, il avait été en stage en Allemagne. En 1908, il devient chef d'état-major de l'armée turque. Après la révolution jeune-turc, même s'il conserve officiellement sa fonction, il ne garde pas le contrôle de l'armée. Il est, en général, en désaccord avec les options politiques ou militaires des Jeunes-Turcs. Il n'est pas partisan d'entrer dans la guerre. Pendant la guerre, il commande, entre autres, la 2e armée turque dans la campagne de 1916 contre les Russes qui se termine par la défaite générale des Turcs. Après la chute des Jeunes-Turcs, il ne dirige le gouvernement que peu de temps. Il doit démissionner le 11 novembre 1918, accusé d'avoir aidé à la fuite des chefs jeunes-turcs.

* P. 45

hongrois, en particulier l'ancien Premier ministre Tisza*, cherchent à s'opposer à toute réorganisation constitutionnelle qui diminuerait leur prééminence ; mais le 18 octobre, l'empereur Charles décide, pour la seule Autriche, la formation d'un État fédéral dans lequel les différentes nationalités seraient autonomes. Trois jours plus tard, le gouvernement américain faisait savoir que cette réforme était insuffisante et que c'était à chaque peuple de définir ses aspirations. Dans les jours suivants, les différents conseils nationaux, en particulier le conseil national tchèque et le conseil national yougoslave, parlant au nom des Serbes, des Croates et des Slovènes, annoncent qu'ils veulent constituer des États indépendants.

Le coup de grâce est porté à la monarchie quand le gouvernement hongrois, formé par le comte Karolyi• le 31 octobre, annonce qu'il constitue un État hongrois indépendant.

La guerre tournait également au désastre. L'offensive, principalement française, à travers les Balkans progressait rapidement. Dès le 21 octobre, la cavalerie avait atteint les rives du Danube. Les Puissances centrales peuvent maintenant craindre que la Roumanie n'entre à nouveau dans la guerre aux côtés des Alliés.

Le coup décisif fut pourtant porté sur le front italien : après avoir longtemps hésité, le général Diaz passe à l'offensive sur le Piave le 27 octobre 1918. Les soldats italiens sont soutenus par des troupes françaises, anglaises et américaines. Face à une armée austro-hongroise, où de nombreux contingents de troupes des nationalités refusent de combattre, l'armée italienne remporte la victoire de Vittorio-Veneto. Elle pénètre en territoire autrichien et atteint Trente, Udine, Trieste…

Dès le 26 octobre, Charles Ier avait prévenu Guillaume II qu'il serait contraint de demander l'armistice dans les vingt-quatre heures. Le 3 novembre, l'armistice était signé à **Villa Giusti,** près de Padoue.

Quant aux Turcs, ils ont réussi à engager des négociations le 27 octobre avec l'amiral Calthorpe•, commandant la flotte britannique en Méditerranée. C'est avec lui, mais après consultation des Alliés, qu'ils signent l'armistice dans la rade de **Moudros•**. Le gouvernement ottoman doit cesser toute relation avec les Puissances centrales, l'armée turque est désarmée, les Détroits sont soumis à l'occupation alliée. Le 13 novembre, les flottes alliées arrivaient devant Constantinople.

À la fin du mois d'octobre, les Allemands n'ont plus d'alliés et la situation de l'Allemagne est devenue désespérée, même si l'armée allemande tient encore.

c. Échanges de notes

Un échange de notes s'est poursuivi, tout au long du mois d'octobre, entre les gouvernements américain et allemand•. La première note allemande, arrivée à Washington le 5 octobre, a suscité une vive réaction de la presse. La plupart des journaux souhaitent que la guerre soit menée jusqu'à une reddition sans conditions, il n'est pas question de discuter avec Guillaume II et sa « camarilla militaire ». C'est également le point de vue du sénateur Lodge•, une des principales personnalités républicaines, et de l'ancien président Théodore Roosevelt• : la reddition doit être obtenue sur le sol allemand.

La presse britannique, elle, est méfiante. La note allemande ne dit rien de l'Alsace-Lorraine, elle estime que cela signifie que l'Allemagne ne veut pas la restituer. Les journaux travaillistes sont plus nuancés et croient que le militarisme allemand est vraiment abattu.

La presse et l'opinion française sont divisées. Pour des journaux de droite comme *L'Écho de Paris* et une partie de la presse de gauche, les journaux radicaux en particulier, la note allemande est considérée comme une manœuvre, un piège pour obtenir un répit. Il est dangereux pour l'avenir d'accepter de ne pas traiter sur le sol allemand. Les Allemands auraient ainsi le sentiment de ne pas avoir été vaincus. D'autres journaux de gauche, comme *L'Œuvre,* estiment que l'offre allemande peut être acceptée, à condition qu'elle soit assortie de garanties militaires suffisantes.

• **Mihaly Karolyi von Nagykaroly (comte)** (1875-1955). D'une très ancienne et aristocratique famille magyare, il prit très tôt des positions très libérales, peu en rapport avec son milieu d'origine. En 1916, il réclama l'autonomie nationale pour la Hongrie, le suffrage universel et la destruction de la grande propriété foncière. En octobre 1918, il prit la tête d'un Conseil national hongrois. L'empereur Charles le nomma Premier ministre le 31 octobre, en espérant qu'il contiendrait la révolution. Le même jour, le comte Tisza, ancien Premier ministre, qui l'avait accusé de trahir sa classe, était assassiné par des soldats. Le 11 novembre, Karolyi proclamait la république en Hongrie dont il fut le premier président, mais au mois de mars 1919, il était débordé par la révolution communiste de Bela Kun. Il quitta alors la Hongrie où il ne revint plus, mis à part peu de temps après 1945, jusqu'à sa mort 36 ans plus tard.

• **Sir Somerset Arthur Calthorpe Gough** (1864-1937). D'une famille aristocratique, entré dans la marine en 1878, vice-amiral au début de la guerre, il fut commandant en chef des forces navales britanniques en Méditerranée de 1917 à 1919. Bien que ce fût un amiral français qui commandât en chef en Méditerranée, Calthorpe le mit devant le fait accompli, en concluant tout seul l'armistice avec la Turquie. Un des amiraux britanniques les plus distingués et les plus cultivés – spécialiste de l'histoire française et parlant couramment le français – il fut fait amiral de la flotte en 1925.

• **Moudros** (Moudhros) est située sur la côte méridionale de l'île grecque de Lemnos, au nord-est de la mer Égée, dans la rade du même nom.

• **Les échanges de notes** entre le gouvernement allemand et le gouvernement américain sont étudiés avec beaucoup de minutie dans l'ouvrage de Pierre Renouvin, *L'Armistice de Rethondes,* Gallimard, 1968, qui en a également publié les textes.

• **Henry Cabot Lodge** (1850-1924). Sénateur de l'État du Massachussets de 1893 à sa mort, président de la commission des Affaires étrangères, très conservateur, partisan d'une grande fermeté en politique internationale, il devait être le principal artisan du rejet par les États-Unis du traité de Versailles.

• **Théodore Roosevelt** (1858-1919). D'une riche famille descendant de colons hollandais, républicain, il fut président des États-Unis de 1901 à 1908. Partisan d'une politique extérieure ferme et active, il s'opposa à la politique de neutralité du président Wilson pendant la guerre. Il poussa à l'entrée en guerre des États-Unis aux côtés des Alliés en 1917.

Cette division de la presse est le reflet d'une division de l'opinion, qui est elle-même loin d'être fixée. Deux impulsions contradictoires l'agitent, une attitude sentimentale : comment faire durer un jour de plus que nécessaire une guerre qui a déjà fait tant de morts, et une attitude qui semble réaliste : il ne faut pas accepter l'armistice avant d'avoir porté la guerre en Allemagne.

Ce double comportement se maintient tout le mois d'octobre. Lorsque la conclusion de l'armistice semble s'éloigner, le sentiment de la fermeté, de devoir écraser l'Allemagne sur son sol, l'emporte ; au contraire, lorsque la conclusion de l'armistice semble en bonne voie, c'est un immense espoir qui se lève, la guerre va bientôt se terminer.

Quant au président du Conseil français Clemenceau, au Premier ministre britannique Lloyd George, au président du Conseil italien Orlando, réunis le 5 octobre comme ils le faisaient régulièrement, ils attendent vainement et avec irritation que le président américain Wilson veuille bien les consulter. Lloyd George et Orlando restent à Paris jusqu'au 9, espérant toujours une communication de Wilson. Leur position est claire : il faut accepter l'armistice si les garanties sont suffisantes et ils s'emploient à établir quelles devraient être ces garanties.

Quant au gouvernement américain, le secrétaire d'État Lansing• est partisan de rejeter la proposition allemande, le colonel House•, le plus proche conseiller du Président, pense qu'il ne faut pas répondre ; mais Wilson est bien décidé à répondre, ce qu'il fait par une **note du 8 octobre.** Plus qu'une réponse, c'était un questionnaire sur les intentions allemandes.

La réponse allemande vient par une **deuxième note du 12 octobre.** Elle est assez vague. Les Allemands acceptent d'évacuer les territoires occupés, mais ne mentionnent toujours pas le cas de l'Alsace-Lorraine. Cette note provoque des réactions très défavorables aux États-Unis où les partisans de la reddition sans conditions reprennent vigueur. De leur côté, les gouvernements alliés européens pressent Wilson de leur envoyer un représentant pour effectuer les liaisons nécessaires et pour qu'il lui soit fait part des conditions réclamées par eux pour un armistice. Le président américain se déclare très choqué que les Premiers ministres alliés aient discuté des conditions de l'armistice alors que la demande allemande ne leur avait pas été adressée !

La réponse américaine est contenue dans une **deuxième note** en date du **14 octobre.** Beaucoup plus longue et plus impérative que la précédente, elle exige que la guerre sous-marine cesse immédiatement, ainsi que les destructions que les Allemands opèrent dans le Nord de la France. Le président américain affirme qu'il ne veut discuter qu'avec de véritables représentants du peuple allemand.

La troisième note allemande du 20 octobre prétend donner les garanties réclamées par le gouvernement américain, mais en présentant les choses de telle façon que la portée en serait très limitée, d'où une **troisième note améri-**

caine dès **le 23 octobre.** Elle indique de façon très ferme aux Allemands qu'ils seront placés dans des conditions où il leur sera impossible de reprendre la guerre et que les négociations ne peuvent avoir lieu qu'avec les envoyés d'un gouvernement représentatif, ce qui exclut à la fois le souverain et les militaires.

Cette réponse fait l'unanimité chez les Alliés et est assez largement approuvée dans les opinions publiques, d'autant que si Wilson continue de ne pas consulter ses « associés », au moins, il les informe !

Comment peut-on expliquer l'attitude dilatoire adoptée par les autorités allemandes après leur demande pressante d'armistice du 4 octobre ? Ludendorff, après l'affolement de la fin septembre, s'est rendu compte que la catastrophe militaire n'a pas eu lieu dans l'immédiat, du moins pour l'armée allemande. Il est donc possible d'espérer que la guerre continuera pendant l'hiver où les opérations seront ralenties par la force des choses. Au printemps, le rapport des forces, au niveau des effectifs, ne sera pas amélioré puisque l'armée allemande aura reçu des renforts, mais que l'armée américaine sera de plus en plus nombreuse. Toutefois on pourrait alors, espérait-il, tabler sur la lassitude des Français et des Anglais qui seraient plus enclins à vraiment négocier un compromis. Peu à peu, Ludendorff a abandonné sa position initiale, il est devenu partisan d'une « levée en masse » et de la « résistance à outrance ». Il ne s'était pas rendu compte, au moment de la demande d'armistice, que jamais les Alliés n'accepteraient une simple suspension des hostilités et que les Allemands seraient soumis à des conditions qui les empêcheraient de reprendre la lutte.

• **Robert Lansing** (1864-1928). Spécialiste de droit international, après une longue carrière privée, Lansing accepte en 1914 d'entrer dans le cabinet de Wilson. D'abord conseiller, puis secrétaire d'État par interim, il devient secrétaire d'État en juin 1915, mais le président Wilson s'occupe lui-même des affaires internationales. Il est surtout spécialisé dans les protestations contre le blocus des Britanniques en mer du Nord et leur contrôle de la contrebande. Il est néanmoins partisan en mars 1917 de l'entrée des États-Unis dans la guerre. Par la suite, Lansing et Wilson furent souvent en désaccord pendant les négociations de paix, en particulier sur le projet de Société des Nations qui semblait peu important à Lansing. Finalement, il y eut rupture entre les deux hommes en 1920 et Lansing retourna à la vie privée.

• **Edward Mandell House** (1858-1938). Ce Texan était le fils d'un riche planteur. Son titre de colonel était purement honorifique car il n'eut aucune carrière militaire. Wilson, qui avait apprécié son aide pour devenir président et sa modération, en fit son principal conseiller. Il joua un rôle beaucoup plus important que le secrétaire d'État. Il soutint la politique de neutralité, tout en estimant qu'il était nécessaire de se préparer à la guerre. Il s'entremit pour essayer de faire aboutir les tentatives de négociations. En 1917 et 1918, le colonel House fut le principal représentant du président dans les rapports avec les Alliés. Il fut le créateur de la formule « la paix sans victoire ». House et Wilson se séparèrent quand House fut partisan de trouver des accommodements avec les opposants au traité de Versailles, comme Harry Cabot Lodge. En juin 1919, House vit Wilson pour la dernière fois, mais leur séparation fut si discrète que, quand il mourut presque vingt ans plus tard, il passait encore pour un admirateur inconditionnel de Wilson.

Les échanges épistolaires avec le président américain se déroulent sur un fond de crise entre le pouvoir civil du gouvernement Max de Bade, appuyé sur une majorité parlementaire regroupant les socialistes, le *Zentrum* et les libéraux de gauche (progressistes) et le pouvoir militaire qui entend conserver ses pouvoirs presque dictatoriaux. De son côté, le chancelier Max de Bade veut obtenir l'ouverture de négociations avec les Alliés et non une quasi-capitulation.

La situation se dénoue dans la préparation de la réponse allemande que constitue la **quatrième note du 27 octobre.** Les palinodies de Ludendorff ont affaibli la confiance qu'il inspirait. De plus, il se trouve isolé face à la volonté du gouvernement de se soumettre aux conditions américaines. L'Empereur accepte, sans regrets, sa démission le 26 octobre. Il est remplacé à son poste de quartier-maître général par le général Groener*. Hindenburg, quant à lui, conservait le commandement suprême de l'armée. De son côté, Max de Bade doit se résigner à ce que l'armistice ne soit pas « négocié ». Quant à Guillaume II, il espère encore pouvoir sauver sa dynastie.

* P. 157

Quelques journaux pangermanistes et très violemment nationalistes continuent de prêcher la lutte à outrance, mais leur écho est très faible. La population, après avoir accepté quatre ans de sacrifices, est lasse et son moral a été frappé de plein fouet par la demande d'armistice. Ignorante de la réalité de la situation, elle a été stupéfaite.

Dans ces conditions, le gouvernement allemand n'avait plus d'autre choix : la dernière note allemande acceptait les conditions américaines et le gouvernement se déclarait prêt à recevoir les propositions des Alliés.

Deux semaines s'écoulèrent encore avant la signature de l'armistice, délai dû, en partie, aux divergences des Alliés entre eux. Assez facilement d'accord sur les clauses militaires, ils le furent beaucoup plus difficilement sur les clauses politiques. La base de discussion était constituée par les **14 points,** énoncés par Wilson et acceptés par les Allemands. Mais les Anglais sont tout à fait réservés sur le point 2 qui stipule « une absolue liberté de navigation sur mer, en temps de paix et en temps de guerre » et les Français n'apprécient guère les points sur le rejet de toute revendication sur la Sarre ou la rive gauche du Rhin, ainsi que sur la possibilité laissée à l'Autriche allemande de rejoindre l'Allemagne. Bien d'autres points provoquent des débats, d'autant que chacun est bien conscient – ce qui est original – que les conditions d'armistice engagent le traité de paix. En définitive, les associés européens des États-Unis sont bien obligés d'accepter le principe des 14 points : ils ne peuvent prendre le risque de faire connaître aux Allemands l'étendue des divergences avec les Américains, ni que les États-Unis signent une paix séparée. Au surplus, les 14 points étaient souvent suffisamment vagues pour laisser, le jour venu, un grand espace d'interprétation.

Les 14 points du président Wilson

La célèbre déclaration en 14 points fut faite par le président des États-Unis devant le Congrès le 8 janvier 1918. Un certain nombre d'entre eux établissaient des principes généraux, la suppression de la diplomatie secrète, la liberté des mers en temps de paix et en temps de guerre, la disparition des barrières économiques et l'égalité commerciale de tous les pays, la limitation des armements, le règlement des questions coloniales en prenant en compte les intérêts des peuples concernés autant que ceux des gouvernements intéressés, la création d'une association des nations chargée de protéger l'indépendance et l'intégrité de chaque pays. Les autres points avaient principalement trait aux problèmes territoriaux en s'appuyant sur le principe des nationalités.

« C'est donc le programme de la paix du monde qui constitue notre programme. Et ce programme, le seul possible selon nous, est le suivant :

1. Des conventions de paix, au grand jour, préparées au grand jour ; après quoi il n'y aura plus d'ententes particulières et secrètes d'aucune sorte entre les nations, mais la diplomatie procèdera toujours franchement et en vue de tous.

2. Liberté absolue de la navigation sur mer, en dehors des eaux territoriales, aussi bien en temps de paix qu'en temps de guerre, sauf dans le cas où les mers seraient fermées en tout ou en partie par une action internationale tendant à faire appliquer des accords internationaux.

3. Suppression, autant que possible, de toutes les barrières économiques, et établissement de conditions commerciales égales pour toutes les nations consentant à la paix et s'associant pour son maintien.

4. Échange de garanties suffisantes que les armements de chaque pays seront réduits au minimum compatible avec la sécurité intérieure.

5. Arrangement librement débattu, dans un esprit large et absolument impartial, de toutes les revendications coloniales, basé sur la stricte observation du principe que, dans le règlement de ces questions de souveraineté, les intérêts des populations en jeu pèseront d'un même poids que les revendications équitables du gouvernement dont le titre sera à définir.

6. Évacuation du territoire russe tout entier et règlement de toutes questions concernant la Russie qui assure la meilleure et la plus libre coopération de toutes les nations du monde en vue de donner à la Russie toute latitude, sans entrave ni obstacle, de décider, en pleine indépendance, de son propre développement politique et de son organisation nationale ; qui lui assure aussi un sincère et bienveillant accueil dans la société des nations libres ; avec des institutions de son choix : et même, plus qu'un accueil, l'aide de toute sorte dont elle pourra avoir besoin et qu'elle pourra souhaiter. Le traitement qui sera accordé à la Russie par ses nations sœurs dans les mois à venir sera la pierre de touche de leur bonne volonté ; de leur compréhension des besoins de la Russie, abstraction faite de leurs propres intérêts ; enfin, de leur sympathie intelligente et généreuse.

7. Il faut que la Belgique, tout le monde en conviendra, soit évacuée et restaurée, sans aucune tentative pour restreindre la souveraineté dont elle jouit au même titre que toutes les autres nations libres. Aucun autre acte isolé ne saurait servir autant que celui-ci à rendre aux nations leur confiance en les lois qu'elles ont elles-mêmes établies et fixées pour régir leurs relations réciproques. Sans cet acte réparateur, toute l'armature du droit international et toute sa valeur seraient ébranlées à jamais.

8. Le territoire français tout entier devra être libéré et les régions envahies devront être restaurées ; le tort causé à la France par la Prusse en 1871 en ce qui concerne l'Alsace-Lorraine, préjudice qui a troublé la paix du monde pendant près de cinquante ans, devra être réparé afin que la paix puisse de nouveau être assurée dans l'intérêt de tous.

9. Une rectification des frontières italiennes devra être opérée conformément aux données clairement perceptibles du principe des nationalités.

10. Aux peuples de l'Autriche-Hongrie dont nous désirons voir sauvegarder et assurer la place parmi les nations, devra être accordée au plus tôt la possibilité d'un développement autonome.

11. La Roumanie, la Serbie et le Monténégro devront être évacués ; les territoires occupés devront être restitués ; à la Serbie devra être assuré un libre et sûr accès à la mer ; les rapports des États balkaniques entre eux devront être déterminés par un échange amical de vues basé sur les liens d'allégeance historiquement établis ; des garanties internationales d'indépendance politique, économique et d'intégrité territoriale devront être données à ces différents États.

12. Aux régions turques de l'Empire ottoman actuel devront être garanties la souveraineté et la sécurité ; mais aux autres nations qui sont maintenant sous la domination turque on devra garantir une sécurité absolue d'existence et la pleine possibilité de se développer d'une façon autonome, sans être aucunement molestées ; quant aux Dardanelles, elles devront rester ouvertes comme un passage libre pour les navires et le commerce de toutes les nations sous la protection des garanties internationales.

13. Un État polonais indépendant devra être créé, qui comprendra les territoires habités par des populations indiscutablement polonaises auxquelles on devra assurer un libre accès à la mer ; leur indépendance politique et économique aussi bien que leur intégralité territoriale devront être garanties par un accord international.

14. Il faut qu'une association générale des nations soit constituée en vertu de conventions formelles ayant pour objet d'offrir des garanties mutuelles d'indépendance politique et d'intégralité territoriale aux petits comme aux grands États. »

Cité dans Pierre Renouvin, *L'Armistice de Rethondes*, Gallimard, 1968.

Le 5 novembre, le gouvernement allemand fut avisé par le gouvernement américain qu'il pouvait s'adresser au maréchal Foch pour connaître les conditions de l'armistice.

d. Les dernières minutes

La situation avait encore évolué : l'Allemagne a perdu ses alliés turc et austro-hongrois, l'offensive alliée a repris le 31 octobre et elle progresse de façon importante sur l'ensemble du front. En principe, aux 210 divisions alliées, les Allemands peuvent en opposer sur le papier 198, mais beaucoup d'entre elles ne sont plus que des squelettes. La disproportion des forces est considérable et s'accroît chaque jour. Dès le 6 novembre, le général Groener donne un ordre de retraite générale sur la ligne Anvers-Meuse. Dernière carte pour perturber l'offensive alliée, le commandement allemand aurait souhaité que la flotte de Haute Mer sorte afin de gêner les transports entre l'Angleterre et le continent. L'ordre en est donné le 28 octobre, mais les équipages se mutinent. Si l'on ajoute que dans un proche avenir, l'armée italienne peut être en mesure d'attaquer le Sud de l'Allemagne, que les Franco-Serbes sont à Belgrade, que Franchet d'Esperey se prépare à entrer en Hongrie, que la Roumanie reprend les armes le 10 novembre et somme les troupes allemandes d'évacuer son territoire, que les avant-garde françaises franchissent le Danube à Roustchouk•, la situation militaire est devenue désespérée en quelques jours. La situation intérieure n'est pas meilleure.

La rébellion des marins de Kiel a pris une tournure révolutionnaire. Du 3 au 5 novembre, les matelots s'emparent des navires et forment un conseil d'ouvriers et de soldats. La révolution s'étend aux ports de la mer du Nord, Hambourg, Brême. Le 7 novembre, un socialiste, Kurt Eisner, proclame la république en Bavière. Le même jour, un peu partout dans le pays, des comités de marins, de soldats, d'ouvriers, prennent le contrôle de nombreuses villes, Hanovre, Cologne.

Il n'était vraiment plus possible de différer la demande d'armistice. Une mission dirigée par le ministre d'État, Mathias Erzberger*, se présente devant les lignes françaises, le 7 novembre. Lecture lui est faite le lendemain des conditions alliées dans le wagon de commandement du maréchal Foch, installé dans la forêt de Compiègne, dans la clairière de Rethondes. Réponse devait être donnée le 11 novembre avant 12 heures. Un des membres de la mission allemande tente de regagner l'Allemagne pour y recevoir les instructions du gouvernement. Il n'y parvient que le 9 dans l'après-midi. * P. 223

La situation s'est encore dégradée. La monarchie elle-même est maintenant en cause. Guillaume II est sommé d'abdiquer par les socialistes. L'Empereur, qui est à Spa, au quartier général, essaie de s'accrocher au pouvoir, il veut prendre la tête de troupes fidèles pour restaurer son autorité, mais les principaux chefs militaires lui affirment que l'armée ne marcherait pas pour lui et refuserait de s'engager dans la guerre civile.

Dans la nuit du 9 au 10 novembre, Guillaume II quittait l'Allemagne et se réfugiait aux Pays-Bas•.

La révolution avait gagné Berlin. Pour couper l'herbe sous le pied des spartakistes, le 9 novembre, un socialiste majoritaire, Philipp Scheidemann•,

---

• **Roustchouk** ou Rüscuk ou Ruse est une ville bulgare sur la rive droite du Danube, au Sud de Bucarest.

• Après avoir abdiqué, **Guillaume II** – il a alors 59 ans – séjourna jusqu'à sa mort aux Pays-Bas, d'abord à Amerongen, ensuite au château de Doorn, dans la province d'Utrecht. Le gouvernement hollandais refusa de le livrer aux Alliés pour qu'il soit jugé comme « criminel de guerre », comme le prévoyait le traité de Versailles. Il espérait qu'un jour le peuple allemand le rappellerait. Il montra une attitude réservée envers le nazisme dont il condamnait les persécutions raciales et le « paganisme ». Il fut exalté par les victoires contre la France en 1940, mais resta en exil aux Pays-Bas, où il mourut le 4 juin 1941, 17 jours avant l'attaque allemande contre l'Union soviétique.

• **Philipp Scheidemann** (1865-1939). Fils d'un artisan de Kassel, typographe, il adhère au Parti social-démocrate à 18 ans. Il en devient fonctionnaire et journaliste. Député au *Reichstag* à partir de 1903, il devait le rester pendant trente ans. Il participe peu aux débats internes du Parti, mais est un orateur parlementaire réputé. Il est un des deux dirigeants de la majorité du Parti social-démocrate (avec Ebert) pendant la guerre. Il soutient vivement la politique de défense nationale, opposé aux grandes annexions, mais attaché à conserver l'Alsace-Lorraine. Appelé comme secrétaire d'État sans portefeuille dans le gouvernement Max de Bade, il devient chancelier en février 1919, mais il démissionne pour ne pas avoir à signer le traité de Versailles. Il doit s'exiler à l'arrivée d'Hitler au pouvoir et meurt en exil au Danemark.

La conclusion de l'armistice a-t-elle été prématurée ?

Cette question a provoqué un grand débat dans les années qui ont suivi. La proposition est la suivante. Si la guerre avait été portée en Allemagne et si le peuple allemand avait été témoin de la défaite militaire, cela aurait évité que puisse se développer l'idée que l'Allemagne n'avait pas été vaincue et n'aurait pas permis le réveil du militarisme allemand et l'exaltation de la volonté de revanche.

Outre que cette idée est tout à fait contestable et que la propagande du « coup de poignard dans le dos » aurait pu tout autant exister, ce qui est important, comme le souligne Pierre Renouvin, ce sont les opinions manifestées au moment de la signature de l'armistice. L'opinion qu'il ne fallait pas conclure l'armistice avant l'invasion de l'Allemagne a sans aucun doute existé. Ce fut, pour prendre quelques exemples, l'opinion du général américain Pershing, celle du chef du cabinet militaire de Clemenceau, le général Mordacq, et dans une certaine mesure celle du président de la République, celle de Pétain, tout entier à la préparation de l'offensive de Lorraine…

Mais une fois l'armistice conclu, il y a eu peu d'opposition véritable. Trois grandes raisons l'expliquent : on ignorait que l'Allemagne était à la limite de l'effondrement, donc continuer la guerre supposait encore de grandes difficultés et de grandes pertes en vies humaines, la victoire aurait de plus en plus été une victoire américaine au fur et à mesure de l'entrée en ligne de nouvelles divisions américaines et par conséquent la paix aurait été une paix américaine, et, troisième raison bien exprimée par Foch, « On ne fait la guerre que pour ses résultats ; dès lors que ces résultats sont acquis, nul n'a le droit de faire verser une goutte de sang. » Voir sur ces discussions, Pierre Renouvin, *L'Armistice de Rethondes*, *op. cit.*, p. 255 et suivantes.

proclamait la république (au même moment, Karl Liebknecht proclamait une « république socialiste »). Le chancelier Max de Bade démissionne et transmet ses pouvoirs au socialiste Friedrich Ebert. Pour les socialistes, la préoccupation la plus urgente est en même temps d'empêcher le bolchevisme de s'étendre en Allemagne et d'éviter que n'éclate la guerre civile. Pour cela, il était nécessaire de mettre fin à la guerre.

Le nouveau gouvernement ne peut consacrer que quelques instants à délibérer des conditions de l'armistice. Les instructions adressées à Erzberger sont de signer coûte que coûte, en essayant seulement d'obtenir quelques atténuations en jouant des clauses qui, en plongeant l'Allemagne dans l'anarchie et en désarmant l'État, risqueraient d'être favorables au bolchevisme. Erzberger obtient effectivement quelques atténuations, en particulier dans les livraisons d'armement et de moyens de transport.

e. Les clauses de l'armistice

L'armistice fut effectivement ce que souhaitaient les Alliés : mettre l'armée allemande dans l'impossibilité de reprendre la lutte.

– Les Allemands devaient livrer 25000 mitrailleuses, 5000 canons, 1700 avions et de très grosses quantités de matériel de transport, 5000 locomotives, 150000 wagons, 5000 camions.

– Ils devaient livrer tous leurs sous-marins, 6 croiseurs de bataille, 68 autres bâtiments de surface.

– Les territoires occupés à l'Est, au Sud ou à l'Ouest devaient être évacués dans un délai donné : 15 jours sur le front occidental, y compris l'Alsace-Lorraine. Les troupes allemandes devaient également évacuer la rive gauche du Rhin, ainsi que trois têtes de pont occupées par les Alliés sur la rive droite (Mayence, Coblence, Cologne). Sur cette rive droite, une zone de 10 km était démilitarisée, depuis la frontière hollandaise jusqu'à la frontière suisse.

– Les traités de Brest-Litovsk avec la Russie et de Bucarest avec la Roumanie étaient annulés.

La signature de l'armistice eut lieu le 11 novembre 1918, à 5 heures 10 du matin, dans la clairière de Rethondes, pour prendre effet à 11 heures.

L'armistice était conclu pour 36 jours et pouvait être dénoncé avec deux jours de préavis.

Dans les faits, la guerre était terminée.

Chapitre 8

Les legs de la Grande Guerre

Le 11 novembre 1918, la guerre prenait fin en Europe. Prévue à l'origine pour quelques semaines, elle avait en fait duré plus de quatre années. Toute l'histoire et toute la vie de l'Europe et des Européens en avaient été bouleversées, au point qu'il n'est pas excessif de penser que par ses effets à court, moyen et long terme, la guerre a vraiment été la matrice dont est sortie l'Europe du XXe siècle.

Les « legs » de la guerre ont été d'une très grande diversité.

I. Novembre 1918

1 En France

Dans la vie française, le 11 novembre a pris un tour symbolique qu'aucune autre date d'une histoire fertile ne peut approcher. La raison en est simple. Il n'y a pratiquement aucune autre date qui rassemble la totalité de l'opinion française. Même le 14 juillet, date de la fête nationale, porte en lui des éléments de division.

L'annonce au début du mois d'octobre de la demande d'armistice de l'Allemagne avait surpris l'opinion française. Les observateurs de la Préfecture de police de Paris dans un rapport du 6 octobre soulignent cette surprise. Surpris par la guerre quatre années plus tôt, les Français étaient maintenant surpris par l'arrêt de la guerre.

Tout au long du mois d'octobre, l'opinion avait oscillé entre l'espoir de la fin de la guerre et la crainte d'une paix prématurée dont l'Allemagne ne sortirait pas suffisamment et symboliquement vaincue. Au fur et à mesure que les jours passaient, une tendance l'emporta : une attente de plus en plus impatiente de l'armistice. Au début du mois de novembre, on en attendait l'annonce tous les jours. Le 7 novembre, une joie délirante éclata sur les boulevards à Paris à l'annonce (fausse) de la conclusion de l'armistice. Le 10 novembre, c'était un dimanche et il faisait beau, la foule était nombreuse dans les rues, on tendait l'oreille dans l'espoir d'entendre le coup de canon qui devait annoncer la conclusion de l'armistice.

Quand, le lundi 11 novembre, l'armistice fut réellement annoncé, une liesse, que certains ont décrite comme presque démente, s'est déchaînée à Paris, dans les villes de province et dans les moindres bourgades, où l'exaltation se traduisit par des illuminations, les drapeaux que l'on sortait, les fêtes qui s'organisaient. Pendant deux jours, les places et les grands boulevards parisiens furent « noirs de monde ». Le 11 novembre, quand le président du Conseil Clemenceau vint à la Chambre des députés, il y fut reçu au milieu d'acclamations frénétiques. *Le Temps,* dans son commentaire, parle du « frisson sacré » qui secoue l'Assemblée. Dans les jours suivants, l'entrée des troupes françaises à Metz ou à Strasbourg fut l'occasion de véritables triomphes. À Metz, le 19 novembre, emportés par l'atmosphère, le président de la République (qui avait été un des plus vifs opposants à la signature immédiate
* P. 219 de l'armistice) et Georges Clemenceau* – les deux hommes se détestaient – s'étreignirent au milieu d'ovations inouïes, tandis que le bâton de maréchal
* P. 115 de France était remis au général Pétain*.

Les Français ont alors vécu un moment unique dans leur histoire, un de ces moments de joie exceptionnelle dans la vie d'un peuple.

Néanmoins cette immense joie, doublée de fierté, la fierté d'avoir été les artisans de cette victoire, ne fut pas sans nuages.

Les réactions des soldats sur le front furent plus discrètes que celles de l'arrière. Joie sans doute, soulagement assurément, mais le tout tempéré par une profonde lassitude. En réalité, les soldats étaient bien placés pour avoir conscience des énormes sacrifices qu'il avait fallu faire et qu'il fallait encore faire, car l'avance des dernières semaines avait eu lieu face à un adversaire qui se défendait avec acharnement.

D'ailleurs, quand on regarde avec attention les photographies ou les bandes d'actualités, on est frappé par le nombre de visages graves ainsi que des militaires qui portaient un brassard noir, signe d'un deuil parmi leurs proches.

Un événement imprévu également ternit pour beaucoup la joie de la victoire, mais il n'est pas spécifique à la France : l'épidémie, dite de « grippe espagnole », qui frappe au même moment les différents pays européens et d'ailleurs le monde entier. 20 millions de morts au moins – on a tendance maintenant à en augmenter le nombre dans des proportions considérables – 30 ou 40 millions de morts peut-être, car l'épidémie a ravagé particulièrement l'Afrique et l'Asie, notamment le subcontinent indien. On ne sait pas pourquoi cette épidémie de grippe a été baptisée « espagnole », elle serait

À Paris, au Palais Bourbon

«À 4 heures, la salle se remplit. C'est le moment. Tout à coup, des applaudissements s'élèvent, grandissent, se propagent, frénétiques, et l'on voit s'avancer très entouré, un vieillard, la tête nue et un peu courbée, ganté de gris, les bras tombant, comme lassés, donnant l'impression d'un homme brisé par l'émotion qui l'étreint, accablé par tous les honneurs et les vivats dont on le charge, et qui se sent dépassé et emporté par des événements qui ne sont pas à la pointure humaine. Il a lu les clauses de l'armistice d'une voix nette et ferme, puis il n'a eu la force que d'ajouter quelques mots :

"Je cherche vainement ce qu'en pareil moment, après cette lecture devant la Chambre des représentants de la France, je pourrais ajouter. [...]

Un mot seulement.

Au nom du peuple français, au nom du gouvernement de la République française, j'adresse le salut de la France une et indivisible à l'Alsace et à la Lorraine retrouvées.

(MM. les députés se lèvent. Applaudissements enthousiastes).

Et puis honneur à nos grands morts qui ont fait cette victoire ! (Longs applaudissements unanimes.)

Nous pouvons dire qu'avant tout armistice, la France a été libérée par la puissance de ses armes (Applaudissements prolongés), et quand nos vivants, de retour sur nos boulevards, passeront devant nous, en marche vers l'Arc de triomphe, nous les acclamerons.

Qu'ils soient salués d'avance pour la grande œuvre de reconstruction sociale (Vifs applaudissements).

Grâce à eux, la France, hier soldat de Dieu, aujourd'hui soldat de l'Humanité, sera toujours le "soldat de l'Idéal."»

Compte rendu du *Temps* du 12 novembre 1918.

La grippe dans un service hospitalier

«Malgré les nombreuses salles qui se créaient partout pour recevoir des malades, lits et brancards furent tous utilisés rapidement, les salles étaient combles. Des familles entières se présentaient aux consultations pour être hospitalisées. Des malades cyanosées, dyspnéiques, angoissées, parfois mourantes ne pouvaient être refusées, il fallait les coucher sur des matelas par terre, dans les couloirs ou à l'entrée des salles en attendant un lit. Un certain nombre d'entre elles mouraient après quelques heures de séjour à l'hôpital. Plusieurs décès par famille n'étaient pas chose rare : telle malade venait de perdre son mari, sa mère et avait encore plusieurs grippés moins graves chez elle. Nous nous trouvions vraiment en face d'une grande épidémie, devant laquelle nous nous sentions impuissants. Certains, même devant la gravité des symptômes et l'allure foudroyante de la maladie allèrent jusqu'à penser à la peste, au choléra. Il s'agissait bien cependant de la grippe et nous ne retrouverons pas dans nos cas de complications ou de faits, qui n'aient déjà été signalés dans une épidémie antérieure.»

Docteur Marguerite Barbier, *La grippe de 1918-1919 dans un service de l'hôpital Saint-Antoine, 1919.*

plutôt née en Chine ou aux États-Unis. Elle ne fut pas une conséquence de la guerre, mais les grandes concentrations de soldats et les déplacements massifs d'hommes d'un continent à un autre en ont favorisé la propagation. En revanche, il n'est pas sûr que la malnutrition ait joué un rôle important puisque l'épidémie a été particulièrement forte en Suisse et aux États-Unis qui n'ont pas été touchés par la pénurie.

Due au virus A, cette grippe se répandait à une vitesse terrifiante. Dans un certain nombre de cas, elle était accompagnée de complications pulmonaires, souvent mortelles. Elle provoqua 200000 morts en France dont la moitié était des soldats, 187000 en Allemagne, 112000 dans le Royaume-Uni.

À Paris, elle atteignit son point maximum en octobre 1918 et elle faiblit en novembre. Mais, dans la semaine qui suivit l'armistice, du 17 au 23 novembre, on compta encore 352 décès dus à la grippe espagnole. Le 11 novembre, le glas qui sonnait pour les morts de la grippe[1] fit écho aux cloches de la victoire.

2 Chez les autres vainqueurs

Dans les autres pays victorieux, en Angleterre, aux États-Unis, en Italie, des foules immenses acclamèrent la fin de la guerre et la victoire. À New-York, une foule innombrable s'était rassemblée devant la *Public Library.* Mais c'est en Angleterre que l'explosion de joie fut la plus proche de ce qui se passait, au même moment, en France. L'historien britannique A. J. P. Taylor le raconte ainsi[2]. Sur le front britannique, il n'y eut pas de scène de fraternisation et peu d'allégresse – on retrouve là les mêmes traits que sur le front français – en revanche le peuple anglais ne fut pas réservé. Le travail cessa dans les boutiques et dans les bureaux aussitôt que la nouvelle de l'armistice se répandit. Des cortèges se formèrent dans les rues souvent conduits par des aviateurs ou des soldats des dominions. Les omnibus furent pris d'assaut et on faisait la fête sur leurs toits. Un feu de joie fut allumé au pied de la colonne Nelson dans Trafalgar Square. Des inconnus s'accouplaient sous les portes cochères ou sur le pavé. Ils revendiquaient le triomphe de la vie sur la mort. La célébration de la victoire connut une violence croissante pendant trois jours, jusqu'à ce que la police intervienne et rétablisse l'ordre. Quant à la Chambre des communes,
* P. 129
elle se réunit, dans l'après-midi du 11 novembre, pour entendre Lloyd George* lire les clauses de l'armistice et conclure : « J'espère que nous pouvons dire, qu'en ce matin fatidique, ainsi vint la fin de toutes les guerres. » Une procession eut lieu ensuite pour remercier Sainte Margareth, conduite par le *Speaker* de la
* P. 47
Chambre immédiatement suivi par Lloyd George et Asquith* côté à côte.

Néanmoins, le 11 novembre, cette date exceptionnelle, ne le fut pas pour toute l'Europe.

Pierre Renouvin l'a souligné : à l'« enthousiasme vibrant » des uns répondent chez les autres la « douleur de la patrie déchirée, de l'idéal meurtri, l'amertume des sacrifices vains », l'« angoisse », le « désarroi », compensé dans certains cas par l'attente de transformations politiques et sociales souhaitées[3]. En ce mois de novembre, la terre tremble dans une partie de l'Europe.

3 En Allemagne

Paradoxalement, l'opinion allemande s'effondre plus tard que les chefs militaires. La demande de l'armistice l'a plongée dans un grand désarroi. Dans sa masse, jusque-là, elle croyait à la victoire. La presse nationaliste continue d'appeler à la résistance à outrance, mais au cours du mois d'octobre, la très grande majorité des Allemands basculent et croient maintenant que la paix immédiate est indispensable, ils croient aussi à la nécessité du départ de Guillaume II*, considéré, en raison de l'attitude américaine, comme un obstacle à la paix. Alors que l'armistice n'est pas encore signé, la révolution du 9 novembre provoque la fuite de Guillaume II et l'arrivée au pouvoir d'un chancelier socialiste. * P. 25

Mais, lorsque l'armistice est conclu, le destin de l'Allemagne est loin d'être fixé.

Pour les socialistes majoritaires, la révolution qui vient d'avoir lieu est un aboutissement : il faut seulement consolider le pouvoir républicain et social qui l'a emporté ; pour les spartakistes, ce n'est qu'un début[4]. L'objectif est d'établir un régime proche de celui des bolcheviks russes. Entre les deux, les socialistes indépendants de l'USPD, sans épouser toutes les conceptions des spartakistes, sont plus proches d'eux que des majoritaires.

Dans le chaos que connaît l'Allemagne, le 11 novembre passe inaperçu. En revanche, la veille, 10 novembre, la journée avait été décisive, au moins dans un premier temps. Dans le cirque Bush « plein à craquer d'ouvriers et de soldats en armes », censés être les représentants des « conseils » révolutionnaires de Berlin, les socialistes majoritaires l'emportent sur les spartakistes. Les « masses » – événement considérable pour les jours qui suivent – ne sont pas acquises aux révolutionnaires. La composition du gouvernement, rebaptisé Conseil des Commissaires du Peuple, est approuvée à une forte majorité par l'Assemblée. Il comprend, sous la présidence du chancelier Ebert*, trois **majoritaires,** Friedrich Ebert, Philipp Scheidemann* et Otto Landsberg•, et trois **indépendants,** Hugo Haase, Wilhelm Dittmann• et Emil Barth•. En fait, il n'est pas très facile de savoir qui gouverne réellement, car les ministres du gouvernement Max de Bade sont restés en place, ainsi que, pour le moment, toute la haute bureaucratie impériale. * P. 257
* P. 295

• **Otto Landsberg** (1869-1957). Avocat, député social-démocrate en 1912, un des majoritaires actifs pendant la guerre comme spécialiste des questions constitutionnelles. Membre du cabinet Scheidemann, il démissionna pour ne pas avoir à signer le traité de Versailles. Ambassadeur en Belgique de 1920 à 1924, député à partir de 1924, il se réfugia aux Pays-Bas en 1933.

• **Wilhelm Dittmann** (1874-1954). Ébéniste, membre du SPD depuis 1892, un des fondateurs des socialistes indépendants. Il revient au Parti socialiste en 1922 et doit émigrer en 1933.

• **Emil Barth** (1879-1941), métallurgiste. Il revint au SPD en 1922 mais ne joua plus de rôle politique.

Deuxième incertitude en ce même jour, quelle serait l'attitude de l'armée ? Le 10 novembre, par téléphone, le nouveau quartier-maître général de l'armée allemande, le général Groener*, avait promis à Ebert le soutien de l'armée à condition qu'il restaure l'ordre et la discipline et qu'il s'oppose à la révolution bolchevique menaçante, ce qui était d'ailleurs le vœu le plus cher d'Ebert qui avait horreur du désordre… et du bolchevisme. Les clauses de l'armistice qui affaiblissaient l'armée allemande à un point tel qu'elle ne pourrait reprendre la guerre contre les Alliés, n'avaient pas prévu sa démobilisation immédiate. Le gouvernement Ebert avait donc à sa disposition une force formidable pour maintenir l'ordre à l'intérieur. En théorie, du moins…

* P. 157

Ces 2 millions d'hommes qui avaient résisté jusqu'au dernier jour sur le front de l'Ouest étaient considérés comme sûrs et tenus solidement en mains par leurs officiers. Cela sembla effectivement être le cas dans un premier temps : en un mois, dans un ordre parfait, l'armée allemande évacuait les territoires occupés, puis la rive gauche du Rhin. Le retour en Allemagne de cette armée qui donnait encore une impression de puissance sans pareille fut souvent acclamé par la population. Lorsque les premiers régiments arrivèrent à Berlin, le 11 décembre, le chancelier Ebert les accueillit avec ces paroles (qui se révélèrent par la suite bien imprudentes) : « Je vous salue, vous qui rentrez invaincus des champs de bataille. » Très fier de sa réussite, l'état-major était persuadé qu'il avait à sa disposition la force qui lui permettrait à la fois de vaincre la révolution et de conserver la véritable direction de l'Allemagne. Il n'était pas conscient qu'une fois revenus en Allemagne, les soldats n'auraient plus qu'une envie : rentrer chez eux. En quelques semaines, plus par désir d'en avoir fini avec la guerre que par adhésion aux thèses révolutionnaires, l'armée se désagrégea[5].

Dans ses *Mémoires,* le socialiste majoritaire Scheidemann l'a rappelé : « La gigantesque armée impériale a disparu de la surface de la Terre. »

De sorte qu'à la fin de novembre, début de décembre 1918, rien n'est encore assuré : d'un côté, la révolution ne cesse de progresser en particulier à Berlin, de l'autre, le gouvernement Ebert et l'état-major sont de plus en plus démunis. La grande majorité de la population est certes effrayée par les « Rouges » – la paysannerie, les classes moyennes, les syndicats que suit une partie importante de la classe ouvrière, les fonctionnaires et les autorités locales restées très souvent en place – mais, assommée par la défaite et par l'écroulement des pouvoirs traditionnels, elle n'est guère en état de réagir.

Le sort de l'Allemagne se joua au cours du mois de décembre 1918 et dans les premiers jours de janvier 1919. Les spartakistes, qui se transforment en Parti communiste d'Allemagne (KPD) les 30 décembre et 1er janvier, semblaient avoir la situation en mains, mais c'était plus une impression qu'une réalité. Dominants à Berlin et dans un certain nombre de villes, ils sont isolés et très minoritaires dans l'ensemble du pays. Le plus grave néanmoins pour eux – des minoritaires décidés peuvent s'emparer du pouvoir, les bolcheviks l'avaient montré en Russie – est que, conscients de leur infériorité, ils ne tentent pas vraiment la révolution. Leurs objectifs manquent de clarté dans le détail. Leurs troupes sont en grande partie composées de révolutionnaires peu organisés qui, après avoir manifesté dans la journée, rentrent chez eux le soir.

Face aux spartakistes, la situation change : le 29 décembre, les commissaires du peuple indépendants démissionnent et sont remplacés par trois majoritaires, dont **Gustav Noske**•, qui chargé de la Défense, est bien décidé à rétablir l'ordre à Berlin, comme il l'a fait à Kiel. Un certain nombre d'unités restées loyales au gouvernement, ou plutôt au commandement, les régiments de la Garde à Berlin et les corps-francs• furent l'instrument de la reprise en main.

Le 4 janvier 1919, le préfet de police de Berlin, Eichhorn•, accusé de complicité avec les spartakistes, est destitué. Un comité d'action révolutionnaire

• **Gustav Noske** (1868-1946). Menuisier, fonctionnaire du Parti social-démocrate depuis 1897, député au *Reichstag* en 1906. Peu intéressé par l'idéologie – il se vantait de n'avoir jamais lu Marx – il était un spécialiste des questions militaires et coloniales. Il était vigoureusement partisan de la politique de défense nationale, mais il soutint en 1917 la résolution de paix du *Reichstag*. Début novembre 1918, il fut envoyé par le gouvernement Max de Bade à Kiel pour calmer la rébellion des marins. Commissaire à la Défense dans le gouvernement Ebert, il se consacra ensuite à l'écrasement de la révolution communiste en Allemagne avec une froide et méthodique ténacité. La collaboration entre le ministre socialiste – il aurait déclaré : « Il faut que quelqu'un soit le chien sanguinaire, je n'ai pas peur de cette responsabilité. » – et les éléments les plus « réactionnaires » de l'armée fit merveille, mais sa brutalité valut à Noske d'être extrêmement haï. Par la suite, il dut abandonner son poste de ministre de la Défense pour ne pas avoir su prévenir la tentative de coup d'État de Kapp en 1920. Il fut impliqué en 1944 dans la tentative d'attentat contre Hitler, mais échappa à l'exécution.

• **Les corps-francs :** le phénomène est tout à fait caractéristique de cette période de l'histoire de l'Allemagne. À l'initiative d'un certain nombre d'officiers, des unités de soldats volontaires, vigoureusement nationalistes, se constituent à la fois dans les régions baltes et en Allemagne même, pour lutter contre la révolution. Un des corps-francs les plus célèbres est le *Corps des Chasseurs volontaires,* créé par le général Maercker en décembre 1918. « Commandant obscur d'une division d'infanterie du front, qu'aucune action d'éclat ne signale pendant la guerre » (Benoist-Méchin), le général Maercker joua un rôle décisif dans cette période.

• **Emil Eichhorn** (1863-1925). Ouvrier verrier, membre du Parti social-démocrate depuis 1881, un des fondateurs du Parti socialiste indépendant, il se situe à l'aile gauche de ce mouvement ; il est donc très proche des spartakistes. Nommé préfet de police de Berlin le 9 novembre, il agit en faveur de la révolution. Sa destitution, le 4 janvier 1919, est le point de départ de l'insurrection. Il parvint à s'échapper et fut plus tard député communiste au *Reichstag*.

Le retour des soldats allemands

«Ni la conclusion précipitée de l'armistice, ni les étapes harassantes du retour n'ont laissé au soldat le temps de la réflexion. Son expérience du front, il la rapporte chez lui intacte. La retraite s'est effectuée à une cadence accélérée et en quelque sorte dans le vide, à travers des territoires ennemis ou évacués. Arrivé dans ses cantonnements, le mouvement s'arrête. Le soldat est accueilli par sa famille, ses amis. Il devient aussitôt la proie de la propagande révolutionnaire. On lui explique tout ce qui s'est passé depuis le début de novembre. Il voit de longs cortèges parcourir les rues, le drapeau rouge en tête, en chantant l'hymne des temps nouveaux :

Frères, en avant vers le soleil et la liberté !

Ces paroles réveillent ses aspirations endormies. Il revoit son agonie au front, sa mitrailleuse posée contre un parapet de cadavres. Sa lassitude fait place à une révolte épouvantable. Ses officiers lui apparaissent comme des bourreaux, la caserne comme une prison. Il n'a que trop longtemps servi les ambitions de ses chefs ! Il n'a plus qu'une idée : rentrer chez lui le plus rapidement possible. L'approche des fêtes de Noël accroît encore son impatience. Ne parle-t-on pas de maintenir certaines classes sous les drapeaux pour les diriger vers les frontières de l'Est ? Si on ne le licencie pas tout de suite, il partira de lui-même. Les soldats des villes et des usines iront grossir les Conseils d'ouvriers et de soldats. Ceux des campagnes retourneront à leurs fermes pour chercher l'oubli de leurs souffrances dans les travaux des champs...»

J. Benoist-Méchin, *Histoire de l'armée allemande*, tome I.

* P. 155 (Liebknecht*, Ledebour•, Scholze•) appelle à la prise du pouvoir. Le 11 janvier, Gustav Noske entre dans Berlin à la tête des troupes fidèles et des corps-francs et écrase le mouvement révolutionnaire. Les chefs spartakistes * P. 155 sont traqués : arrêtés le 15 janvier, Karl Liebknecht et Rosa Luxemburg* sont assassinés par des soldats lors de leur transfert en prison.

En principe, rien n'était encore réglé en Allemagne où de nombreux sursauts révolutionnaires eurent encore lieu et pendant plusieurs années, pourtant, la date du 15 janvier 1919 est une césure. Les révolutionnaires, dont les principaux chefs sont morts, en prison ou en fuite, ne sont plus en état de s'emparer du pouvoir, d'autant que la très grande majorité de la population qui leur était opposée s'est reprise.

L'échec de la révolution socialiste ne signifie pas l'échec de la révolution. La révolution du 9 novembre a donné le signal d'une prodigieuse transformation de l'Allemagne : en quelques jours, on est passé de l'Allemagne impériale à une Allemagne républicaine. Réformes sociales, comme la journée de huit heures ou la reconnaissance des syndicats, réformes politiques comme le vote des femmes, réformes mentales comme l'entrée véritable des socialistes dans la vie allemande, changements culturels, ont bouleversé l'Allemagne qui connaît, en même temps, une sorte de libération sur le plan des idées et des mœurs. Les structures familiales traditionnelles sont profondément ébranlées, des rapports nouveaux s'instituent entre les hommes et les femmes, comme entre les parents et les adolescents.

Dans la vie allemande, le 11 novembre ne fut évidemment pas de même nature qu'en France. Mais ce mélange de transformations brutales et de rancœurs face à une défaite jugée imméritée, n'a-t-il pas fait de novembre 1918 un des mois clefs de l'histoire allemande ?

4 En Autriche-Hongrie

Le 11 novembre ne fut pas, pour l'Autriche-Hongrie, la date de l'arrêt des combats, car, pour l'essentiel, ils avaient pris fin lors de la conclusion de l'armistice avec l'Italie le 3 novembre, encore que des troupes allemandes aient immédiatement pénétré en Autriche pour s'opposer à une marche des troupes italiennes vers le Nord. Ce fut toutefois le 11 novembre, à Schönbrunn, que l'empereur Charles, sans abdiquer formellement, abandonna ses pouvoirs. Le lendemain 12 novembre, la République d'Autriche – qui s'affirmait en même temps partie intégrante de la République allemande – était proclamée à Vienne devant des foules immenses.

Ce mois de novembre 1918 fut en même temps la fin de l'Empire et la fin de la monarchie des Habsbourg.

L'Autriche est réduite à sa population allemande, du moins à une fraction de la population allemande, car les Allemands, qui constituent le tiers de la population de Bohême-Moravie, sont, contre leur volonté, incorporés dans le nouvel État tchécoslovaque. Le 14 novembre, la République de Tchécoslovaquie a été proclamée, Thomas Masaryk• en devient le président, une fois la monarchie des Habsbourg déchue.

Le 17 novembre, la République indépendante de Hongrie est proclamée, mais elle a perdu tous ses territoires non hongrois. Les Hongrois ont fait toute la guerre en cherchant à se désolidariser de l'Autriche et la catastrophe finale de Vittorio-Veneto a été largement la conséquence du retrait des divisions hongroises. Ils étaient convaincus que l'Autriche seule paierait les conséquences

---

• **Georg Ledebour** (1850-1947). Instituteur, il est un des fondateurs des socialistes indépendants en 1917. Hostile aux spartakistes, il n'en est pas moins un des chefs du mouvement révolutionnaire de janvier 1919. Il revient au Parti social-démocrate en 1922. Il doit émigrer en 1933.

• **Paul Scholze.** Métallurgiste, il fut un des chefs des délégués révolutionnaires des ouvriers berlinois pendant la guerre. Il rejoignit ensuite les spartakistes et le Parti communiste allemand.

• **Thomas Masaryk** (1850-1937). D'origine populaire, fils d'un cocher slovaque, professeur de philosophie à l'université de Prague, député au *Reischsrat* autrichien à plusieurs reprises ; en décembre 1914, il peut s'enfuir de Vienne et il consacre toute la période de la guerre à convaincre les dirigeants alliés de réaliser l'indépendance des Tchèques et des Slovaques dans un nouvel État, la Tchécoslovaquie. Fondateur en 1916 d'un comité national tchécoslovaque, il fut le premier président de la République tchécoslovaque et le resta jusqu'à ce qu'il abandonne ses fonctions, pour raison de santé, en 1935. Voir Alain Soubigou, *Thomas Masaryk*, Fayard, 2002.

de la guerre en cas de défaite, mais la Hongrie ne fut pas épargnée[6]. Non seulement la Hongrie dut abandonner des territoires « historiquement » hongrois, comme la Transylvanie, la Slovaquie, la Croatie, mais aussi les parties de ces régions qui étaient « ethniquement » hongroises.

« En l'espace d'un mois s'était effondrée l'une des plus vieilles monarchies d'Europe et l'un des États les plus originaux, qui avait réussi à faire coexister pendant des siècles des peuples aussi différents que des Slaves, des Hongrois, des Allemands et des Latins, et plus particulièrement à associer, grâce au droit d'État, plusieurs nations historiques aussi dissemblables que l'allemande, la hongroise ou la bohême. »[7] De toutes les conséquences de la guerre de 1914, il n'est pas sûr que ce ne fut pas la plus importante, la plus symbolique de la rupture avec le monde tel qu'il existait jusque-là, et une grande source de périls pour l'avenir. « Au temps de l'Autriche », allait-on commencer à dire, comme en France on a dit pendant longtemps « sous l'Ancien Régime », symbolisant ainsi « le passé révolu » (Bernard Michel).

5 Dans l'Est de l'Europe et en Russie

Le 11 novembre ne fut ni le jour de l'Europe exultant de sa victoire, ni celui de l'Europe défaite et tourmentée. Les clauses de l'armistice avaient prévu que les territoires occupés à l'Est par les Allemands devraient être évacués, sans d'ailleurs fixer les délais pour les régions appartenant à l'ancien Empire russe. Les Alliés ne voulaient pas faciliter, par un retrait précipité des Allemands, une progression du bolchevisme.

En **Ukraine,** au moment de l'armistice, il y avait encore une quinzaine de divisions allemandes. Après des négociations avec le gouvernement Petlioura•, installé en ce mois de novembre 1918, les troupes allemandes évacuèrent la région.

La situation est encore plus complexe en **Pologne** et dans les **pays baltes.**

Josef Pilsudski• avait voulu, en 1914, constituer des légions polonaises dans le but de combattre les Russes aux côtés des Allemands, mais progressivement les rapports avec les Allemands, dont les vues sur la Pologne d'après la guerre manquaient de clarté, s'étaient refroidis. Finalement, Pilsudski avait été emprisonné à Magdebourg. En revanche, les rapports des Polonais avec les alliés occidentaux s'étaient améliorés, surtout après l'écroulement de l'Empire russe. Des soldats polonais combattirent en France à partir de mai 1918. Libéré immédiatement après l'armistice, Pilsudski reçut, dès le 14 novembre, le commandement de l'armée polonaise et, en fait, le pouvoir dans la nouvelle Pologne. Elle était en train de se reconstituer, avec d'abord la partie de la Pologne anciennement russe et, immédiatement ensuite, avec

L'Ukraine de 1917 à 1920

Dès le 15 mars 1917, une *Rada* (conseil) se constitue en Ukraine qui, en novembre, proclame la République démocratique d'Ukraine. Petlioura est ministre de la Guerre du gouvernement. Mais les bolcheviks, qui ont créé une république rivale, prennent Kiev, la capitale, en janvier 1918.

Lors des négociations de Brest-Litovsk, les Allemands négocient parallèlement avec la *Rada* et, le 9 février, reconnaissent l'indépendance de l'Ukraine que la Russie bolchevique est obligée d'accepter. Surtout intéressés par le blé ukrainien, les Allemands occupent toute l'Ukraine, la *Rada* est dissoute et Petlioura emprisonné.

Après l'armistice du 11 novembre, les Allemands sont obligés d'évacuer l'Ukraine et Petlioura se réinstalle à Kiev le 14 décembre, d'où les bolcheviks le chassent le 6 février 1919. C'est au tour des forces blanches du général Denikine de s'emparer de la majeure partie de l'Ukraine et de Kiev au mois de juillet 1919, mais elles sont finalement vaincues.

Les Polonais, avec qui Petlioura a fait alliance, s'emparent de Kiev le 6 mai 1920, mais en juillet, ils perdent la ville et l'Ukraine, sauf sa partie occidentale, reste entre les mains des bolcheviks.

Au cours cette période, Kiev a changé neuf fois de mains. Le pays a été ravagé en tous sens par les armées en campagne et par les bandes qui échappaient à toute autorité, sans compter les groupes anarchistes de Nestor Makhno (1889-1935), un moment alliés aux bolcheviks, puis écrasés par eux. Parmi les exactions de toutes sortes, des pogroms contre les Juifs furent particulièrement le fait des troupes de Denikine en juillet-août 1919 et de celles de Petlioura en février-avril 1919 en Podolie (la partie de l'Ukraine immédiatement à l'est de la Galicie polonaise).

Il ne semble pas que la responsabilité personnelle de Petlioura ait été engagée. C'est pourtant pour venger ces massacres qu'il fut assassiné en 1926, à Paris où il s'était réfugié, par un Juif russe.

la Galicie anciennement autrichienne. En Posnanie allemande, la population ethniquement polonaise souhaitait être rattachée à la Pologne. Des hostilités s'y engagèrent au mois de décembre 1918 entre Polonais et Allemands, mais les troupes allemandes durent se soumettre au mois de février 1919, après que le commandement interallié eut fixé une ligne de démarcation entre territoires polonais et allemands.

• **Semen Petlioura** (1877-1926). D'origine cosaque, il fut un des fondateurs en 1905 du Parti social-démocrate ukrainien. Après que le régime tsariste se fût écroulé, Petlioura se consacra à tenter de réaliser l'indépendance de l'Ukraine et sa vie se confondit alors avec le destin extrêmement tourmenté de cette région.

• **Josef Pilsudski** (1867-1935). Socialiste à l'origine et adversaire convaincu de la domination russe, il évolue vers le nationalisme. En 1914, il cré des légions polonaises qui luttent aux côtés des Puisances centrales, mais ses rapports se dégradent avec les Allemands et il est interné à Magdebourg en 1917 et 1918. Libéré après la défaite allemande, il prend le commandement de la nouvelle armée polonaise et devient le chef porvisoire de la nouvelle Pologne. À ce titre il mène la guerre contre la Russie soviétique (1920-1921). Il se retire ensuite de la vie publique en 1922, mais dès 1926 il s'empare du pouvoir par un coup d'État et il exerce la dictature jusqu'à sa mort, une dictature appuyée sur l'armée et rès conservatrice, qui ne manque pas de sympathie pour l'Allemagne même quand elle devient nazie.

Quatre divisions allemandes se trouvaient encore à l'Est de la Bérésina, en Russie blanche, au moment de l'armistice, occupant toute la région comprise entre Ukraine et pays baltes. Les troupes allemandes étaient prêtes à évacuer rapidement, à la demande du commandement allié, mais elles ne le firent pas en raison du conflit qui menaçait entre Polonais, Biélorusses et bolcheviks. Les hostilités s'ouvrirent véritablement au mois de février 1919 entre Polonais et Russes, les Allemands soutenant les Polonais.

En Estonie et en Lettonie, les troupes allemandes qui s'y trouvaient aidèrent les nouveaux États à se constituer en les protégeant de l'avance bolchevique. Aux mois de novembre et de décembre 1918, des combats les opposèrent. Progressivement, les troupes allemandes évacuèrent officiellement ces pays, mais comme les terres appartenaient en grande partie à des propriétaires allemands – les barons baltes – c'était une raison supplémentaire pour l'Allemagne de ne pas s'en désintéresser. Le commandement allemand organise des troupes de volontaires parmi les soldats pour maintenir la présence allemande dans ce pays. Ces corps-francs « baltes » sont également créés en Lituanie. Les corps-francs restent dans les pays baltes pendant une partie de 1919 avec le consentement des Alliés, même si ceux-ci réprouvent les actions politiques de leur chef, le général von der Goltz•, et ses tentatives de former un gouvernement letton de barons baltes. Ce n'est qu'à la fin de 1919 que les corps-francs sont obligés d'évacuer cette région et de rejoindre la Prusse Orientale.

Quant à la **Russie**, au mois de novembre 1918, elle est en plein dans la guerre civile qui a véritablement commencé au printemps. Face au pouvoir bolchevik, des forces de natures très diverses s'opposent, depuis des socialistes jusqu'aux partisans du rétablissement de l'Ancien Régime, que ce soit sur les plans politique, social ou national•. Le gouvernement soviétique a mis en place ce que l'on appelle le « communisme de guerre »•, de nombreuses mesures très contraignantes et très répressives que l'on justifie par les nécessités de la guerre. Dès le 22 avril 1918, le service militaire obligatoire est rétabli pour tous les hommes de 18 à 40 ans.

Au mois de juillet 1918, la seule force politique associée aux bolcheviks, les *socialistes-révolutionnaires de gauche,* échoue dans une tentative de coup d'État. Le 30 août 1918, Fanny Kaplan, une socialiste-révolutionnaire « de droite » * P. 9 tente d'assassiner Lénine* qui est grièvement blessé. Pendant l'été 1918, un peu partout en Sibérie, dans le Nord, dans le Sud, des pouvoirs antibolcheviques se mettent en place, des armées « blanches » se constituent. Avant même l'armistice, les troupes alliées qui avaient, à l'origine, été envoyées pour aider les bolcheviks dans une lutte éventuelle contre les Allemands, soutiennent les adversaires du pouvoir bolchevik. C'est le cas des Britanniques et des Français

Les Réprouvés

«[...] Nous étions enragés. Nous chassions les Lettons comme des lièvres à travers les champs, nous incendiions toutes les maisons, nous réduisions en miettes tous les ponts jusqu'au dernier pilier, nous abattions tous les poteaux télégraphiques. Nous jetions les cadavres au fond des puits et nous lancions des grenades par-dessus. Nous renversions tout ce qui nous tombait sous la main, nous mettions le feu à tout ce qui pouvait brûler. Nous voyions rouge, rien des sentiments humains ne subsistait dans nos cœurs. Partout où nous avions saccagé, le sol criait sous la destruction. Où nous avions attaqué il ne restait des maisons d'autrefois que des décombres, des cendres, des débris de bois rougeoyants comme un large ulcère sur des champs dévastés. Un drapeau de fumée marquait notre chemin. Nous avions allumé un bûcher où il n'y avait pas que des objets inanimés qui brûlaient : nos espoirs, nos aspirations y brûlaient aussi, les lois de la bourgeoisie, les valeurs du monde civilisé, tout y brûlait, les derniers restes du vocabulaire et de la croyance aux choses et aux idées de ce temps, tout ce bric-à-brac poussiéreux qui traînait encore dans nos cœurs.»

Ernst von Salomon,
Les Réprouvés, trad. fr., Plon, 1951.

• **Rüdiger von der Goltz (comte)** (1865-1946). Sorti de l'Académie militaire, il fut colonel en 1913. Pendant la guerre il combattit alternativement sur le front occidental et sur le front oriental. En février 1918, il était placé à la tête de la Division de la Baltique chargée d'envahir la Finlande. Il y resta jusqu'à la fin de la guerre, après en avoir chassé les Russes, en accord avec les troupes finlandaises du maréchal Mannerheim. En décembre 1918, il fut envoyé en Silésie, mais le 1er février 1919, il arriva à Libau (Liepaïa) en Lettonie avec le titre de gouverneur allemand de la région balte. Officiellement, les troupes allemandes quittent cette région, mais elles sont remplacées par des corps-francs : *Division de fer, Milice balte.* La situation est tout à fait confuse et accompagnée de massacres, souvent horribles, entre les troupes allemandes, les autorités lettones – avec lesquelles, suivant les moments, elles s'allient ou se combattent – et les forces bolcheviques. Ainsi en mai 1919, les corps-francs reprennent Riga aux bolcheviks, mais sous la pression des Alliés et malgré divers subterfuges (naturalisation lettone des soldats allemands !) ; au mois de décembre 1919, von der Goltz est obligé d'évacuer la région et ses troupes regagnent l'Allemagne par la Prusse orientale. Les corps-francs de la Baltique jouèrent encore un rôle important dans le putsch de Kapp et furent difficilement démobilisés ensuite, laissant derrière eux un certain nombre de groupes terroristes d'extrême-droite. Dans les années suivantes, von der Goltz eut une activité notable dans les milieux militaires et nationalistes. Parmi les combattants des corps-francs et dans les groupes terroristes qui se livrèrent à une série d'assassinats (Erzberger, Rathenau), se trouvait un authentique écrivain qui a raconté l'expérience de ces jeunes hommes brisés par la défaite et mus par un nationalisme d'une violence sans limites : Ernst von Salomon, dont l'ouvrage célèbre, *Les Réprouvés,* parut en 1930. Assez paradoxalement, von Salomon se tint par la suite en dehors du mouvement nazi.

• Dans **les forces contre-révolutionnaires,** ce furent les plus extrémistes qui prirent le dessus. Ils entendaient rétablir la monarchie, reprendre leurs terres aux paysans et ne pas abandonner un pouce de l'ancien territoire de l'Empire russe. Soulevant contre eux à la fois les démocrates adversaires des bolcheviks, les masses paysannes et les populations allogènes, ils facilitèrent grandement la victoire des bolcheviks.

• **Le communisme de guerre** fut un ensemble de mesures extrêmement rigoureuses, impitoyable dictature politique et policière, réquisitions brutales des productions et des hommes, permettant de mettre sur pied une « armée rouge » et de l'alimenter dans sa lutte contre les forces blanches.

débarqués d'abord dans la région de Mourmansk, puis dans celle d'Arkhangelsk, au printemps et pendant l'été 1918. En août, des troupes anglaises et canadiennes parties de Mésopotamie entrent en Transcaucasie et occupent Bakou, d'où elles chassent les bolcheviks au profit des mencheviks locaux. Au mois d'août 1918 également, d'importantes forces japonaises débarquent en Extrême-Orient, moins pour combattre le bolchevisme que pour s'assurer le contrôle de la région. Elles sont bientôt rejointes par des troupes américaines dont le but est surtout de les surveiller. Au mois de décembre 1918, une division française, prélevée sur l'armée d'Orient, débarque à Odessa, tandis qu'une division britannique fait de même à Batoum. Le général Berthelot qui commande les forces françaises en Roumanie s'apprête à une intervention de grand style (qui n'aura pas lieu).

Pour la plus grande partie de l'Europe, le 11 novembre n'a pas grande signification, ou tout au moins pas la signification qui lui est prêtée en France. Le mois de novembre n'est pas symbolisé par l'arrêt de la guerre, mais par une véritable tourmente multiforme.

II. La commémoration et la mort

Dans la plupart des pays, le traumatisme de la guerre avait été si grand qu'il n'était pas possible de retourner à la paix comme si de rien n'était. Le souvenir de la guerre était trop prégnant, le besoin de commémorer trop intense.

1 La commémoration du 11 novembre

La date du 11 novembre, même pour les vainqueurs, ne fut pas toujours la date retenue pour la commémoration, en particulier hors d'Europe. Ainsi en Australie et en Nouvelle-Zélande, on célèbre, certes, le 11 novembre, mais seulement par des cérémonies qui durent quelques minutes. La date commémorative par excellence est celle du 25 avril, anniversaire du jour de 1915 où les soldats du *Corps expéditionnaire australien et néo-zélandais* (Anzac) commencèrent à débarquer dans la presqu'île de Gallipoli. Cette date, comme le montre l'historien australien Ken Inglis[8], peut être considérée comme la date de naissance de nations nouvelles, jusque-là plutôt agrégat de communautés. La date du 25 avril est devenue fériée et chômée dans les différents États australiens au cours des années 1920 et en Nouvelle-Zélande en 1922.

En général néanmoins, c'est la date du 11 novembre qui a été retenue (sauf en Italie où, tout naturellement, on a choisi la date du 4 novembre, anniversaire de l'armistice avec l'Autriche-Hongrie), aux États-Unis, où elle n'a cependant pas l'importance solennelle du *Memorial Day* en souvenir des morts de la guerre de Sécession, au Canada où c'est une date fériée, mais surtout en **France et en Angleterre.**

En Angleterre, le 11 novembre n'est pas un jour férié. À partir de 1919, les Anglais ont, en mémoire des morts, chaque 11 novembre à 11 heures, respecté deux minutes de silence. C'est l'idée du silence qui vint la première pour marquer le premier anniversaire des combats, proposée au cabinet de Guerre dès le 4 novembre 1919. Il fut décidé que les peuples de l'Empire seraient invités à suspendre pendant deux minutes toutes leurs activités habituelles « dans un service de Silence et de Souvenir ». Toutes les activités devaient s'arrêter. Des méthodes diverses – sirènes, fusées, sonneries de cloches, coups de canons – furent utilisées pour en signaler le moment exact. Même s'il ne put être total (en particulier il était difficile d'arrêter les trains) ce silence était particulièrement impressionnant dans les centres des villes et ceux qui ne le respectaient pas subissaient une intense hostilité publique. Progressivement, tout un rituel fut mis en place. À partir de 1921, une cérémonie réunit le roi et l'héritier du trône, les dirigeants des principaux partis politiques, les chefs des forces armées et les représentants des dominions et de l'Empire au Cénotaphe de Whitehall. La cérémonie prit aussi un tour religieux et militaire et des anciens combattants y participèrent. Des cérémonies parallèles se développèrent en province.

Malgré des discours où la rhétorique dominante était celle du patriotisme conventionnel, le sens de la cérémonie changea au cours des années. Des groupements de gauche voulurent qu'en fût effacé tout aspect militaire et tout ce qui pourrait apparaître comme une glorification de la guerre, mais comme le souligne A. M. Gregory[9], il est difficile d'interpréter le sens du silence.

En France, la commémoration du 11 novembre ne s'établit pas sans difficultés. En 1919, le défilé de la victoire eut lieu le 14 juillet•. La tradition

• **Le défilé de la victoire** est souvent symbolisé par le tableau de Jean Galtier-Boissière (1891-1966), journaliste, dessinateur et peintre, qui montre le début très impressionnant du cortège, un millier des trois cent mille mutilés français ayant perdu bras ou jambes, défigurés, aveugles... Un grand cénotaphe avait été dressé sous l'arc de triomphe avec la simple inscription « Aux Morts pour la Patrie », autour duquel se déroula une veillée funèbre. Conduit par les deux maréchaux Joffre et Foch à cheval, au milieu d'une foule immense, le défilé militaire, parti de la porte Maillot, passa sous l'Arc de Triomphe avant de traverser une grande partie de Paris. Après avoir emprunté l'avenue des Champs-Élysées et les grands boulevards, il se disloqua sur la place de la Bastille. Les troupes françaises étaient conduites par le maréchal Pétain et les contingents des armées alliées (jusqu'à un contingent japonais !) par leurs chefs respectifs, général Pershing, maréchal Haig...

aurait pu s'établir que la fête nationale rassemblât à la fois le souvenir de la Révolution et celui de la Grande Guerre. Mais le 11 novembre 1919, le premier anniversaire de la victoire fut aussi célébré, ainsi que le 11 novembre 1920. Le 11 novembre 1921 tombait un vendredi et, si à la Chambre des députés une courte majorité s'était prononcée pour que la cérémonie eût lieu au jour exact, le Sénat s'y était opposé, arguant qu'il y avait bien assez de jours fériés comme cela et que le 11 novembre serait normalement célébré le premier dimanche suivant. La réaction des associations d'Anciens Combattants fut très vive et, l'année suivante, la Chambre des députés et le Sénat tombèrent d'accord pour faire du 11 novembre une *fête nationale,* donc un jour férié et chômé. Antoine Prost souligne le paradoxe du 11 novembre, fête nationale certes, mais imposée par les Anciens Combattants et très largement organisée par eux. Dans la rhétorique de la fête, le souvenir de la victoire a été très rapidement estompé par l'idée de la fin des combats et par le souvenir des victimes de la guerre. En d'autres termes, on a davantage célébré la fin des horreurs de la guerre que la gloire de la victoire. Des protestations se sont d'ailleurs élevées pour que les soldats victorieux ne soient pas oubliés au profit des anciens combattants et que les cérémonies ne soient pas uniquement placées sous le signe des chrysanthèmes.

Le courant inverse était pourtant trop fort, d'autant plus que le 11 novembre fut très vite associé à deux autres symboles de la guerre, le tombeau du soldat inconnu et les monuments aux morts.

2 Le soldat inconnu

Parmi les morts, le nombre de ceux qui n'avaient pu être identifiés était considérable, d'où l'idée d'en choisir un qui les représenterait tous. En l'honorant, on honorerait tous les morts inconnus de la guerre. La plupart des pays d'Europe eurent leur soldat inconnu dont le tombeau devint souvent le centre des cérémonies nationales. Le soldat inconnu avait en plus l'avantage de n'être ni un symbole militaire, ni un symbole de victoire.

C'est en Angleterre que la réalisation de cette idée fut la plus rapide. En 1920, un soldat inconnu fut réinhumé dans l'abbaye de Westminster•.

En France, ce fut le 11 novembre 1920 qu'un soldat inconnu• fut transporté sous l'Arc de Triomphe. Inauguré, sinon achevé en 1836, l'Arc de Triomphe n'avait guère été utilisé depuis. Même sous le Second Empire, les armées victorieuses en Crimée et en Italie avaient défilé sur la place

* P. 13

Vendôme. Raymond Poincaré* avait souhaité que le défilé de la victoire ait lieu sur les Champs-Élysées pour effacer la souillure du défilé des troupes allemandes qui y avait eu lieu en 1871.

En Italie, ce fut le 4 novembre 1921 que la dépouille d'un soldat inconnu fut transféré sous l'Autel de la Patrie (*l'Altare della Patria*) qui avait été construit, place de Venise, à Rome, entre 1885 et 1911 et qui était visible de tous les quartiers de Rome.

Le soldat inconnu devait devenir un des thèmes de réflexion de l'Europe sortie de la guerre. Patrizia Dogliani[10] nous rappelle cette remarque de Claudio Canal, le soldat inconnu répondait aussi au besoin de « réintégrer, de récupérer la mort individuelle, obscène et indicible, à la vie (et à la mort) collective ».

En Allemagne – où il n'avait pas été possible de se mettre d'accord sur le lieu où serait érigé le tombeau du soldat inconnu – d'après Volker Ackermann[11], le soldat inconnu est devenu un thème littéraire fréquent. Pour Ernst Jünger, cette figure typique de l'époque est le héros du processus de passage à un monde nouveau, en portant les vertus de courage et de sacrifice. Le soldat inconnu est aussi un élément unificateur.

3 Les monuments aux morts

Le legs le plus visible de la Grande Guerre fut l'immense parure de pierres qui s'étendit à tous les pays d'Europe. Les monuments aux morts ou les monuments commémoratifs ne datent pas de la guerre de 1914 ; assez curieusement des monuments commémoratifs de la guerre de 1870-1871 ont été inaugurés en… juillet 1914[12]. Mais rien dans le passé n'a égalé ce qui fut fait après la Première Guerre mondiale.

En France, 30000 monuments furent construits entre 1920 et 1925, à l'initiative des conseils municipaux, avec une aide assez modique de l'État. On en construisit même dans les parties les plus éloignées de l'empire colonial. Une des rares communes à ne pas posséder de monument au morts commun à l'ensemble de la ville est Paris, le tombeau du Soldat inconnu s'y étant substitué comme lieu des cérémonies dédiées aux morts de la guerre. Ces monuments aux morts sont d'une extrême variété, depuis la simple stèle jusqu'au grand monument réalisé par un sculpteur renommé. Beaucoup de monuments achetés sur catalogue sont assez banals, certains sont de grandes

• **Le soldat inconnu britannique :** dans les cimetières militaires britanniques, on trouve souvent l'expression, *A soldier of the Great War, kwown unto God* « Un soldat de la Grande Guerre, connu seulement de Dieu ». Sur la tombe du Soldat inconnu britannique est inscrit : « On l'a enseveli parmi les rois pour avoir bien servi Dieu et sa patrie. » (Voir François et Renée Bedarida, *Nous partons pour la Grande-Bretagne*, PUF, 1975, p. 97).

• **Le choix du soldat inconnu français :** pour choisir celui qui serait le soldat inconnu, 8 soldats exhumés des différents champs de bataille furent transportés à Verdun dans la journée du 9 novembre et un jeune soldat, fils lui-même d'un soldat disparu, désigna parmi eux celui qui serait le Soldat Inconnu. (Voir Général Weygand, *Le 11 novembre*, Flammarion, 1932).

œuvres. Leur inspiration est le plus souvent patriotique, rarement antimilitariste. Les inscriptions qu'ils portent sont variées, mais les plus fréquentes, sont « Morts pour la France », « Morts pour la Patrie », « À nos morts », « À nos enfants ». L'emplacement de ce qui devint un nouveau centre de la vie communale a provoqué souvent de vifs débats, beaucoup sont à proximité de l'église ou de la mairie, créant alors un pôle laïque de la vie municipale, d'autres sont proches ou à l'intérieur du cimetière[13].

On érigea également un grand nombre de monuments commémoratifs, le mémorial de Hartsmanvillerskopf, l'Ossuaire de Douaumont, celui de Notre-Dame-de-Lorette. Les Britanniques, les Australiens, les Néo-Zélandais, les Canadiens, les Sud-Africains, les Américains érigèrent de très grands monuments sur le territoire français, sans compter dans les zones de combat les innombrables cimetières des soldats de toutes nationalités qui ont participé à la guerre.

En Italie, il en fut de même avec une « campagne monumentale de masse » (Mario Isnenghi) qui débuta dès 1919. La construction de monuments qu'aucun événement, comme par exemple le *Risorgimento,* n'avait pu susciter, matérialisa le sentiment que cette guerre avait été la plus grande, la plus nationale des guerres (Patrizia Dogliani). La plupart des monuments aux morts furent construits entre 1919 et 1928, mais le mouvement, s'il ne
* P. 63
fut pas contrarié par l'établissement du régime de Mussolini*, au contraire, avait débuté avant. De même, comme en France, de grands ossuaires furent aménagés sur les lieux des batailles, tel celui du Monte Grappa.

Au Royaume-Uni, les monuments aux morts, qui sont appelés *War Memorials,* monuments de guerre, sont extrêmement nombreux : non seulement, on en a érigé dans les villages, dans les villes, dans les comtés, mais les communautés de toutes sortes ont voulu avoir leurs *War Memorials,* et particulièrement les écoles et les universités, les *Publics Schools* et les grandes universités, comme Cambridge et Oxford. Elles traduisirent ainsi le taux de volontariat très élevé dont firent preuve ces établissements.

Il en fut de même dans les dominions, ainsi qu'en Australie : on conçoit le poids du souvenir de la Grande Guerre dans un pays où il ne fut pas nécessaire d'établir le service militaire obligatoire pour qu'environ la moitié de la population mobilisable s'engage volontairement pour aller combattre à l'autre bout du monde et qu'un cinquième s'y fasse tuer… On comprend aussi pourquoi dans chaque village et chaque ville furent édifiés des *War Memorials.*

Sans qu'ils atteignent une densité comparable à celle existant en France, les monuments aux morts sont également très nombreux en Allemagne et dans les divers pays successeurs de l'Empire autrichien, Autriche, Tchécoslovaquie…

Ce phénomène – unique dans l'histoire européenne – de la construction des monuments aux morts signifie bien que tous les Européens ont eu le sentiment d'avoir participé à un événement exceptionnel et révèle le caractère sacré du souvenir. Jamais dans l'histoire du Continent, il n'y a eu, au même moment, pareil et si rapide développement d'un culte unissant les communautés nationales. On ne peut guère le comparer qu'à la construction des cathédrales au Moyen Age en Europe, encore que ces monuments, beaucoup plus importants certes, ont été édifiés sur de très longues périodes. Le monument aux morts de la Première Guerre mondiale est devenu le compagnon habituel des populations européennes. Au plan mental, un autre legs de la guerre est-il comparable ?

4 Les morts et la douleur

La première image inédite de la guerre de 1914, ce sont ces millions d'hommes en armes dès le mois d'août 1914. La dernière image, ces 10 millions de combattants qui ont trouvé la mort sur les champs de bataille. Il n'existe pas de chiffre incontestable. Outre, pour certains pays, l'absence d'un système statistique fiable, les modifications de frontières, à la suite de la guerre, ont rendu souvent aléatoire le comptage des morts.

En chiffres absolus, l'Empire russe fut le plus touché : 1700000 soldats tués pendant la guerre proprement dite, mais probablement 8 millions de morts au total, si on ajoute les morts de la guerre civile, de la famine, des épidémies.

Si on ne considère que le nombre de combattants tués à la guerre, l'Allemagne arrive en tête, avec un peu plus de 2 millions de tués (2040000), suivie par l'Autriche-Hongrie (1500000), la France (1400000), le Royaume-Uni (en comptant les soldats de l'ensemble du monde britannique, 850000), l'Italie (670000).

Mais il faut ajouter 150000 Bulgares, 300000 Roumains, 322000 Serbes, 40000 Belges, 20000 Portugais… Outre les Canadiens, les Australiens, les Néo-Zélandais, les Sud-Africains, les Terre-Neuviens, les Indiens… tombés dans les rangs britanniques, la guerre tua également beaucoup de non-Européens, 325000 Turcs (plus 500000 autres morts de maladies), 114000 Américains.

Même exacts, ces chiffres sont parfois trompeurs : les pertes américaines ont été particulièrement élevées, si on considère que l'armée américaine n'a réellement participé à la bataille que de juin à octobre 1918, de même celles de la Russie où, dans la pratique, l'armée cesse de combattre en juillet 1917.

Dans l'absolu, et ramenées à l'ensemble de la population, les pertes les plus lourdes furent celles de la Serbie (107 morts pour 1000 habitants), mais parmi les grands pays, c'est la France qui paya le tribut le plus élevé•.

Les populations civiles furent dans l'ensemble peu touchées par la guerre, sauf par l'épidémie de grippe espagnole.

La comptabilité des morts laisse surtout de côté une partie de l'immensité des souffrances provoquées par la guerre.

Il y eut les souffrances psychologiques des familles qui, jour après jour, ont attendu la terrible nouvelle de la mort d'un proche au front – apportée en France par le maire du village – et qui surveillaient avec angoisse le passage du facteur.

Il y eut les souffrances des jeunes veuves : en France, on a dénombré 680000 veuves de guerre et 760000 orphelins ; on en dénombre environ 4 millions en Europe qui, pour beaucoup d'entre elles, n'avaient aucune chance de se remarier, fautes d'hommes du même âge. La tristesse de leur vie fut souvent sans fin. Souffrances d'environ 8 millions d'orphelins dont tant naquirent posthumes et ne connurent jamais leur père.

Il y eut les souffrances des blessés, mutilés, traumatisés : le nombre de soldats blessés, plus ou moins gravement, souvent plusieurs fois, est inconnu. Mais, il faut encore ajouter les soldats rendus fous par la violence des bombardements et qui ne retrouvèrent jamais la raison, les soldats intoxiqués par les gaz et qui en supportèrent les séquelles jusqu'à la fin de leur vie.

Le trait le plus visible des sociétés européennes de l'entre-deux-guerres est la place qui y fut prise par les invalides. Environ 6,5 millions, dont près de 300000 à 100 %, aveugles, mutilés des deux jambes, d'une jambe, d'un bras, mutilés de la face, les « gueules cassées », comme ils se proclamèrent en France•.

Pour beaucoup, la guerre au quotidien continua pendant encore de très longues années.

5 Les Anciens Combattants

De la commémoration, un groupe fut le porteur par excellence, celui des Anciens Combattants.

Cette guerre avait été si « grande », « longue, dure, monstrueuse, inoubliable, épisode décisif dans la vie de ceux qui l'avaient faite »[14] que, par la force des choses, les Anciens Combattants tendirent à se réunir. Dans la plupart des pays, des associations d'Anciens Combattants se constituèrent. En Allemagne, le *Stahlhelm* (Casque d'acier) réunit un million d'adhérents, le *Reichsbund,* 400000 membres, le *Reichsverband,* 120000, en Autriche-Hongrie, le *Zentralverbrand,* 120000, en Italie, les Anciens Combattants

Entre le front et l'arrière, une correspondance prodigieuse s'est instaurée. Beaucoup de soldats écrivaient tous les jours quand ils le pouvaient et l'interruption du courrier provoquait évidemment les plus grandes craintes. La plupart de ces correspondances sont restées dans les familles, mais certaines ont été publiées. Un excellent exemple est *Poilus savoyards (1913-1918), Chronique d'une famille de Tarentaise*, présenté par Jacques Lovie, 1981. Ainsi cette lettre du 6 février 1917 :

«Cher fils,

Nous avons reçu ta lettre du 30 avec plaisir à l'instant et je fais attendre le facteur pour que la lettre parte par courrier. Nous étions déjà bien inquiets car comme tu avais dit à l'institutrice que tu nous écrirais le 29, on attendait toujours. Enfin, nous sommes tout de même bien contents.»

Lettre du capitaine de Lattre de Tassigny à l'adjudant Chouin, sous-officier au 93e RI.

Mouilleron-en-Pareds, 13 octobre 1916

«Mon cher Chouin,

Merci mille fois de votre dernière lettre. Vous êtes aimable de me tenir un peu au courant de ce qui se passe au Bataillon. J'espère aller vous retrouver dans peu de jours maintenant. Je vais mieux. Assez bien maintenant pour tenir le coup, je crois, sans attendre la fin de ma convalescence. J'ai écrit au colonel que je me mettais à sa disposition. Je n'ai encore reçu aucune réponse, mais je compte vous arriver dans les derniers jours de la semaine prochaine. Donc à bientôt. Et je vous assure que je m'ennuie passablement ici et que j'ai un peu honte de mon inaction, quand je sais tout ce que souffrent en ce moment les pauvres gens engagés dans la Somme [...].

J'ai eu de vos nouvelles par un petit classe 16 [...] qui est en permission d'avant-hier dans un village des environs, et a eu l'aimable pensée de venir me voir.

Il m'a appris la mort de MM. Cagneux et [...]. Notre cadre de jeunes lieutenants souffre sérieusement au régiment depuis six mois.

Tous les jours partout j'apprends des deuils. Ici, hier j'ai été porter avec mon père[1] *dans une pauvre famille du village l'annonce de la mort d'un second fils. La révolte de la pauvre mère a été pour moi une vision horriblement pénible, mais d'un réalisme qu'il faut connaître pour mieux comprendre une des raisons, la seule acceptable d'ailleurs, du moral de nos campagnes que je trouve moins indifférent et résigné qu'une lettre de vous me l'avait fait entrevoir.»*

Maréchal Jean de Lattre,
Ne pas subir, Écrits 1914-1952, Plon, 1984.

1. Le père de Jean de Lattre était maire du village.

se rassemblèrent dans l'*Association nationale des mutilés* et l'*Association nationale des Combattants*, en Angleterre, dans la *British Legion* (entre 300000 et 400000 membres), tandis qu'aux États-Unis l'*American Legion* compte un million d'adhérents. Relativement faible en Angleterre, les associations d'Anciens Combattants furent à la fois particulièrement diverses et

• **Proportion des morts** de la guerre par rapport à la population totale. France : 34‰. Allemagne : 30‰. Autriche-Hongrie : 19‰. Italie : 16‰. Royaume-Uni : 16‰. Russie : 11‰.

• **Les invalides :** En France, environ un million d'invalides, soit du fait de leurs blessures, soit de maladies. (Référence des chiffres : Pierre Guillaume, « L'épuisement démographique », *in* Pierre Léon (sous la direction de), *Histoire économique et sociale du Monde, op. cit.*, p. 60-61).

particulièrement nombreuses en France avec trois millions d'adhérents. La plus nombreuse fut l'*Union nationale des Combattants (UNC),* marquée à droite, suivie par l'*Union fédérale,* plutôt centre-gauche, les Anciens Combattants proches des communistes se regroupèrent dans l'*Association Républicaine des Anciens Combattants (ARAC)* et il existait, en outre, un très grand nombre d'associations spécialisées, mutilés, aveugles... C'est en France que les membres d'associations d'Anciens Combattants furent à la fois les plus nombreux dans l'absolu et relativement. Il est difficile de ne pas y voir que la France est le pays où le traumatisme de la guerre a été le plus profond.

Dans les différents pays, les associations d'Anciens Combattants ont pris une grande place dans la société : non seulement elles ont constitué des groupes de pression efficaces pour obtenir les avantages matériels que réclament leurs membres, pensions, retraites, non seulement elles ont développé des œuvres sociales et d'entr'aide, mais elles ont voulu aussi avoir une fonction civique, une fonction nationale. Elles estiment, en raison des sacrifices consentis, avoir un droit de regard sur l'action des gouvernements, droit d'ailleurs d'origine ambiguë, car, mis à part les invalides, les mutilés, ce sont les survivants (qui n'ont pas toujours été des combattants au sens plein du terme) qui s'arrogent le droit de parler au nom des morts. Partout les associations d'Anciens Combattants combinent pacifisme et nationalisme suivant des dosages variés, la *British Legion* est pacifiste, l'*American Legion* est nationaliste. Il n'est pas toujours facile de déterminer les idéologies qu'elles propagent. Ainsi en France, l'antiparlementalisme de beaucoup d'organisations d'Anciens Combattants est considéré par Antoine Prost comme un discours rhétorique relevant de « l'air du temps » alors que Serge Berstein considère ces organisations comme un véritable vivier où les adversaires du parlementarisme pouvaient puiser à l'occasion[15]. En France ou en Allemagne, d'ailleurs, la gravité des oppositions politiques rend difficile la cohabitation dans un même organisme des sensibilités politiques diverses, et, au fur et à mesure des années, certaines organisations d'Anciens Combattants se transforment en mouvements purement politiques, c'est le cas du *Stahlhelm* en Allemagne (dont le nombre de membres diminua grandement) et des *Croix de Feu* (une petite organisation à l'origine) en France, dont les positions se situent très à droite, voire à l'extrême-droite.

Malgré sa diversité, par son ampleur, le **mouvement combattant** – il préfère s'appeler ainsi plutôt que celui des Anciens Combattants – a tenu une place de fond dans les sociétés européennes, mais, sauf en France, il n'a pas obtenu la même place dans l'historiographie.

III. Des sociétés bouleversées et appauvries

Malgré l'apparence d'une certaine continuité après la parenthèse de la guerre, les sociétés européennes ont connu de profonds bouleversements. Le plus fondamental est **d'ordre démographique.**

La guerre avait logiquement provoqué un effondrement de la natalité, du quart à la moitié suivant les pays. Le déficit des naissances fut pour la durée de la guerre de 4 millions en Allemagne, d'un million en France, de 750000 en Angleterre. Il n'y eut guère de rattrapage une fois la guerre achevée. En 1920, le taux de natalité fut légèrement supérieur à ce qu'il était en 1913 en France ou en Angleterre•, mais pas en Allemagne où il revint à son niveau d'avant-guerre. Sauf en France, où la croissance démographique avait faibli tout au long du XIXe siècle, l'Europe restait avant guerre une zone de forte pression démographique ; après la guerre les taux de natalité baissent très vite, en Angleterre, en Allemagne (près de 30 ‰ en 1910, seulement 21 ‰ en 1924).

Taux de natalité					
1913		1920		1922	
France	19‰	France	22‰	France	19‰
Royaume-Uni	24‰	Royaume-Uni	25,5‰	Royaume-Uni	20‰
Allemagne	27‰	Allemagne	26‰	Allemagne	22‰

(D'après Pierre Guillaume, *in* Pierre Léon, *op. cit.*, p. 64)

La guerre de 1914 a marqué la fin de la poussée démographique en Europe, tous les pays tendant à s'aligner sur la France. La politique nataliste du gouvernement français, symbolisée en particulier par une loi très sévère contre l'avortement en 1920, n'y changea rien.

Son dynamisme démographique avait, en partie, expliqué la domination européenne sur le monde. Le trop-plein de sa population s'était déversé sur le monde. La baisse démographique de l'Europe par rapport au reste du monde est un signal clair de son affaiblissement.

Les sociétés européennes ont été également bouleversées dans leurs structures. Sauf le Royaume-Uni, dont la majorité de la population était ouvrière, les pays européens étaient tous à majorité rurale, de façon plus ou moins marquée. Les armées furent à large dominante paysanne, d'autant que beaucoup d'ouvriers avaient été ramenés à l'arrière pour travailler dans les usines.

Nombre des naissances en France : 1920 : 834000. 1921 : 812000. 1922 : 750000. (à peine plus qu'en 1913 malgré le rattachement de l'Alsace-Lorraine). (D'après André Armengaud, *in* Ernest Labrousse et Fernand Braudel (sous la direction de), *Histoire économique et sociale de la France, op. cit.*, p. 608).

Les pertes furent donc aussi majoritairement le fait des paysans, même si, en proportion, les classes moyennes furent frappées à l'égal des paysans. Les cadres des pays belligérants furent gravement atteints pour les années à venir, d'autant que les pertes en officiers furent supérieures à celles en hommes de troupes. Les jeunesses intellectuelles des différents pays payèrent un tribut considérable à la guerre.

Malgré tout, le bouleversement des sociétés européennes tient aussi à d'autres facteurs que les pertes de la guerre.

1 La fin de l'Europe aristocratique

Les sociétés européennes, avant 1914, (la France mise à part) étaient encore très largement aristocratiques et le poids social et économique des aristocraties foncières y était important. Si la disparition des grandes dynasties, Hohenzollern d'Allemagne, Habsbourg d'Autriche-Hongrie, Romanov de Russie, fit disparaître les Cours, la chute des aristocraties européennes eut aussi d'autres raisons.

Elle fut, suivant les cas, d'ordre social, d'ordre fiscal, d'ordre national ou politique, mais différentes causes purent se conjuguer.

La disparition de l'aristocratie fut la plus radicale dans l'ancienne Russie. L'un des premiers décrets du pouvoir bolchevik• avait aboli la grande propriété foncière, sans indemnité. La propriété nobiliaire, déjà en déclin, disparut, les paysans qui possédaient 70 % de la terre la reçurent totalement, en théorie par l'intermédiaire de *comités agraires*. Environ 150 millions d'hectares furent ainsi acquis par la paysannerie. Mais, davantage encore, la noblesse russe disparut physiquement. 200000 nobles ou membres de la grande bourgeoisie quittèrent la Russie après les événements d'Octobre et la conquête du pouvoir par les bolcheviks. 350000 autres moururent de privations – beaucoup n'avaient plus aucune ressource – ou furent exécutés entre 1919 et 1920. Après 1921, le pouvoir bolchevik changea de politique et laissa partir les survivants. L'aristocratie russe, si elle ne fut pas anéantie – un grand nombre de nobles se retrouvèrent en émigration – fut à peu près totalement éradiquée en Russie.

Le bouleversement subi par la propriété foncière britannique pour des raisons essentiellement fiscales – et aussi en raison du haut prix de la terre – qui conduisit beaucoup d'aristocrates à liquider leurs terres, est beaucoup moins connu[16]. Entre 1919 et 1921, le quart du sol britannique changea de mains et fut racheté par des fermiers. Il n'y avait pas eu pareil transfert de terres, depuis le XVIe siècle, ou même depuis la conquête normande. L'aristocratie britannique ne disparut pas pour autant, elle réinvestit ses capitaux dans l'industrie et

Le tribut des intellectuels

Une nouvelle édition de l'ouvrage d'Agathon (Henri Massis et Alfred de Tarde), *Les Jeunes Gens d'aujourd'hui (1913)*, était publiée en 1919. Dans une préface nouvelle, les auteurs faisaient état de cette statistique.

«Contrairement à ce que certains laissèrent entendre, les intellectuels ont payé un lourd tribut à la guerre et ont défendu comme tous les autres le patrimoine commun. Les chiffres que donne le Bulletin des écrivains de 1914-1918, *publié par MM. Divoire, Bizet et Picard, ont une valeur évocatrice et prouvent combien l'élite intellectuelle a été frappée. Reproduisons cette liste héroïque : 259 professeurs de facultés des lettres, sciences, médecine et droit de Paris et de province sont tombés au champ d'honneur ;*

460 professeurs de l'enseignement secondaire ;

5 500 instituteurs ;

405 étudiants de la Faculté de Droit de Paris ; 70 de la Faculté de Médecine ; 160 de la Faculté des Lettres ; 330 élèves ou anciens élèves de l'École des Beaux-Arts ; 260 élèves de l'École des Hautes études commerciales ; 230 élèves de l'École des Sciences politiques ; 168 élèves de l'Institut catholique ; 518 élèves ou anciens élèves de l'École centrale ; 725 élèves ou anciens élèves de l'École polytechnique.

L'École normale supérieure a perdu 112 élèves et 400 anciens élèves. Dès 1916, M. Ernest Lavisse écrivait : "Six promotions sont allées directement de l'École au feu, soit 293 élèves : 87 ont été tués ; 17 ont disparu depuis longtemps ; 101 ont été blessés ; 24 sont prisonniers."

Ajoutons, enfin, 350 écrivains, journalistes, hommes de lettres, pareillement frappés.»

Agathon, 1919.

le commerce. En revanche la petite noblesse de la *gentry* fut davantage affectée, d'autant qu'elle fournissait traditionnellement une partie des officiers et que beaucoup avaient été tués à la guerre. Cet effacement de l'aristocratie se traduisit au niveau politique : les *leaders* du Parti conservateur furent désormais issus de la bourgeoisie. En 1923, lord Curzon, candidat à la direction du Parti conservateur, fut battu par un industriel de province, Stanley Baldwin. Aucun lord dorénavant ne fut Premier ministre en Grande-Bretagne.

L'Europe centrale et balkanique connut aussi une véritable révolution agraire, souvent pour des raisons sociales, mais aussi pour des raisons nationales.

C'est ainsi qu'en Roumanie, tous les domaines de plus de 500 hectares furent redistribués – la superficie était limitée à 100 hectares – mais la réforme fut plus radicale en Transylvanie, où la terre appartenait souvent à de grands propriétaires hongrois, qui furent à peu près entièrement dépossédés. En Pologne, la réforme agraire fut forte à l'Ouest, où elle touchait souvent des propriétaires allemands (qui purent vendre leur surplus de terres), plus limitée à l'Est où elle aurait surtout affecté des propriétaires polonais. Seules furent visées les propriétés de plus de 400 hectares.

• **Le décret sur la terre.** Daté du 26 octobre 1917, il disait simplement : « La propriété privée de la terre est abolie sans indemnité. Toutes les terres sont mises à la disposition des comités locaux. »

En Yougoslavie, dès février 1919, une « réforme agraire » était décidée. Mais dans ce pays où 78 % de la population vivait de l'agriculture, les problèmes se posaient différemment d'une région à l'autre : la Serbie était déjà une région de petite propriété paysanne ; en Macédoine et en Bosnie-Herzégovine, de grands domaines appartenaient à des propriétaires musulmans, souvent qualifiés de « Turcs ». Ils surent conserver leurs propriétés contre le soutien qu'ils apportaient au gouvernement dirigé par le Serbe Pasic*. En revanche, en Croatie et en Slovénie, les grands domaines nobles de la monarchie des Hasbourg, soit allemands, soit hongrois, furent gravement atteints. La réforme fut menée assez lentement, mais, à la veille de la Seconde Guerre mondiale, le quart de la superficie agricole avait été redistribué[17].

* P. 41

La réforme agraire fut radicale en Lettonie et en Estonie, ainsi qu'en Tchécoslovaquie où 30 % de la terre – les domaines de plus de 150 hectares de terre arable ou de plus de 250 hectares de terres diverses – furent redistribués aux paysans. La Tchécoslovaquie et la Roumanie devinrent des pays de moyenne propriété, la Bulgarie de petite propriété. En revanche, tant en Pologne qu'en Hongrie, la grande propriété put largement se maintenir (en 1930, en Hongrie, 1000 familles possèdent un tiers de la superficie cultivable)[18]. Même l'Allemagne fut atteinte par le vent de la réforme agraire. Non pas à l'Ouest de l'Elbe, déjà région de petite ou de moyenne paysannerie, mais à l'Est, où se trouvaient les immenses domaines des *Junkers* prussiens. En août 1919, le *Reichstag* votait une loi prévoyant le morcellement des grands domaines non cultivés. Ils étaient nombreux du fait de la très grande difficulté à trouver ou à retenir des ouvriers agricoles astreints à une sorte de servage. Du fait de la résistance des propriétaires, cette loi fut peu appliquée. Néanmoins, la place de premier plan occupée dans la société allemande par ces grands propriétaires a été sévèrement mise en cause : le grand nombre d'officiers aristocrates morts à la guerre, la perte d'une partie de leurs terres en raison de la reconstitution de la Pologne, la place réduite de l'armée dans l'Allemagne de la République de Weimar l'expliquent. Encore que leur influence ne fût pas devenue nulle : le *Reichslanbund* (Ligue agricole du *Reich*), constituée par les grands propriétaires, fut un des principaux soutiens du parti national allemand, le Parti conservateur. Un des siens, le maréchal Hindenburg*, devient président de la République en 1925.

* P. 89

À des degrés divers et pour des causes différentes, ce furent presque toutes les aristocraties européennes qui disparurent, ou, pour le moins, perdirent une grande part de leur pouvoir économique et politique. Disparaissait ainsi une des structures essentielles des sociétés européennes depuis des siècles. Dans l'Est de l'Europe, de puissantes paysanneries prenaient le relais de l'aristocratie comme élément de base de la société. Un peu partout, des partis paysans deviennent une des grandes forces politiques.

2 La crise des classes moyennes

Dans l'Ouest ou le centre de l'Europe, où les classes moyennes étaient une des bases de la société, la guerre a eu des effets contradictoires. Leur grande diversité, depuis les petits fonctionnaires jusqu'aux grands industriels, en passant par les professions commerciales et libérales et les paysanneries explique ces contrastes. Il est possible de parler de crise des classes moyennes, mais d'une crise aussi complexe que diverse.

En Russie soviétique, les classes moyennes ont connu le même sort que l'aristocratie. Elles ont en grande partie disparu, soit par élimination, soit par émigration. Le corps médical, pour ne prendre que cet exemple, a à peu près complètement disparu.

Dans l'Ouest et le centre de l'Europe, il faut faire la part de ceux qui bénéficièrent de l'élan industriel et commercial provoqué par la guerre et de ses profits et ceux qui furent victimes de la hausse des prix et de la dépréciation monétaire.

Les effets du développement industriel furent toutefois très différents d'un pays à l'autre : en France, ce ne fut pas toujours les industriels ou les commerçants installés qui profitèrent le plus de la guerre. Il y eut ainsi formation de toute une catégorie de « nouveaux riches », bien que, contrairement à une tradition solidement établie, les bénéfices de guerre• furent fortement rognés par les impôts qui les frappèrent, mais avec un certain retard. Malgré tout, les industriels dynamiques, Renault, Citroën, Boussac, Michelin... profitèrent largement de la période, pendant que la guerre n'accordait à d'autres qu'une brève survie. Néanmoins, il n'y eut pas de concentration industrielle, contrairement à l'Allemagne, où une série de grands industriels, Hugo Stinnes, Friedrich Flick, Jacob Michael surent réinvestir les bénéfices réalisés dans les industries de guerre•. Il en avait été de même en Italie, mais les groupes constitués résistèrent mal à la disparition

• **L'impôt sur les bénéfices de guerre.** En raison de très longs contentieux, la perception de l'impôt sur les bénéfices de guerre se poursuivit jusqu'en 1930, date à laquelle elle aurait atteint 20 milliards de francs, une somme considérable mais qui avait été progressivement érodée par la perte de valeur de la monnaie. Voir l'exemple de Clermont-Ferrand *in* Annie Moulin, *La guerre et le développement industriel de Clermont-Ferrand (1912-1922),* chap. 13, Presses du Massif Central, Clermont-Ferrand, 1996.

• **Les entreprises « nées » de la guerre.** Si Renault et Michelin étaient déjà des entreprises importantes avant la guerre, c'est la guerre qui fit véritablement naître les entreprises Citroën, spécialisées alors dans la fabrication d'obus et les entreprises Boussac, spécialisées dans la fabrication de toiles pour les avions. Le plus célèbre groupe industriel né de la guerre en Allemagne est celui d'Hugo Stinnes (1870-1924). Important industriel de la Ruhr avant 1914, Hugo Stinnes, pendant la guerre et surtout pendant la période de l'inflation qui suivit, rassembla un immense *konzern,* constitué d'un très grand nombre d'entreprises, charbonnières, sidérurgiques, électriques... L'édifice était fragile et s'écroula après la mort de son fondateur.

des commandes de guerre. L'*Ansaldo* fit faillite, une grande banque comme la *Banca di Sconto* s'écroula.

En Angleterre, une fois la guerre terminée, les difficultés des vieilles industries du Nord, charbon, textile, réapparurent, au profit des nouvelles industries du Sud, automobiles, industries chimiques, électriques. Le grand problème de l'économie anglaise fut toutefois de croire que des conditions semblables à celles de l'avant-guerre réapparaîtraient une fois la parenthèse de la guerre refermée, l'Angleterre retrouvant naturellement son rôle de courtier financier et commercial international. Pour cela, il suffisait que la livre sterling soit ramenée à sa valeur d'avant-guerre. Le résultat de cette livre *forte* fut que les produits britanniques, trop chers, se vendirent mal, que les exportations chutèrent de 20 % et que le chômage se maintint en permanence autour d'un million de personnes.

Même avec des fortunes diverses, mais considérée globalement – en dehors du cas britannique – l'industrie tira profit de la guerre ; il n'en fut pas de même du reste des classes moyennes. Les patrimoines de la petite ou de la moyenne bourgeoisie furent durement atteints (sauf en Angleterre où la dépréciation monétaire fut faible). La catégorie des « rentiers », si typique de l'avant-guerre, disparut, même si, grâce à des placements variés, ils ne furent pas aussi atteints qu'on l'a quelquefois dit.

En France, les revenus des fonctionnaires, des professions libérales, avocats, médecins, diminuèrent, à l'inverse d'ailleurs de ceux des ingénieurs très recherchés par une industrie beaucoup plus dynamique qu'on ne l'a également souvent dit. C'est l'époque où les polytechniciens commencent à être très nombreux à quitter l'armée pour entrer dans l'industrie privée.

En Allemagne, les classes moyennes (mis à part le monde de l'industrie) furent très pénalisées, d'autant que l'inflation ne se ralentit guère une fois la guerre terminée jusqu'à la grande inflation de 1923. Mais là encore, les revenus des différentes catégories de classes moyennes furent loin d'être tous érodés de la même façon.

Les classes moyennes italiennes furent également victimes de l'inflation, d'autant plus qu'elles étaient moins solidement assises que dans d'autres pays. Beaucoup d'officiers de réserve issus de ces catégories eurent du mal à se reclasser et donnèrent au fascisme naissant l'encadrement dont il avait besoin.

La vision traditionnelle de classes moyennes laminées par l'inflation de la guerre et de l'après-guerre doit être considérablement nuancée : dans chaque pays, il y eut une très grande diversité de situations. La crise des classes moyennes consécutive à la guerre fut moins de caractère matériel que de caractère moral. Dans tous les pays d'Europe occidentale et centrale, les valeurs des classes moyennes constituaient un des fondements les plus solides de la société. Or ces valeurs, sens du travail, de l'aisance gagnée par une lente épargne, de la hiérarchie sociale, sentiment de représenter la civilisation, avaient été soumises à une dure épreuve. L'existence et la pérennité même de ces valeurs sont mises en cause, c'est même plutôt l'idée d'une régression de la civilisation qui est ressentie.

Plus que toute autre, la bourgeoisie britannique « victorienne » – habituée à une si longue paix – a été sensible à ce changement de climat, mais le phénomène n'est guère différent d'un pays à l'autre.

3 L'hypothèse révolutionnaire

Les sociétés européennes n'étaient-elles pas mûres pour connaître les bouleversements révolutionnaires, que l'Allemand August Bebel ou le Français Jean Jaurès*, avaient prophétisés en cas de guerre ? * P. 53

Lorsque les bolcheviks, très minoritaires au milieu d'une immense paysannerie, s'étaient emparés du pouvoir en Russie, ils étaient persuadés de n'accomplir – un peu par hasard – que le premier pas d'une révolution mondiale. Beaucoup d'autres pays semblaient plus à même de conduire une révolution ouvrière. Pendant un certain temps, ils purent le croire•.

Effectivement, après la fin des hostilités, nombre d'événements révolutionnaires ou à tonalité révolutionnaire affectèrent diverses parties de l'Europe.

En **Allemagne,** des tentatives révolutionnaires eurent lieu à Berlin en janvier, mars, décembre 1919, janvier 1920, à plusieurs reprises en 1919 et 1920 dans la Ruhr, en mars 1921, en Saxe. Une république socialiste se constitua en Bavière de novembre 1918 à mai 1919. Une éphémère république socialiste s'installa en **Hongrie** d'avril à juillet 1919. En **Italie,** une véritable révolution sembla débuter dans le Latium en juillet 1919. On y procédait au partage des terres. Elle gagnait le Sud, les îles et même la vallée du Pô. Florence connut même une très brève république des Soviets – trois jours – dans ce même mois de juillet 1919. Un vaste mouvement d'occupation des usines avec continuation du travail, sous contrôle ouvrier et avec la protection des milices armées de « gardes rouges », se déroulait en août et septembre 1920. En **France,** de puissants mouvements de grèves qui n'étaient pas sans tonalité révolutionnaire avaient lieu, celui des métallurgistes parisiens en juin 1919 et surtout, celui des cheminots en mai 1920[19].

• **La contagion révolutionnaire ?** Lénine, au deuxième congrès de l'Internationale communiste, en juillet 1918 : « Oui, les Soviets sont à Varsovie. Bientôt l'Allemagne sera nôtre, la Hongrie reconquise, les Balkans se révolteront contre le capitalisme, l'Italie s'agitera ; l'Europe bourgeoise craque comme chaque couture d'un navire dans un ouragan. »

Même l'Angleterre n'était pas à l'abri : l'agitation sociale y fut permanente entre 1918 et 1921.

En même temps, à l'appel de la IIIe Internationale créée par les bolcheviks en 1919, de nombreux partis communistes naissaient, en Allemagne, en Italie (Livourne, janvier 1921), en France (Tours, 1920), en Espagne... Le Parti communiste tchécoslovaque, bientôt le plus nombreux d'Europe en proportion de la population du pays, était créé en mai 1921.

Toutes ces molécules ne s'agglutinèrent pas : la défaite de l'Armée rouge devant Varsovie le 15 août 1920 donna le signal de la retraite de la révolution.

Les sociétés européennes furent bouleversées, sans que, pour autant, la révolution attendue et crainte (si on ne parla guère de la Russie soviétique pendant les négociations des traités de paix, elle fut presque toujours en filigrane) eût lieu.

L'explication la plus simple est que des révolutions prolétariennes avaient peu de chance de réussir, malgré certains désarrois, dans des pays en général à majorité rurale avec des classes moyennes fortes et des États solidement constitués. Au surplus, les ouvriers n'avaient pas été les principales victimes de la guerre, leurs pertes proportionnelles avaient été plus faibles que celles des autres catégories sociales. Considérés comme des « embusqués », les ouvriers étaient souvent en butte à l'hostilité des autres groupes sociaux.

Immédiatement après la fin des hostilités, les organisations syndicales avaient pu obtenir des avantages non négligeables•. De sorte que les ouvriers étaient très divisés entre des minorités qui poussaient à des mouvements révolutionnaires et des majorités, en particulier en Angleterre et en Allemagne, qui acceptaient des solutions modérées et réformistes et se retrouvaient dans les partis socialistes et dans une grande partie des syndicats. La volonté de la IIIe Internationale de créer une force révolutionnaire, en provoquant de profondes scissions dans les partis ouvriers, affaiblit encore le mouvement ouvrier et désorienta les masses populaires.

La situation réelle des sociétés européennes et les graves erreurs d'appréciation du mouvement bolchevik expliquent, en définitive, l'échec du mouvement révolutionnaire.

Mais la guerre a également provoqué d'autres mutations de fond dans la société : partout le travail des femmes a été largement sollicité. Une fois la guerre terminée, les femmes furent les premières licenciées et la situation de la main-d'œuvre redevint ce qu'elle était. Néanmoins, l'idée du travail féminin ne pouvait manquer de faire son chemin, d'autant que dans le monde rural, beaucoup de femmes étaient devenues chefs d'exploitation à la place de leurs maris tués.

Le travail ouvrier a lui aussi été profondément modifié : alors qu'avant la guerre, l'ouvrier était un producteur qui menait son travail de bout en bout – en tout cas ce sont eux qui symbolisaient le monde ouvrier – pendant la guerre, l'introduction des méthodes américaines, la rationalisation de la production, le taylorisme, le travail à la chaîne ont conduit beaucoup d'ouvriers à n'être plus qu'une main-d'œuvre interchangeable, peu spécialisée, pratiquant le travail en « miettes ». Ces « manœuvres spécialisés » devenus bientôt « ouvriers spécialisés » (OS) apparaissent comme une nouvelle classe ouvrière.

La direction de l'économie a été également transformée, ne serait-ce que temporairement, par l'intervention massive des États dans l'activité industrielle. On revient très vite au libéralisme économique, mais là encore l'expérience n'était pas perdue•.

Malgré les apparences, les sociétés européennes ne ressemblent plus guère à ce qu'elles étaient avant la guerre, elles sont sans doute en moyenne plus démocratiques, mais la démocratie apparaît souvent bien décalée par rapport aux problèmes du moment. La disparition des élites les plus traditionnelles, le désarroi des classes moyennes, l'amertume des minorités ouvrières les plus agissantes à la suite de l'échec révolutionnaire, ouvrent la voie, tant à droite qu'à gauche, aux grandes idéologies collectives qui s'affrontèrent bientôt en Europe.

Assez paradoxalement, une guerre gagnée au nom de la démocratie était prête à déboucher sur les totalitarismes et l'Europe, pour la première fois depuis bien longtemps, en sortait appauvrie et non enrichie.

4 Le prix de la guerre

La guerre avait coûté cher à l'Europe. Avant la guerre, le continent européen pris globalement dominait économiquement le monde grâce à la puissance financière et commerciale de Londres, grâce à la puissance industrielle de l'Allemagne. La guerre terminée, les États-Unis sont devenus la première

• **Les avancées sociales :** le secrétaire général des Syndicats allemands, Carl Legien, signe avec le patronat un accord, le 15 novembre 1918, qui reconnaissait les syndicats comme représentants des travailleurs, accordait la possibilité d'établir des comités d'entreprise dans les établissements de plus de vingt personnes, des organes paritaires d'arbitrage et admettait le principe de la journée de huit heures et des conventions collectives. En France, la loi du 23 avril 1919 établissait la journée de huit heures, sans diminution de salaire.

• **Le programme Clémentel :** le ministre français du Commerce et de l'Industrie de 1915 à 1920, Étienne Clémentel, avait pensé à tout un programme de réorganisation de l'économie française avec le concours de l'État qui laissait pressentir le plan Monnet – Jean Monnet était un des collaborateurs de Clémentel – après la Seconde Guerre mondiale (Voir Guy Rousseau, *Étienne Clémentel, un inspirateur méconnu de Jean Monnet*, in *Guerres mondiales et conflits contemporains*, avril 1997).

puissance financière, et industrielle. Ce n'est pas seulement l'effet des formidables progrès des États-Unis, mais de celui de l'appauvrissement de l'Europe.

Il est très difficile, et, en fait, assez largement abstrait, de chiffrer ce que la guerre a coûté à l'Europe. Il est plus facile de connaître les destructions dues à la guerre et les dépenses faites par les différents belligérants pour la production de matériels destinés à être détruits, sans profit pour les habitants.

Les trois principales victimes de la guerre sur le plan matériel furent la France, le Royaume-Uni et la Russie.

Les opérations militaires n'eurent pas lieu seulement en France, mais c'est là où elles provoquèrent les destructions les plus graves et les plus étendues. Sur le front russe, les opérations ont ressorti dans une large mesure de la guerre de mouvement et donc ont été moins destructrices ; dans les Balkans, elles furent assez sporadiques ; sur le front italien, elles concernèrent principalement des régions montagneuses.

Le territoire français, lui, a été marqué d'une formidable balafre, longue de 500 kilomètres, large de 10 à 25 depuis la mer du Nord jusqu'à la frontière suisse, affectant 10 départements du Nord et de l'Est de la France. Trois millions d'hectares y ont été bouleversés par les bombardements, truffés d'obus non éclatés, de fils de fer barbelés, de tranchées, de boyaux… Une partie de ces régions a été baptisée « zone rouge »• et considérée, au moins pendant un certain temps, comme totalement impropre à toute activité humaine, y compris l'agriculture. De nombreuses villes ont été totalement ou partiellement détruites de même que les moyens de communication. Les édifices publics, les églises sont détruits par centaines. Le coût de ces destructions a été estimé par les ministères concernés à 34 milliards de francs-or.

Les pertes matérielles considérables du Royaume-Uni n'ont pas concerné son territoire, mais sa flotte. La guerre sous-marine a coûté aux flottes de commerce alliées, mais par la force des choses principalement à la flotte britannique, 11 millions de tonnes de navires•.

Quant à la Russie, elle a été matériellement victime, moins de la guerre elle-même que de la guerre civile. En 1921, l'économie russe, en plein développement avant la guerre, était à peu près anéantie.

Quant aux dépenses engagées pendant la durée de la guerre, elles ont été chiffrées à 186 milliards de dollars, dont un quart pour l'Allemagne, 21 % pour la Grande-Bretagne, 13,5 % pour la France, 7,8 % pour la Russie… Ces dépenses n'ont toutefois pas concerné la seule Europe, puisque les États-Unis en ont assuré 17,4 %, soit bien davantage que la France•.

Le prix de la guerre se traduisit principalement par la dépréciation monétaire : l'inflation – la « vie chère » comme on la baptisa à l'époque –, avait débuté pendant la guerre. Pour l'Allemagne, elle faillit devenir mortelle une fois la guerre terminée, pour la France, elle fut le point de départ d'une longue histoire avec de courtes périodes de rémission. Pour l'Angleterre, la volonté, un moment victorieuse, de ne pas céder à l'inflation faillit bien tuer l'économie britannique.

Un des principaux legs de la guerre a bien été le désordre de la monnaie avec ses immenses conséquences économiques, ses effets destructeurs dans la vie de tous les jours, le désarroi de toutes les catégories sociales.

IV. Le triomphe amer de l'idée nationale

L'armistice n'était pas la paix.

1 La Conférence de la Paix et les traités

Pour établir les conditions de la paix, une Conférence des pays vainqueurs – ils étaient au nombre de 27 – fut ouverte le 18 janvier 1919 par le président de la République française. Comme un grand nombre des pays « vainqueurs » n'avait pris pratiquement aucune part à la guerre, la véritable négociation eut lieu au sein du *Conseil des Dix* comprenant deux représentants de la France, de la Grande-Bretagne, du Japon, de l'Italie et des États-Unis, le travail du Conseil devant être préparé par 52 commissions. Mais le *Conseil des Dix*, encombré de nombreux conseillers, travaillait trop lentement. Il lui fut substitué un *Conseil des Quatre* réunissant Clemenceau, Lloyd George, Orlando* et Wilson*. * P. 249, 259
Rompant avec toutes les traditions, le président des États-Unis avait quitté le sol américain pour participer lui-même aux négociations•.

• La **« zone rouge »** : la zone considérée comme irrécupérable fut baptisée ainsi parce que le bureau topographique de la Reconstruction foncière chargé de la délimiter sur la carte employa la teinte rouge sur les plans directeurs au 1/20 000e du service du Cadastre (Voir Jean-Jacques Becker, « Les destructions de la guerre de 1914-1918 : coût, ampleur, conséquences démographiques... », in *Reconstruction et Modernisation, la France après les ruines, 1918-1945*, Archives nationales, 1991).

• La **flotte commerciale** française était de 2300000 tonnes de navires en 1913 et la flotte britannique de 19300000 tonnes).

• **Les dépenses du budget de la France** s'élevaient en 1913 à 5 milliards de francs-or ; elles sont passées en moyenne à 38 milliards, soit 138 milliards pour l'ensemble de la guerre.

• **L'accueil fait à Wilson.** Lorsque le 13 décembre 1918, le président Wilson arriva en France, il y fut reçu triomphalement. D'innombrables manifestations eurent lieu en son honneur, il recevait volontiers des délégations, des pétitions... Cet accueil fut le fait de l'ensemble de la population, mais, particulièrement du côté des socialistes et des syndicalistes, il apparaissait comme un apôtre de la paix face à tous les nationalismes.

Les délibérations allemandes

Quand le texte du traité avait été connu en Allemagne le 8 mai 1919, il avait provoqué une tempête d'indignation.

Tous les groupes politiques de l'Assemblée nationale (sauf les députés socialistes-indépendants, mais y compris le groupe social-démocrate) proclamèrent que ce traité était inacceptable et, d'ailleurs, inapplicable. Le chancelier socialiste Philipp Scheidemann s'exclama : «Quelle main ne se dessécherait pas ? Qui [en signant] se lierait, et nous avec, par de telles chaînes ?»

En fait, les chefs de l'armée étaient réservés au milieu de ce concert d'indignation. Ils savent qu'ils n'ont pas les moyens de s'opposer à une offensive alliée, et progressivement le «front du refus», devant les conséquences d'une reprise de la guerre, se désagrégea.

Un des dirigeants du *Zentrum*, Erzberger, joua un très grand rôle dans cette évolution vers l'acceptation. Le général Groener avait fait savoir qu'il était partisan de signer, à condition que disparaissent les «paragraphes honteux», ceux sur la responsabilité de la guerre et sur la livraison des criminels de guerre.

Le 20 juin, le gouvernement Scheidemann démissionna, le président de la République Ebert songea à faire de même, mais finalement il forme un nouveau gouvernement, dirigé par un autre socialiste, Gustav Bauer, qui ne comprenait que des ministres socialistes et du *Zentrum* catholique. Il reçut de l'Assemblée, par 237 voix contre 138, la mission de signer, sans accepter les articles «honteux».

Les Alliés rejetèrent ces réserves. Finalement, le ministre des Affaires étrangères, le socialiste Hermann Muller, et un ministre centriste, Hans Bell, après d'ultimes délibérations, reçurent mission de signer le traité à Versailles. (Voir Pierre Renouvin, *Le traité de Versailles*, Flammarion, 1969).

Orlando jouant un rôle assez effacé, sauf lorsqu'il s'agissait de questions spécifiquement italiennes, Llyod Georges évoluant au fil des jours de l'idée d'une paix de vengeance à celle d'une paix de conciliation – il estimait assez justement qu'il ne fallait pas pousser l'Allemagne dans la voie de la revanche, mais ses atermoiements affaiblirent considérablement son autorité – la Conférence fut dominée par le président du Conseil français et le président des États-Unis. On a volontiers opposé l'idéalisme du président américain au cynisme du président français. En réalité, Wilson savait faire preuve de réalisme, mais il voulait établir la paix universelle et il attachait une importance fondamentale à la constitution d'une société des Nations ; quant à Clemenceau, plus idéaliste qu'on ne l'a dit, il ne croyait pas à la paix universelle et la question des garanties était pour lui essentielle.

À la suite de discussions souvent sévères, quelquefois proches de la rupture, le texte des traités fut établi le 7 mai. Il fut alors transmis au gouvernement allemand avec le seul droit de présenter dans les quinze jours des observations *par écrit.* Le 16 juin, les vainqueurs répondirent aux contre-propositions allemandes en les rejetant à peu près totalement. Les Allemands disposaient d'un délai de cinq jours pour accepter. Le maréchal Foch* avait reçu l'ordre de commencer la marche en avant le 23 juin à 19 heures. Dans

* P. 77

l'après-midi, le gouvernement allemand faisait connaître, après de dramatiques délibérations, qu'il acceptait de signer. La signature du traité avec l'Allemagne eut lieu le 28 juin 1919 dans la Galerie des Glaces du château de Versailles. Les traités dits « de la banlieue parisienne » furent signés ultérieurement avec les anciens alliés de l'Allemagne•.

Le traité de Versailles comportait des clauses territoriales, des clauses coloniales, des clauses économiques, des garanties, des clauses pénales. Il prévoyait que l'Allemagne paierait des réparations. Enfin la grande idée de Wilson l'emportait : le traité incluait le pacte prévoyant la création, les objectifs et l'organisation d'une **Société des Nations.**

L'application des traités souleva d'innombrables difficultés, dont la moindre ne fut pas le refus du Sénat des États-Unis de ratifier le traité de Versailles parce qu'il ne voulait pas de l'engagement international permanent qu'était la Société des Nations, mais pour l'immédiat et pour l'avenir, le cœur du traité était l'élévation au rang de principe fondamental du **droit des nations à disposer d'elles-mêmes.**

2 L'application difficile de l'idée nationale

L'idée nationale n'était pas une idée neuve en Europe, dont une partie importante était déjà constituée d'États nationaux. L'originalité des différents traités de paix fut de systématiser cette idée, en en faisant la base de toute organisation territoriale. C'était d'une part la conséquence de l'appel incessant fait au sentiment national dans la plupart des pays au cours de la guerre, d'autre part de la volonté du président des États-Unis à faire du droit des peuples à disposer d'eux-mêmes l'assise des rapports internationaux. L'armistice avait été conclu sur la base des 14 points.

Néanmoins, la mise en pratique de ces dispositions n'allait pas sans grandes difficultés, liées au caractère incertain de la notion de nationalité.

Qu'est-ce qui déterminait une nationalité ? La langue et la culture, suivant la définition allemande•, la volonté de vivre ensemble, suivant la

• **Les traités avec les anciens alliés de l'Allemagne :** – traité de Saint-Germain-en-Laye avec l'Autriche (10 septembre 1919) ;
– traité de Neuilly-sur-Seine avec la Bulgarie (27 novembre 1919) ;
– traité du Trianon avec la Hongrie (4 juin 1920) ;
– traité de Sèvres avec la Turquie (10 août 1920), mais qui ne put être appliqué et fut remplacé par le traité de Lausanne (24 juillet 1923).

• **La définition « allemande » de la nationalité :** On fait remonter cette définition principalement au philosophe allemand, Johann Fichte (1762-1814) dans ses *Discours à la nation allemande (1807-1808).* Ces textes, établis après l'écrasement de la Prusse par Napoléon, ne sont qu'une faible partie de l'œuvre du philosophe, mais c'est celle dont les conséquences historiques ont été les plus importantes.

définition française•. Qu'est-ce qui déterminait le territoire d'une nationalité ? Uniquement le territoire occupé par elle ou devait-on tenir compte de ses droits historiques ? Devait-on tenir compte des équilibres nécessaires ? Comment trouver une solution quand des nationalités s'enchevêtraient et – cas fréquent – quand les villes et les campagnes qui les environnaient étaient habitées par des populations ethniquement différentes ?

Si l'Europe occidentale, (Royaume-Uni, mise à part la question d'Irlande, France, Belgique, où l'opposition Flamands-Wallons était encore limitée, péninsule ibérique, péninsule italienne) ne posait pas trop de problèmes, il n'en était pas de même pour l'Europe centrale et orientale.

Un bloc germanique était assez facile à déterminer. Sans tenir compte des groupes allemands dispersés en Europe centrale, tels des Saxons, installés en Transylvanie depuis le XIIIe siècle, ou des Souabes dans la plaine hongroise depuis le XVIIIe siècle, les Allemands formaient un groupe compact et continu, comprenant les Allemands d'Allemagne et ceux de l'ancien Empire austro-hongrois, soit l'Autriche à proprement parler et les pourtours du plateau de Bohême. L'application du principe des droits des peuples à disposer d'eux-mêmes conduisait logiquement à les rassembler dans un même État, d'autant que c'était le vœu de la majorité de ces populations. Mais dans la pratique, cela aurait abouti à constituer une Allemagne plus grande et plus peuplée que celle d'avant-guerre, ce qui parut inacceptable, en particulier à la France. D'où la répartition de ces Allemands entre trois États, l'Allemagne, l'Autriche et la nouvelle Tchécoslovaquie, deux États purement allemands et un troisième où les Allemands étaient réduits à la condition de minorité nationale. En outre, l'Allemagne était rognée sur toutes ses frontières : à l'Ouest, elle rendait l'Alsace et le nord de la Lorraine à la France, elle cédait les deux cantons d'Eupen et de Malmédy à la Belgique, au Nord, une partie du Schleswig était attribuée au Danemark, à l'Est, outre la Posnanie qui contribuait à la renaissance de la Pologne, elle devait accepter que son territoire soit séparé en deux par la création du corridor de Dantzig afin de permettre à la Pologne d'avoir un accès à la mer. L'Allemagne dut également céder à la Pologne une fraction de la Haute-Silésie. Au total, l'Allemagne perdait 70000 km^2 et était réduite à 470000 km^2.

En Europe centrale et balkanique, la disparition de la monarchie danubienne des Habsbourg entraînait les plus importants bouleversements. Les Polonais de Galicie constituaient la partie méridionale de la nouvelle Pologne, tandis que Tchèques, Slovaques et Ruthènes étaient rassemblés dans un État nouveau : la Tchécoslovaquie. Les Slaves du Sud, Slovènes, Croates, Serbes, Monténégrins étaient également rassemblés dans un nouvel État qui prit, en 1929, le nom de Yougoslavie. Quant à la Hongrie – pays

Wilson et la ratification du traité de Versailles

D'une façon plus générale, le fossé s'était creusé avec l'opinion américaine qui ne comprenait pas très bien la paix de conciliation qu'avait souhaitée Wilson – d'autant qu'on aboutissait à un traité qui était assez loin de faire preuve de conciliation. Elle ne comprenait pas non plus pourquoi il s'affirmait partisan du libre-échange en opposition avec toute la tradition américaine. Les élections du 5 novembre 1918 s'étaient déjà traduites par une nette défaite des démocrates. Dès le 29 juin 1919, Wilson s'était embarqué pour aller défendre la ratification du traité. Il apparut rapidement que de légères modifications du traité permettaient d'obtenir la majorité des deux tiers nécessaire au Sénat, mais Wilson fut inflexible. Le 19 mars 1920, à sept voix près, le Sénat rejetait le traité.

vaincu, le principe des nationalités ne lui fut guère appliqué – elle était également rognée de tous côtés. Des populations hongroises nombreuses habitaient le sud de la Slovaquie, la Transylvanie attribuée à la Roumanie, la partie orientale de la nouvelle Yougoslavie.

En Europe orientale, les changements territoriaux relevèrent de la combinaison de trois facteurs : le principe des nationalités, la politique des puissances européennes envers la Russie soviétique et la politique soviétique envers les nationalités.

La renaissance de la Pologne fut le résultat du rassemblement des territoires peuplés de Polonais appartenant précédemment à l'Allemagne, à l'Autriche-Hongrie et à la Russie, soulevant un problème sans véritable solution : où placer la limite entre la Pologne et la Russie ?

En 1919, le ministre britannique des Affaires étrangères, Lord Curzon proposait une ligne à peu près au niveau de Brest-Litovsk, mais les Polonais contestaient cette délimitation. Au-delà de cette ligne, si les populations rurales étaient effectivement biélorusses ou ukrainiennes, les propriétaires fonciers et les populations des villes étaient en général polonaises. À la suite d'une guerre avec la Russie soviétique dans laquelle les Polonais furent tirés d'une situation difficile par l'envoi d'une mission française (général Weygand), ils purent porter leur frontière 150 à 200 km à l'est de la ligne Curzon (traité de Riga, 18 mars 1921).

Comme l'Allemagne et la Hongrie, la Russie fut la grande victime des modifications territoriales. Par rapport à l'ancien Empire russe, elle reculait vers l'Est, perdant une bande de territoire qui pouvait atteindre jusqu'à 500 km de profondeur. Du Nord au Sud, elle abandonnait – outre ses

• **La définition « française » de la nationalité :** définition due au philosophe français Ernest Renan (1823-1892) dans une célèbre conférence prononcée à la Sorbonne le 11 mars 1882 : *Qu'est-ce qu'une nation ?*

Clauses coloniales du traité de Versailles

L'Allemagne renonçait à toutes ses colonies ainsi qu'aux zones d'influence économique qu'elle avait en Chine.

Clauses économiques

Elles étaient considérables. Parmi les dispositions les plus importantes, le séquestre des biens allemands dans les pays alliés et associés, l'internationalisation des grandes voies fluviales allemandes, l'ouverture du canal de Kiel aux navires de tous pays, l'obligation d'appliquer aux puissances alliées le traitement de la nation la plus favorisée dans les relations commerciales, sans réciprocité, la cession de tous les navires marchands de plus de 1 600 tonneaux et de la moitié de ceux entre 1 000 à 1 600 tonneaux.

Garanties

– Le désarmement : l'armée allemande était réduite à 100 000 hommes, avec suppression du grand état-major et des Écoles militaires, interdiction de l'artillerie lourde, de l'aviation, des tanks ;

– la démilitarisation de la rive gauche du Rhin, ainsi que d'une zone de 50 kilomètres sur la rive droite ;

– l'occupation de la rive gauche du Rhin, ainsi que des têtes de pont sur la rive droite, avec évacuation, par tiers, tous les cinq ans, à partir de 1920.

Clauses pénales

L'article 228 prévoyait la mise en jugement devant des tribunaux militaires alliés des personnes «accusées d'avoir commis des actes contraires aux lois et aux coutumes de la guerre» et l'article 229, la mise en jugement de Guillaume II devant un tribunal international «pour offense suprême contre la morale internationale et l'autorité sacrée des traités», en raison de la violation de la neutralité de la Belgique.

Les Réparations

L'article 231 établissait que «l'Allemagne reconnaît qu'elle est responsable pour les avoir causés, de tous les dommages subis par les gouvernements alliés et associés et par leurs nationaux, par suite de la guerre qui leur a été imposée par son agression. En conséquence, l'Allemagne devait payer des réparations».

Mais, comme il était très difficile de délimiter et de chiffrer ces réparations, leur montant et les modalités de paiement furent remis à plus tard.

Le problème des Réparations fut la question qui souleva les discussions les plus passionnées entre les Alliés parce qu'il aboutissait à vouloir faire payer des sommes énormes à une Allemagne que l'on cherchait à appauvrir au maximum par ailleurs, ce qui était contradictoire. D'où des discussions extrêmement âpres entre ceux qui estimaient nécessaire d'évaluer les possibilités de paiement de l'Allemagne et ceux qui s'y refusaient. La question des Réparations fut pendant de longues années une des causes les plus fortes de discorde en Europe entre l'Allemagne et ses vainqueurs et encore davantage entre les vainqueurs.

anciens territoires polonais – la Finlande et les États baltes (Estonie, Lettonie, Lituanie), devenus indépendants et la Bessarabie acquise par la Roumanie.

L'URSS (Union des Républiques socialistes soviétiques), créée en 1922, parvenait à maintenir sa domination sur tous les territoires sibériens, d'Asie centrale et du Caucase de l'ancien Empire russe, elle n'en avait pas moins perdu 880000 km^2 de territoires européens.

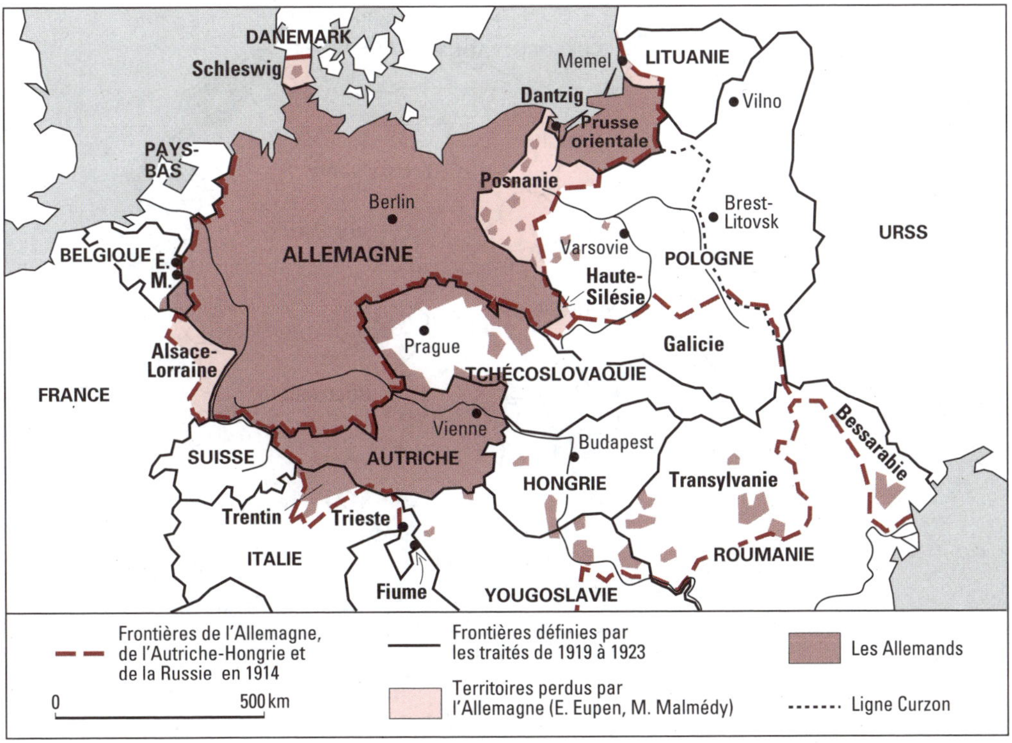

Les nouvelles frontières de l'allemagne et les Allemands en Europe

Dans le détail, la détermination des limites des nouveaux États fut souvent extrêmement difficile : ainsi la question de Vilna disputée entre la Lituanie et la Pologne, de Fiume entre l'Italie et la Yougoslavie, de la Haute-Silésie entre l'Allemagne et la Pologne.

a. La question de Vilna

D'après des statistiques de 1897, la population de la ville se répartissait entre 40 % de Juifs, 31 % de Polonais, 24 % de Russes et 2 % de Lituaniens, mais dans la province de Vilna, les Russes étaient 61 %, les Lituaniens, 17 %, les Juifs, 12 % et les Polonais, 8 %. La ville s'appelle Vilnius en lituanien et Vilno en polonais.

Situation ethniquement inextricable que le Conseil suprême interallié avait paradoxalement tranchée en attribuant Vilna à la Lituanie. Paradoxe plus apparent que réel car – affirmaient les Lituaniens – les Russes de la province de Vilna étaient en fait très souvent des Lituaniens qui, dans le cadre de la russification de l'Empire, avaient été obligés de parler russe. La question est réglée par la force quand les Polonais s'emparent de Vilna (9 octobre 1920).

Les Balkans

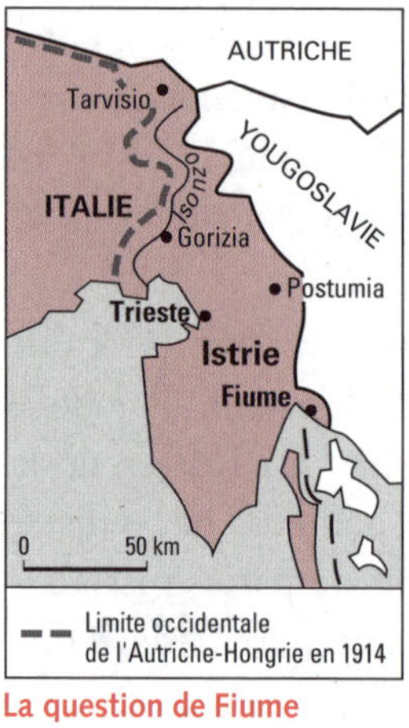

La question de Fiume

En contrepartie, aux frontières de la Prusse-Orientale et de la Lituanie, les Lituaniens s'emparaient du port de Memel, dont la population était allemande, mais dont les campagnes environnantes étaient lituaniennes.

b. Fiume

L'Italie avait obtenu une partie des terres irrédentes qu'elle revendiquait : le Trentin, le Haut-Adige, la Vénétie Julienne et l'Istrie avec Trieste. Elle aurait souhaité obtenir également la côte dalmate et en particulier la ville de Fiume. De population aux deux

tiers italienne, la ville avait un arrière-pays peuplé de Croates. Déclarée « ville libre », elle fut occupée de septembre 1919 à décembre 1920 par D'Annunzio*. * P. 37
En 1924, la Yougoslavie reconnut la possession de Fiume à l'Italie.

c. La Haute-Silésie

Riche en ressources minières, disputée entre la Pologne et l'Allemagne, habitée par des populations inextricablement mélangées, la Haute-Silésie fut l'objet d'une véritable guerre. Finalement, à la suite d'un plébiscite, la plus grande partie de la Haute-Silésie resta à l'Allemagne, mais les régions minières furent attribuées à la Pologne (15 janvier 1922).

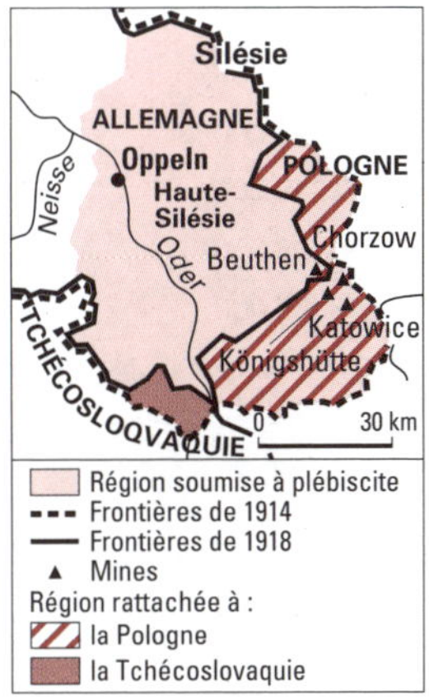

La Haute-Silésie

3 Les minorités

En théorie, les traités de paix avaient permis le règlement du problème des nationalités et, par l'effet mécanique de la disparition de l'Empire austro-hongrois, le nombre des Européens qui étaient sujets d'un pays étranger avait beaucoup diminué. Dans la pratique, la situation était probablement plus tendue qu'avant. Trois pays étaient particulièrement insatisfaits : la Hongrie, (plus de 2500000 Hongrois avaient été inclus dans un État étranger pour 7615000 qui vivaient en Hongrie), l'Allemagne et la Russie soviétique. Mais pratiquement tous les pays d'Europe centrale étaient mécontents et souhaitaient plus ou moins « réviser » les

L'attribution de la Haute-Silésie

Pour se créer une situation favorable, à l'initiative d'un ancien député polonais au *Reichstag,* Korfanty, trois soulèvements polonais eurent lieu auxquels s'opposèrent les corps-francs allemands. Le troisième soulèvement (mai-juin 1921) donna lieu à de véritables opérations de guerre. La situation était d'autant plus confuse que se trouvaient sur place des contingents alliés, les Français soutenaient ostensiblement les insurgés polonais, tandis que les Italiens (qui subirent de lourdes pertes) et les Britanniques s'y opposaient. Entre-temps, le plébiscite prévu avait eu lieu (21 mars 1921). Ce fut un triomphe pour les Allemands : 62% en leur faveur contre 38% pour les Polonais. Les Allemands étaient les plus nombreux, même si un subterfuge – 180 000 électeurs allemands qui étaient nés dans la région, mais n'y résidaient plus, furent amenés par trains spéciaux – augmenta leur succès. Il fallut encore tracer une ligne de démarcation parce qu'il avait été prévu que le vote serait pris en compte au niveau de chaque commune ! Les Polonais furent grandement favorisés en recevant la plus grande partie des activités minières et industrielles.

Tableau des minorités nationales

Roumanie (recensement de 1927)		
Population totale	12 500 000 habitants dont :	
Hongrois	1 308 000	
Juifs	780 000	
Allemands	723 000	
Ukrainiens	448 000	
Bulgares	358 000	
Russes	308 000	
Serbes	57 000	
Soit	3 982 000	allogènes (31,85 %)
Tchécoslovaquie		
Population totale	13 000 000 d'habitants dont	
Allemands	3 200 000	
Hongrois	750 000	
Soit	3 955 000	allogènes (30,38 %)

Yougoslavie (recensement de 1921)		
Population totale	14 000 000 habitants dont :	
Hongrois	467 000	
Allemands	505 000	
Albanais	439 000	
Turcs	150 000	
Roumains	231 000	
Soit	1 792 000	allogènes (12,80 %).
Pologne		
Population totale	26 300 000 habitants dont :	
Ukrainiens	4 000 000	
Juifs	2 400 000	
Biélorusses	1 300 000	
Allemands	500 000	
Soit	8 200 000	allogènes (31,18 %).

traités, pendant qu'à l'intérieur de leurs frontières subsistaient d'importantes minorités nationales.

Ces minorités nationales étaient de deux sortes. Il y avait d'une part les Juifs et les Tsiganes (ces derniers n'étaient pas toujours comptés à part, mais pouvaient être fort nombreux). Perçus par la nationalité dominante comme *allogènes,* ils ne relevaient d'aucun autre État national. En revanche, les autres minorités nationales qui atteignaient quelquefois le tiers de la population totale pouvaient être attirées par un pays voisin ou bien servir de prétexte aux revendications nationales d'autres États. À cela s'ajoutèrent pour certains États composites, comme la Tchécoslovaquie ou la Yougoslavie, même si leur création ne s'était pas faite contre la volonté des habitants, les oppositions qui se développèrent très vite entre groupes ethniques qui se considéraient comme brimés, Slovaques par rapport aux Tchèques, Slovènes et Croates par rapport aux Serbes.

Le remplacement du lien dynastique par le principe national, bien loin d'être favorable à l'établissement de situations harmonieuses, avait été à l'origine d'une multitude de conflits immédiats ou potentiels, bénins, graves ou dramatiques.

Une solution commença à faire son apparition, celle de l'échange de populations dans le but de recréer l'homogénéité ethnique. Elle fut employée par les Grecs et les Turcs à la suite de la guerre de 1921-1922•. Déjà depuis la guerre de 1912, de nombreux Turcs avaient quitté la Macédoine acquise par la Grèce, et de nombreux Grecs avaient quitté l'Asie mineure – plus d'un million – à la suite de la défaite de l'armée grecque et de la prise de Smyrne par les Turcs (1922). Le traité de Lausanne prévoyait le départ de 350000 Turcs et de 190000 Grecs supplémentaires. Comme dans de nombreux cas il était très difficile de distinguer Grecs et Turcs, le critère de la religion fut retenu.

Conclusion

Peut-on vraiment conclure un ouvrage sur la Grande Guerre ? Pour la première fois dans l'histoire des hommes, une guerre – principalement européenne – s'était étendue, au moins indirectement, presque à l'ensemble du monde ? Jamais une guerre dans le passé n'avait mis aux prises des masses d'hommes aussi nombreuses, jamais une guerre n'en avait tué, blessé et mutilé autant en si peu de temps, jamais une guerre n'avait provoqué d'aussi extraordinaires mutations mentales, n'avait gaspillé autant de richesses. L'expression si galvaudée que rien ne serait plus comme avant était parfaitement justifiée. Les soldats de 1914 avaient cru simplement partir quelques semaines défendre leur pays agressé, mais, quand, ceux qui avaient survécu revinrent au bout de plus de quatre années, après avoir accepté des sacrifices incroyables et manifesté tant de courage, ils se trouvèrent dans un autre monde bouleversé et appauvri. Certes les progrès techniques avaient été considérables, la puissance de ce que pouvait faire l'industrie s'était révélée, mais toutes les valeurs d'antan avaient été bafouées, chaque État – insatisfait – réclamait son dû en argent ou en territoires, la démocratie était contestée, les totalitarismes de droite ou de gauche jaillissaient, les économies étaient malades et les monnaies fragiles,…

Pour commémorer un événement aussi inouï et pour affirmer que c'était la dernière des guerres, on construisait partout des monuments aux morts, mais à peine étaient-ils édifiés, qu'une nouvelle guerre qui allait être encore pire se profilait. Elle n'était qu'en partie la fille de la première, et il n'était pas inéluctable qu'elle ait lieu, mais il n'en restait pas moins qu'à peine plus de vingt ans après le 11 novembre 1918, les vincus ou les vainqueurs d'hier reprenaient le chemin des champs de bataille.

• **La guerre gréco-turque.** Le Premier ministre grec Eleutherios Venizelos avait essayé de tirer parti de la défaite turque pour réaliser l'« idée nationale », la création d'une Grande Grèce en Asie. Après s'être installés dans la région de Smyrne, les Grecs passent à l'offensive dans l'intérieur de l'Anatolie, mais ils sont vaincus par les nationalistes turcs de Mustapha Kemal. Le 9 septembre 1922, la déroute de l'armée grecque se termine par la prise et l'incendie de Smyrne par les Turcs.

Notes

Introduction

1. Nicolas Rousselier, « Pour une écriture européenne de l'histoire de l'Europe », in *Vingtième siècle, revue d'histoire,* avril-juin 1993.

Chapitre 1

1. Lénine, *L'Impérialisme, stade suprême du capitalisme,* Éditions en langues étrangères, Pékin, 1970, p. 12.
2. Jacques Marseille, *Empire colonial et capitalisme français. Histoire d'un divorce,* Albin Michel, 1984. Réédition Seuil, « Points Histoire », 1989.
3. Henri Brunschwig, *Mythes et réalités de l'Impérialisme colonial français,* Armand Colin, 1960, p. 187.
4. *Idem,* p. 173.
5. *Histoire économique et sociale du monde,* sous la direction de Pierre Léon : tome IV, *La domination du capitalisme (1840-1914),* sous la direction de Gilbert Garrier, Armand Colin, 1978, p. 16.
6. Jean Bérenger, *Histoire de l'Empire des Habsbourg (1273-1918),* Fayard, 1990.
7. Voir Thomas Lindemann, *Les doctrines darwiniennes et la guerre de 1914*, Economica, 2001.
8. Pierre Guillen, *L'Empire allemand (1871-1918),* Hatier, 1970.
9. Marlis Steinert, *Hitler,* Fayard, 1991, p. 62.
10. Serge Berstein et Pierre Milza, *L'Italie fasciste,* Armand Colin, 1970.
11. Jean-Jacques Becker, *1914, comment les Français sont entrés dans la guerre,* Presses de la Fondation nationale des sciences politiques, 1977, p. 52.
12. René Girault, *Diplomatie européenne et impérialismes (1871-1914),* Masson, 1979, p. 228.
13. Pierre Renouvin, *Histoire des relations internationales,* tome 6, II (1871-1914) ; *L'apogée de l'Europe,* Hachette, 1955, p. 324.

Chapitre 2

1. Winston Churchill, *The World Crisis (1911-1918),* Londres, 1re édition, 1931, p. 103.
2. Vladimir Dedijer, *La route de Sarajevo,* Gallimard, 1968, et Jean-Jacques Becker, « L'attentat de Sarajevo », in *L'Histoire,* juin 1994.
3. Pierre Renouvin, *Les Origines immédiates de la guerre (28 juillet-4 août 1914),* 2e édition, 1927, p. 51.
4. Harry Barnes, *La Genèse de la guerre mondiale,* 1931, p. 130.
5. Raymond Poincaré, alors à Saint-Petersbourg, y fait plusieurs fois allusion dans ses *Souvenirs Au service de la France*, tome IV, Plon, 1927. Dans une note du 23 juillet adressée de Paris à Saint-Petersbourg, le ministre des Affaires étrangères par interim, Jean-Baptiste Bienvenu-Martin, souligne que la note autrichienne au gouvernement serbe doit être remise dans un très court délai (*Documents diplomatiques français, 1914,* Hachette « 1914 - Le Livre jaune », *p. 30).*
6. Raymond Poincaré, *op. cit.*, p. 253.
7. « L'Italie libérale et l'intervention dans la Première Guerre mondiale », in *Les Sociétés européennes et la guerre de 1914-1918,* Université de Paris X-Nanterre, 1990, p. 96.
8. Wolfgang J. Mommsen, « Le thème de la guerre inévitable en Allemagne dans la décennie précédant 1914 », in *1914, les psychoses de guerre ?* Publications de l'université de Rouen, 1985.
9. James Joll, *1914, The Unspoken Assumptions*, Londres, 1968, p. 6. Le grand historien britannique a repris plus récemment son étude dans *The origins of the First World War,* Londres, Longman, 1985.

10. Wolfgang J. Mommsen, *1914 - Les psychoses de guerre, op. cit.*, p. 100. Voir du même auteur : *Max Weber und die deutsche Politik (1890-1920),* Tübingen, 1974.
11. Raymond Poidevin, *Les Origines de la Première Guerre mondiale,* Documents d'histoire, PUF, 1975, p. 97.
12. Cité par Henry Contamine, *La Victoire de la Marne,* Gallimard, 1970, p. 58.
13. L'ensemble de la question est traité dans *1914, les psychoses de guerre ? op. cit.*
14. Jean-Jacques Becker, *1914, comment les Français sont entrés dans la guerre, op. cit.*
15. Gerd Krumeich, « L'entrée en guerre en Allemagne », in *Les Sociétés européenneset la guerre de 1914-1918, op. cit.*
16. Marlis Steinert, *Hitler,* Fayard, 1991, p. 80.
17. Dittmar Dalhmann, « Russia at the Outbreak of the First World War », in *Les Sociétés européennes et la guerre de 1914-1918, op. cit.*
18. Jean Bérenger, *op. cit.*, p. 704.
19. John Keiger, « Britain's "Union sacrée" in 1914 », in *Les Sociétés européennes et la guerre de 1914-1918, op. cit.*, et « L'Angleterre en guerre », *in* Paul-Marie de la Gorce (sous la direction de), *La Première Guerre mondiale,* Flammarion, 1991.
20. Gwyn Harries-Jenkins, « Mentalités britanniques devant la guerre », et Keith Robbins, « L'ambiguïté du mot "paix" dans le Royaume-Uni avant 1914 », in *1914, les psychoses de guerre ? op. cit.*
21. Marie-Thérèse Bitsch, *La Belgique entre la France et l'Allemagne (1905-1914),* Publications de la Sorbonne, 1994.
22. Jean Stengers, « La Belgique », in *Les sociétés européennes et la guerre de 1914-1918, op. cit.*
23. Brunello Vigezzi, « L'Italie libérale et l'intervention dans la Première Guerre mondiale », in *Les Sociétés européennes et la guerre de 1914-1918, op. cit.*
24. Yannis Mourelos, *L'Intervention de la Grèce dans la Grande Guerre (1916-1917),* Athènes, Institut français d'Athènes, 1983.
25. Nuno Severiano Teixeira, *Entre neutralité et belligérance, l'entrée du Portugal dans la Grande Guerre : objectifs politiques et stratégie nationale*, Florence, Institut universitaire européen, 1994.
26. Marc Michel, *L'Appel à l'Afrique,* Publications de la Sorbonne, 1982.
27. Cité par Jay Winter, *La Première Guerre mondiale,* Reader's Digest, éd. française, 1990, p. 117.
28. Jean-Claude Allain, « La course aux alliances », in *La Première Guerre mondiale* (sous la direction de Paul-Marie de la Gorce), *op. cit.*

Chapitre 3

1. La guerre de Sécession, guerre civile qui oppose le Sud au Nord des États-Unis d'avril 1861 à mai 1865. Pour une population américaine de 31500000 habitants, le Nord a eu 360000 morts et le Sud, 300000. Au total 660000 morts et 400000 blessés. De toutes les guerres auxquelles les États-Unis ont participé, c'est de loin la plus meurtrière. (André Kaspi, *La Guerre de Sécession - les États désunis,* Gallimard, coll. « Découvertes », 1992, et *Les Américains,* tome I, Seuil, 1986.)
2. Guy Pedroncini, « Comment gagner la guerre ? », *in* Paul-Marie de la Gorce, *La Première Guerre mondiale, op. cit.*, p. 63.
3. Général Jean Delmas, « La guerre imaginée par les cinq grands états-majors », in *Guerre et Cultures (1914-1918)* (sous la direction de Jean-Jacques Becker *et alii*), Armand Colin, 1994.
4. Général Jean Delmas, « La guerre imaginée par les cinq grands états-majors », *op. cit.*
5. Nicole Pietri, « L'Autriche-Hongrie dans la guerre », *in* Paul-Marie de la Gorce, *La Première Guerre mondiale, op. cit.*
6. Henry Contamine, *La Victoire de la Marne (Trente journées qui ont fait la France),* Gallimard, 1970, p. 95.
7. John Horne, « Les mains coupées : "atrocités allemandes" et opinion française en 1914 » et Alan Kramer : « "Les atrocités allemandes" : mythologie populaire, propagande et manipulations dans l'armée allemande », *in* Jean-Jacques Becker *et alii, Guerre et Cultures (1914-1918), op. cit.* Également Jorhn Horne et Alan Kramer *German atrocities, 1914 a history of Denial,* Yale University Press, 2001.
8. Stéphane Audoin-Rouzeau, *L'enfant de l'ennemi, 1914-1918,* Aubier, 1995.
9. Henry Contamine, *La Victoire de la Marne, op. cit.*, p. 120.
10. Colonel Jean Defrasne, « Une grave crise de moral au 17e corps d'armée le 22 août 1914 », in *Revue internationale d'histoire militaire,* 1979, n° 41, p. 268.
Jean-Jacques Becker, « Les trois ans et les débuts de la Première Guerre mondiale », in *Revue des deux guerres mondiales et des conflits contemporains,* 1987, n° 145. Dans son ouvrage *Le Fil de l'épée,* qu'il publie en 1932, le général de Gaulle – alors colonel – stigmatise très vivement la façon dont ces batailles furent conduites.
11. Jean-Jacques Becker, « La bataille de la Marne ou la fin des illusions », in *L'Histoire,* novembre 1978.

12. Henry Contamine, *op. cit.*, p. 288.
13. Mario Isnenghi, « L'Italie en guerre », *in* Paul-Marie de la Gorce, *op. cit.*, p. 212.
14. Jean-Baptiste Duroselle, *La Grande Guerre des Français (1914-1918)*, Perrin, 1994, p. 95.
15. Général Gabriel Rouquerol, *Le Canon, artisan de la victoire*, Berger-Levrault, 1920, p. 71.
16. André Pézard, *Nous autres à Vauquois. 1915-1916*, 1918 (nouvelle édition aux Presses Universitaires de Nancy, 1992, présentée par Jean-Charles Jauffret). Normalien, spécialiste de Dante, André Pézard commandait une compagnie qui perdit les deux tiers de ses hommes entre février 1915 et septembre 1916 dans les combats autour de Vauquois, une butte à l'Ouest de Verdun, en plein cœur de l'Argonne, à proximité de Varennes.
17. Un des récits d'attaque les plus célèbres est celui de Henri Barbusse dans *Le Feu*, publié en 1916.
18. Guy Pedroncini, « La guerre immobile », *in* Paul-Marie de la Gorce, *op. cit.*
19. Benjamin Simonet, *Franchise militaire. De la bataille des Frontières aux combats de Champagne (1914-1915)*, Gallimard, 1986. L'ouvrage a été composé avec les lettres écrites au jour le jour par le capitaine, puis chef de bataillon Simonet.
20. Gérard Canini, *Combattre à Verdun. Vie et souffrance quotidienne du soldat (1916-1917)*, Presses universitaires de Nancy, 1988.
21. *Idem*, p. 11.
22. Gerd Krumeich, « Le soldat allemand sur la Somme », in *Les Sociétés européennes et la guerre de 1914-1918, op. cit.*
23. Pierre Renouvin, « L'opinion publique et la guerre en 1917 », in *Revue d'histoire moderne et contemporaine*, janvier-mars 1968, p. 14.
24. Annick Cochet, *L'Opinion et le moral des soldats en 1916*, Multigraphié, 1986.
25. Vincent Suard, « La justice militaire française et la peine de mort au début de la Première Guerre mondiale », in *Revue d'histoire moderne et contemporaine*, janvier-mars 1994.
26. Guy Pedroncini, *1917. Les Mutineries de l'armée française*, Julliard, 1968, chapitre I.
27. Jean Delmas, « L'armée russe vue par les officiers français affectés en Russie, 1916-1917 », in *Les Sociétés européennes et la guerre de 1914-1918, op. cit.*
28. Piero Melograni, « Les soldats et la population civile italienne », in *Les sociétés européennes, op. cit.*
29. Ian Beckett, « The Real Unknown Army : British Conscripts, 1916-1919 », in *Les sociétés européennes, op. cit.*

Chapitre 4

1. Albert Ier, *Carnets et correspondance de guerre (1914-1918)*, présentés par Marie-Rose Thielemans, éd. Duculot, Louvain-la-Neuve, Belgique. Ce livre est ainsi dédicacé :
«A la mémoire de mon Père, combattant de la Grande Guerre, qui a cru au mythe du Roi-chevalier, allié inconditionnel de la France et de l'Angleterre, mais n'a jamais su que s'il avait survécu à l'un des plus grands carnages de l'Histoire, il le devait sans nul doute au chef de guerre qui a le plus ménagé le sang de ses soldats. »
2. Henry Contamine, *La Victoire de la Marne, op. cit.*, p. 64.
3. François-Georges Dreyfus, *L'Allemagne contemporaine (1815-1990)*, p. 97 et 99. Quand un nouveau chancelier, Michaelis, est nommé en juillet 1917, il ajoute : «Le nouveau chancelier était un inconnu, tout dévoué au Grand Quartier Général. Même l'empereur avait perdu de son influence. Le pouvoir était aux mains de Hindenburg et de Ludendorff. »
4. Voir Marc Ferro, *La Révolution de 1917. La chute du tsarisme et la révolution d'Octobre*, Aubier-Montaigne, 1967, pp. 48-49.
5. Raymond Poidevin, *L'Allemagne de Guillaume II à Hindenburg*, éditions Richelieu, 1972, p. 192.
6. Nicole Pietri, « L'Autriche-Hongrie en guerre », *in* Paul-Marie de la Gorce, *La Première Guerre mondiale, op. cit.*
7. Gerd Hardach, « La mobilisation industrielle », *in* Paul-Marie de la Gorce, *La Première Guerre mondiale, op. cit.*, p. 264.
8. Piero Melograni, *Storia politica della grande guerra (1915-1918)*, Editori Laterza, Rome, 1977, vol. II, p. 360.
9. Georges-Henri Soutou, « Comment a été financée la guerre », *in* Paul-Marie de la Gorce, *La Première Guerre mondiale, op. cit.*, p. 286.
10. Annie Kriegel, *Aux origines du communisme français (1914-1920)*, Mouton, 1964, p.71.
11. Henri Burgelin, *La Société allemande (1871-1968)*, Arthaud, 1969, p. 138.

12. Madeleine Rébérioux, « Le socialisme et la première guerre mondiale », in *Histoire générale du socialisme* (sous la direction de Jacques Droz), Presses universitaires de France, tome II, 1974, p. 620.
13. Jean-Jacques Becker, « Union sacrée et idéologie bourgeoise », in *Revue historique,* juillet-septembre 1980.
14. Louis Barthou, *Sur les routes du Droit,* Bloud et Gay, 1917, p. 58.
15. Annick Cochet, *L'Opinion et le moral des soldats en 1916, d'après les archives du contrôle postal,* Nanterre, Multigraphié, 1986.
16. Stéphane Audoin-Rouzeau, *14-18. Les combattants des tranchées,* Armand Colin, 1986.

Chapitre 5

1. Pierre Renouvin, *Les Formes du gouvernement de guerre,* PUF, 1925, p. 43.
2. Stéphane Audoin-Rouzeau, « Bourrage de crâne et information en France en 1914-1918 », in *Les Sociétés européennes et la guerre de 1914-1918, op. cit.*
3. Nicolas Hiley, « The News Media and British Propaganda (1914-1918) », in *Les Sociétés européennes, op. cit.*
4. Wilhelm Deist, « Censorship and propaganda in Germany during the First World War », in *Les Sociétés européennes, op. cit.*
5. Kurt Koszyk, *Deutsche Press Politik in Ersten Weltkrieg*, Dusseldorf, 1968, p. 14.
6. M. L. Sanders, Philip M. Taylor, *British Propaganda during the First World War,* Londres, 1982.
7. Pierre Lanfranchi, *L'Information sur l'ennemi dans la presse allemande pendant la Première Guerre mondiale,* Institut universitaire de Florence, 1988.
8. Martin Creutz, « Les journalistes et la censure dans l'Empire allemand pendant la Grande Guerre », in *Guerre et Cultures (1914-1918), op. cit.*
9. Jean-Claude Montant, « L'organisation centrale des services d'information et de propagande du Quai d'Orsay pendant la Grande Guerre », in *Les Sociétés européennes, op. cit.* et « Propagande et guerre subversive », in *La Première Guerre mondiale,* sous la direction de Paul-Marie de la Gorce, *op.cit.*
10. Eberhard Demm, « Les thèmes de la propagande allemande en 1914 », in *Guerres mondiales et conflits contemporains,* avril 1988.
11. Luciano Tosi, *La propaganda italiana all'estero nella prima guerra mondiale,* Del Bianco, 1977 (Compte rendu par Jean-Pierre Viallet, in *Relations internationales* n°24, 1980).
11. Cité par Jean-Claude Montant, *op. cit.,* p. 329 et p. 331.
12. Romain Rolland, *Journal des années de guerre (1914-1918),* Albin Michel, 1952. Voir Jean-Jacques Becker, « Romain Rolland, la Suisse et la France pendant la Première Guerre mondiale », in *Aspects des rapports entre la France et la Suisse de 1843 à 1939* (sous la direction de Raymond Poidevin et Louis-Édouard Roulet), Metz, 1982.
13. Jean-Marc Delaunay, « Les Espagnols et la guerre », in *Les Sociétés européennes et la guerre, op. cit.*
14. Cité par Jean-Claude Montant, *op. cit.*
15. Jean-François Sirinelli, « Les intellectuels français et la guerre », in *Les Sociétés européennes, op. cit.* et Pascal Ory et Jean-François Sirinellli, *Les Intellectuels en France de l'affaire Dreyfus à nos jours,* Armand Colin, 1992.
16. Danièle Delouche, « Cubisme et camouflage », in *Guerres et Cultures, op. cit.*, et André Mare, *Carnets de guerre 1914-1918,* Belin, 1996.
17. Trevor Wilson, *The Myriade Faces of the War, op. cit.*
18. Jean-François Sirinelli, *Intellectuels et passions françaises. Manifestes et pétitions au xxe siècle,* Fayard, 1990, chapitre II.
19. Geneviève Colin et Jean-Jacques Becker, « Les écrivains, la guerre de 1914 et l'opinion publique », in *Relations internationales,* hiver 1980.
20. Sur Freud pendant la guerre, Annette Becker, « Freud entre rêves et cauchemar », in *14-18, la Très Grande Guerre, op. cit.*
21. Étienne Fouilloux, « Première Guerre mondiale et changement religieux en Europe », in *Les Sociétés européennes, op. cit.*
22. *Histoire de la France religieuse,* tome IV, chapitre 1 (sous la direction de René Rémond, Philippe Levillain et Jean-Pie Lapierre) ; voir également Alfred Baudrillard, *Les Carnets du cardinal Baudrillard (1914-1918),* Cerf, 1994.
23. Nadine Chaline, « Les aumôniers militaires catholiques dans l'armée française », in *Chrétiens dans la Première Guerre mondiale,* Cerf, 1993.
24. Stéphane Audoin-Rouzeau, *Une guerre pour les enfants,* Armand Colin, 1993.
25. Annette Becker, *Croire,* coll. « Grande Guerre, 1914-1918 », CRDP Picardie, 1996.
26. Henri Burgelin, *La Société allemande (1871-1968),* Arthaud, 1969.

27. Gehrard Besier, « Les Églises protestantes en Allemagne, en Grande-Bretagne, en France et le front intérieur (1914-1918) », in *Les Sociétés européennes, op. cit.*
28. Philippe Landau, *Les Juifs de France et la Grande Guerre, un patriotisme républicain,* université de Paris VII, 1991.
29. Une longue conversation entre un jeune officier et un prêtre sur ces problèmes dans Alexandre Soljenitsyne, *Novembre seize,* Fayard-Seuil, 1985, chapitre 6. Voir dans *Étrangers à eux-mêmes,* BDIC, 1990.
30. Yves Racine, *Les Instituteurs et l'école publique dans le département du Doubs pendant la guerre de 1914-1918,* Besançon, 1977.
31. Jean Guirbal, *La Grande Guerre en composition française,* Nathan, 1915.
32. Stéphane Audoin-Rouzeau, *La Guerre des enfants (1914-1918). Essai d'histoire culturelle,* Armand Colin, 1993.
33. Ronald Hubscher, Jean Durry, Bernard Jeu, *L'Histoire en mouvements. Le sport dans la société française,* Armand Colin, 1992.
34. Bruno Cabanes, « Culture de guerre, loisirs ouvriers : contacts et opposition en Angleterre pendant la Première Guerre mondiale », in *Guerre et Cultures (1914-1918), op. cit.*
35. Jean-Jacques Becker, Geneviève Colin, Annette Becker, « La Comédie-Française pendant les deux guerres mondiales », in *Revue d'histoire du théâtre,* 1980-1982.

Chapitre 6

1. Général Jean Delmas, « Le front de l'Est (1916-mars 1918) », *in* Paul-Marie de la Gorce, *op. cit.,* p. 385.
2. Philippe Masson, « La guerre sous-marine à outrance », in *Historiens et Géographes, l'année 1917,* (juill[et]-août 1987).
3. Jay Winter, *La Première Guerre mondiale, op. cit.*, p. 96.
4. Trevor Wilson, *The Myriades Faces of War, op. cit.*, p. 484.
5. Guy Pedroncini, *Les mutineries de 1917,* PUF, 1967.
6. Jean-Baptiste Duroselle, *Histoire de la Grande Guerre, op. cit.*, p. 173.
7. Jean-Pierre Azéma, « Mourir pour la patrie » in *L'Histoire 14-18,* Seuil, 1992, p. 189.
8. Les rapports qui composent cette enquête se trouvent au *Service historique de l'Armée de Terre* (SHAT) sous la cote 16 N 1538.
9. Jean-Marie Mayeur,*La Vie politique sous la Troisième République,* Seuil, 1984, p. 244.
10. Pierre Guillen, *L'Empire allemand, op. cit.*
11. Georges-Henri Soutou, *L'Or et le Sang. Les buts de guerre économiques de la Première Guerre mondiale,* Fayard, 1989.
12. Fritz Fischer, *Les Buts de guerre de l'Allemagne impériale (1914-1918),* Trévise, 1970, p. 411.
13. Nicole Pietri, « L'Autriche-Hongrie dans la guerre », *in* Paul-Marie de la Gorce, *op. cit.*
14. Piero Melograni, « Les soldats et la population civile italienne en 1917 », in *Les sociétés européennes, op. cit.*
15. Giuseppe Rossini, « Benedetto XV, i cattolici e la prima guerra mondiale », in *Actes de la réunion d'étude de 1962 à Spolète,* Rome, 1963, cité par Mario Isnenghi, « L'Italie en Guerre », *in* Paul-Marie de la Gorce, *op. cit.*
16. Henry Bidou, *Histoire de la Grande Guerre,* Gallimard, 1939, p. 557.
17. Jean-Claude Montant, *La propagande extérieure de la France pendant la Première Guerre mondiale : l'exemple de quelques neutres européens,* Université de Paris I, 1988.
18. Pierre Renouvin, « Les buts de guerre du gouvernement français (1914-1918) », *Revue Historique,* janvier-mars 1966.
19. Jean Stengers, « La Belgique », in *Les Sociétés européennes, op. cit.*, p. 87.
20. Jean-Claude Allain, « A la recherche de la paix : 1914-1917», *in* Paul-Marie de la Gorce, *op. cit.*
21. Madeleine Rébérioux, « Le socialisme et la Première Guerre mondiale (1914-1918) », in *Histoire générale du socialisme,* tome II, *op. cit.*, p. 628.
22. Cité par Pierre Renouvin, *La Crise européenne et la Première Guerre mondiale,* PUF, 1962, p. 497.
23. Jean-Claude Allain, *Joseph Caillaux, l'oracle (1914-1944),* tome II, Imprimerie nationale, 1982.
24. André Scherer et Jacques Grunewald, *L'Allemagne et les problèmes de la paix pendant la Première Guerre mondiale.* Documents extraits de l'Office allemand des Affaires étrangères, tome II, *De la guerre sous-marine à outrance à la révolution soviétique (1er février 1917-7 novembre 1917),* Presses universitaires, 1966. Compte-rendu de Jacques Bariéty, in *Revue Historique,* 1968, p. 456 et suiv.
25. Annie Kriegel, *Aux origines du communisme français (1914-1920),* Mouton, 1964, p. 174.
26. Jean Delmas, « Le front de l'Est (1916-mars 1918) », *in* Paul-Marie de la Gorce, *op. cit.,* p. 392.

Chapitre 7

1. Jean-Claude Allain, « Caillaux et la paix », in *Historiens et géographes,* décembre 1988, « Sur l'année 1918 », p. 214 et *Joseph Caillaux,* tome II : *«L'Oracle :1914-1944», op. cit.*
2. Serge Berstein et Pierre Milza, *L'Italie fasciste,* Armand Colin, 1970, p. 30.
3. Sergio Romano, « L'Italie en guerre en 1918 », in *Historiens et Géographes,* « Sur l'année 1918 », décembre 1988, p. 237.
4. Mario Isnenghi, « L'Italie en guerre », *in* Paul-Marie de la Gorce, *op. cit.,* p. 216.
5. Voir Ian Beckett, « L'armée réellement inconnue : les conscrits britanniques de 1916 à 1919 », *in* : *Les sociétés européennes, op. cit.*
6. Jean Delmas, « Les opérations en 1918 », in *Historiens et Géographes,* « Sur l'année 1918 », décembre 1988, p. 186.
7. Jean Delmas, *art. cit.,* p. 184.
8. Michèle Battesti, « Retour à la guerre de mouvement, l'avènement des chars », *in* Paul-Marie de la Gorce, *op. cit.*
9. Guy Pedroncini, « La victoire échappe à Ludendorff », *in* Paul-Marie de la Gorce, *op. cit.*
10. Cité par Pierre Renouvin, *11 novembre 1918, l'armistice de Rethondes,* Gallimard, 1968, p. 20.
11. Philippe Masson, « La guerre aérienne », *in* Paul-Marie de la Gorce, *op. cit.,* p. 473.
12. Général Gambiez et colonel Suire, *Histoire de la Première Guerre mondiale,* Fayard, 1968-1971, tome II, p. 203.
13. Gambiez et Suire, *op. cit.,* p. 195.
14. Jean Bérenger, *Histoire de l'Empire des Habsbourg, op. cit.,* p. 725.
15. Yannis Mourelos, *L'Intervention de la Grèce dans la Grande Guerre (1916-1917),* Institut français d'Athènes, 1983, p. 235.
16. Guy Pedroncini, « La victoire », *in* Paul-Marie de la Gorce, *op. cit.,* p. 546.
17. Pierre Renouvin, *L'Armistice de Rethondes, op. cit.,* p. 100.
18. Voir Jean-Pierre Derriennic, *Le Moyen-Orient au XXe siècle,* Armand Colin, 1980, et Robert Mantran (sous la direction de) *Histoire de l'Empire Ottoman,* Fayard, 1989.
19. Jean-Claude Allain, « La France et les armistices de 1918 en Orient : Salonique (29 septembre) et Moudros (30 octobre) », *La France et la Grèce dans la Grande Guerre,* Thessalonique, 1992, p. 35.

Chapitre 8

1. Voir Jean-Jacques Becker, « La grippe espagnole », in *L'Histoire,* n° 40, décembre 1981. Parmi les victimes, Guillaume Apollinaire.
2. A. J. P. Taylor, *English History, 1914-1945,* Oxford, 1965.
3. Pierre Renouvin, *L'Armistice de Rethondes,* op. cit, Introduction.
4. Gilbert Badia, *Les Spartakistes, op. cit.,* et Georges Castellan, *L'Allemagne de Weimar (1918-1933),* Armand Colin, 1969, chap. 1.
5. Jacques Benoist-Méchin, *Histoire de l'armée allemande,* tome I, Laffont 1936.
6. Bernard Michel, *La chute de l'Empire austro-hongrois, op. cit.,* p. 290.
7. Jean Bérenger, *Histoire de l'Empire des Habsbourg, op. cit.,* p. 715.
8. Ken Inglis, « Le 25 avril en Australie et en Nouvelle-Zélande », in *Guerre et cultures, op. cit.*
9. Adrian Gregory, « Le 11 novembre dans le Royaume-Uni » (Communication au colloque *Histoire culturelle du premier conflit mondial,* Péronne, juillet 1992).
10. Patrizia Dogliani, « Les monuments aux morts de la Grande Guerre en Italie », in *Guerres mondiales et Conflits contemporains,* n° 167, juillet 1992 et Claudio Canal, « La retorica della morte. I Monumenta ai caduti della Grande Guerra », in *Rivista di storia contemporanea,* 1982-1984.
11. Volker Ackermann, « La vision allemande du soldat inconnu : débats politiques, réflexion philosophique et artistique », in *Guerres et culture, op. cit.*
12. Annette Becker, « Monuments aux morts après la guerre de Sécession et la guerre de 1870-1871 : un legs de la guerre nationale ?», in *Guerres mondiales et conflits contemporains,* n° 167, juillet 1992.
13. Annette Becker, *Les Monuments aux morts. Mémoire de la Grande Guerre,* Éditions Errance, 1988 et in *Historiens et Géographes,* « Sur l'année 1918 », décembre 1988 et Antoine Prost, *Les Anciens combattants et la société française (1914-1939),* tome 3, « Mentalités et idéologies », chap. 2.
14. Antoine Prost, *Les Anciens combattants et la société française (1914-1939),* Presses de la Fondation nationale des Sciences politiques, 1977, tome 3, p. 225. Les ouvrages d'Antoine Prost sur les Anciens combattants (il faut ajouter *Les Anciens combattants (1914-1940),* Gallimard-Julliard, coll. « Archives », 1977) n'ont malheureusement pas d'équivalent pour les autres belligérants.

15. Antoine Prost, *Les Anciens Combattants, op. cit.*, tome 3, « Mentalités et idéologies » et Jean-Jacques Becker et Serge Berstein, *Victoire et frustrations (1914-1929), op. cit.*, p. 167.
16. François Bedarida, *La société anglaise (1851-1975), op. cit.*, p. 232 et suiv.
17. Georges Castellan, *Histoire des Balkans,* Fayard, 1993, p. 414.
18. Jean Bérenger, *Lexique historique de l'Europe danubienne : XVIe-XXe siècle,* Armand Colin, 1976, p. 8.
19. Annie Kriegel, *La grève des cheminots, 1920,* Armand Colin, 1988.

Chronologie

1912

18 oct.-3 déc.	Première guerre balkanique.

1913

29 juin-10 août	Deuxième guerre balkanique.
19 juil.-5 août	Vote par la Chambre des députés, puis par le Sénat, de la loi portant le service militaire de deux à trois ans en France.

1914

28 juin	Assassinat de l'archiduc héritier d'Autriche, François-Ferdinand, à Sarajevo.
15 juillet	Départ de Raymond Poincaré, président de la République française et de René Viviani, président du Conseil, pour un voyage en Russie et dans les pays scandinaves.
23 juillet	Ultimatum de l'Autriche-Hongrie à la Serbie.
28 juillet	Déclaration de guerre de l'Autriche-Hongrie à la Serbie. L'artillerie austro-hongroise ouvre le feu sur Belgrade.
29 juillet	Réunion du Bureau socialiste international à Bruxelles.
30 juillet	Mobilisation générale en Russie.
30-31 juillet	Dans la nuit, ordre de mobilisation générale en Autriche-Hongrie.
31 juillet	Assassinat de Jean Jaurès à Paris.
1er août	Mobilisation générale en Allemagne et en France (vers 16 heures). Déclaration de guerre de l'Allemagne à la Russie (19 heures).
2 août	Ultimatum de l'Allemagne et entrée des troupes allemandes en Belgique.
3 août	Déclaration de guerre de l'Allemagne à la France.
4 août	Déclaration de guerre du Royaume-Uni à l'Allemagne.
19-23 août	Échec de l'offensive française en Lorraine.
20 août	Entrée des troupes allemandes dans Bruxelles. Mort de Pie X.
22-24 août	Défaite franco-anglaise dans les batailles de Charleroi et de Mons.
26 août	Formation d'un gouvernement d'Union sacrée en France.
26-30 août	Bataille de Tannenberg.
2 septembre	Départ du gouvernement français de Paris vers Bordeaux.
3 septembre	Prise de Lemberg (Lvov), capitale de la Galicie autrichienne par les Russes. Élection du pape Benoît XV.
6-9 septembre	Bataille de la Marne.
14 septembre	Remplacement de Moltke par Falkenhayn à la tête de l'armée allemande (deuxième haut-commandement).
17 sept.-17 nov.	Course à la mer.
1er novembre	Entrée de la Turquie dans la guerre aux côtés des Puissances centrales.
17 novembre	Offensive française en Artois.
2 décembre	Prise de Belgrade par les Austro-Hongrois.
8 décembre	Destruction d'une flotte allemande aux îles Falkland.

15 décembre	Reprise de Belgrade par les Serbes.

1915

15 fév.-18 mars	Offensive française en Champagne.
19 février	Début de l'opération des Dardanelles.
22 avril	Utilisation pour la première fois des gaz asphyxiants par les Allemands en Flandre.
7 mai	Torpillage du paquebot britannique *Lusitania.*
15 mai	Deuxième offensive en Artois.
23 mai	Entrée en guerre de l'Italie aux côtés des Alliés.
25 mai	Formation d'un gouvernement d'Union nationale dirigé par Asquith en Angleterre.
23 juin-7 sept.	Quatre premières batailles de l'Isonzo.
4 août	Occupation de Varsovie par les Allemands.
5 septembre	(24 août, ancien calendrier)Nicolas II prend le commandement de l'armée russe.
25 sept.-6 oct.	Deuxième offensive française en Champagne.
25 sept.-11 oct.	Troisième offensive en Artois.
5-8 septembre	Conférence de Zimmerwald.
5 octobre	Début du débarquement d'un corps expéditionnaire allié à Salonique. Entrée en guerre de la Bulgarie aux côtés des Puissances centrales.
6 octobre	Début de l'offensive germano-austro-bulgare contre la Serbie.
29 octobre	Démission du gouvernement Viviani en France, remplacé par un gouvernement Briand.
6-8 déc.	Conférence militaire interalliée à Chantilly, quartier-général de Joffre.
19 décembre	Remplacement de French par Haig à la tête du Corps expéditionnaire britannique.

1916

8-9 janvier	Départ des dernières troupes alliées des Dardanelles.
1er février	(20 janvier, ancien calendrier) En Russie, le président du Conseil Goremykine est remplacé par Stürmer.
21 février	Début de la bataille de Verdun.
9 mars	L'Allemagne déclare la guerre au Portugal.
20-24 avril	Conférence de Kienthal.
15 mai	Début de l'offensive autrichienne dans le Trentin (*Strafexpedition,* expédition de punition).
31 mai-1er juin	Bataille navale du Jutland.
4 juin	Début de l'offensive Broussilov sur le front russe.
10 juin	Chute du gouvernement Salandra en Italie et formation d'un gouvernement d'union nationale dirigé par Boselli.
1er juillet	Début de la bataille de la Somme.
3 août	Début de la publication en feuilleton du *Feu* d'Henri Barbusse.
8 août	Prise de Gorizia par les Italiens sur le front de l'Isonzo.
20 août	Entrée en guerre de la Roumanie aux côtés des Alliés.
29 août	Constitution par Hindenburg et Ludendorff du troisième haut-commandement allemand.
15 septembre	Première utilisation de chars d'assaut par les Anglais.
3 décembre	Lloyd George, Premier ministre en Angleterre.
6 décembre	Prise de Bucarest par les Allemands.

18 novembre	Fin de la bataille de la Somme.
21 octobre	Assassinat du président du Conseil autrichien, Stürgkh.
21 novembre	Mort de l'empereur François-Joseph remplacé par Charles Ier.
29-30 déc.	(dans la nuit) (17 au 18 décembre, ancien calendrier) Assassinat de Raspoutine.
18 décembre	Fin de la bataille de Verdun.
25 décembre	Nomination de Joffre comme maréchal de France, remplacé par Nivelle à la tête de l'armée française.

1917

Janvier	Premier mouvement important de grèves en France.
31 janvier	Début de la guerre sous-marine totale.
8-12 mars	(23-27 février, ancien calendrier) Première révolution russe.
20 mars	En France, remplacement du gouvernement Briand par le gouvernement Ribot.
15 mars	(2 mars, ancien calendrier) Abdication de Nicolas II.
2 avril	Entrée en guerre des États-Unis.
16 avril	Offensive du Chemin des Dames. Arrivée en Russie de Lénine venant de Suisse.
17 avril	Premier refus collectif d'obéissance dans l'armée française.
15 mai	Remplacement de Nivelle par Pétain à la tête de l'armée française.
13 juin	Arrivée en France du général Pershing, commandant du corps expéditionnaire américain.
28 juin	Débarquement à Saint-Nazaire des premiers soldats américains.
29 juin	Entrée de la Grèce dans la guerre aux côtés des Alliés.
1er juillet	(18 juin, ancien calendrier) Offensive Broussilov.
13 juillet	Démission du chancelier Bethmann Hollweg en Allemagne, remplacé par Michaëlis.
16 juil.-10 nov.	Bataille de Passendale (3e bataille d'Ypres).
16-18 juillet	(ancien calendrier, 3-5 juillet) Graves troubles à Petrograd.
19 juillet	Motion en faveur de la paix votée par la majorité du *Reichstag*.
24 juillet	(11 juillet, ancien calendrier) En Russie, formation d'un troisième gouvernement provisoire par Kerenski.
15 août	Note pontificale pour le rétablissement de la paix.
21-25 août	Graves troubles contre la guerre à Turin.
28 août	(15 août, ancien calendrier) Tentative de coup d'État de Kornilov.
7 septembre	En France, démission du gouvernement Ribot, remplacé par un gouvernement Painlevé (12 septembre).
9 septembre	Échec de la tentative de conférence socialiste internationale à Stockholm.
24 octobre	Début de la bataille de Caporetto.
30 octobre	En Italie, Orlando, président du Conseil.
1er novembre	En Allemagne, le chancelier Michaëlis est remplacé par Hertling.
6 novembre	(24 octobre, ancien calendrier) Révolution bolchevique en Russie. Lénine au pouvoir.
13 novembre	En France, renversement du gouvernement Painlevé.
16 novembre	Formation du gouvernement Clemenceau.
3 décembre	Début des négociations de Brest-Litovsk entre des délégués bolcheviks et des représentants allemands et austro-hongrois.

1918

8 janvier	Message du président des États-Unis Wilson, au Congrès. Les *14 Points.*
14-21 janvier	Grandes grèves en Autriche-Hongrie.
28 janvier	Début de grandes grèves en Allemagne.
3 mars	Signature du traité de Brest-Litovsk.
21 mars	Offensive allemande en Picardie.
23 mars	Début des bombardements de Paris par la *Grosse Bertha.*
9 avril	Offensive allemande en Flandre.
14 avril	Réalisation du commandement unique du côté allié en faveur de Foch.
13-18 mai	Grandes grèves dans la région parisienne.
18-28 mai	Grandes grèves dans la région de Saint-Étienne.
27 mai	Offensive allemande sur le Chemin des Dames.
15 juillet	Offensive allemande en Champagne *(Friedensturm).*
18 juillet	Contre-offensive franco-américaine. Deuxième victoire de la Marne.
8 août	Attaque franco-britannique dans la région de Montdidier. « Le jour de deuil de l'armée allemande ».
27 août	Accord germano-soviétique.
30 août	Attentat contre Lénine.
15 septembre	Offensive de l'armée d'Orient.
26 septembre	Début de la contre-offensive générale sur le front occidental.
29 septembre	Signature d'un armistice par la Bulgarie.
Octobre	Sommet de l'épidémie de grippe espagnole en France.
3 octobre	Max de Bade, chancelier.
4 octobre	Demande d'armistice par l'Allemagne auprès du président des États-Unis.
24 octobre	Victoire italienne de Vittorio-Veneto.
31 octobre	Signature de l'armistice de Moudros par la Turquie.
3 novembre	Signature de l'armistice de Villa-Giusti par l'Autriche-Hongrie.
9 novembre	Abdication de l'empereur Guillaume II. Proclamation de la République à Berlin. Démission du chancelier Max de Bade en faveur du socialiste Ebert.
11 novembre	Signature de l'armistice par l'Allemagne.
12 novembre	Proclamation de la République en Autriche.
14 novembre	Proclamation de la République en Tchécoslovaquie.
17 novembre	Proclamation de la République en Hongrie.

1919

5-11 janvier	Insurrection spartakiste à Berlin.
15 janvier	Assassinats de Karl Liebknecht et de Rosa Luxemburg.
18 janvier	Ouverture de la Conférence de la Paix.
28 juin	Signature du traité de Versailles.
14 juillet	Défilé de la victoire à Paris.
10 septembre	Traité de Saint-Germain-en-Laye avec l'Autriche.
27 novembre	Traité de Neuilly-sur-Seine avec la Bulgarie.

1920

4 juin	Signature du traité du Trianon avec la Hongrie.
10 août	Traité de Sèvres avec la Turquie auquel fut substitué le traité de Lausanne (24 juillet 1923).
11 novembre	En France, le « soldat inconnu » à l'Arc de Triomphe.

Orientation bibliographique

Instruments de travail

Fernand DEBYSER. *Chronologie de la guerre mondiale.* Payot, 1938.

Martin GILBERT, *First World War Atlas,* Weidenfeld and Nicolson, 1970 (nouvelle édition, 1989).

Pierre GUINARD, Jean-Claude DEVOS, Jean NICOT, *Inventaire sommaire des Archives de la Guerre,* Service historique de l'Armée de Terre, Imprimerie de la Renaissance, 1975.

Holger HERWIG et Neil HEYMAN, *Biographical Dictionary of World War,* Library of Congress, 1982.

Première guerre mondiale, des Flandres à l'Alsace, le guide. Casterman, 1996.

Ouvrages d'ensemble sur la période

Maurice AGULHON, *La République de 1880 à nos jours,* Histoire de France, Hachette, 1990.

François CARON, *La France des Patriotes, (1815 à 1918),* Fayard, 1985.

Jean CARPENTIER et François LEBRUN, *Histoire de l'Europe,* Seuil, 1990.

Ouvrages d'ensemble sur la guerre

Stéphane AUDOUIN-ROUZEAU et Jean-Jacques BECKER (sous la direction de) *Encyclopédie critique de la Grande Guerre.* Bayard Presse (à paraître 2004).

Hugh CECIL et Peter H. LIDDLE. *Facing Armagedon. The firt World War experience.* Londres, Leo Cooper, 1996.

Marc FERRO, *La Grande Guerre (1914-1918),* Gallimard, 1969.

Paul-Marie de la GORCE (sous la direction de), *La Première Guerre mondiale,* Flammarion, 1991.

Pierre RENOUVIN, *La crise européenne et la Grande Guerre (1904-1918),* PUF, 1962 (4e édition).

Pierre RENOUVIN, *La Première Guerre mondiale,* coll. «Que Sais-je ?», PUF, 1965 (9e édition, 1998).

David SHERMER, *La Grande Guerre,* Cathay (pour l'édition française, 1977).

Jay M. WINTER, *The experience of World War I,* Oxford, Equinox, 1988 (traduction et adaptation française *La Première Guerre mondiale,* Sélection du Reader's Digest, 1990).

14-18 aujourd'hui, Revue annuelle du Centre de recheerche de l'Historial de Péronne (1998-2003). Agnès Viénot Éditions.

Ouvrages portant sur la France en guerre

Jean-Jacques BECKER, *La France en guerre. La grande mutation,* Éditions Complexe, Bruxelles, 1988.

Jean-Jacques BECKER, *Victoire et frustrations (1914-1929),* tome 12 de la *Nouvelle histoire de la France contemporaine,* (en collaboration avec Serge BERSTEIN), Seuil, 1990.

Jean-Baptiste DUROSELLE, *La Grande Guerre des Français (1914-1918)*, Perrin, 1994.

Jean-Baptiste DUROSELLE, *Histoire de la Grande Guerre. La France et les Français (1914-1920)*, Richelieu, 1972.

Pierre MIQUEL, *La Grande Guerre*, Fayard, 1983.

La guerre vue d'Angleterre

Keith ROBBINS, *The First World War*, Oxford University Press, 1984.

Trevor WILSON, *The myriad faces of war. Britain and the Great War*, Cambridge, Polity Press, 1986.

La guerre vue d'Allemagne

Peter Graf KIELMANSEGG, *Deutsclhand und des Erste Weltkrieg*, Klett Cotta,1976.

Gunther MAI, *Das Ende des Kaiserreiches*, DTV Deutscher TB Verlag,1985.

Roger CHICKERING. *Imperial germany and the Great War (1914-1918)*, Cambridge University Press, 1998.

La guerre vue d'Italie

Mario ISNENGHI, *La Première Guerre mondiale*, Casterman-Giunti, 1993.

Piero MELOGRANI, *Storia politica della Grande Guerra (1915-1918)*, deux volumes, Rome, Laterza, 1977.

Giorgio ROCHAT, *La prima guerra mondiale._Problemi di interpretazione et ipotesi di ricerca*, Feltrinelli, Milano, 1976.

La guerre vue de Russie

Youri DANILOV, *La Russie dans la Guerre mondiale*, Payot, 1925.

Alexandre SOLJENITSYNE, *Août 1914*, Seuil, 1972.

Norman STONE, *The Eastern Front, (1914-1917)*, Londres 1975.

La guerre vue d'Autriche-Hongrie

Jean BÉRENGER, *Histoire de l'Empire des Habsbourg (1273-1918)*, Fayard, 1990.

Robert A. KANN, Bela KIRALY (sous la direction de) *The Habsburg Empire in World War I. Essays on the intellectual, military, political and economical aspects of the Hasburg War effort*, Columbia University Press, 1977.

Bernard MICHEL, *La chute de l'Empire austro-hongrois (1916-1918)*, Robert Laffont, 1991.

La guerre vue des États-Unis

Claude CARLIER, Guy PEDRONCINI (sous la direction de), *Les États-Unis dans la première guerre mondiale (1917-1918)*, Economica, 1992.

André KASPI, *Le Temps des Américains. Le concours américains à la France (1917-1918)*, Publications de la Sorbonne, 1976.

Yves-Henri NOUAILHAT, *France et Etats-Unis (août 1914-avril 1917)*, Publications de la Sorbonne, 1979.

Les origines de la guerre

Jean-Jacques BECKER *La France, la nation, la guerre : 1850-1920*, (en collaboration avec Stéphane AUDOIN-ROUZEAU), SEDES, 1995.

Jacques DROZ, *Les Causes de la Première Guerre mondiale. Essai d'historiographie*, Seuil, 1973 (nouvelle édition, 1997, postface de Jean-Jacques BECKER).

R.J.W. EVANS et Hartmut Pogge von STRANDMAN, (sous la direction de), *The coming of the First World War*, Oxford, Clarendon Press, 1988.

Fritz FISCHER, *Les buts de guerre de l'Allemagne impériale (1914-1918),* Trévise, 1974, (traduit de l'allemand *Griffnach der Weltmacht).*

Jules ISAAC, *Un débat historique : 1914. Le problème des origines de la guerre,* Rieder, 1933.

James JOLL, *The origins of the First World War,* Longman Limited, 1984.

Raymond POIDEVIN, *Les origines de la Première Guerre mondiale,* PUF, 1975.

Pierre RENOUVIN, *Les origines immédiates de la guerre (28 juin-4 août 1914),* Coste, 1927.

La veille de la guerre

Gerd KRUMEICH, *Armaments and politics in France on the eve of the First World War,* Berg publishers, 1984 (en allemand *Aufrüstung und Innenpolitik in Frankreich vor dem Erstein Weltkrieg,* Franz Steiner Verlag, Wiesbaden, 1980).

L'histoire militaire de la guerre

Henry CONTAMINE, *La victoire de la Marne,* Gallimard, Coll. «Trente journées qui ont fait la France», 1970.

André CORVISIER (sous la direction de), *Histoire militaire de la France,* Tome III *de 1871 à 1940* (sous la direction de Guy PEDRONCINI), PUF, 1992.

Fernand GAMBIEZ (général) et Marcel Suire (colonel), *Histoire de la Première Guerre mondiale,* Fayard, deux volumes, 1968 et 1971.

Guy PEDRONCINI, *Pétain, général en chef (1917-1918),* PUF, 1974.

Guy PEDRONCINI, *Pétain, le soldat et la gloire,* Tome I, Perrin, 1989.

Tim TRAVERS, *How the war was won (Command and Technology in the British Army on the Western Front-1917-1918),* London and New-York, Rutledge, 1992.

L'année 1917

Jean-Jacques BECKER. *1917 en Europe, l'année impossible.* Éditions Complexe, 1997.

Marc FERRO. *La Révolution de 1917,* tome 1 ; Aubier, 1967, tome 2 ; Aubier, 1976.

Les combattants

Stéphane AUDOIN-ROUZEAU, *Les combattants des tranchées,* Armand Colin, 1986.

Stéphane AUDOIN-ROUZEAU, *Combattre,* CRDP-Picardie, 1995.

Gérard CANINI, *Combattre à Verdun. Vie et souffrances quotidiennes du soldat (1916-1917),* Presses universitaires de Nancy, 1988.

Gérard CANINI (sous la direction de), *Les Fronts invisibles, nourrir, fournir, soigner,* Presses universitaires de Nancy, 1984.

Annick COCHET, *L'opinion et le moral des soldats en 1916,* Université Paris X-Nanterre, 1986.

André DUCASSE, Jacques MEYER, Gabriel PERREUX, *Vie et mort des Français (1914-1918),* Hachette, 1959.

Guy PEDRONCINI, *Les mutineries de 1917,* PUF, 1967.

Mentalités et cultures

Stéphane AUDOIN-ROUZEAU, *La guerre des enfants (1914-1918), essai d'histoire culturelle,* Armand Colin, 1993.

Stéphane AUDOIN-ROUZEAU, *L'enfant de l'ennemi (1914-1918). Vie, avortement, infanticide pendant la Grande Guerre,* Aubier, 1995.

Stéphane AUDOIN-ROUZEAU, *Cinq deuils de guerre.* Noésis, 2001.

Stéphane AUDOIN-ROUZEAU et Annette BECKER. *14-18, retrouver la guerre.* Gallimard, 2000.

Annette BECKER, *La guerre et la foi. De la mort à la mémoire (1914-1930),* Armand Colin, 1994.

Annette BECKER, *Croire,* CRDP-Picardie, 1996.

Jean-Jacques BECKER, *1914, Comment les Français sont entrés dans la guerre,* Presses de la Fondation nationale des Sciences politiques, 1977.
Jean-Jacques BECKER, *Les Français dans la Grande Guerre,* Robert Laffont, 1980.
Nadine-Josette CHALINE (sous la direction de), *Chrétiens dans la Première Guerre mondiale,* Éditions du Cerf, 1993.
Jean-Claude FARCY, *Les camps de concentrations français de la Première Guerre mondiale (1914-1920),* Anthropos, 1995.
Didier GUYVARC'H, *Moi, Marie Rocher, écolière en guerre* (Dessins d'enfants - 1914-1918), Apogée, 1993.
Françoise THÉBAUD, *La femme au temps de la guerre de 14,* Stock, 1986.
Les sociétés européennes et la guerre de 1914-1918 (sous la direction de Jean-Jacques BECKER et Stéphane AUDOIN-ROUZEAU), Université de Paris X-Nanterre, 1990.
Guerre et cultures (1914-1918) (sous la direction de Jean-Jacques BECKER, Jay M. WINTER, Gerd KRUMEICH, Annette BECKER, Stéphane AUDOIN-ROUZEAU), Armand Colin, 1994.
Centre de Recherche de l'Historial de Péronne, *14-18, la Très Grande Guerre,* Éditions du *Monde,* 1994.

Le mouvement ouvrier et la guerre

Jean-Jacques BECKER, *Le carnet B, les pouvoirs publics et l'antimilitarisme avant la guerre de 1914,* Klincksieck, 1973.
Jacques DROZ (sous la direction de), *Histoire générale du socialisme,* tome II (1875-1918), PUF, 1974.
Annie KRIEGEL, *Aux origines du communisme français (1914-1920),* deux volumes, Mouton, 1964.
Annie KRIEGEL et Jean-Jacques BECKER, *1914, la guerre et le mouvement ouvrier français,* Coll. «Kiosque», Armand Colin, 1964.

La diplomatie pendant la guerre et la paix

Jean-Jacques BECKER. *Le traité de Versailles,* PUF, 2002.
Pierre MIQUEL, *La paix de Versailles et l'opinion publique,* Flammarion, 1972.
Guy PEDRONCINI, *Les négociations secrètes pendant la Grande Guerre,* Flammarion, 1969.
Pierre RENOUVIN, *Histoire des Relations internationales,* Tome 7 : *Les crises du XXe siècle,* 1re partie *(1914-1929),* Hachette, 1957.
Pierre RENOUVIN, *11 novembre 1918, l'armistice de Rethondes,* Coll. «Trente journées qui ont fait la France», Gallimard, 1968.
Pierre RENOUVIN, *Le traité de Versailles,* Flammarion, 1969.

L'économie pendant la guerre

Jean-Marie SOUTOU, *L'Or et le Sang. Les buts de guerre économique de la Première Guerre Mondiale,* Fayard, 1989.
Georg FELDMAN, *Army, industry ans Labor in Germany (1914-1918),* Princeton, 1966.

Mémoire et commémoration

Annette BECKER, *Les monuments aux morts, Mémoire de la Grande Guerre,* Errance, 1988.
Gérard CANINI (sous la direction de), *Mémoire de la Grande Guerre. Témoins et témoignages,* Presses universitaires de Nancy, 1989.
Jean S. CARTIER, *Traces de la Grande Guerre. Les vestiges oubliés de la mer du Nord à la Suisse,* Marval, 1994.
Antoine PROST, *Les Anciens Combattants et la société française (1914-1939),* 3 volumes, Presses de la Fondation nationale des Sciences politiques, 1977.

Index des noms de personnes

Index des noms de lieux

Table des cartes

Table des matières

Imprimé en France
par Dumas-Titoulet Imprimeurs
N° d'imprimeur : 39449 - N° d'édition :003699-01
Dépôt légal : septembre 2003